U0943410

Wuquan Biandong Yu Shangshi Zizhi Guifan
Zhi Falü Wenti Yanjiu

物权变动与商事自治规范之法律问题研究

主　编：周林彬
副主编：曾祥生

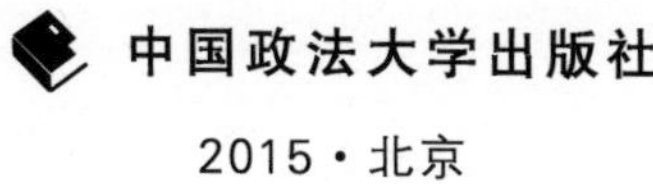

中国政法大学出版社
2015 · 北京

图书在版编目（CIP）数据

物权变动与商事自治规范之法律问题研究/周林彬主编. —北京：中国政法大学出版社，2015.7
ISBN 978-7-5620-6140-3

Ⅰ.①物…　Ⅱ.①周…　Ⅲ.①物权法－研究－中国　Ⅳ.①D923.24

中国版本图书馆CIP数据核字(2015)第149160号

出版者　中国政法大学出版社
地　址　北京市海淀区西土城路 25 号
邮　箱　fadapress@163.com
网　址　http://www.cuplpress.com（网络实名：中国政法大学出版社）
电　话　010-58908435(第一编辑部)　58908334(邮购部)
承　印　固安华明印业有限公司
开　本　720mm×960mm　1/16
印　张　21
字　数　377 千字
版　次　2015 年 7 月第 1 版
印　次　2015 年 7 月第 1 次印刷
定　价　46.00 元

序

中共十八届四中全会于2014年10月20日在北京召开，审议通过了《中共中央关于全面推进依法治国若干重大问题的决定》。从此，“法治中国”建设正式拉开序幕。加强市场经济法治建设，加快编纂民法典，这对于每一个中国公民、每一个法律人（尤其是民商法学人）来说，都是振奋人心的好消息。

乘四中全会法治改革之风，广东省法学会民商法学研究会2014年年会于2014年11月在广东财经大学举行，可谓“借东风”！

本届年会不仅有来自广东省内外高校与科研单位的著名法学专家和青年学子，还有来自法院、检察院、律师事务所等法律实务界的专家，“法律职业共同体”在此次民商法年会上共同交流了我国法治经济建设中的民商法前沿理论与疑难实务问题。

本届年会继续得到香港和澳门特别行政区法学学者与实务界的支持和参与。国务院已决定成立粤港澳自贸区，可以预见，三地不仅将在市场法治建设方面加强交流与合作，也会在民商法学术上加强交流与合作，以共同促进粤港澳三地优质民商法律环境建设及三地经济和社会的改革与创新。

本届年会的主题是与我国法治经济建设密切相关的“物权变动”与“商事自治规范与行业规则”理论与实务问题。与会代表就这两个主题展开了广泛深入的研讨和交流，既有对传统法律制度（如土地使用权、行规和交易习惯等）的研究，也有对市场经济中出现的新问题、新现象（如协议控制模式等）的探讨。思想的碰撞产生激烈的“火花”，智慧的沉淀让人如沐春风、受益匪浅。

我国著名国际商法专家、中国国际经济贸易法研究会会长沈四宝教授和我国著名民法专家、中国民法研究会秘书长王轶教授等学者，对民商法研究中的前沿问题、热点问题进行了大会发言。

年会收到与年会主题相关的论文八十余篇。依照年会惯例，广东民商法研究会将收到的部分优秀论文集结出版。论文集特别收录了许多年轻学者和博士、硕士研究生的论文，他们代表了广东民商法学界的新生力量，也体现了研究会鼓励和提携青年民商法学子的传统，希望借此促进我国民商法学界的繁荣发展。

值此论文出版之际，感谢广东财经大学法学院对本次年会召开以及论文集出版事宜的大力支持。特别感谢广东志高（广州）律师事务所对本论文集出版提供的经费支持，以及中国政法大学出版社的编辑对论文集向全国公开出版与发行提供的直接帮助。

是为序！

周林彬

2015 年 4 月 15 于广州

目录 CONTENTS

物权变动

商事自治规范

物权变动

论不动产物权登记公信力的决定性因素

——关于我国登记公信力的解释论[*]

张继承　曾祥生[**]

自近代以来，关于不动产物权的变动，各国或地区的民法无不实行登记公示原则。我国《物权法》第6条、第9条明确规定登记为不动产物权变动的法定公示方法，尤其要求基于法律行为的不动产物权变动应当依法登记，否则不发生法律效力。然而，我国《物权法》是否承认了登记的公信力？进一步而言，如果《物权法》并未承认登记的公信力，现实生活是否需要赋予登记以公信力以及如何赋予登记以公信力？对于前述问题，学界认识并不一致。本文试就不动产物权登记的公信力问题加以探讨，并对我国理论中的有关观点学说进行反思。

一、何谓不动产物权登记的公信力

不动产物权登记是国家登记机关对民事主体之间设立、变更、移转、处分或消灭不动产物权的事实进行记载、审查，并由法律赋予其法律效力的行为。传统物权法理论认为，一旦当事人在变动不动产物权时依法进行了登记，法律就赋予该物权变动完全的效力，即使登记有瑕疵，善意的受让人基于对登记的信赖，亦不负返还义务，仍能取得物权，此即谓登记之公信力。对于登记公信力的含义，我国理论中并无疑义。然而，对于不动产物权登记为何会具有公信力？理论上认识并不一致。

---

* 本文是教育部人文社会科学研究青年基金项目（项目号：12YJC820136）和华南理工大学2013年度中央高校基本科研业务费重点项目的阶段性成果。

** 张继承，华南理工大学法学院副教授；曾祥生，广东财经大学法学院副教授。

（一）登记的公信力是否为登记本身作用的必然结果

本文认为，物权公示与物权公示的公信力之间并没有必然的联系，物权公示是否具有公信力，完全是立法政策选择的结果，是否赋予公示以公信力往往取决于立法者在两种相互冲突的利益（动的安全与静的安全）中如何进行协调和平衡。否则，就无法解释法、日等采登记对抗主义的国家其登记为何没有公信力。

要真正弄清楚登记与登记公信力的关系，就必须研究公示原则与公信原则到底解决什么问题？这两个制度虽然共同作用于当事人之间物权变动的过程，从而保护连续发生的交易活动的安全，但二者解决问题的角度是不同的。①公示原则的作用主要在于使人“知”，即让社会公众知晓物权发生变动这一事实；而公信原则的作用则主要在于使人“信”，即善意第三人信赖按照法定公示方式提供的信息是正确的。②只要物权变动满足了法定公示方式的要求，就可以阻止第三人再以交易人的名义进入该物权变动的过程。如果当事人未依法进行公示，那么第三人可以无视物权已经变动的事实，与原权利人进行新的物权交易；而公信原则却没有这一功能，它的作用在于在公示内容有瑕疵的情况下，赋予公示以公信力，从而保护第三人。③公示原则只提供给当事人消极的信赖，即“只要没有公示就没有物权变动的”信赖；而公信原则进一步保护当事人积极的信赖，即“只要有公示就有物权变动”的信赖〔1〕。④由于公信原则的适用，着重保护第三人，这样就难以避免会损害真正权利人的利益。因此，虽然各国和地区都无一例外地规定了物权的公示原则，但是否赋予物权公示以公信力，各国民法的做法并不一致。例如，法、日民法采对抗要件主义，规定公信原则只是适用于动产交易，赋予不动产物权登记的是对抗力，而非公信力。日本有学者就明确指出，《日本民法》第177条本身就没有赋予登记以公信力，按照“公信力说”去解释《日本民法》第177条没有任何实益，所谓“公信力说”，其本身就是错误的〔2〕。而德、瑞民法采成立要件主义，规定公信原则同样适用于不动产交易。这种差别就说明，两种立法体例对交易安全的保护程度是不同的，实质上是反映了动态安全和静态安全两种立法政策的冲突。德、瑞民法强调保护交易的动态安全，而法、日民法则强调不动产交易静态安全的保护。

---

〔1〕 孙毅：“物权法公示公信原则研究”，载梁慧星主编：《民商法论丛：第7卷》，法律出版社1998年版，第464～465页。

〔2〕［日］铃木禄弥：《物权的变动与对抗》，渠涛译，社会科学文献出版社1999年版，第25～52页。

（二）登记所产生的形成力、权利正确推定力与登记公信力是否存在必然逻辑联系

通说认为，物权公示产生形成力、推定力两大基础效力，此种基础效力构成了公示公信力的理论前提和逻辑起点〔1〕。果真如此吗？本文认为，在物权形式主义立法模式下，由于物权公示与变动的完全融合，公示方法具有变动物权的形成力。当事人之间虽有物权变动的合意，但若欠缺法定的公示方法，受让物权的人根本就不可能取得物权，也即在事实上物权变动就无从发生，此谓物权公示的形成力。我国物权法所建立的物权公示制度，采物权公示生效要件主义，非经公示不发生物权变动的效力，这也是物权公示的形成力问题。其解决的是物权变动是否发生的问题，这是一个事实判断问题，此时根本无所谓物权公示的公信力。

再来看物权公示的推定力。公示的权利推定效力，乃物权公示制度本身所使然。对于不动产，只要有登记存在，法律就推定登记项下的实体法律关系存在，获得权利的外观表征。对于真正权利人而言，要破除此种登记的推定力，就应负担举证责任，须提供相反证据，以证明登记名义下的物权归属与物权的真实归属不符，在其未为成功举证前，登记名义人被推定为合法的权利人。对于登记名义下的权利人而言，基于公示的推定力，无疑获得了证明上的便利，只要他提出其物权经过了法定的公示方式予以公示就足以对抗真实权利人，从这种意义上说，公示的推定力产生了对抗力。由此看来，物权公示的推定力解决的是物权公示的权利外观与实际的权利状态不一致之间存在的矛盾问题，表明的是法律对于公示名义下的权利人与真实权利人之间的利益冲突所持的基本立场。可见，物权公示的推定力依然是解决物的归属问题，这还是一个事实判断问题，当真实权利人能够提出证据证明存在与公示结果相反的事实，即事实能够说明问题时，权利就屈从于事实，进而推翻公示所表征的权利外观，此时法律所追求的是登记名义下的权利人与真实权利人之间的利益平衡。而登记的公信力之本旨，其解决的是当物权的公示存在瑕疵时，善意的受让人能否基于对公示的信赖而取得物权的问题。此时需要法律来平衡的是真正权利人和善意第三人的利益如何保护，是选择以牺牲善意第三人之利益为代价来保护真正权利人，此时无疑亦置交易安全于不顾；抑或是以牺牲真正权利人的利益为代价来保护第三人善意之信赖，进而保护整个社会的交易安全？此问题俨然是一个

---

〔1〕 孙毅：“物权法公示公信原则研究”，载梁慧星主编：《民商法论丛：第7卷》，法律出版社1998年版，第488页。

价值判断问题，需要一个国家从立法政策上加以考量而作出选择。正如有学者明确指出："历史与现实表明，物权公示是否具有公信力，完全是立法政策选择的结果，是否赋予公示以公信力，取决于立法者在两相冲突的利益中如何协调和平衡[1]。"

综上所述，本文认为，我们并不能推导出公信力即权利推定效力，或者从属于权利推定效力，或者说公信力是推定力的近代运用形式，更不能说公示公信力是以权利的推定力为逻辑起点的。可见，物权公示与公示的公信力之间缺乏必然的逻辑联系。

（三）物权行为理论是否决定着登记的公信力

本文认为，公示的公信力其实与物权行为理论没有任何内在的必然联系，物权行为理论是为了保护交易安全，而公示公信力的目的也正在于此。因而，无论是否承认物权行为理论，对公示的公信力毫无影响。公示公信力的有无，完全是立法者基于物权的特性从保护交易安全的角度出发，所作的一系列的立法政策考量的结果。这样说来，既然公示的公信力与物权行为理论同为法律为保护交易安全所设计的两种手段，二者的关系就应当是平行的，不存在谁决定谁、谁解释谁、谁是谁的理论支撑的问题。对立法者来说，是判断何种手段对于交易安全的保护更为合理，最终加以抉择的问题。

二、我国《物权法》是否承认了登记的公信力

登记公信力就其本质上看，是立法者试图在真实物权人与善意第三人之间谋求某种利益上的平衡，兼顾财产的静态安全与动态安全。其功能在于，即使登记的内容与不动产物权的实际状态完全不同，只要交易活动是按法定公示方式提供的信息进行的，那么法律就按公示的内容保护第三人。我国《物权法》是否承认了登记的公信力？首先，从其条文来看，并未规定一旦当事人在变动不动产物权时依法进行了登记，法律就赋予该物权变动具有完全的效力，即使登记有瑕疵，善意的受让人基于对登记的信赖，亦不负返还义务，仍能取得物权。其次，从《物权法》所设计的相关制度看，依法定公示方式进行了登记的不动产物权变动并不具有完全的效力，还得适用善意取得制度。然而，不动产善意取得制度的确立究竟是对登记公信力的肯定还是否定呢？

---

〔1〕 尹田：《物权法理论评析与思考》，中国人民大学出版社2004年版，第296页。

（一）不动产能否适用善意取得制度

1. 不动产登记的公信力与善意取得制度是否是同一回事

善意取得制度的设计毫无疑问与公示的公信力有关，但把公示的公信力作为善意取得制度的理论基础却是相当不妥当的。应该看到的是，善意取得制度的确立，是因为公示方式的不同，导致公信力出现了很大的强弱差别。登记的公示方式因为有了公权力的介入，其公信力可以说是完全的，强大到善意第三人足以根据登记所表征的权利外观而当然地取得权利。与登记之公信力不同，占有的公信力远远不能强大到能够独立地发挥作用，引起善意第三人当然地取得权利的程度。可见，不动产登记的公信力与动产占有的公信力之间确实不能等量齐观。

从现实生活来看，因不动产登记有公权力的介入，采用文字记载方式并履行严格的程序，同时登记簿对社会公开，易于查阅，其所标识的权利归属状态清晰明白，登记所表征的权利外观与权利的实际状态基本一致概率较高，故赋予登记以强大的公信力，对其所涉及的真实权利人与善意第三人的利益冲突如何平衡的问题就相对单纯一些。而就动产占有而言，现实生活经验告诉我们，因占有方式的多样性，占有与本权常相分离，占有所表征的权利外观的稳定性、明确性和完整性程度并不高，占有现象背后并不恒伴本权的存在，人们往往对占有所表征的权利存在的真实状态疑窦丛生，占有事实本身产生第三人的信赖，若赋予占有以强大的公信力，非但缺乏事实基础，更不符合近现代民法对公平正义的追求。由此看来，作为法定公示方式的登记与占有，其公信力的强弱程度是有显著差异的。而鉴于占有所表现出来的公信力的不足，一方面如果不加以某些特别具体的限制，任由第三人以信赖占有这种动产公示方式所产生的公信力为根据而取得物权，难免有损真实权利人的利益；另一方面，为保护善意第三人的利益，近代各国或地区立法遂建立善意取得制度来弥补占有公信力较弱的缺点。有鉴于此，善意取得制度的理论基础就呼之欲出，其乃基于弥补占有公信力之不足而设计的制度，动产占有的公信力就为善意保护制度所吸收，若第三人主张以适用善意取得制度为由而取得动产物权，取决的不是第三人客观上存在“信赖与否”，而是取决于其主观上是否为“善意”。那么，与其说善意取得制度与公信力有关，不如说与法定公示方式的强弱程度相关，如此才更为准确。

因此，无论从立法技术上来分析，还是现实生活经验来看，一旦赋予了登记以绝对的公信力，鉴于登记的公信力足够强大，强大到足以使第三人能够“善意地取得”不动产物权，也就没有规定善意取得制度之必要。

2. 真的存在不动产善意取得的立法例吗

主张不动产也适用善意取得制度学者大多指出，瑞士就有不动产的善意取得制度，其《民法典》第933条就规定：“出于善意而信赖不动产登记簿的登记，因而取得所有权或其他权利的，均受保护。[1]”德国和我国台湾地区民法典亦有类似规定，故从理论上应承认不动产得成立善意取得。

登记的公信力与善意取得制度所解决的问题，实际上都是真权利人与善意受让人之间的利益冲突问题，但二者发挥作用的机制是完全不同的。前者是通过公信力本身的强大作用力赖以保护善意第三人，后者是通过善意取得制度来弥补动产占有本身公信力不足从而保护善意第三人。且从实践来看，二者“善意”的判断标准亦有所不同。动产的善意取得中第三人的“善意”，是指他不知道或者虽然应当知道却非因重大过失而不知道处分人无处分权。然而，不动产登记的公信力中第三人的善意的判断标准就显得非常宽松。只要登记簿上不存在异议登记或者第三人不知道登记簿上的记载不正确就属于善意，即便该第三人应当知道却由于重大过失而不知道，也依然是善意，受到保护。因为不动产登记簿是由国家设置的，以国家的信用为后盾，所以法律上它比占有具有更高的可信度。与动产的受让人所不同的是，不动产的受让人除了需要了解登记簿的状况之外，无须承担额外的审查义务。

（二）不动产善意取得制度是否能代替登记公信力制度

1. 登记公信力涉及一国确立不动产强制登记制度的立法政策考量

虽然不动产登记的公信力与善意取得制度都具有维护交易安全与效率的功能，但除此之外，法律上确立不动产登记的公信力还有一个重要的政策考虑，那就是国家要在社会生活中强行贯彻不动产登记制度。当一个国家的法律希望在社会生活的交易中彻底实行不动产登记制度，它除了需要采取登记生效要件主义，还必须以国家的信用作为后盾，建立登记机关赔偿责任制度、设立赔偿基金，以便使得不动产登记的公信力无论在强度还是范围上都要远远大于占有。如果不这样做，不动产交易的当事人因登记的麻烦及费用等成本的考虑都不会真正进行登记，不动产登记制度将很难得到贯彻。

2. 登记公信力的适用条件难为善意取得制度所包涵

（1）从多数国家的民事立法与司法实践来看，善意取得制度的援引往往要区分动产的所有权与占有的分离是否基于所有人的意思即占有委托物（如租赁

---

〔1〕 参见王胜明主编、全国人大常委会法制工作委员会民法室编著：《中华人民共和国物权法解读》，中国法制出版社2007年版，第231页。

物、借用物）与占有脱离物（如遗失物、盗窃物），前者适用善意取得，而后者则不适用。然不动产登记之公信力却不问造成登记簿上的记载与真实权利不一致的原因究竟是为何，而一视同仁地对那些信赖登记的人给予保护。

（2）善意取得制度只适用于有偿的法律行为，而不动产登记的公信力对于那些基于无偿法律行为而取得不动产物权的人也依然给予保护。

（3）善意取得制度援引之必要是善意第三人欲从无权处分人处取得物权，而在登记公信力的情形下，登记名义人本身就是法律上确认的权利人，即使登记错误，其处分不动产物权本来就是有权处分，无权处分也就无从谈起，此为援引善意取得制度之必要。

鉴于登记公信力不能为善意取得制度所替代，我国《物权法》规定善意取得制度同样适用于不动产，本身就值得研究。倘若说我国《物权法》赋予了登记以绝对的公信力，而同时又规定不动产也有善意取得制度，无疑属于叠床架屋，浪费立法资源。究其原因，是根本不了解善意取得制度和登记公信力的本旨所致，最终作如此规定，无疑进一步否认了公示公信力的存在。

综上所述，我国《物权法》并未真正承认不动产物权登记的公信力，这是解释论得出的当然结论。

三、我国不动产物权变动是否需要赋予登记以公信力

如前所述，既然我国《物权法》并未赋予不动产物权登记以公信力，善意第三人遂不能援引公信力原则取得不动产物权。然而，我国不动产物权变动是否需要赋予登记以公信力？这就是一个重大的现实问题。

（一）建立稳定的不动产交易秩序需要赋予登记以公信力

无论权利的实际归属状态如何，此时均应以国家建立的不动产登记簿上记载的权利作为正确的权利，并以此建立不动产权利的交易秩序；即使登记的权利与原权利可能不一致或者权利的变动不符合原权利人的本意，法律依然以登记的权利为稳定交易秩序的前提，这就最大限度地保护了善意第三人的信赖和交易的安全。为了适应社会主义市场经济发展的需要，我国物权法立法政策同样应侧重保护以善意第三人为代表的交易安全，那么就需要经过登记的不动产物权变动是真实的，足以让善意第三人信赖该登记而与登记名义人交易，即使该登记为错误，善意受让人取得的不动产也不受真实物权人所追夺，即赋予不动产物权登记以公信力。否则，在法定方式都无法证明出让人确有处分权的情况下，交易便失去了起码的基础。

（二）赋予登记以公信力是物权制度设计科学性的需要

《物权法》明确规定了不动产物权变动非经登记不发生法律效力，足见我国对基于法律行为的不动产物权变动模式是采生效要件主义。因此种登记为强制登记，这就决定了不动产物权的得丧变更都需以登记簿所记载的内容为准。此时，不动产物权登记无疑产生了国家信用，善意第三人因信赖登记而参加交易活动，能否取得不动产物权，关键就在于登记是否具有公信力。如此，登记公信力与物权变动模式才能有效衔接起来，善意第三人可基于登记公信力直接取得不动产物权。在动产领域，因占有的公信力较弱，不足以让善意第三人直接取得动产，因此，占有的公信力需与动产善意取得制度相结合，实现对善意第三人的保护。登记公信力与动产善意取得制度交相辉映，共同构成不动产和动产的原始取得方式，方能实现物权制度体系科学性的设计。

四、如何赋予不动产物权登记以公信力

既然不动产物权登记的公信力是一国立法政策选择的结果，我国现阶段国情同样需要赋予登记以公信力，那么，如何赋予登记以公信力呢？在我国物权法理论中，通说认为，实质审查模式是登记公信力的制度基础，形式审查模式下的登记是无公信力的。果真如此吗？

（一）实质审查抑或形式审查是否与登记公信力有因果关系

从近现代各国或地区的立法来看，登记机关对于登记申请，有两种审查模式，即形式审查制和实质审查制。比较这两种审查制，只要是一般人都能了解，经实质审查的登记比经形式审查的登记所表征的权利与事实权利状态的接近程度更高，在很大程度上几乎趋于一致。在实质审查制下，赋予登记以公信力，一般不会侵害到真实权利人的权益，亦即侵害的可能性较小；而在形式审查制下，赋予登记以公信力，谁都无法保证不会侵害真实权利人的权利，亦即侵害的可能性更大。因此，实质审查制与形式审查制的采纳与否，实际上是立法政策的侧重问题，是侧重保护真实权利人的利益（静的交易安全）还是侧重保护善意第三人的利益（动的交易安全）。因此，这个问题与登记公信力并不必然具有因果关系，一国立法政策完全可以在二者之间作出抉择。即使是采形式审查制，也可赋予登记以公信力。至于对真实权利人造成的损害如何解决，那是另一个问题。因为无论采实质审查制还是形式审查制，赋予登记以公信力，都有可能造成对真实权利人的损害，唯一的区别只在于这种损害的可能性大小有所不同而已。在这两种审查制下，国家均可以通过立法，对真实权利人所遭受之损害予以赔偿，或者干脆不予赔偿。至于采形式审查制的国家或地区，为何

一般不赔偿因登记错误对真实权利人的损害，这正是其立法政策选择的结果，而所谓的“形式审查”只是其不予赔偿的借口或理由而已，与公信力毫无相关。

综上所述，登记公信力并非登记本身作用的必然结果，与登记之形成力、推定力亦不存在必然逻辑联系，物权行为理论采纳与否同样不能决定登记公信力，实质审查模式与登记公信力之间亦没有因果关系。登记是否具有公信力，完全是立法政策选择的结果，是否赋予登记以公信力取决于立法者在真实物权人与第三人相互冲突的利益中如何进行协调和平衡，取决于立法者是侧重于保护静的安全还是保护动的安全。

（二）错误登记的国家赔偿制度才是登记公信力的决定性因素

本文认为，错误登记损害赔偿制度才是登记公信力的决定性因素，其主要包括基于登记申请人原因导致的错误登记给真实物权人致损和基于登记机关原因导致的错误登记给真实物权人致损两种情形。前种情形明显属于民事侵权行为，后者因涉及公权力的介入，适用一般民事侵权规则显然不能解决问题，应属于国家赔偿法领域的问题。因此，不动产物权登记到底有无公信力，最终决定于一国是否确立了相应的国家赔偿制度。国家赔偿制度的建立可以确保因登记公信力作用下受损的真实权利人得到应有的救济。

论小区车位租售处分的法律规制

——以车位“只卖不租”等垄断行为及其规制为中心 [*]

欧阳白果 [**]　黄宝深 [***]　朱立方 [****]

近年来，不少地方出现以“只卖不租”为代表、采取强制或变相强制手段销售车位车库的行为，引发了大量的小区租售纠纷，有些甚至升级为群体性事件而严重影响社会和谐稳定。有关部门对小区车位车库“只卖不租”的行为性质把握不准，同时有关“只卖不租”的法律规制依据缺失，从而难以有效预防与处理车位租售纠纷。本文以“只卖不租”为中心，探讨小区车位车库〔1〕租售中的垄断行为性质，并提出相应的法律规制对策。

一、小区车位“只卖不租”之租售处分行为的性质争议及其分析

对小区车位“只卖不租”、“只长期租不短期租”的行为性质把握不准，是有关部门难以有效预防与处理小区车位租售纠纷的一个重要原因。事实上，各方对于小区车位“只卖不租”是否合理合法，意见不一、争议较大。

（一）开发商认为“只卖不租”合理合法

开发商认为，小区车位“只卖不租”、“只长期租不短期租”合理合法。其主要理由如下：

1. 开发商对其拥有所有权的车位具有处分权

《物权法》第74条隐含了对开发商原始所有权的承认。建筑区划内，规划

---

* 基金项目：教育部人文社会科学研究规划基金项目（项目号：14YJA820026），广东省高校人文社科研究一般项目（项目号：2013WYXM0123）。

** 欧阳白果，电子科技大学中山学院副教授。

*** 黄宝深，电子科技大学中山学院法律系学生。

**** 朱立方，电子科技大学中山学院助教。

〔1〕 为表述简便起见，本文部分地方将“车位、车库”统称为车位，如标题以及正文部分段落。

用于停放汽车的车位、车库的归属由当事人约定，约定不明确的，仍应由开发商继续享有所有权。开发商对其拥有所有权的车位，在未进行所有权转移的情况下，开发商可以充分地行使车位所有权。物权具有排他性与绝对性——开发商对自己拥有所有权的车位，享有占用、使用、收益、处分的权利，其他人无权干涉。开发商认为，开发商选择只卖不租或只长期租不短期租，是开发商作为车位所有权人的合法权利，不受业主的干涉。

2. 开发商拥有经营自主权

开发商是一个商事主体，拥有企业经营自主权。开发商认为，开发商选择出售方式处分车位是自己的合法权利，对其拥有所有权的车位在没有出售前，享有同自己拥有所有权的商品房一样的自主选择权。开发商租售车位选择“只卖不租或只长期租不短期租”方式，是民事活动遵循平等自愿原则的体现。业主要求“只租不买或只短期租不长期租”，或者有关部门禁止“只卖不租或只长期租不短期租”，都违背了平等自愿原则，也侵害了企业的自主经营权。

3. 车位租金低，投资回报低、周期长

开发商采取“只卖不租或只长期租不短期租”方式处置车位，基本原因就是开发商认为，地价成本高、建设车位车库的资金投入大，而车位租金太低、回报周期长。开发商认为，在保障了小区业主利益的同时，就会牺牲开发商的利益。以月租金为 200 元为例，减去 50 元管理费（含水电费），实收租金为 150 元，扣除出租等税费后，实收仅 120 元。那么，一年的收入是 1440 元，按 5 万元/个的建设成本计算，回报率仅 2.88%，按销售成本价8 万/个计，回报率只有 1.8%，连贷款利息的一半都达不到。但如果是只售不租的话，开发商反而能尽早将车位投资回笼。因此，开发商更愿意将车位拿出来售卖而不是月租。

此外，开发商认为，伴随经济飞速增长，土地日趋稀缺，地价成本高涨带动车位成本上升，同时物价水平也不断攀升，因此，车位价格高、上涨快而幅度大，也是合乎情理的。开发商以及物业服务企业还认为，出售车位让业主拥有车位的所有权，有利于规范停车秩序。

（二）小区车位“只卖不租”不合理不合法——“只卖不租”是滥用市场支配地位的垄断行为

业主普遍认为，小区车位“只卖不租”、“只长期租不短期租”不合理不合法。这一观点也是笔者所坚持的，下面对其理由做简要探讨。

1. 小区车位应优先满足业主需要

小区车位应首先满足业主的需要，不能通过只卖不租的方式去阻碍业主获得车位的使用。《物权法》第 74 条也规定："建筑区划内，规划用于停放汽车的车位、车库应当首先满足业主的需要。建筑区划内，规划用于停放汽车的车位、车库的归属，由当事人通过出售、附赠或者出租等方式约定。占用业主共有的道路或者其他场地用于停放汽车的车位，属于业主共有。"该规定设立了业主优先获得车位或车库使用权的原则：一个小区建筑规划内的车位或车库应先提供给业主使用，首先应满足业主的需要，只有在保证业主使用的前提下，才能许可小区以外的人使用。也就是说，开发商不能随便销售车位或车库，而作为买房的业主也不能随便购买他人小区的车位或车库了。如果开发商违反了这个要求，将小区的车位卖给或租给小区非业主，那么这样的租售合同无效。

2. "只卖不租"违背市场交易原则

车位售价过高、"只卖不租"或"只长期租而不短期租"，违背自愿、平等、公平、诚信等市场交易原则。是否购买或者租赁车位，这是业主作为民事主体的自主选择权。开发商"只卖不租或只长期租不短期租"，实质上是强制交易——通过不租或不短期租车位方式，胁迫业主只能通过购买或长期租的方式取得车位的使用权，从而侵害了业主作为消费者的自主选择权、公平交易权。

此外，根据《物权法》的规定，车位、车库的归属有约定的，按约定；没有约定或约定不明确的，除建设单位能够证明其所有权外，属业主共有。部分开发商之所以急于销售车位，是因为开发商试图通过销售等方式解决车位、车库的归属在没有约定或约定不明确时的问题，进而规避"权利推定"原则的适用。

3. "只卖不租"是滥用市场支配地位的非法行为

车位、车库的配套性及其供给方的唯一性，决定了小区车位租售市场具有垄断性。车位、车库是小区的重要配套设施，小区业主使用车位必须依赖所在小区配套建设的车位、车库。在特定的小区内，车位、车库的提供者具有唯一性。开发商是小区车位客观上的唯一提供者，因为除此之外业主不能找到能够提供业主适合使用的车位的第三方。从而，小区车位、车库租售市场具有较强的垄断性。从本质上看，小区车位租售市场是卖方主导的垄断市场——开发商（卖方、出租方）处于垄断地位（强势地位），业主（买方、承租方）则处于弱势地位。小区车位"只卖不租"或"只长期租而不短期租"，实质上是开发商在车位租售市场滥用垄断地位的具体表现，是开发商滥用市场支配地位而强制交易的行为，属于违反反垄断法的非法行为。正因如此，已有地方性法规禁止车位只卖不租。

此外，有关物价法律法规以及物价管理部门对小区车位月租费实行政府指导价，其根本原因也在于小区车位租售市场的垄断性，否则不会对小区车位月租费实行最高限价等政府指导价。

综上所述，车位、车库的配套性及其供给方的唯一性，决定了小区车位、车库租售市场具有垄断性。“只卖不租”等垄断行为的直接根源在于房地产开发企业或者其他房地产开发单位滥用车位、车库的所有权（处分权）以及经营自主权。开发商“只卖不租”或“只长期租而不短期租”车位，已经超越了车位车库的所有权（处分权）以及经营自主权依法行使的界限。禁止并严厉查处打击车位租售市场中的垄断行为，并不是干扰企业依法享有的自主经营权。

二、小区车位租售处分中的垄断行为

小区车位、车库租售中的垄断行为主要表现为“只卖不租”、“只长期租而不短期租，租金一次性提前付清”、不买车位车库不许业主小车进入小区、车位、车库随意外卖或集中转让、随意抬高车位、车库租金等方面。

（一）只卖不租

“只卖不租”是指开发商只通过销售方式而不通过租赁的方式让业主获得小区车位、车库使用权。近年来，全国不少大中城市，如广州、深圳、成都、中山等地，都曾出现小区车位只卖不租的现象。例如，九里堤附近芙华幸福彼岸小区的住户们半个月前突然接到通知，小区内的四百多个地下停车位全部不再续租。由于地面上的二百余个停车位早已租完，其余业主只能买车位停车。小区的住户们对此反应各异，有的业主为停车位而犯愁，有的业主则想赶紧抢购停车位。又如，有个小区目前有上百户业主，有车八十多部。该小区地下停车场车位只租不售，也不提供临时停车。而每个车位售价高达几万、十万元，一些业主在买了车后就买不起车位，因此目前还有部分车位未售出去，开发商贴出了车位外卖的通告。一边是有车位没有售出，一边则是有的业主的车因为地上临时停车点没有多余的车位，业主的车有家难回。因为停不了车，该小区不少业主只好把车停在小区外的道路上或者邻近小区内。由于车位售价太高，车位的销售情况并不好，很多都是空置的。即便如此，开发商仍坚持此种模式处置车位。在开发商看来，小区车位租赁的回收成本周期长、回报率低，这是他们不愿意租赁车位的根本原因。

（二）只长期租而不短期租，租金一次性提前付清

“只长期租而不短期租”，即开发商不和业主订立车位短期租赁合同，只允许业主通过订立长期租赁合同而享有对车位的使用。这表面上看起来不是通过购买的方式去获取车位，而比较符合大众业主的心态。但这种租赁是有条件的，

租期一般都长达10年以上，租金要一次性提前付清。某小区业主和开发商签订车位租赁合同，花11.3万得到了一个车位的70年使用权。所交付租金虽没有购买车位的费用多，但也是一笔不少的投入，而且租期过后车位归回开发商，所以很多业主也是难以接受这种方式去取得车位的使用权。

（三）不买车位不许车进小区

在处理车位问题上，开发商有时也会采取比较激进的做法，如在小区的几个门都设立了车辆道闸，只有买了车位的小车才能刷卡进入。惠州、中山等市部分小区曾贴出如此告示：凡没购买小区地下停车位的业主，其小车一律不准进入小区。此告示引起小区业主的强烈不满：业主认为，凭什么业主不买地下停车位就不能把车开进小区，停车位为什么只可卖而不能租？如没买车位，即便是业主也不能把车辆开进小区，更不要说是外边的车辆了。因此让有些有车的住户觉得有家回不了的感觉，也因此而发生过住户堵小区门等不愉快的事件。

（四）车位随意外卖或集中转让

车位应本着先满足规划内的业主的需要，才能把有剩余的车位对规划外开发的原则。但有些开发商为了尽快销售自己的车位，把车位卖给小区外的人。南京市建邺区一小区开发商张贴告示：该小区有一业主欲一次性购买40个停车位，若在限定时间内其他业主不进行购买的话，将与此业主办理认购签约手续。据悉，每个车位大约十多万，一下子掏四百多万着实令人咋舌。而此告示一出，也立即引起了小区业主的不安，大家担心，这位购买者一下子就要买去小区这么多车位，是不是在炒车位？而暂时没车的车主更是担心，以后自己买不到车位怎么办？而小区内业主即使有车，如没买车位也不能把车停在小区内。这让那些没有买车的业主担心自己以后买车了，没有车位将非常麻烦。

（五）开发商随意抬高租金

北京东三环边的世桥国贸小区曾出现过这样一幕：业主认为停车收费过高，把车停在小区入口处以示抗议。“国贸的地下停车场一个月租金才1100元，我们这里却要1500元。”小区业主都难以接受。海淀区北三环某小区也曾发生地下车位月租费提升100元，业主把三个小区入口都用车堵上的事件。北京新建小区的地下车位，如果是出租的话，租价一般在300～1200元/月不等（含管理费）。这个价格是否过高？对此，不少开发商诉苦：提高月租费很大程度上为了督促购房人买车位，这也是没有办法的办法。另外，开发商还有一个理由是：“业主觉得这个价格高，主要参照的是政府规定的150元/月的地上车位。”有的物业公司负责人认为，属于人防工程部分的停车位是物业公司向人防办租来后，再租给业主停车的，月租费是成本核算的结果，物业公司已经向市人防办支付了一笔租金，当然不能赔钱租给客户。

三、小区车位租售处分的立法规制现状

（一）《物权法》关于小区车位产权及其租售的原则性规定

我国《物权法》及其司法解释确定了我国确认开发商拥有规划停车位的所有权和处置选择权。《物权法》第74条规定："建筑区划内，规划用于停放汽车的车位、车库应首先满足业主的需要。建筑区划内，规划用于停放汽车的车位、车库的归属，由当事人通过出售、附赠或者出租等方式约定。占有业主共有的道路或者其他的车位场地用于停放汽车，属于业主共有。"

2009年5月14日最高人民法院公布了《物权法》的司法解释，并于2009年10月1日起施行。其中《关于审理建筑物区分所有权纠纷案件具体应用法律若干问题的解释》（以下称《司法解释》）的第2条规定，建筑区划内的房屋以及车位、摊位等特定空间，只要符合三个条件，就属于物权法第六章所称的专有部分。这三个条件是：具有构造上的独立性，能够明确区分；具有利用上的独立性，可以排他使用；能够登记成为特定业主所有权的客体。

（二）地方性法规关于小区车位租售管理的探索

部分地方出台了包含"禁止只售不租"以及出租期限等内容的地方法规或规范性文件，对车位、车库租售以及相关的物业管理进行了先行探索。

《山东省物业管理条例》第50条第1款规定："……业主、物业使用人要求承租车库的，建设单位不得以只售不租为由拒绝，车库租赁费的标准按照有关部门发布的指导价格确定。在满足业主、物业使用人需要后，建设单位将车库出租给物业管理区域外的单位和个人的，其每次租赁合同期限最长不得超过6个月。"

《苏州市住宅区物业管理条例》第47条第1款规定，物业管理区域内尚未出售的停车位、车库，业主、非业主使用人需要承租的，建设单位应当出租。仍有空余的，可以临时出租给物业管理区域外的单位、个人；承租人可以使用物业管理区域内的公共道路。第59条第5项规定，"建设单位拒绝将未售出的车位出租给业主、非业主使用人使用的"，房产行政主管部门"责令其改正，并可处以5万元以上10万元以下的罚款"。

《广东省物业管理条例》第54条第2款规定："……在满足本区域业主、物业使用人需要后，建设单位将车位、车库出租给本区域业主、物业使用人以外的其他人的，其租赁合同期限不得超过6个月。"建设单位"拟出售车位、车库数量少于本区域房屋套数时，每户业主只能购买一个车位、车库"。

《广州市房地产开发项目车位和车库租售管理规定》第 15 条第 1 款规定："房地产开发企业或者其他房地产开发单位不得以'只售不租'等名义拒绝提供停车服务。"第 13 条规定："房地产开发企业或者其他房地产开发单位开发建设的机动车机械停车位只能出租，不能出售，并应当首先满足建筑区划内业主的需要。"

《宁波市住宅小区物业管理条例》第 39 条规定："……业主要求承租空置的车库、车位的，建设单位不得以只售不租为由拒绝出租。……未首先满足业主停车需要的，建设单位不得将车库、车位出售、赠与、出租给物业管理区域外的单位和个人。"第 42 条规定，"物业管理区域内的地下人民防空工程设施平时用作停车位的，应当向全体业主开放，不得设置专用停车位。建设单位不得将停车位出售或者以专用车位形式出租。"第 51 条、第 52 条还规定："违反上述规定者，由辖区物业主管部门责令改正；拒不改正的，没收违法所得，并可处 5 万元以上 20 万元以下的罚款。"《宁波市住宅小区物业管理条例实施意见》第五部分规定："……产权属建设单位的车库、车位，在没有出售前应按《条例》第 39 条规定，出租给小区业主停放车辆，不得以只售不租为由拒绝出租。车库、车位出租期限原则上一次不超过 1 年，不得以长期出租、高额收取租金为由，影响正常出租，导致车库、车位的空置。……"

四、小区车位租售处分中的垄断行为之法律规制

规制小区车位车库租售处分中的市场垄断行为，应完善物权法制度、反垄断法制度。

（一）建立完善车位、车库规划建设处分制度，改善业主在车位、车库租售市场的博弈地位

如前所述，车位"只卖不租"或"只长期租而不短期租"，是开发商滥用市场支配地位而强迫交易的行为。小区车位租售市场是卖方主导的垄断市场，业主（买方、租赁方）处于弱势地位。其根源在于特定的小区内，车位的提供者具有唯一性，小区车位租售市场存在明显的垄断性。规制小区车位、车库租售处分的市场垄断行为，应以完善物权制度为基础，在物权法制度框架体系中建立完善小区车位、车库建设、处分制度，以改善车位、车库市场供求格局，扭转业主在小区车位车库租售市场中的弱势地位。而国外以及我国台湾地区的有关制度设计和做法，即不乏可资借鉴之处。

我国台湾地区有关法律将小区停车位区分为法定与约定两种，法律上规定了法定停车位。开发商具有法定的义务来设立一定数量的停车位，这确实可以

减少小区车位租售纠纷。日本有关法律要求房地产开发商在进行房地产开发时必须附设一定数目的车位，由业主享有其所有权，并不得通过合同约定排除“法定车库”的存在或改变“法定车库”的归属。其规定和我国台湾地区基本一致。

美国对小区内的车库及停车位所有权的法律制度设计，遵循了以下两个最基本的原则：一是不允许小区业主以外的任何其他人拥有小区内车库及停车位的所有权，二是不允许小区内的车库及停车位作为独立的专有部分单独买卖。但是最与众不同的是，美国用法律强制的手段保证小区控制权属于小区内的全体业主，如强制性规定开发商于何时、以何种方式向小区全体业主移交小区的控制权，规定住宅小区是生活区，小区内业主以外的任何其他人不得在住宅小区内从事营利性经营活动，包括经营车库或者停车位的出租业务，严禁开发商在住宅小区内兴建经营用的停车场。〔1〕

德国在1951年颁布《住宅所有权法》时没有规定地下车库的所有权归属，从而曾引起了理论界和司法界激烈的争论。当时的通说认为，地下停车场是建筑物使用空间之附属物，不能成为德国住宅所有权法上的特别所有权标的。1973年德国对《住宅所有权法》进行了修订：“以持久性界标标明范围之停车场，视为有独立性之空间。”这一规定否定了德国学界关于地下车库所有权归属的通说，明确了停车位不论设置在何处，只要有持久性界标标明范围，在性质上都已经由法律拟制为专有部分，可以独立转让和抵押，但是法律同时规定车位的成本不得计入建筑物中。〔2〕

建立完善小区车位、车库建设、处分制度，规制车位、车库租售市场的垄断行为，具体涉及从车位、车库的归属，车位、车库与住宅之间的法定匹配比例，与车位、车库使用权取得等方面的制度。为此，应修订《物权法》以及相关行政规章，以完善物权制度为基础，建立完善小区车位、车库建设处分制度。我们可以借鉴我国台湾地区法定停车位、自由增设停车位、奖励增设停车位的分类方式，确定小区车位的归属分类。借鉴德国把开发商所有的自由增设停车位拟制为专有部分，并规定该类停车位的成本不得计入住宅小区的开发成本中的做法。借鉴美国向业主移交小区的控制权的相关规定，防止业主在生活中受

---

〔1〕 戴忠喜：“把住宅小区控制权交给全体业主——兼谈美国法中住宅小区车库、会所、绿地归属”，载《中国房地产报》2005年9月19日。

〔2〕 张学哲编译：“停车位特别使用权在住宅所有权人共同体内部的转让——《联邦最高法院民事判例集》(BGHZ)，第73卷”，载王洪亮、张双根、田士永主编：《中德私法研究（第1卷）》，北京大学出版社2006年版，第275~279页。

制于小区业主以外的他人和开发商。

（二）完善反垄断制度，明确禁止并有效打击车位租售中的垄断行为

我国《物权法》对于小区车位、车库产权及租售有关问题只有原则性规定，《反垄断法》也只有规制滥用市场支配地位等垄断行为的制度性规定，相关的少量地方性法规又只具有特定的区域性效力且效力较低，何况部分地方出台的相关规范性文件还没有达到法律层面的效力，导致绝大多数地方规制"只卖不租"没有具体的法律法规依据，难以有效预防与处理车位、车库租售纠纷。为此，应在《反垄断法》所确立的禁止滥用其支配地位的这一制度原则基础上，完善有关反垄断立法，明确将小区车位车库"只卖不租"、"只长期租而不短期租"定性为滥用市场支配地位行为，以便有效禁止和打击车位、车库租售中的垄断行为。

在具体立法内容上，应进一步明确小区车位、车库租售交易原则，并采取概括与列举相结合的方式，明确禁止车位、车库租售中的垄断行为。小区车位车库使用权的取得方式，包括购买车位、车库取得所有权而获得使用权，以及不购买车位、车库、不取得所有权而直接租赁车位、车库而获得使用权。小区车位、车库租售应遵循使用便利、充分使用、平等自愿、公平交易等基本原则。值得特别注意的是，开发商（卖方、出租方）坚持"平等自愿"原则租售车位车库，是以不滥用市场支配地位为前提的。开发商滥用市场支配地位而强制交易——通过"只卖不租"等手段强制或变相强制业主购买车位、车库，即不属于受法律保护的"平等自愿"的民事活动。综上所述，可以作如下立法规定：

> 小区车位、车库租售应遵循优先满足业主需要、使用便利、充分使用、平等自愿、公平交易等基本原则。禁止房地产开发企业或者其他房地产开发单位滥用市场支配地位租售车位、车库的下列情形：
>
> （一）车位、车库只卖不租；
>
> （二）车位、车库只长期租不短期租；
>
> （三）不买车位、车库不许业主小车进入小区；
>
> （四）车位、车库租赁价格垄断行为；
>
> （五）采取其他强迫或变相强迫手段租售车位、车库，以及其他滥用市场支配地位行为。

同时，还应规定相应的执法主体与法律责任：房地产开发企业或者其他房地产开发单位滥用市场支配地位租售车位、车库的，房产行政主管部门"应责令其改正，并可处罚款"。具体罚款数额，可以考虑规定为"5 万元以上 20 万

元以下”。情节严重或造成较大社会危害的，可以参照《反垄断法》的有关规定从重处罚。

具体规范形式可以考虑制定包含上述条款内容的部门规章，如由国家住房与城乡建设部、国家工商行政管理总局牵头，制定“房地产开发项目车位和车库租售管理”方面的部门规章；或由有关部门制定《反垄断法》的相关实施指南。也可以考虑修订原有法规，增补上述条款内容，例如，国务院可以参照地方立法经验修订《物业管理条例》，在《物业管理条例》中增订有关条款。在没有出台或修改相关立法之前，可考虑采取制定适用《反垄断法》的司法解释，或者修改最高人民法院《关于审理物业服务纠纷案件具体应用法律若干问题的解释》等方式。

空间权的界定

——兼评析广州市《关于土地节约集约利用的实施意见》第51条

黄晶煌 *

一、引言

2014年3月14日，广州市人民政府办公厅在网站上发文公告：《关于土地节约集约利用的实施意见》（以下简称《实施意见》）即日起实施，有效期为3年。《实施意见》第51条规定，要明确已出让地块的地下空间土地出让金缴交标准。以地上首层市场评估地价为标准，地下负一层按50%计收土地出让金，地下负二层及以下按25%计收土地出让金。〔1〕

对上述规定，社会上存在不同意见。支持的意见认为经营性地下空间与地上空间在利用和盈利上并没有任何区别，征收土地出让金具有《物权法》第136条的法律依据。〔2〕反对的意见则认为地下空间不同于地面的土地，以土地出让金收费有争议。〔3〕也有人认为，地方政府出让土地使用权后，手中就没有权利了，不能以“地下权”的名义再卖一次地皮，土地使用权要么已归业主所

* 黄晶煌，暨南大学法学院民商法2012级硕士研究生。

〔1〕 参见“广州出台《关于土地节约集约利用的实施意见》”，载中国政府网，http://www.gov.cn/xinwen/2014-04/04/content_2653079.htm，2014年4月4日访问。

〔2〕 参见“广州地下空间征缴土地出让金惹争议”，载中国消费网，http://www.ccn.com.cn/news/yianshuofa/2013/1011/512855.html，2013年10月11日访问。

〔3〕 参见“广州土地节约集约利用实施意见出台”，载新浪广东网，http://gd.sina.com.cn/city/gdyw/2014-04-04/09257.html，2014年4月4日访问。

有，要么还保留在房产商手中，绝不会是在地方政府手中。[1]

以上争议涉及的法律问题是：地下一定范围的空间的权利属于什么权利？是地下空间权还是地面建设用地使用权的自然延伸？空间权和建设用地使用权有无区别？两种权利之间是什么关系？等等。这些问题背后反映的更为深层的立法问题是空间权的独立性界定问题，包含两个方面：其一，空间权与地面土地权利在空间关系上是否各自存在，彼此独立？其二，空间权与地面土地权利类型在法律性质上是相同还是有区别，即空间权是一种建设用地使用权还是一种新型的用益物权？以上两个问题是理解和界定空间权的关键所在，也是解决上述关于《实施意见》争议的根本，而且目前空间利用正处于发展白热化阶段，确有必要就这些问题进行深入研究。

二、我国关于空间权的立法

（一）《物权法》关于空间权的规定

《中华人民共和国物权法》关于空间权的规定在第136条："建设用地使用权可以在土地的地表、地上或者地下分别设立。新设立的建设用地使用权，不得损害已设立的用益物权。"

结合本文的研究问题，《物权法》这种立法模式的实质是：承认了空间权在空间关系上的独立，即建设用地使用权可以分层设立，各层分别存在，相互不影响；但否定了空间权在法律性质上的独立，从权利类型上将空间权归入建设用地使用权，不认为空间权是一种新型的用益物权。

对于空间权在空间关系上的独立，法律和学界基本上都达成了共识，但对空间权的法律性质却具有争议，就空间权是否是一种新型的用益物权，学界意见分为"否定说"和"肯定说"。"否定说"认为空间权不是一个新的物权种类，同《物权法》的规定基本一致。"肯定说"认为空间权是一种新型的财产性权利，应当在用益物权章单列一节进行规范。但"肯定说"的论证不够科学和严密，以致不被《物权法》采纳。

笔者认为，空间权是一种独立的权利，其独立包含空间关系和法律性质两个方面的独立，且空间关系的真正独立依赖于法律性质的独立。空间权的法律性质需要独立，空间权是不同于建设用地使用权的一种新型用益物权，其在空间范围、初设主体、使用对价、使用条件、使用目的、权利内容、登记方式等

---

〔1〕 参见"广州地下空间征缴土地出让金惹争议"，载中国消费网，http: //www. ccn. com. cn/news/yianshuofa/2013/1011/512855. html，2013年10月11日访问。

各方面均不同于建设用地使用权。

(二)《物权法》立法模式存在的弊端

空间权之所以需要成为一种新型用益物权，原因在于单纯在空间关系上的独立不是真正的独立，按照物权法现在的规定，以建设用地使用权分层设立将空间权归类为一种建设用地使用权，存在诸多弊端。

1. 法律具体适用上存在问题

《物权法》的立法思路是：国家在创设建设用地使用权时，不仅规定土地的水平四至范围，还要规定土地上下空间的范围，超出该空间外，则与地表权属人无关，国家依然可以为其他主体创设建设用地使用权，只要不同层次的使用权所占空间有区别即可。该立法思路表面上好像行得通，但深入思考，其在操作上、逻辑上和法理上都有问题：

(1)“建设规划和出让合同标准”在实践中难以具体操作。在签订建设用地使用权出让合同时，特别是地表建设用地使用权出让合同时，依据城市建设规划该地块可以建筑的上下空间范围[1]。但城市建设规划不对地下部分作出明确的限制和规划，即便明确了地下建筑部分的层数、高度、面积等，也无法对于建筑物桩基深度进行限制和规划。而建设用地使用权空间范围的确定是实行建设用地使用权分层设立的前提，前提难操作，制度很难实施。

(2) 可能造成公权力的滥用。建设用地使用权的范围由建设规划和出让合同约定，但法律没有规定约定的依据。而土地出让金作为地方政府的重要财政来源，难保地方政府不会为了财政收入而压缩各层建设用地使用权的空间范围，特别是地面建设用地使用权的范围，以更多层地创设权利，收取每层的土地出让金。

(3)《物权法》生效以前已经存在的建设用地使用权范围尴尬。因为《物权法》出台之前并没有法律法规对建设用地使用权的垂直范围进行规定，其实行的是四至登记法，虽然建筑高度也受城市建设规划限制，但纵向权利范围是没有限制的。但按照《物权法》的立法模式，建设用地使用权具有垂直范围限制，且空间权在法律性质上属于一种建设用地使用权，只能由国家创设出让，土地使用权人无权为他人再创设权利，这对这些既存权利无疑是很大的侵害。

---

[1] “比如，在深圳，建设用地使用权人对空间享有的权利是通过出让土地的四至、建筑物的高度和深度确定的。其中建筑物的高度根据规划确定；深度根据技术指标确定的建筑物的基底位置确定。”全国人大常委会法制工作委员会民法室编著：《物权法（草案）参考》，中国民主法制出版社2005年版，第290页。

（4）上下层空间的权利性质可能不一致。分层设立建设用地使用权在城市土地范围内实施还勉强说得过去，即地面存在建设用地使用权，地下和空中同样存在建设用地使用权，但超出城市土地范围，逻辑上就解释不通了。比如说在农村，地面土地为集体所有，若因现实需要开发且仅开发该土地的地下空间，这种情况地下空间的权利该如何定性？

（5）非建设目的的空间使用情形不被涵盖。根据《物权法》的规定，建设用地使用权的权利内容在于利用土地建造建筑物、构筑物及其附属设施。[1]将空间权归类为建设用地使用权，意味着空中和地下设立的建设用地使用权也只能用来建造建筑物、构筑物和附属设施，但实际上空间的用途很广泛，很多空间利用类型，建设用地使用权根本适用不了。建设用地使用权对空间开发利用来说，过于狭隘。

（6）很多空间利用情形以建设用地使用权界定并不实际。比如，户外独立广告设施，这是一类空间利用，其特点是空中的展示牌是发挥作用的主体，占地面积却极小，几乎可以忽略，如果以此设立建设用地使用权会显得有点小题大做，建设用地使用权通常对应大面积的地产建设。

（7）建设用地使用权的登记制度无法适用于空间使用。建设用地使用权是一种发展久远的平面权利类型，而空间权则需要三维立体思维，将空间权归类为建设用地使用权，登记方式上有冲突。水平分层的空间利用还可以在平面登记的基础上增加高度登记，但很多空间利用情形并非水平分层，而是相互交叉、镶嵌。

2. 造成法律理解的混乱，导致地方规章的不规范

之所以说空间权在空间关系上的独立依赖于其法律性质的独立，原因在于法律性质不独立，容易造成空间关系理解的混乱，有时会产生建设用地使用权数量上的错觉。

比如广州《实施意见》，有人认为《实施意见》以《物权法》第136条为法律基础，这种观点是对法律理解的错误。《物权法》虽然将空间权归类为一种建设用地使用权，但在空间关系上是明确的，即空中和地下分别设立的建设用地使用权独立于地面建设用地使用权。而《实施意见》则把地下空间权和地面的建设用地使用权混在一起，在空间关系上已违背了空间权的独立性，更别提法律性质。意见中要求“明确已出让地块的地下空间土地出让金缴交标准”，

---

〔1〕 详见《物权法》第135条的规定：“建设用地使用权人依法对国家所有的土地享有占有、使用和收益的权利，有权利用该土地建造建筑物、构筑物及其附属设施。”

显示其针对的地下空间是“已出让地块”的地下空间，即地面建设用地使用权的地下空间，而不是独立于地面建设用地使用权的地下空间。但作为地面建设用地使用权的自然延伸，其地下空间和地表是一体的，地下空间的出让金属于整个建设用地使用权的一部分，并不需要另外缴纳。如果是独立于地面的、在地下空间一定范围内单独设立的建设用地使用权，还有收取费用的理由。

因此，认为《实施意见》以《物权法》为法律依据的看法并不正确，《实施意见》与《物权法》的规定不相符。但存在这种理解错误，和《物权法》将空间权归类为建设用地使用权的立法模式有关系，空间权应当规定为一种独立的、新型的、不同于建设用地使用权的用益物权，其权利内容应结合空间利用的特点进行界定。

三、国外对空间权的界定模式

根据《元照英美法词典》，空间权的定义为：“利用全部或部分不动产上空的权利。”[1]不过由于客观情况的不同，各国对具体空间权内容的规定存在较大差别，可以了解并择优借鉴。

（一）英美法系对空间权的界定——可转移发展权

关于空间权的立法，最受关注的国家是美国。空间权产生于美国城市的开发过程，属于一种可转移的发展权（Transferable Development Rights，简称TDR）。其法律原理是土地权利人对土地及附属空间拥有使用或者开发的权利，土地权利人对其没利用的土地上的空间，可以转移或者销售给他人开发使用，以此获得对价。[2]

空间权是土地权利的构成要素，拥有土地权利就拥有土地上方的空间权。但土地上方的空间也有范围限制。20世纪之后，由于飞机的出现，飞机飞行的空间，包括起飞和降落的空间，全部由国家征用。[3]地面土地权利的空间范围，

---

〔1〕 薛波主编：《元照英美法词典》，法律出版社2003年版，第56页。

〔2〕 “Air rights are a type of development right in real estate.”；“is based on the concept that with land ownership comes the right of use of land, or development. These land-based development rights can in some jurisdictions be used, unused, transferred or sold by the owner of a parcel.”，http：//en. wikipedia. org/wiki/Air_rights.

〔3〕 “Unlimited air rights existed when people began owning real estate. It was not something that anyone really concerned themselves with before the 20th century. The first legal limits placed on air rights came about because of the airplane. Eventually, owners only had rights to airspace that they could reasonably use.”；“Airplanes must stay 1000 feet (300m) higher than any obstacle (building, antenna, etc.)”，http：//e n. wikipedia. org/ wiki/Air _rights.

经过多次科学论证，美国规定地上空间以地表之上200米为限，[1]即土地权利人能拥有地面以上，200米以下的空间。

在法定的空间范围内，空间权的转移不需要经过公权力，可以在私主体之间自由交易；当然，属于国家的土地，附属的空间权就由国家处分。

（二）大陆法系对空间权的界定——特殊的地上权

相比英美法系空间法律，大陆法系关于空间权的立法较保守，基本都是将空间权归类为一种地上权，或者在地上权范围内进行变通，界定为特殊的地上权。

德国《地上权条例》规定，地上权的形式包括普通地上权和空间地上权。[2]还规定了次地上权制度，即地上权设立后，地上权人可以与第三人签订协议，次地上权人根据协议，可以支配地上权人支配范围内所指定土地的地表或上下空间，或者仅支配土地的上下空间。[3]次地上权不同于空间地上权，但次地上权的设定范围可以仅限于空中或者地下一定范围的空间，为土地上下空间，脱离地表而单独成为民法物权之客体提供了法律依据。

我国台湾地区“民法”的规定是，在地面设立的土地他物权为普通地上权，而在空中或地中设立的他物权为区分地上权。普通地上权的空间范围和土地所有权完全一致，如果先设立普通地上权后设立区分地上权，则设立区分地上权需要得到普通地上权人的同意，因为区分地上权处于普通地上权的权利范围内；如果先设立区分地上权再设立普通地上权，则只要普通地上权不妨害区分地上权即可。[4]

日本的立法与我国台湾地区一致。[5]此外，日本还有《下水道法》、《大深

---

〔1〕 王毅：“国土资源的新权设——空间权解析”，载《华章》2009年第3期。

〔2〕 刘德宽：《民法诸问题与新展望》，中国政法大学出版社2002年版，第409页。

〔3〕 孙宪忠：《德国当代物权法》，法律出版社1997年版，第228页。

〔4〕 我国台湾地区《民法物权编修正草案》第841条之一规定：“称区分地上权者，谓以在他人土地上下之一定空间范围内设定之地上权。前项设定范围，第三人有用益物权或有以该用益物权为标的之物权，或有第425条第1项之租赁关系者，应得其同意。”第841条之五规定：“土地所有人设定区分地上权后，于同一土地再设定普通地上权者，其再设定地上权之权利行使，不得妨害先设立之地上权。”参见史浩明、张鹏：“海峡两岸空间权利设计思路之比较——以‘区分地上权’和‘空间建设用地使用权’为中心”，载《苏州大学学报（哲学社会科学版）》2010年第1期。

〔5〕 日本《民法典》第269条之二规定：“①地下或空间，以对工作物的所有为目的确定上下范围后，可以作为地上权的标的。此时，可以通过设定行为，为地上权的行使对该项土地的使用加以限制。②前项地上权，即使存在第三人对土地使用或收益的权利，只要得到享有其权利或以其权利为标的的权利的一切人承诺，亦得行使。此时，对土地享有使用或收益权利的人不得妨碍该项地上权的行使。”参见陈祥建：“关于空间权的性质和立法体例的探讨”，载《中国法学》2002年第5期。

度地下公共使用特别措施法》、《有关修建共同沟法的特别措施法》等一系列规范空间使用的法律法规。其中，《大深度地下公共使用特别措施法》规定深层空间和公共土地的地下空间使用权归国家所有，政府在利用上述空间时无需向土地所有者进行补偿。[1]通过对建筑物的固定性试验，日本规定深层空间以地表之下60米为限。[2]即地上权人对地表以下的权利只限于地表至地下60米的范围。

四、我国空间权立法的完善

（一）建议《物权法》增设不同于建设用地使用权的独立空间权

独立空间权是指将存在于空中或者地下一定空间范围内的权利以一种新型用益物权类型加以规定。从前文介绍的国外法律可以看出，这些国家在法律性质上都不同程度地承认空间权的独立，美国直接命名为空间权；大陆法系各国将空间权归类为地上权，但定性上为一种特殊的地上权。建议我国《物权法》调整空间权的立法模式，借鉴美国模式，而不是大陆法系模式，增设不同于建设用地使用权的独立的空间权，不仅在空间关系上承认空间权是独立的权利，在法律性质上也承认空间权是一种独立的权利类型。因为我国的用益物权体系和大陆法系存在区别，借鉴大陆法系模式无法从根本上解决我国空间权问题。我国的用益物权种类并不如大陆法系周延。大陆法系的役权包括地役权，也包括人役权，还有公共役权的概念，比如法国“行政地役权”和我国台湾地区“公用地役权”等。[3]而我国物权法缺少人役权的概念，也没有公共地役权，很多空间使用情形大陆法系的法律可以解决，我国的用益物权体系却解决不了。如果借鉴大陆法系的模式把空间权定性为一种特殊的建设用地使用权，还是会存在很多问题。

（二）对我国增设独立空间权的具体设计建议

从文义理解的角度，空间权和建设用地使用权，或者土地使用权确实存在交叉和重叠之处。因为土地使用权对外一般也显示为以建筑物、构筑物、附属设施及竹木等占有土地上下一定范围的空间，只是土地使用权主要在于利用土地的作用，受土地的局限，强调和土地的关系，而空间权无此限制。解决重叠问题，笔者认为，可以采取对土地使用权和空间权进行限缩性解释的方法，使

---

〔1〕［日］平松弘光：“日本地下深层空间利用的法律问题”，陆庆胜译，载《政治与法律》2003年第2期。

〔2〕王毅：“国土资源的新权设——空间权解析”，载《华章》2009年第3期。

〔3〕张玲：“浅议‘公共地役权’制度缺位——从架空线建设角度探讨”，载《黑龙江省政法管理干部学院学报》2009年第4期。

土地使用权仅限于依附地表且包含地表上下一定空间的权利，再明确规定空间权的法律构成条件，区别于土地使用权。

1. 存在于土地使用权的使用范围以外

首要条件是重新界定土地使用权的垂直范围。前文已分析现行的“建设规划和出让合同”标准实践中难以操作，且缺乏法理基础。土地使用权的垂直范围应该是统一的并且在单个权利设定前已经具体明确，才能体现公平。

空间包括地上空间和地下空间。地上空间应排除外层太空和航空空间。地下空间也仅指地表以下人类能利用的空间。土地使用权具体的垂直范围，笔者认为应当如美国和日本一样规定确切而统一的数字范围。但是否如美国和日本以地表之上200米至地表之下60米这两个数字为限，可以结合中国实际情况。建议相关立法组展开广泛深入的社会调研和地质勘查，反复检验，参考地下60米至地上200米的标准，确定具体的数字。

确定土地使用权的垂直范围之后，并非简单以此界线区分土地使用权和空间权。笔者认为，若使用空中的非土地使用权空间，应当设立空间权；而土地使用权地上空间范围内，若权利人达到土地使用目的后仍剩余可利用空间，应该也可以为第三方设立空间权。地下空间亦同理。

整个地表上下的空间法律权利划分，以图表表示，如下图：

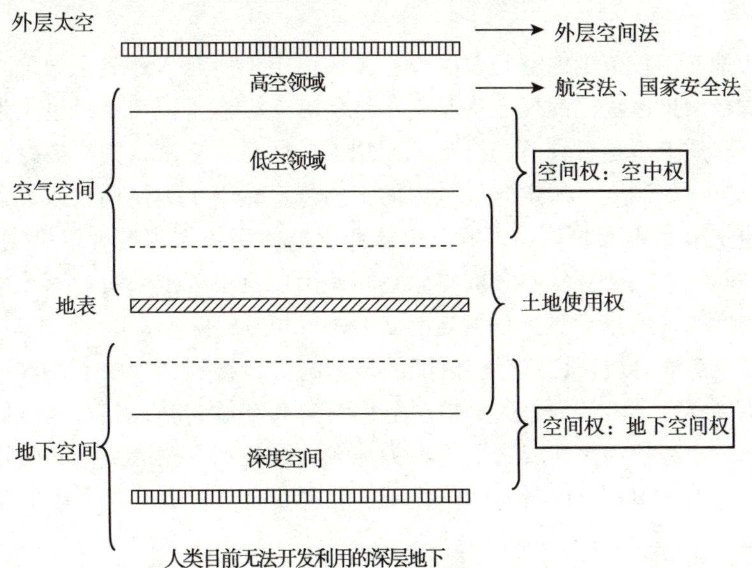

根据以上范围划分，可以看出广州《实施意见》第51条规定的模糊，地下空间的使用可能是基于土地使用权，也可能是基于空间权，并不能笼统而论。

2. 以支付空间使用费为对价

如果是基于空间权利用空间，支付的价款不能是土地出让金。土地出让金完整概念是土地使用权出让金，对应的权利是建设用地使用权。学界普遍认为，土地出让金来源于马克思的地租理论，是土地所有权在经济上的实现，指土地使用者为使用土地而向所有者缴纳的实物形态或货币形态的租金。〔1〕地租关系存在于土地所有者与土地使用者之间，其立足的前提是土地所有权的垄断和土地所有者的绝对地位。〔2〕也就是说，我国收取土地出让金的主体只能是国家，私人无权收取土地出让金，如果土地使用权人在未利用的空间为他人创设空间权，也收取土地出让金，将存在理论的冲突。可见，土地出让金和建设用地使用权制度是相互匹配，彼此支撑的，但这些理论并不适合增设的独立的空间权制度。权利与对价应当相互呼应，权利不同，对价也不一样，对价混为一谈，权利也就难以区分。在此可将空间权的对价界定为空间使用费，如海域使用权的对价为海域使用费一样。

3. 权利创设主体为国家、集体或者土地使用人

空中非土地使用权空间和地下深层空间，此两部分空间不属于土地使用权范围，空间所有权仍是完整的，归国家或集体所有，在这些范围内使用空间，理应由国家或集体给予使用人设定空间权，空间权人向国家或集体支付空间使用费。

而土地使用权范围内空间权的设立主体为土地所有人还是土地使用人？日本和我国台湾地区法律的规定都是由土地所有人设立，但需要经过土地使用人的同意，实质上也是以利益交换土地使用人的同意。笔者认为，更好的做法应当如美国空间权制度，规定此范围内的空间权直接由土地使用权人创设，空间使用费由土地使用人收取。国家、集体和土地使用权人都应有权设立空间权，也即，空间权不是全部从国家取得，空间使用费也不能全部由国家收取。以此思路，则广州《实施意见》的规定有必要进行相应的修改。

当然，有人会质疑，这是将巨额的国家利益转移到私人手上，这样的权利设计并不现实。笔者认为，这种情况下调节公共利益和私人利益，可以通过征税来实现。土地使用人在权利范围内为他人创设权利，获取了空间使用费，属于财产性收入，国家可以对这部分收入征收税费。这样既可以平衡国家利益和

---

〔1〕 柳臻："我国土地出让金制度的历史变迁研究"，中共中央党校2008年硕士学位论文。

〔2〕 冯继康："马克思地租理论的逻辑内涵及现代价值"，载《济南大学学报（社会科学版）》2003年第4期。

私人利益，又比较符合法理和正义。

4. 空间关系上独立于土地使用权

土地使用权与空间权同时存在、紧密相连的情况下，如何区分空间权？笔者认为，存在于土地使用权法定空间范围外的空间利用，均成立空间权。即使是独立成幢的超级摩天大楼，其超出法定范围的部分也成立空间权，当然，若我国规定的土地使用权法定范围如日本和美国般宽广，这种情形不太可能发生。如果在土地使用权法定空间范围内，由土地使用权人为第三人设立的空间权，笔者认为，构成要件必须是空间关系的独立，包括空间物理形态上的独立以及法律关系上的独立，即空间利用物与地表建筑物、构筑物、竹木等所占范围能相互区别，且权利人不同于土地使用人，方可构成空间权。

5. 以排他占有使用为权利目的

建设用地使用权的目的在“建”不在“用”，具体内容上，是以保有“建筑物或构筑物”为目的，若权利人长时间不行使建造建筑物或构筑物的权利目的，不仅需要承担行政处罚的后果，还可能影响权利的归属。比如，《闲置土地处置办法》就规定，建设用地使用权人超过出让合同或者划拨决定书约定、规定的动工开发日期满 1 年未动工开发的建设用地属于闲置土地。对闲置土地，国家可以收回。〔1〕而空间权，其以利用空间为目的，至于空间用途，仅要求在法律法规规定的范围内，质言之，空间权的使用目的远远超出了建设用地使用权的使用目的。〔2〕依笔者理解，空间权的重点应当在“用”而不是“建”，主要是空间的排他性占有。笔者建议，空间权的目的应以排他性的占有使用即可，不用强求为建筑使用，再将空间权归类为建设用地使用权，不仅理由牵强，且局限了空间的利用类型。

6. 以不损害土地使用权人的利益为要求

相对土地利用，空间利用需要注意地心引力的影响。土地对地面建筑具有支撑作用，传统地面权利受到的重力影响基本相同。空间则不同，存在地下空间利用的地面建筑，在重力影响下容易引起坍塌，且危害一旦产生，造成的损失将十分惨重。为避免影响地面权利，增设的空间权应当包含更高程度的对地

〔1〕 详见《闲置土地处置办法》第 2 条：“本办法所称闲置土地，是指国有建设用地使用权人超过国有建设用地使用权有偿使用合同或者划拨决定书约定、规定的动工开发日期满 1 年未动工开发的国有建设用地。”第 12 条：“因本办法第 8 条规定情形造成土地闲置的，市、县国土资源主管部门应当与国有建设用地使用权人协商，……协议有偿收回国有建设用地使用权……”

〔2〕 张洋、牛学辉：“论空间利用权作为独立权利的基础”，载《兰州大学学报（社会科学版）》2010 年第 5 期。

面的安全保障义务，要求权利人自主采取高规格开发或建设标准，其利用不得损害地面土地使用权人的利益。地下空间的权利人应负担更大强度的义务，采取各种措施保证地面建筑安全。地上空间的利用则要求空间权利人承担反重力的安全义务，保证自身权利不至于影响下方的权利。

7. 通常情况下具有寻求支撑和通行的必要

空间权还有一个特点在于以现有的科学技术，大部分的空间利用需要借助地面的支持。如果是空中建筑物或构筑物，一般通过某种方式将其重力牵引至地表而依赖地表的支撑，比如高架桥的支柱，空中走廊连接的建筑物，以及架空线的架空架，等等，即使使用现在最先进的建筑技术，也无法实现空中的建筑物独立地悬置于地表上空。地下空间的利用，则存在通行的问题。如地下商场、地下车库、地铁等，如若地面不给予通行的出入口以及通风透气的方便，这些地下空间根本无法发挥其正常的作用。即使是地下电线电缆、排水管道这类埋于地下的空间利用，看似与地面无太大关系，但也需要在部分区域的地面设置出口，将其功能导出。

8. 能够进行三维闭合立体式登记

空间不同于土地，其具有立体性，但一般界线不明朗，特别是地表上方的空间。如果不借助参照物，较难确定一个空间的范围，容易产生虚无缥缈的感觉，甚至有人以此否定空间的物权属性。实际上空间都能够固定和界定范围，只是区分空间范围，需要一套符合空间特点的、不同于土地登记方法的三维立体登记制度。建议相关立法组结合空间的特点，借助经纬网、高程系统、海平面或者长期固定的地面参照物等标准构建一套空间权的三维闭合立体的登记制度，使不同的空间权能够通过登记进行范围的区分。而构成空间权的空间利用，必须能够通过空间权的三维立体登记制度进行界定，具备登记可行性。不特定、无法通过登记加以明确的空间利用，不能构成空间权。

综上所述，笔者建议《物权法》增设空间关系和法律性质均独立的空间权，空间权具体构成条件应当包括：由国家、集体或土地使用权人设立的，存在于空中或地下某一空间范围内的，独立于土地使用权，以支付空间使用费为对价，以空间的排他占有使用为目，以不损害地面权利人的利益为权利要求，有权要求地面提供支撑和通行的方便，且能通过三维闭合立体登记制度进行登记。以这样的思路增设独立的空间权，可以完善用益物权制度，使全部子权利的外延之和等于用益物权的概念，弥补我国用益物权种类不周延的缺点；也能够适应空间利用的特点，有利于为未来空间的深入开发预留更大的空间。更重要的是，将空间权当作一种新型的用益物权加以规定，更能平衡各方利益，体现社会公平。一方面，可以平衡国家和私人利益。现行将空间权归类为建设用地使用权的立法模式是站在公权力的角度设计的，能最大限度地为国家获取利益。但《物权法》作为保护私人财产权的重要法律，并不能从维护公权力的角度立法。增设独立的空间权，在合理规定建设用地使用权范围的前提下，突破权利首设主体为国家的限制，可以更大限度地保障私权利，平衡公私主体利益。另一方面，增设独立的空间权，其权利义务内容可以区别于建设用地使用权，空间权负担更大程度的义务，保证其权利行使不影响建设用地使用权，可以平衡土地使用权人和空间权人的利益。《物权法》将空间权归类为建设用地使用权，意味着地面和上下空间的权利同样都是建设用地使用权，规定后设立的权利不得损害先设立的权利，并无法实质解决问题。空间利用的问题在于空间开发对地面安全的影响，和权利设立的先后顺序没有太大关系。

五、结语

“空间权的确立体现了近代社会关于土地使用的新观念和新要求。在人类法律文明尤其是不动产法的发展历史上是一个重大的事件，即使称之为一场革命也不为过。”[1]法律的规定总是与生产力的发展息息相关，权利的种类也是逐步产生的。对待新的权利类型，我们应当以事物运动变化的规则对待，而不能以保守的眼光来审视。

按照本文的分析，广州市《关于土地节约集约利用的实施意见》第51条的规定反映的是一种错误的法律理解，混淆了空间权和地面的建设用地使用权，忽视了大多数地下空间是地面建设用地使用权的必要延伸。也没有体现不同地下空间使用类型在法律上的不同评价，笼统地以相同的标准对所有地下空间征收费用，可能会打击人们利用空间的积极性。可以说，《关于土地节约集约利用的实施意见》折射了《物权法》关于空间权在空间关系上独立，而在法律性质上不独立这种立法模式存在的弊端，应当引起我们的反思，引发针对我国增设独立空间权的研究。应当在《物权法》增设独立空间权的基础上进行修改，区分空间权和建设用地使用权，才能真正促进土地及空间资源的节约集约利用。

---

〔1〕 梁慧星主编：《民商法论丛：第3卷》，法律出版社1995年版，第102页。

我国商品房预售预告登记制度初探

陈佳玲 * 龙著华 **

一、我国商品房预售预告登记制度的概述

（一）不动产预告登记的概念

预告登记制度源自早期普鲁士法中规定的异议登记制度。根据《德国民法典》第883条第1款[1]的规定，预告登记制度是从预告登记的目的进行界定，即以保全为目的。在日本民法中，所谓的预告登记，即通常理解的异议登记，[2]而在《不动产登记法》第2条[3]中，日本的预告登记被称为“假登记”，经过对法条的考察，其与德国相关规定相类似，保全的对象是该法第1条[4]规定的若干债权请求权。《瑞士民法典》第959条[5]、第960条[6]主要

---

* 陈佳玲，广东外语外贸大学2013级民商法专业硕士研究生。

** 龙著华，广东外语外贸大学法学院教授。

〔1〕《德国民法典》第883条第1款规定：“为保全目的在于转让或废止一项土地上的物权请求权，或土地负担上的债权请求权，得在土地登记簿上为预告登记。被保全的请求权附条件或附期限时，也准许为预告登记。”

〔2〕赵莹：“中日不动产登记制度的比较研究”，华东政法大学2012年硕士学位论文。

〔3〕《日本不动产登记法》第2条规定：“假登记下列各项情形进行：①未具备登记申请程序上需要的条件时；②欲保全前条所载权利的设定、移转、变更或消灭的请求权时。上述请求权为附始期、附停止条件或其他可于将来确定者时，亦同。”

〔4〕《日本不动产登记法》第1条规定：“登记，就不动产标示或下列不动产权利的设定、保存、移转、变更、处分限制或消灭而进行，①所有权；②地上权；③永佃权；④地役权；⑤先取特权；⑥质权；⑦抵押权；⑧承租权；⑨采石权。”

〔5〕《瑞士民法典》第959条规定：“①法律明文规定须预告登记者，如先买权、买回全、买受权、用益租赁权和使用租赁权等人的权利，得在不动产登记簿进行预告登记；②处分的限制，一经预告登记后，即对他人日后取得的权利具有对抗效力。”

〔6〕《瑞士民法典》第960条：“对下列土地处分限制可进行预告登记：①官方为保全有争议的或待执行的请求权所发布的命令；②出质、破产或遗产延期分割；③属法定预告登记的，如家宅的设定及后位继承人的继承权等权利。这些处分的限制，一经预告登记后，即对他人日后取得的权利有对抗的效力。”

从预告登记的范围和预告登记的效力角度作了规定。《韩国不动产登记法》的第3条[1]规定了“假登记”实质上也是属于预告登记，条文中的保全对象也是有关物权变动的债权请求权。

我国的学者对不动产预告登记制度各有看法。梁慧星教授认为，预告登记是一种特殊的登记，是一种为了使物权变动可以顺利进行的防御性手段。[2]孙宪忠教授认为，预告登记是针对由于债权人还不具有申请本登记的条件但对未来取得物权享有请求权的权利人，为了使之后的物权变动可以顺利进行，法律保护他的这一请求权而进行的登记。[3]王利明教授认为，预告登记为了保全关于不动产物权的请求权而将该请求权加以登记的制度。[4]我国台湾地区学者史尚宽认为，预告登记是为土地权利之债权的请求权之预备登记，即以物权之设定及移转为目的之请求权之预备登记。[5]

笔者认为，不动产预告登记，是指为保全以将来发生不动产物权变动为目的的请求权，在未具备申请本登记的条件之前进行的一种特殊登记，是与本登记相对应的一项登记制度。

（二）商品房预售的概念

商品房预售是商品房销售的一种形式，起源于香港，霍英东先生是采用了“预售楼花，分期付款”的方法来销售商品房，不久这种销售模式发展到了深圳，此后在全国范围内迅速发展。

商品房预售实质上就是预售人在商品房将正在建造但仍未完工之时，与预购人签订商品房预售合同，由预购人支付定金或者房款，由预售人在商品房建造完工后交房的一种法律行为。

（三）商品房预售预告登记制度的概念

商品房预售预告登记制度，即预告登记制度在商品房预售领域的适用。在辨析商品房预售预告登记制度时，必须明辨其与《城市房地产管理法》第

---

〔1〕《韩国不动产登记法》第3条：“需要保全、设定、转移、变更或消灭属于第2条各项之一权利的请求权时，可办理假登记。该请求权为附期限或者附停止条件，以及其他将来能够确定的请求权时，亦同。”

〔2〕梁慧星：《中国物权法草案建议稿：条文、说明、理由与参考立法例》，社会科学文献出版社2000年版，第168页。

〔3〕孙宪忠：《论物权法》，法律出版社2001年版，第453页。

〔4〕王利明：《中国民法典学者建议稿及立法理由：物权编》，法律出版社2005年版，第52页。

〔5〕史尚宽：《民刑法论丛》，荣泰印书馆1973年版，第115页。

45 条[1]确立的商品房预售合同登记备案的区别。商品房预售预告登记制度登记的对象是预购人的物权变动的债权请求权，而商品房预售合同登记备案是向有关部门备案商品房预售合同。另外，根据我国《不动产登记暂行条例实施细则（草案征求意见稿）》99 条[2]的规定，商品房预售的预告登记是“可以”提出申请，而不是强制性的。商品房预售合同登记备案是具有强制性的。

商品房销售模式可分为商品房现售和商品房预售，根据《商品房销售管理办法》第 3 条[3]对现售和预售的规定可见，现售的商品房是房屋已经竣工并验收合格，预售的商品房是仍在建造还未完工，实际上，预售和现售商品房在合同签订和进行物权变动的过户登记之间都存在一定的时间差，但是，在商品房现售中，购房者有签完合同马上进行物权变动的过户登记的可能性；而在商品房预售中不存在这种可能性，商品房预售的时间差更大，风险系数更高，预告登记在商品房预售中的作用越发明显。

二、我国商品房预售预告登记制度的发展与现状

（一）《物权法》的相关规定

梁慧星教授和孙宪忠教授共同参与起草的《中华人民共和国物权法草案建议稿》第 35～37 条分别对预告登记的客体、效力、义务人的抗辩权以及预告登记的涂销作出了详尽的规定，[4]而部分学者认为预告登记仅仅限制于商品房预售，而有关商品房预售预告登记制度只需要在有关商品房预售的法规中规

---

〔1〕《城市房地产管理法》第 45 条规定：“商品房预售，应当符合下列条件：①已交付全部土地使用权出让金，取得土地使用权证书；②持有建设工程规划许可证；③按提供预售的商品房计算，投入开发建设的资金达到工程建设总投资的 25% 以上，并已经确定施工进度和竣工交付日期；④向县级以上人民政府房产管理部门办理预售登记，取得商品房预售许可证明。商品房预售人应当按照国家有关规定将预售合同报县级以上人民政府房产管理部门和土地管理部门登记备案。商品房预售所得款项，必须用于有关的工程建设。”

〔2〕《不动产登记暂行条例实施细则（草案征求意见稿）》第 99 条规定：“申请预购商品房的预告登记，应当提交下列材料：①已登记备案的商品房预售合同；②当事人关于预告登记的约定；③预售许可证等证明材料；④法律、行政法规规定的其他必要材料。预售人和预购人订立商品房买卖合同后，预售人未按照约定与预购人申请预告登记，预购人可以单方申请预告登记。预购人单方申请预购商品房预告登记时，预售人与预购人在商品房预售合同中对预告登记附有条件和期限的，预购人应当提交相应的证明材料。”

〔3〕《商品房销售管理办法》第 3 条规定：“商品房销售包括商品房现售和商品房预售。本办法所称商品房现售，是指房地产开发企业将竣工验收合格的商品房出售给买受人，并由买受人支付房价款的行为。本办法所称商品房预售，是指房地产开发企业将正在建设中的商品房预先出售给买受人，并由买受人支付定金或者房价款的行为。”

〔4〕刘明明：“商品房预售预告登记制度研究”，西南政法大学 2012 年硕士学位论文。

定即可，不需要规定于《物权法》之中。我国《物权法》自2007年10月1日起施行，其第20条明确地规定了预告登记的内容，从本质上认识到预告登记应扩大适用范围到其他不动产物权，不应是只限定于房屋，此外，预告登记具有对抗性，未经预告登记人同意，处分该不动产的，不具有物权效力，也即是预售人在预购人进行预告登记之后，未经预购人的同意，处分该不动产的，不具有物权效力，这完善了《物权法》颁布之前的规定。

（二）《房屋登记办法》的相关规定

自2008年7月1日起施行的《房屋登记办法》是《物权法》中规定商品房预售预告登记制度的细化。在《房屋登记办法》的第67条[1]中，进一步扩大了商品房预售的预告登记范围，除了预购商品房可以申请预告登记，“以预购商品房设定抵押”也可以申请预告登记。在第68条中，是对《物权法》第20条第2款的补充，《物权法》是规定了预告登记失效的情况，而《房屋登记办法》是规定了在符合条件时，房屋登记机构经申请应当将预告登记转为本登记。在《房屋登记办法》中也确定了预告登记可以单方申请，且对程序上作出了细致的规定。

（三）《不动产登记暂行条例实施细则（草案征求意见稿）》的相关规定

近期发布的《不动产登记暂行条例实施细则（草案征求意见稿）》（以下简称《草案征求意见稿》），共8章137条，面向社会公开征求意见，而今已结束征求意见。不动产是国民最大一笔财产，国家不仅应当摸清“家底”，更应明确依法保护公民“家底”的立法宗旨，同时准确掌握不动产数据，为改革决策提供支撑。[2]

《草案征求意见稿》的第五章第九节是有关预告登记的规定。《草案征求意见稿》中第99条[3]第1款的规定与《房屋登记办法》中第69条保持一致，仍是表述为“预售人未按照约定与预购人申请预告登记”，由此可见，《草案征求意见稿》的立场仍是要维持预售人与预购人先约定。

三、我国商品房预售预告登记制度存在的问题

（一）预告登记的中间处分行为效力的规定过于僵硬

根据我国《物权法》第20条的规定，在预购人对预购的商品房进行预告登

[1]《房屋登记办法》第67条规定：“有下列情形之一的，当事人可以申请预告登记：①预购商品房；②以预购商品房设定抵押；③房屋所有权转让、抵押；④法律、法规规定的其他情形。”

[2] 参见“中国不动产登记暂行条例公开征求意见结束”，载凤凰财经，http://finance.ifeng.com/a/20140922/13132905_0.shtml，2014年10月26日访问。

[3] 参见《不动产登记暂行条例（征求意见稿）》第99条的规定。

记之后，未经预购人的同意去处分该预购商品房的，不发生物权变动的效力，单凭这一法条，难以看出我国实行何种效力原则，但是从《房屋登记办法》第68条[1]和《草案征求意见稿》第102条[2]可见，我国在实践中是采取绝对无效主义，采用绝对无效主义的确在一定程度上防止了“一房多卖”的情形，可预告登记只是使债权请求权具有了物权上的效力，可该商品房的所有权仍然在预售人处，采用绝对无效主义不利于兼顾双方的利益。另外，在进行预告登记之后，若预售人“一房二卖”的违约行为发生，预购人也由于某种原因不购买该房屋，在这样的情况下，绝对无效主义的处理成本将偏高。

（二）忽视商品房预售人的抗辩权

在讨论法律没有赋予预售人的抗辩权之前，必须明辨预告登记导致预售人损失问题。商品房预售预告登记制度主要是为了保护预购人的合法权利，可基于民法的平等原则，预售人的权利也不容忽视。

另外，由于房地产市场的波动，在预售人签订合同之后交房之前预购商品房的房价有可能起伏较大，有的预购人等到交房之时，宁愿承担违约责任也不愿意收房，这不仅仅造成房地产市场的波动，也对预售人带来很大的经济损失。预售人没有抗辩权在这些制度的使用中处于劣势。

（三）商品房预售预告登记机关审查义务过低[3]

预告登记的登记机关在登记的过程中，一般只是审查材料提交是否齐全等形式上的审查，对于材料的真实性并未作出实质性的考证，而现今商品房预售预告登记制度在实践中不断发展，也出现了一些新的问题，房地产商手头上掌握了房屋购买者大量的信息和个人资料，为虚假信息的提供创造了条件。例如，李四与一案外人王五合谋签订了商品房预售合同，并提供虚假材料由王五进行了预告登记，张三向法院申请强制执行李四的财产，而李四只有这一经过预告登记的财产，而数年来双方互相串谋，一直保持着预告登记的状态，使张三无法执行其财产。由此可见，只是进行形式审查容易被利用，使商品房预售预告登记制度成为他人谋利的工具，但是，在现实中，若登记机关对于提交材料的

---

〔1〕《房屋登记办法》第68条第1款规定：“预告登记后，未经预告登记的权利人书面同意，处分该房屋申请登记的，房屋登记机构应当不予办理。”

〔2〕《不动产登记暂行条例实施细则（草案征求意见稿）》第102条规定：“预告登记生效期间，未经预告登记的权利人书面同意，处分该不动产权利申请登记的，不动产登记机构应当不予办理。预告登记后，债权未消灭且自能够进行相应的不动产登记之日起3个月内，当事人申请不动产登记的，不动产登记机构应当按照预告登记事项办理相应的登记。”

〔3〕刘明明：“商品房预售预告登记制度研究”，西南政法大学2012年硕士学位论文。

审核实行实质审核，必须付出极大的人力物力，对技术性和专业性的要求也很高，实行起来颇为困难。

（四）商品房预售预告登记的起算时间不清晰

根据我国《物权法》第20条第2款的规定，预告登记的起算时间是“自能够进行不动产登记之日”，而对于法条的这个表述，学界有不同的看法，一种看法是以与预售人房屋建造完成并且做了初始登记拿到产权证的时间点作为预告登记“能够进行不动产登记之日”。[1]另一种看法是以预购人的实际情况出发，在预售人拿到产权证后，预购人知道或应当知道可以申请开始起算。[2]这两种看法在实践中引起了莫大的争议，预告登记起算时间的确定的确是商品房预售预告登记制度中的一个关键性问题。

（五）商品房预售预告登记机关的赔偿责任难以落实

根据我国《物权法》第21条[3]规定，登记机关若是登记错误，是应该承担赔偿责任，此外还规定了追偿制度。法律的规定是合理的，但是在实践操作中，出现了一些落实方面的困难。在《草案征求意见稿》中规定了登记机构的人员现在必须参加培训[4]，在一定程度上提高了登记人员的素质，减少了登记的错误。但是，若是登记机关需要赔偿，如何落到实处，资金何处而来，这也是一个关键性的问题。

四、完善我国商品房预售预告登记制度的建议

（一）预告登记的中间处分行为采用相对无效主义

根据我国相关法律分析，我国目前采取的是绝对无效主义，这加大了一些商品房预售合同纠纷的处理成本，且利于双方利益的平衡。根据《德国民法典》第883条第2款[5]和我国台湾地区的“土地法”第79条的规定，[6]均采

---

[1] 肖荣远：“预告登记制度审判实务问题研究”，载《成人高教学刊》2008年第2期。

[2] 郭晓利：“物权法预告登记制度浅析”，载《法制与经济（中旬刊）》2008年第9期。

[3] 《中华人民共和国物权法》第21条规定：“当事人提供虚假材料申请登记，给他人造成损害的，应当承担赔偿责任。因登记错误，给他人造成损害的，登记机构应当承担赔偿责任。登记机构赔偿后，可以向造成登记错误的人追偿。”

[4] 《不动产登记暂行条例实施细则（草案征求意见稿）》第10条规定：“承担不动产登记审核、登簿的不动产登记工作人员应当熟悉相关法律法规，具备与其岗位相适应的不动产等方面的专业知识。”承担不动产登记审核，登簿的不动产登记工作人员应当通过国土资源部组织的考核培训。

[5] 《德国民法典》第883条第2款规定：“在对土地或权利为预告登记后所为的处分，在妨害前项请求权的全部或一部的限度内无效。”

[6] 我国台湾地区的“土地法”第79条规定：“前项预告登记为凃销前，登记名义人就其土地所为之处分，对于所登记的请求权有妨碍者无效。”

取相对无效原则，由此可见，相对无效原则已有国家采纳并运用于相似的领域，[1]笔者认为，在商品房预售合同纠纷中，法院根据立法的精神，大多是保护预购人的，例如，某房地产公司和王某签订了商品房预售合同，而后来发生纠纷时，某房地产公司以其在签合同时不具有预售资格请求法院认定合同无效，以此规避责任，而法院认为根据《商品房销售管理办法》的立法原意是为了保护预购人的利益，认定合同有效。[2]这样的判决也无可厚非，因为预告登记制度设定的初衷就是为了保护预购人的利益，而一个制度的切实有效地施行必须尽量兼顾双方的利益，我国必须采取相对无效原则来平衡预售人和预购人的利益，在预购人和预售人签订合同并进行预告登记之后，交房之前的物权变动行为若是不影响先前的预告登记行为，应当视其为有效的物权变动，也即是说，仅在妨碍之范围内无效。[3]

（二）赋予商品房预售人抗辩权

在我国《物权法》中并未赋予预售人抗辩权，所谓的抗辩权，是指权利人用于对抗他人的请求权。[4]从理论上来说，商品房预售预告登记制度实际上就是保护预购人的债权请求权，请求权与抗辩权是相对应的。预告登记权利人享有两项请求权：其一为预告登记请求权；其二为基于预告登记所享有的债权请求权。梁慧星主持完成的《中国物权法草案建议稿》中有这样的规定："对预告登记所保全的请求权承担相应义务的人，如享有对该请求权的抗辩权，其抗辩权不因预告登记而消灭。"[5]由此，笔者认为，应该赋予预售人抗辩权，这是在实践操作中的需要，赋予其抗辩权，有利于预售人在预告登记侵权中对自己权利的维护。

（三）明确商品房预售预告登记机关的审查义务

如今，利用预告登记来损害他人合法权益的案例[6]比比皆是。在我国《物权法》中，并未明确规定登记机关应该实行何种审查方式，是形式审查抑

---

[1] 朱桂荣："论商品房预售中的预告登记制度"，中国政法大学2009年硕士学位论文。

[2] （2013）山民一初字第00541号，关于乔某诉某房地产开发公司商品房预售合同纠纷的民事判决书。

[3] 王泽鉴：《民法学说与判例研究·8》，中国政法大学出版社2003年版，第64页。

[4] 魏振瀛主编：《民法》，北京大学出版社2010年版，第37页。

[5] 刘明明："商品房预售预告登记制度研究"，西南政法大学2012年硕士学位论文。

[6] （2013）青法民初字第43号，关于辛某诉某房地产开发公司的商品房预售合同纠纷民事判决书，辛某和某房地产开发公司签订商品房预售合同，之后并未做预告登记。而后该房地产开发公司为了借款售楼，欺瞒消费者，又与第三人签订了商品房买卖合同，并于同一天做了预告登记。这是利用预告登记损害他人合法利益的典型行为。

或实质审查。只是在《物权法》第12条[1]中作出了列举性的规定，对登记机关的职责作出了规定。正如所有列举式的规定方式，用列举式的规定无形中缩小了规定的范围。在《广州市城镇房地产权登记办法（草案)》中明确规定了形式审查制度，对审查制度的明文规定对登记机关的工作起到了指导性的作用，是具有其必要性的。

学界对登记机关的审查方式有不同的理解，一种认为，《物权法》这样的规定是要求登记机关进行实质审查，[2]也即是说，登记机关必须对提交上来的材料的真实性等进行审查。另一种观点是形式审查为主，实质审查为辅。笔者认为，要求登记机关完全进行实质性的审查是不现实的，即便《草案征求意见稿》要求登记机关的登记人员要培训，持证上岗，可对于材料的实质性审查要求的专业性和技术性十分高，需要付出大量的人力物力，但也不可以单纯为形式审查，对材料的真实性等方面不作细究，所以，应以形式审查为主，实质审查为辅，在审查中充分使用调查核实权，询问权等权利，对材料进行比形式审查更进一步的审查，尽量辨别虚假材料。

（四）明确商品房预售预告登记的起算时间

预告登记的起算时间学界有争论，但是笔者认为若是以“申请人知道或者应当知道能够进行不动产登记之日起”这个标准来作为预告登记的起算时间，则有欠客观，而且也不好确定，此外，预售人掌握大量的资源和信息，而预购人在一些情况下难以及时得知能够进行不动产登记的时间。预售人进行的所有权初始登记是登记在案的，时间比较明确，有利于争议的减少，所以，在适用中应当把预告登记的起算时间认定为“预售人在预售商品房办理所有权初始登记后”。

（五）建立专门的商品房预售预告登记赔偿基金

根据《物权法》的规定，对于登记机关登记错误的赔偿是严格责任，所以，在考虑赔偿责任认定的过程中并不考虑过错，只要是登记机关登记错误了即要进行赔偿。由此问题便落到了落实赔偿方面，法律规定很清晰，只是在实际操作中存在落实困难的问题。笔者认为，商品房预售预告登记中登记错误导

[1]《中华人民共和国物权法》第12条规定：“登记机构应当履行下列职责：①查验申请人提供的权属证明和其他必要材料；②就有关登记事项询问申请人；③如实、及时登记有关事项；④法律、行政法规规定的其他职责。申请登记的不动产的有关情况需要进一步证明的，登记机构可以要求申请人补充材料，必要时可以实地查看。”

[2] 黄松有主编、最高人民法院物权法研究小组编著：《〈中华人民共和国物权法〉条文理解与使用》，人民法院出版社2007年版，第80页。

致的损害一般较大，要保证赔偿到位，在国外，不动产登记错误的资金来源主要是以国家财政承担不动产登记错误赔偿金，由导致登记过错的责任人来负担不动产登记错误赔偿金，由保险机构来承担不动产登记错误赔偿金。在我们国内可以采用设立基金的方式，在香港也有不动产登记机构设立的专门的赔偿基金制度，根据我国的实际情况，应该以我国财政出资为主，以不动产登记机构设立专门的赔偿基金为辅来落实赔偿，这样减轻了登记机关的压力，也确保了赔偿可以落到实处，同时也提高了商品房预售预告登记制度的权威性。

债权形式主义下不动产登记效力之检视

刘小妹 *

一、问题之提出——从一则案例谈起

甲公司将其名下的两个车库于2000年出卖给乙公司，乙公司付清全款并于当月开始使用至今。由于甲公司房产纠纷较多，房管局对涉及甲公司的房产一律不予办理过户手续，乙公司因此无法办理该两个车库的过户手续。2009年，该两个车库被甲公司某债权人丙公司申请执行，乙公司提起执行异议，执行局裁定其异议成立；丙公司遂提起执行异议之诉，请求许可执行。一审法院认为，现有证据能够证明：在诉争的两个车位被查封前，甲公司已将两车位出售给乙公司，乙公司支付全部价款并实际占有使用。尽管未办理权属过户手续，但乙公司对此并无过错。因此，乙公司已实际取得两车位的相关权利，人民法院不得查封、扣押、冻结，遂判决驳回丙公司诉讼请求。

本案的法律关系并不复杂，其争议焦点关涉我国《物权法》中一个基础性规定——物权变动的债权形式主义与最高人民法院《关于人民法院民事执行中查封、扣押、冻结财产的规定》（以下简称《查封规定》）第17条相[1]冲突。依最高人民法院颁布的《查封规定》之规定，第三人只要符合以下的三个要件，即使未办理产权过户登记手续，人民法院仍不得执行：其一，第三人已经支付全部价款；其二，第三人已经实际占有；其三，未办理过户登记手续的，第三人对此没有过错。但是，《物权法》第9条第1款规定，不动产物权的设

---

* 刘小妹，华南理工大学法学院2013级民商法学硕士研究生。

〔1〕 最高人民法院《关于人民法院民事执行中查封、扣押、冻结财产的规定》第17条：“被执行人将其所有的需要办理过户登记的财产出卖给第三人，第三人已经支付部分或者全部价款并实际占有该财产的，但尚未办理产权过户登记手续的，人民法院可以查封、扣押、冻结；第三人已经支付全部价款并实际占有，但未办理过户登记手续的，如果第三人对此没有过错，人民法院不得查封、扣押、冻结。”

立、变更、转让和消灭，经依法登记，发生效力；未经登记，不发生效力，但法律另有规定的除外。按照《物权法》的规定，物权转让、变更的唯一要件就是登记。也就是说，即使支付全部价款、实际占有，但未过户的，第三人对不动产仍无法享有物权，只享有对相对人的债权，不动产仍为相对人的财产，相对人因债务纠纷时，对该不动产法院可予查封。

由于《查封规定》与《物权法》规定的差异，导致实践中产生了诸多争议，司法实践中援引《查封规定》判决的案例比比皆是。在此背景下，有必要重新审视不动产登记在我国当下债权形式主义物权变动模式中之效力。

二、债权形式主义物权变动模式之探微

（一）物权变动模式及我国的立法选择

物权变动，可基于法律行为、继承、公用征收等多种法律事实而发生，其中，基于法律行为的物权变动是《物权法》规范的重点。大陆法系民法立法就物权如何发生变动业已形成了“三足鼎立”的规制格局，即以《德国民法典》为代表的物权形式主义，以奥地利、瑞士民法典为代表的债权形式主义，以及以法国、日本民法典为代表的债权意思主义。[1]

物权形式主义以《德国民法典》为其代表。在物权形式主义下，买卖标的物所有权的转移，除需要有买卖合同、登记或交付外，还需当事人就标的物所有权的移转达成一个独立于买卖合同之外的合意。物权变动的合意与交付或登记结合，共同作为引起物权变动的法律事实。债权意思主义以《法国民法典》为其代表。在债权意思主义下，物权变动为债权行为的当然结果，既不需另有物权行为，也不以交付或登记为生效要件，交付或登记不过是对抗第三人的要件而已。债权形式主义也称意思主义与登记或交付的结合，其认为，物权因法律行为发生变动时，除当事人之间需有债权行为外，仅需另外践行登记或交付的法定方式，即发生物权变动的效力。[2]

就我国的物权变动模式而言，《物权法》第6条规定：不动产物权的设立、变更、转让和消灭，应当依照法律规定登记。动产物权的设立和转让，应当依照法律规定交付。《物权法》第14条规定：不动产物权的设立、变更、转让和消灭，依照法律规定应当登记的，自记载于不动产登记簿时发生效力。根据上述两个条款，我国不动产物权变动以登记为生效要件，如果缺乏这一要件，即

---

〔1〕 参见梁慧星、陈华彬：《物权法》，法律出版社2010年版，第75页。

〔2〕 参见孙宪忠：《论物权法》，法律出版社2008年版，第91~92页。

无从发生物权变动的法律效果。据此，我国《物权法》确立了典型的债权形式主义规范模式。

（二）债权形式主义物权变动模式的强制法品格之审视

“物权变动模式之选择并非一事实问题，而系价值判断问题。一国物权法制究采何种模式，应根据该国宏观经济环境、社会需求及法律体系为综合判断。”[1]据此，物权变动模式并不具有逻辑上的必然；但是，当一国确定其物权变动模式之后，该规定即具有强制性，物权如何依法律行为发生变动之规定并非权限规范，而是一种行为规范。[2]也即，不动产所有权的转移是通过法律的强制性规范来确定其变动模式的，登记行为的完成是物权变动法律效果实现的条件，且登记行为并不存在当事人自由约定的空间。

因此，如果从债权形式主义的视角进行检讨，前述案例中的法院判决显然存在错误。乙公司与甲公司的买卖合同只是引起物权变动的原因行为，要发生物权变动效果，还需进行过户登记。在尚未办理移转登记的情况下，法院依据乙公司实际占有、使用车库的事实，直接认定“乙公司已实际取得两车位的相关权利”，显然违反了《物权法》有关债权形式主义之规定。

三、不动产登记效力之反思

德国学者认为，德国法上的土地登记簿具有下列三项作用：转让作用；推定作用；善意取得作用。[3]亦有学者提出，不动产物权登记的具体效力有：物权公示效力、物权变动的根据效力、权利正确性推定效力、善意保护效力、警示效力和监管效力。[4]本文认为，在债权形式主义下，不动产登记有两种最为核心的效力：其一，作为物权变动的生效要件，即物权变动的根据效力；其二，作为权利状态的公示所具有的推定作用，即权利正确性推定效力。善意保护效力属于权利正确性推定效力的进一步延伸，二者在逻辑上具有紧密的联系，可以纳入推定作用一并进行检讨；至于警示效力、监管效力等，或者属于登记的附随效力，或者具有强烈的公法色彩，本文不对之进行详述。

---

〔1〕 施建辉：“合作开发合同项下之物权变动研究”，载《河北法学》2008 年第 2 期。

〔2〕 苏永钦：《民事立法与公私法的接轨》，北京大学出版社 2005 年版，第 90 页。

〔3〕 参见［德］鲍尔·施蒂尔纳：《德国物权法·上册》，张双根译，法律出版社 2004 年版，第 61 页。

〔4〕 参见孙宪忠：《论物权法》，法律出版社 2008 年版，第 446 ~ 450 页。

（一）物权变动的根据效力之检讨

1. 不动产物权变动的登记要件主义

所谓物权变动的根据效力，即以登记作为物权变动的生效要件。我国《物权法》第14条规定，不动产物权的设立、变更、转让和消灭，依照法律规定应当登记的，自记载于不动产登记簿时发生效力。值得一提的是，在物权形式主义之下，登记同样具有物权变动的根据效力。例如，《德国民法典》第873条规定，为转让一项地产的物权，为在地产上设立一项物权以及转让该项权利或者在该权利上设立其他权利，如法律没有另行规定，必须有权利人和因该权利变更而涉及的其他人的合意，以及该变更在不动产登记簿上的登记。

负载物权变动之根据效力的登记属于实质主义登记，其与形式主义登记相对。所谓形式主义登记，指的是登记对不动产物权变更的行为只具有确认或者证明的效力，而没有决定其能否生效的效力。登记的对抗第三人的效力是登记的消极作用，而登记对物权变动的决定效力是它的积极作用，而且是实质主义登记制度最重要的作用。之所以认为登记的这一效力是“实质主义登记制度最重要的作用”，主要是因为，债权形式主义的运作，在最基本的层面上即是依赖于实质主义登记的制度设计。

2. 其他形式要件作为确权依据之批判

有学者提出，不动产登记之外，具备物权意思表示形式要件的其他行为，同样可以在当事人之间作为确权的依据。具体而言，交付房屋、交付不动产权属证书、当事人双方向不动产登记机关提交的登记申请书、公证甚至公证申请书都可以作为物权变动的生效要件。[1]本文认为，这一见解在不觉间已经跨入了债权意思主义的领地，登记所具有的物权变动根据效力完全被消解了。“不动产登记之外，其他这些可以作为物权确权依据的方式，因为其形式条件差异，不一定都能达到不动产登记所具有的强烈的排斥第三人的效果，有些甚至不能产生排斥第三人的效果；但是在不涉及第三人时，它们至少可以在当事人之间确定物权的变动，有些甚至可以对当事人发生法律效果。”[2]如果物权变动依此逻辑运行，将会出现在双方当事人之间有效成立的物权无法对抗第三人的情形，从而滑向了债权意思主义。

前述法院判决之问题，正在于将实际占有、使用的事实直接认作权利取得的依据。“这种错误应当说后果很严重，它会鼓励和纵容合作开发合同当事人以

〔1〕 参见孙宪忠：《争议与思考——物权立法笔记》，中国人民大学出版社2006年版，第406页。

〔2〕 参见孙宪忠：《争议与思考——物权立法笔记》，中国人民大学出版社2006年版，第406页。

约定的方式取得物权及对抗第三人。这是典型的债权意思主义，显然有违债权形式主义之本旨。”[1]基于此，必须重申：物权如何依法律行为而发生变动，并非权限规范，而是强制规范，不允许当事人通过合意改变法律规定的物权变动生效要件。登记之外的其他行为，无论其是否具备物权意思表示的形式要件，在法律上皆不具有物权变动生效要件的意义。

（二）权利正确性推定效力之思考

“权力正确性推定效力，指的是以不动产登记簿所记载的当事人权利内容为正确不动产权利的效力。”[2]那么，登记推定力将在何种领域发挥作用呢？有观点认为，物权公示制度的主要目的，在于解决物权发生让与的情况下第三人信赖利益的保护问题。如果不存在第三人的信赖利益，则不存在交易安全的保护，物权关系即使不透明，也无所谓损害的发生。本文则认为，静的安全和动的安全，即占有秩序及交易安全均是登记制度所欲保护的价值。当然，登记推定力在两个领域具有不同的效力形式：就占有秩序而言，登记推定力属于证明责任规范，真实权利人可以举证反驳权利正确性推定；而一旦涉及交易第三人，登记推定力即得到进一步的强化，越过证明责任分配的范畴而上升为善意保护效力。

1. 登记的证明责任规范效力之检讨

“登记推定力制度的设置，并不能导致登记名义人终局确定地享有真实权利，只是减轻了登记名义人的证明负担，其无需积极证明自己权利的真实性，而是将举证责任移转给提出相反主张之人，由其举证反驳登记推定力。”[3]登记推定力在表面上偏向了法律真实的观念，但实际却为客观真实的保护留下了巨大的空间，这也正是更正登记与异议登记的制度旨趣。基于此，在不涉及交易第三人的情形中，登记上的名义所有人并不具有实质意义，法律所欲保护的是真实权利人。正是在这一层面上，有学者提出了事实物权的概念：“对于与法律物权分离的真正物权，即我们所称的事实物权，它是指在不存在交易第三人的情况下能够对抗法律物权的物权。”[4]根据该学者的观点，事实物权包括原始取得的物权、准法律物权、由于登记错误或借名登记产生的事实物权等，是否存在交易第三人是事实物权能否对抗法律物权的判断标准。

---

〔1〕 施建辉：“合作开发合同项下之物权变动研究”，载《河北法学》2008年第2期。

〔2〕 参见孙宪忠：《争议与思考——物权立法笔记》，中国人民大学出版社2006年版，第446页。

〔3〕 常鹏翱：《物权程序的建构与效应》，中国人民大学出版社2005年版，第207页。

〔4〕 参见孙宪忠：《争议与思考——物权立法笔记》，中国人民大学出版社2006年版，第448页。

事实物权概念的提出，体现了对真实权利人的法律保护，具有一定的积极意义。然而，这一概念的最大缺陷在于将所谓“准法律物权”亦纳入事实物权的范畴。“准法律物权”的典型案例是：当事人双方具有房屋买卖的意思表示，由于客观原因未办理过户手续，但出卖人将房屋权属证书或房屋本身交付给了买受人，即类似于前述案例的情形。将此“准法律物权”作为事实物权，不仅减弱了事实物权的法理正确性，更混淆了债权形式主义与意思主义的物权变动模式。这一误解的症结在于，事实物权人对抗法律物权的方式是“恢复自己的物权”，即之前已经取得该物权；而准法律物权正处于物权取得的过程中，自然不符合事实物权的界定。换言之，事实物权的概念仅针对已经产生的物权，而并不适用于物权的取得过程；无论是否存在交易第三人，在物权取得领域都不应存在所谓“准法律物权”，而应当严格依照债权形式主义发生物权变动。

2. 登记的善意保护效力之反思

善意保护效力是登记推定力的进一步强化，法律之所以赋予登记此种效力，完全出于保护交易第三人的目的。在债权形式主义模式之下，第三人具有严格的法律构成，只有在法律物权与事实物权相分离，并且发生善意取得的情况下，才存在严格意义上的“第三人”。而在物权变动的过程中，即债权合同已经生效，但尚未办理移转登记的情形，不存在“第三人”，此时根本没有达到交易“第三人”保护的层面，仅仅涉及物权变动是否生效的问题。如前述案例中，因尚未办理产权登记，乙公司仅享有合同债权，而丙公司同样享有对甲公司的债权。此时，丙公司并非乙公司的“第三人”，二者同处于债权人的地位，自然应依据债权的平等原则进行处理。

相较而言，债权意思主义之下的“第三人”问题则更为复杂。在日本民法理论上，关于“第三人”的范围问题经历了一个反复、深入的过程。无限制观点认为，“第三人”是指物权变动当事人及其概括继受人以外所有的人。之后大审院联合部判决认为，所谓“第三人”，是指对不动产物权的得丧变更有主张登记欠缺正当利益的人；反之，对该不动产没有正当权源而主张权利的人，或者以侵权行为施加损害的人均非“第三人”。对抗问题限定说认为，只有处于对抗关系中的人才是“第三人”，具体包括争夺相互间不能共存的物权的优先效力的人，或者互相争夺对物的支配，并被认为是因信赖登记而行动的人。[1]

---

〔1〕 参见［日］近江幸治：《民法讲义Ⅱ：物权法》，王茵译，北京大学出版社2006年版，第69～74页。

本文不拟就债权意思主义之下的“第三人”问题过多展开，但是，通过比较很容易发现，实务以及学理上的诸多误解，正是在有意无意间，将登记对抗主义中的“第三人”嫁接到了债权形式主义之下。由此，“第三人”的范围才会不断扩张，甚至在物权变动之中，都以是否涉及“第三人”而作不同的处理，从而在根本上背离了债权形式主义规范模式。

四、结语：对司法自由裁量的简要回应

债权形式主义规范模式之下，不动产物权变动以登记作为生效要件。登记的此种功能具有强制法的特征，不允许当事人以意思自治进行伸缩；否则，债权形式主义与债权意思主义即失去最基本的界限，《物权法》确立的债权形式主义物权变动模式必将遭受侵蚀，物权流转秩序也将趋于混乱。因此，在债权形式主义下，不存在所谓“物权在双方当事人之间已经发生变动，但不得对抗第三人”的情形。而在登记推定力的范域，根据是否存在交易“第三人”，应当作出不同的处理：如果不存在“第三人”，法律倾向于保护真实权利即事实物权，允许推翻推定力；而一旦出现交易“第三人”，法律则由客观真实偏向法律真实，登记推定力也强化为善意取得效力。实务及学理上的诸多误解，正是由于将登记对抗主义下的“第三人”嫁接到了债权形式主义之下，将“第三人”作为物权领域一切问题的思维原点，甚至渗透到债权形式主义的物权变动之中。而“第三人”在我国物权框架下的作用范围，恰恰是我们应当进行厘清的。那么，司法自由裁量权在物权法定主义面前是否应当受到限制，本文对此持肯定意见。以前述两个司法解释为例，最高人民法院《关于人民法院民事执行中查封、扣押、冻结财产的规定》以及《关于建设工程价款优先受偿权问题的批复》实质上赋予了买受人对于涉案标的物的物权性支配效力，然而，在债权形式主义规范模式下，不动产物权变动以登记作为效力要件，法院依据“支付全部价款并实际占有该财产”、“交付购买商品房的全部或者大部分款项”的事实认定发生物权效力，显然违背了物权变动的强制法规范特征。就登记推定力而言，法院自然可以根据是否存在交易“第三人”，对推定力作出不同的认定，但这只是法官对于《物权法》规定的解释与适用过程，并非司法自由裁量权的运用。基于此，在物权法定主义面前，至少就债权形式主义下的不动产登记而言，不应存在司法自由裁量的空间。

论瑞士民法中因夫妻财产分割所设立的用益权

赵希璇 *

一、引言

家庭财产的划分有各种目的，最常见的是以有利于家庭某个或某些成员为目的。与之相反，以减少某个（些）家庭成员的份额以保障特殊财产转移给某些人为目的或以利于夫妻财产或遗产的分割为目的。将某财产的用益权分配给某人，而将此财产的虚有权分配给另一受益者可以达到划分财产的某些目的，并且更加利于财产所有权的转移。对财产用益权的分配，主要作用在于，可以维持生存配偶之生活，而该财产的所有权人则另有其人，在实践中最常见的所有权人为死者的直系卑亲属。用益权作为划分财产的一种工具，常用于夫妻财产的划分以实现利益分配的某种目的。

以分割财产用益权和虚有权的方式转移财产以划分家庭财产，各种情形下，体现出的优点和缺点是不一样的。在一种情形下体现优点的，在另一种情形下就未必如此了。因此，需要对每种情形进行专门的具体的分析，本文将结合《瑞士民法典》中的相关条文对夫妻财产制解散时的各种情形下的用益权分配规则进行具体分析，力求展现瑞士民法中对此类用益权的精巧设计，以求抛砖引玉。

本文从用益权的概述着手，将研究集中在讨论家庭财产中的用益权，重点为婚姻法中夫妻财产的用益权，包括登记的同性伴侣间的财产用益权。

---

* 赵希璇，中山大学法学院2012级民商法博士研究生。

二、用益权概述

（一）在夫妻财产上设立的特殊用益权

一般用益权和属于夫妻财产权特殊种类的用益权可以划分家庭财产，特殊用益权的受益人是生存的配偶。该用益权一方面赋予其要求其他继承者在夫妻共同居住房屋上设立役权的权利（《瑞士民法典》第219条第1款，第244条第2款，第612a条第2款[1]）。[2] 另一方面，死者为生存配偶设立将来的用益权将可能会损害他们共同后代的特留份（《瑞士民法典》第473条）。该用益权设立的条件和该用益权的效力从属于一般用益权、婚姻法及继承法的一般规定。而婚姻法和继承法中的用益权具有特殊的附加的条件和方式，比如，在设定用益权时，《瑞士民法典》第219条第1款所指的用益权人必须要居住在设立用益权的房屋内。[3]

（二）特殊用益权的适用规则

一般而言，用益权会促使相关财产上的权利分化，虚有权只赋予所有权人在不触及用益权人权利的情况下，对设定用益权的财产进行处分或者在该财产上设立负担的权利，以及反对用益权人滥用用益权的权利，另有规定除外。[4] 用益权人享有使用、收益和管理该财产的权利。[5] 因此，财产的价值分为虚有权的价值和用益权的价值，而用益权的价值取决于用益权的期限、用益权人的年龄和利息的高低。[6]

对夫妻财产的用益权和虚有权的分配根据夫妻财产制所适用的规则进行

---

〔1〕 本文参考1907年12月10日颁布的《瑞士民法典》(RS 210)，2013年7月1日状态。第219条第1款："①对于双方原来居住的、属于死亡一方所有的住宅或套房，生存的夫妻一方为维持生活，可以根据收入分享财产制，请求取得该住宅或套房的用益权或居住权，但婚姻协议另有约定除外。"第244条第2款："如有正当理由，应生存配偶或死者其他法定继承人的请求，可准其不取得所有权，而是获得用益权或居住权。"第612a条第2款："情形需要，应生存配偶或其他法定继承人的请求，可分配给该配偶使用权或居住权以代替所有权。"

〔2〕 Steinauer, Les droits réels（物权），III N 2425b.

〔3〕 生存的配偶也可以要求《瑞士民法典》第776条及以下所指的居住权，其只有在住宅内居住的权利；Steinauer, Les droits réels（物权），III N 2497 s. 参见 Farine, 142 ss, au sujet d'usufruits conditionnels.（附条件的用益权）

〔4〕 Steinauer, Les droits réels（物权），III N 2452 ss.

〔5〕 Steinauer, Les droits réels（物权），III N 2405.

〔6〕 Très détaillé à ce sujet, t：Rumo-Jungo, 13 ss. Voir aussi：Steinauer, Les droits réels（物权），III N 2406.

(《瑞士民法典》第197条第2款之5和第198条之4)。[1]该用益权因用益权人的死亡灭失(《瑞士民法典》第748条第2款);[2]用益权人死亡的，该用益权不能继承；与之相反，虚有权人死亡的，该权利从其死亡之日起归入虚有权人的遗产开始继承。用益权人在日常花费的范围内承担用益财产的维护费、用益财产所负担债务的利息和交纳用益财产上的相关税收(《瑞士民法典》第764条第1款)。[3]其他费用及开支则由虚有权人负担，虚有权人同样对维护财产的状况负有责任。[4]然而，如财产的流通价值可以支付这些费用时，用益权人不能反对虚有权人将财产进行流通(《瑞士民法典》第765条第3款)。[5]

此用益权作为划分家庭财产的工具，其优缺点取决于其设立方式、价值以及夫妻利益分割价值的影响。除去这些因素，当事人的关系也很重要。用益权人和虚有权人要在某财产上一起分享他们的权利，而这种状态将持续多年，如果他们之间存在不良影响和冲突，将损害用益权人对财产的收益和良好管理，或者导致对财产的维护不到位，等等。这样一来，此用益权将无法给用益权人带来好处。

三、婚姻法中的用益权

(一) 瑞士民法中的夫妻财产制度

在瑞士婚姻法中，通行的夫妻财产制度为收入分享制度，但是夫妻双方可以通过婚姻协议采用共有财产制度、分别财产制度或者其他特殊的夫妻财产制度。收入分享财产制包括夫妻每方取得的收入和每方的自有财产。在该财产制度解除时，夫妻任何一方或其继承人有权分得夫妻另一方财产盈余的一半。共有财产制度包括夫妻双方的共有财产和自有财产两部分，而在共有财产制因夫妻一方死亡或因双方采用其他财产制而解除时，任何一方或其继承人均应得到

---

[1] 参见 Deschenaux/Steinauer/Baddeley, N 932 ss, 1047 ss. 另《瑞士民法典》第197条第2款之五和第198条之四规定了，夫妻收入分享财产制度中收入部分的财产和自有部分的财产的内容。

[2] Steinauer, Les droits réels(物权), III N 2406, 2464. 另《瑞士民法典》第748条第2款:"用益权，因到期、用益权人放弃权利或死亡等原因灭失时，对不动产的用益权，所有权人仅有请求涂销登记的权利。"

[3] Steinauer, Les droits réels(物权), III N 2406, 2443 s, 2447 ss. Rumo-Jungo, 6, Cf. aussi, pour des développements détaillés(详细的发展), Feinberg. 另《瑞士民法典》第764条第1款:"用益权人应当保存好标的物，并自行进行日常维护的修复和翻新。"

[4] Steinauer, Les droits réels(物权), III N 2406, 2446a, 2450, ainsi que 2446b au sujet du devoir (limité) d'assurer le bien contre certains risques. (保护财产防范风险的有限责任)

[5] Steinauer, Les droits réels(物权), III N 2406, 2451. 另《瑞士民法典》第765条第3款:"其他开支由所有权人负担，然而，他可以在用益权人不同意提前免息支付必要费用的情况下，变现设定用益权的财产。"

共有财产中的一半。因正当理由，采取分别财产制度的，该理由消失后，夫妻双方可以重新采用原财产制或者约定其他财产制度。

婚姻法在关于夫妻财产制度的规定里明确了，夫妻双方可以共同在某财产上设立用益权或者夫妻一方可以申请得到某财产上的用益权。

（二）各种财产制度解除时设立的用益权

1. 收入分享制解除时设立的用益权

《瑞士民法典》第219条第1款，对夫妻共同居住的住宅或房屋的所有权人一方死亡而导致的收入分享财产制度解除时，该住宅或房屋上的利益进行了设计。[1]生存的配偶可以请求按其在夫妻共同体中的利益份额来折算得到该住所的用益权（《瑞士民法典》第210条和第215条）。[2]在生存的配偶无法通过继承方式分得该住所时，该条规定的得到用益权的方式就很可贵了。[3]

法律的规定可以由婚姻协议变更或废除（《瑞士民法典》第219条第1款），除非相关规定自动排除了《瑞士民法典》第612a条所指的生存配偶的权利。[4]婚姻法的原则为，收入分享财产制解除时，以财产价值分割财产，而不是以夫妻一方主张得到另一方财产的物权的方式分割财产。[5]《瑞士民法典》第219条规定的权利非常细致明确，对该条只能进行限制性的解释（即不能扩大其含义）。因此，只能为了实现规则本身的目的而进行财产分配，如果生存的配偶并没有生活在住所内则不能主张对该住所的用益权；[6]如果生存的配偶在对住房具有所有权的另一方死亡后立即搬出住所，即使其因为健康状况进入敬老院之类的老年安置场所，也不能获得该房屋的用益权。[7]法律也有较宽泛的

---

〔1〕 参见 Deschenaux/Steinauer/Baddeley, N 1383 关于《瑞士民法典》第219条的定义和 les N 1385 ss. 关于此规定的解释说明。

〔2〕《瑞士民法典》第210条："①各方收入的财产，包括应计入收入的财产和对收入的财产的补偿，减去收入财产上负担的债务，及构成盈余。②亏损不考虑。"第215条："①夫妻任何一方或其继承人有权分得夫妻另一方财产盈余的一半。②夫妻各方的上述债权应获得清偿。"第219条第1款也规定了可以请求居住权而不是用益权，以及第2款规定了分得家具的所有权。参见 Deschenaux/Steinauer/Baddeley, N 1388 ss. BaK ZGB I-Hausheer/Aebi-Müller, art. 219, N 53et 79 ss.

〔3〕 参见 Hausheer/Reusser/Geiser, art. 219, N 17 ss. 中有更详细的描述。

〔4〕 Hausheer/Reusser/Geiser, art. 219, N 20 et 75.

〔5〕 根据《瑞士民法典》第205条第2款规定的夫妻双方为某财产的共有权人，则夫妻一方可以主张分得该财产。对于夫妻共同住所，诉请人可以主张优先利益以维持其生活；参见 Deschenaux/Steinauer/Baddeley, N 1391. BaK ZGB I-Hausheer/Aebi-Müller, art. 219, N 6.

〔6〕 Deschenaux/Steinauer/Baddeley, N 1386. Un peu moins restrictifs（稍微不严格），BaK ZGB I-Hausheer/Aebi-Müller, art. 219, N 7.

〔7〕 Hausheer/Reusser/Geiser, art. 219, N 30.

解释，即根据立法的目的认为是合理的情况，如生存的配偶离开住所是为了以住所的租金来维持生活，这种情况下该配偶是可以获得住所的用益权的。

《瑞士民法典》第219条第4款规定，如果居住权涉及死亡一方所从事职业或经营事业的场所，而因后代继续从事该职业或事业所需，则生存的配偶不能请求得到该场所。农民的继承权同样也保留（《瑞士民法典》第219条第4款，LDRF）。〔1〕

根据《瑞士民法典》第219条的效力，生存的配偶可以主张从可继承的夫妻共有财产中取得用益权。根据生存配偶的或者根据其他继承人的请求，也可以将某财产的所有权分给生存的配偶，只要根据情形表明这样做是合理的（《瑞士民法典》第219条第3款）。〔2〕这种财产分配方式适用于，居住权所涉及的利害关系继承人下落不明，用益权的价值不菲（尤其是用益权人年轻），生存的配偶与作为财产虚有权人的继承人相处不好，潜在的用益权人希望在住所上进行重要的投资的情形。〔3〕

归功于《瑞士民法典》第219条，将夫妻的共同住所分配给生存的配偶并不需要死亡一方的处分。遗嘱中没有明确住所的虚有权人的，则由继承人来决定虚有权人，以及住所的最终所有权人。〔4〕死亡的一方可以最后意愿的方式对这些事务作出决定。

根据法律，进行用益权的分配时，应将用益权的价值计入夫妻财产利益分割中的生存配偶的份额。如果该配偶的利益份额不足以折抵用益权的价值，则其应补足应被继承遗产的价值。〔5〕

对于《瑞士民法典》第219条的用益权（对于其他类型财产的用益权也是），用益权人和虚有权人之间的协商非常重要。虚有权人负责用益财产的重大维护，〔6〕虚有权人应当维护用益财产并有支付维护费用的财力。若非如此，用益权人则处于被迫支付维护费用的境况，或者当用益权人无力支付时，他则会失去居住权或正常收入。这样一来，立法者的目的就落空了。这个情况，如同可预见

---

〔1〕《瑞士民法典》第219条第4款："对于被继承人生前从事职业或经营事业所使用的房屋，且被继承人直系卑亲属需要使用该房屋继续经营的，生存的夫妻一方不得对该房产主张上述权利；关于农民继承权的规定不在此限。"另见1991年10月4日关于《瑞士联邦农村土地法》的联邦法令（RS 211.412.11）。

〔2〕Deschenaux/Steinauer/Baddeley，N 1388 s. 另《瑞士民法典》第219条第3款："如有正当理由根据生存夫妻一方或其他法定继承人的请求，生存夫妻一方可获得住房的所有权，而不仅仅是用益权或居住权。"

〔3〕Voir aussi，BaK ZGB I-Hausheer/Aebi-Müller，art. 219，N 22.

〔4〕Hausheer/Reusser/Geiser，art. 219，N 28.

〔5〕Deschenaux/Steinauer/Baddeley，N 1384a. Voir aussi BaK ZGB I-Hausheer/Aebi-Müller，art. 219，N 4，concernant l' éventuelle compensation avec la part à la plus-value.（关于增值部分的补偿）

〔6〕参见前文：用益权的概述。

的用益权的期限较长或生存的配偶年轻的情况一样敏感。在继承人和生存配偶之间的利益安排，例如，赋予生存配偶完全的所有权（第219条第3款）或者固定期限的用益权而随附给继承人相应的补偿，一般来说，通过协商确定更为合适。

夫妻双方可以自由的商定将属于一方的某个或某些财产为另一方设立普通的用益权，这样做的目的是使用益权人获取用益财产孳息的独立的经济收益，如租金、利息或红利。

2. 共有财产制解除时设立的用益权

《瑞士民法典》第244条第1款和第2款的立法含义与第219条相符。〔1〕第244条规定首先将夫妻所居住的房屋和家具的所有权分配给生存的配偶，但保留分配给其用益权的可能性，用益财产应当属于夫妻共有财产。〔2〕这种优先的选择权是符合逻辑的，因为夫妻财产制终结时对共有财产的分割原则是以实物分割为首要的。〔3〕相对于第219条所规定的配偶的用益权，这条规定的用益权的重要性更小。在遗产分割时，若生存配偶坚持取得用益权，则第244条的规定是有用的，除去夫妻共有的房屋和家具外的其他财产，没有被配偶继承的，同样适用第244条的规定。

根据第244条第1款和第2款的规定，财产分配并不以维持生存配偶的生活为前提，然而这一条件却被认为存在。〔4〕当夫妻财产制因为其他原因而非因作为财产持有人的夫妻一方死亡而解散，这种选择权在244条第3款同样有规定；然而，以请求分配得到共有财产的所有权，或者用益权的另一方要证明这种分配凡是对其更为有利。〔5〕

在离婚、婚姻无效或者判决分居的情形下，用益权促使更快地进行财产制清算以及财产的分割。在这种情况下，夫妻一方成为某财产的虚有权人，而另一方成为用益权人。夫妻之间的协商在所有因素中扮演首要角色，还要考虑因

---

〔1〕 第219条第1款："①对于双方原来居住的、属于死亡一方所有的住宅或套房，生存的夫妻一方为维持生活，可以根据收入分享财产制，请求取得该住宅或套房的用益权或居住权，但婚姻协议另有约定除外。"另《瑞士民法典》第244条："①夫妻原共同居住的住宅、套房或家具属于共有财产的，生存的配偶可请求按其份额分配其对这些财产的所有权。②如有正当理由，应生存配偶或死者其他法定继承人的请求，可准其不取得所有权，而是获得用益权或居住权。……"

〔2〕 自由财产的用益权根据第612a条请求。Deschenaux/Steinauer/Baddeley, N 1593d, f. .

〔3〕 CRom-Meier, art. 244, N 1.

〔4〕 BaK ZGB I-Hausheer/Aebi-Müller, art. 244, N 1, 9.

〔5〕 参见《瑞士民法典》第245条。另《瑞士民法典》第244·条第3款："因死亡之外的原因，而导致共有财产制解除的，夫妻任何一方，只要能证明前款的分割方法对其更为有利，均可提出相同的请求。"第245条："如夫妻任何一方能够证明第243条和第244条之外的其他财产对其具有更大利益，可以请求按其份额取得该财产的所有权。"

用益权的存在给用益财产出售设立了约束，和对虚有权人的权利形成抑制而导致的用益财产市场价值的减少；分配财产的所有权需要考虑对价的补偿金；对用益权的时间进行限制以在婚姻解除或者财产制度解散时满足双方当事人而不损害任何一方较远的将来的生活。

学理上承认和《瑞士民法典》第219条类似，第244条所规定的权利也可以通过婚姻协议排除或变更。[1]前述的关于第219条的其他观点同样适用夫妻共有财产的清算。[2]

3. 分别财产制对用益权未作规定

分别财产制度是瑞士民法中最为严格的财产制度，旨在维护夫妻财产和未结婚的人一样处于几乎同样的状况。这个原则仅有的例外见《瑞士民法典》第248条，第250条第1款和第251条，但这些规定并未赋予夫妻一方取得他方所有的财产上的物权。[3]

4. 有利于第三人的用益权及其在婚姻法上的结果

夫妻财产制度的一般原则和婚姻的一般效力意味着，夫妻具有民事行为能力，并当然地成为在婚姻持续期间夫妻财产的所有权人。以此名义，夫妻双方可以自由地处分他们自己的财产（第168条，第201条第1款，第202条和第203条第1款），[4]法律不同规定除外。《瑞士民法典》中关于家庭住所的第169条和关于对某些财产处分权的限制的第178条，[5]限制财产持有人的夫妻一方在财产上设立用益权的权利。同样，采用收入分享制的已婚夫妻一方只有在征得另一方

---

〔1〕 CRom-Meier, art. 244, N 6, avec références aux auteurs.

〔2〕 Voir aussi les développements de BaK ZGB I-Hausheer/Aebi-Müller, art. 244, N 5 ss, au sujetdes cas tombant sous la LDFR（《瑞士联邦农村土地法》）.

〔3〕《瑞士民法典》第248条："①任何人，如主张某特定财产为夫妻一方或另一方所有的，应当为此提供证据。②无法提供证据的，则推定该财产为夫妻双方共有。"第250条第1款："分别财产制度，不影响夫妻之间债务的清偿。"第251条："某财产属于夫妻共有财产，如夫妻一方能证明该财产对具有更大的利益的，那么在分割财产时，除采取其他法定措施之外，一方以向另一方提供补偿为条件，可以完整取得该财产的所有权。"

〔4〕《瑞士民法典》第168条："夫妻一方均可与配偶或第三人进行法律行为，但法律另有规定的除外。"201条第1款："在法律范围内，夫妻任何一方均可管理、收益和处分其取得的收入及自有财产。"第202条："夫妻任何一方以其全部财产对其债务承担责任。"第203条第1款："收入分享财产制不影响夫妻之间债务的清偿。"

〔5〕《瑞士民法典》第169条："①非经配偶同意，夫妻任何一方不得擅自解除租约、转让家庭住宅或套房，或通过其他法律行为对家庭住房的权利进行限制。②如果无法得到配偶的同意或配偶无合理原因而予以拒绝的，则另一方可向法院提起诉讼。"第178条："①在保障家庭基本条件或履行婚姻期间的金钱给付义务的必要范围内，根据夫妻一方之请求，法官可限制夫妻另一方的财产处分权，即非经对方同意不得处分自己的某些财产。……"

同意的情况下才能在相关财产上设立用益权（第 201 条第 1 款和第 2 款）。[1]与此同理，共有财产制度下，夫妻一方想在共有财产上设立用益权也需要征得另一方的同意，只要这种行为不是日常的财产管理行为（第 228 条第 1 款）。[2]

在收入分享制中，有偿设立用益权依据夫妻代理的原则进行。对价支付则归入设立用益权的财产（第 197 条第 2 款之 5 和第 198 条之 4）。[3]

在遗产划分的过程中，可能涉及赠与第三人的用益权，则需要考虑夫妻一方用收入部分所作的赠与应计入收入部分的财产（第 208 条）和导致另一方增加的主张。[4]另外，第三人作为或者不作为遗产特留份继承人，应考虑关于计入收入部分的财产和减少继承的规定的适用（第 471 条，第 475 条和第 537 条）。[5]这些问题潜在地引起财产控制的分化，而对于不动产或者企业上的设立用益权，如果未征得配偶的同意，情况可能变得十分的特殊和复杂。

（三）在登记的同性伴侣财产上设立的用益权

关于登记的同性伴侣的联邦法令(LPart)[6]没有规定伴侣一方获得另一方财产用益权的权利。一方只有在确定的期限内居住在与其伴侣共同住所内的权利，此居住权在伴侣关系解除时由法官授予（关于《登记的同性伴侣》的联邦法第 32 条第 3 款）。

然而，伴侣双方可以根据该法令第 25 条采用在伴侣关系解散时财产分割的特殊规则，他们可以将此规则整体适用也可以仅适用于他们财产关系的某些方

---

〔1〕 Deschenaux/Steinauer/Baddeley，N 1077. 另《瑞士民法典》第 201 条第 2 款：“当某财产为夫妻共有财产，非经对方同意，任何一方不得擅自处分其在共有财产中的份额，另有约定的除外。”

〔2〕 Deschenaux/Steinauer/Baddeley，N 1453a，1473b.《瑞士民法典》第 228 条第 1 款：“除日常管理外，只有在夫妻双方一致同意或夫妻一方取得另一方同意的情况下，才可以对共有财产进行管理和处分。”

〔3〕 Deschenaux/Steinauer/Baddeley，N 934 ss，1047 ss. 另《瑞士民法典》第 197 条第 2 款之五规定：把收入部分用于投资获得财产归于收入部分。第 198 条之 4 规定：用自由财产投资获得的财产归于自由财产。

〔4〕 Deschenaux/Steinauer/Baddeley，N 1320 s，1336. 另《瑞士民法典》第 208 条第 1 款：“下列财产应计入收入：①在收入分享制解除前 5 年，夫妻一方未经另一方同意，用收入部分赠与的财产，但日常的礼物除外；②在实行收入分享制存续期间，一方意图损害另一方分享财产的权利，而转让的应属于收入的财产。”

〔5〕 Deschenaux/Steinauer/Baddeley，N 1338 ss. 另《瑞士民法典》第 471 条：“特留份按下列方式保留：①直系血亲卑亲属，其法定继承权的 3/4；②父母中任何一方，其法定继承权的 1/2；③生存的配偶或同性伴侣，其法定继承权的 1/2。”第 475 条：“生前赠与，在应当减少的范围内，计入现存财产。”第 537 条：“①继承，自被继承人死亡时开始。②被继承人生前所为的财产赠与及分割，只要和继承相关，应根据继承开始的遗产状况处理。”

〔6〕 2004 年 6 月 18 日关于《登记的同性伴侣》的联邦法（RS211.231）。

面。该法令第 25 条明确将收入分享制作为参考规则，但伴侣可以自由地设定合适他们的财产制度。[1]根据该法令第 25 条，伴侣双方可以有效地采用《瑞士民法典》第 219 条和第 244 条对财产制的解散的规定。

如同已婚夫妻（《瑞士民法典》第 168 条和 201 条 ss），伴侣任何一方当然具有民事行为能力，能自由地处分自己的财产（关于《登记的同性伴侣》的联邦法第 18 条），[2]所以，他们任何一方可以为第三人或者另一方在自己的某财产上设立用益权。[3]

对于登记的同性伴侣，上述的用益权的优缺点和已婚夫妻之间的用益权一样。但是，相关问题和冲突会更加激烈，因为在某一方的财产设立的非利于其卑亲属的用益权必然会制约此非共同卑亲属的权利。然而，在已婚夫妻的情形下，夫妻双方共同的子女更易于接受与父母一方共同掌控另一方的财产。

四、结论

综上所述，用益权如同一种划分财产的工具，且是一种与婚姻法、登记的同性伴侣的法令中所规定的各种方式不同的财产划分工具。它可以使第三人、家庭某成员尤其是生存的配偶或登记的同性伴侣受益。在财产变动中，它使得受益者通过用益权获得财产的收益，并确定财产的虚有权人，以及最终的所有权归属。

然而，以用益权方式来划分遗产应当考虑司法状况的复杂性和实践中将会产生的困难。用益权人和虚有权人的个人关系十分重要，尤其是涉及两个权利人的相互影响很要紧的用益权，如用益权设立在用益权人的住所上。未对特殊情况进行审查不能推定用益权的受益人的状况会得到改善。用益权人的年龄很大程度地决定了用益权的价值，用益权人年龄越大，分配给其用益权的价值就越不如分配给其财产的所有权，而此事实往往会导致与处分人或用益权人分配意愿相反的结果。正因如此，对特殊用益权的深入研究将促进在实践中正确运用其财产划分和价值分配的功能，以充分实现法律的目的。

---

〔1〕 关于《登记的同性伴侣》的联邦法第 25 条：“①伴侣双方可以商定在伴侣关系解除时采用财产分割的特殊规则。尤其是他们可以商定采用收入分享制的财产分割规则。②协议不能损害任何一方的卑亲属的特留份。③该协议应做出公正形式，并由双方签字。情况所需，则由法定代理人签字。”

〔2〕 关于《登记的同性伴侣》的联邦法第 18 条：“①伴侣任何一方处分自己的财产。②伴侣任何一方以自己的全部财产负责自己的债务。”

〔3〕 FamKom-Büchler/Matefi, art. 18, N 4.

特殊动产一物数卖中交付与登记效力的探析

——以《买卖合同司法解释》*第10条为中心

李圣博**

在市场经济条件下，出卖人为了追求标的物实现更高的价值，往往会对诸多买受人的对价进行衡量判断，选择对自己最为有利的方案，这是市场利益驱动下的必然做法。当买受人在一前一后的出现时，如果出卖人与前买受人尚处于合同磋商阶段，尚未形成合同上的交付义务，此时，后买受人突然介入，提供了更为优惠的条件、更高的价款，从而吸引出卖人最终与自己订立合同，只要这个后买受人没有与出卖人恶意串通或者采取其他非法的竞争手段，这个在后的合同就不应当受到法律无理的干涉，甚至法律也应当像保护其他合同一样，对其进行必要的保护。若出卖人一旦与前买受人已经订立了一份生效的合同，但是出卖人基于对更高利益的追求，又与其他买受人就同一标的物签订第二份甚至更多的合同，此时便产生了“一物数卖”的现象。出卖人“一物数卖”的行为不仅违反了诚实信用原则，更是影响了正常的市场交易秩序。

一、特殊动产买卖中处理“一物数卖”方法的特殊性

此处所说的“特殊动产”，是指船舶、航空器、机动车等既可移动但又具有特殊地位的动产〔1〕。在我国，特殊动产的种类一般就是指上述列明的三种动产。笔者认为，要理解我国在特殊动产“一物数卖”中处理方法的特殊性，尤

---

* 最高人民法院《关于审理买卖合同纠纷案件适用法律问题的解释》，以下简称《买卖合同司法解释》。

** 李圣博，华南理工大学法学院硕士研究生。

〔1〕 王利明：“特殊动产一物数卖的物权变动规则——兼评《买卖合同司法解释》第10条”，载《法学论坛》2013年第6期。

其是确认合同履行顺序上的特殊性[1]，其正确的逻辑顺序应当是：理解特殊动产与普通动产在物理属性上的不同；进而理解我国《物权法》第24条对于特殊动产所确立的“登记对抗模式”；最后再理解《买卖合同司法解释》第10条所确立的履约顺序。

（1）特殊动产的物理属性与普通动产存在着很大的差别。在说明特殊动产买卖之前，不妨先来看一下普通动产的买卖。普通动产在交易时，如果标的物没有被赋予特殊的意义，一般都是属于种类物的买卖，因此在买卖时具有很大的可替代性，在加之普通动产的价值一般情况下相对较小，因此，当由于“一物数卖”而发生违约时，所产生的违约责任更容易追究，并且替代交付的可能性很大。而在特殊动产买卖中，尤其是在特殊动产的二手买卖中，标的物往往被特定化了，几乎不存在替代交付的可能性。另外，就特殊动产本身的价值而言，虽然在现实生活中，机动车早已不是“王谢堂前燕”，已经被越来越多的寻常人所有，但相比于大部分的普通动产而言，机动车依然具有更高的价值。而就尚未在一般人之中所普及的船舶和航空器而言，其本身的价值就更大。特殊动产之所以特殊，还体现在特殊动产具有更强的流动性，特殊动产的所有权人之所以要拥有的这些特殊动产，最大的目的就在于实现空间上的流动，并且这种流动的范围很大，往往会突破居住地的范围，实现跨市、跨省，甚至是国家之间的流动。为了更加方便地解决特殊动产在流动过程中可能产生的侵权纠纷，并维护正常的社会秩序，各国往往都会对特殊动产进行登记以确权，因此，特殊动产往往存在着登记的必要。以上，便是从替代交付的可能性、特殊动产的价值以及流动性三方面对特殊动产为何特殊所作出的说明。

（2）在物权变动的规则上，我国《物权法》第24条也针对特殊动产作出了与普通动产所不同的物权变动规则。《物权法》第24条规定“船舶、航空器和机动车等物权的设立、变更、转让和消灭，未经登记，不得对抗善意第三人”。学理上将这种物权变动模式称为“登记对抗主义”。依照此条的规定，揣摩立法者本意，可以作出如下理解：当买卖双方就标的物达成了转让协议并且已经交付之后，就已经产生了所有权的转移，因为此时物权转让的所有要件均已经具备，即“债权的合意＋物权变动的合意＋交付公示行为”，但是买受人的所有权所起到的对抗的效力仅仅是在当事人，以及一部分恶意的第三人之间，而对于善意的第三人，并没有对抗的效力。因此，此时的所有权是不完整的，

---

〔1〕 关于普通动产与特殊动产在“一物数卖”中诸个合同履行的顺序的相关规定分别在《买卖合同司法解释》第9条、第10条，可作对比理解。

是带有瑕疵的权利，如要将这种权利恢复为完整、圆满的状态，就需要借助登记来实现。即，在特殊动产买卖中，要想获得一个完整的、足够对抗所有人的所有权应当具备“债权的合意 + 物权变动的合意 + 交付的公示行为 + 登记的公示行为”四项必备的条件。由此，可以看出特殊动产的物权变动有两个重要节点，即交付和登记。[1]但在《物权法》第 24 条的规定中，买受人仅凭交付的公示行为，所取得所有权没有绝对的对抗效力，这点是否和所有权作为绝对权而应有的效力相悖？亦或者说，法律通过人为地剥夺买受人所有权的一部分效力，而将登记添加为取得完全所有权的一个条件，这种要求“双重公示”的做法是否有违我国的物权变动原则？这些都值得进一步著文探讨，但这些并非本文主要的论述观点，故一笔带过，不再详表。进而，再结合普通动产物权变动规则进行一些考量。关于普通动产物权变动的规定在《物权法》第23 条，其仅仅将交付视为物权变动的唯一条件，而不涉及登记的问题。那么虽然特殊动产存在很大的特殊性，但毕竟没有超越动产的范畴，那么这两条相邻的法律是否存在自相矛盾的逻辑上错误？笔者认为并不存在逻辑上的错误，虽然第 23 条规定了动产物权的变动规则，但其并不当然适用于特殊动产，因为在第 23 条最后作出了“法律另有规定的除外”这样一个例外性规定，而结合上下文对两个条文进行体系性解释，其实第 24 条就属于“法律另有规定”之情形。[2]

（3）在特殊动产发生“一物数卖”，并且多个合同都有效的情况下，所确定的合同履行顺序具有特殊性。有关合同履行顺序的规定是在《买卖合同司法解释》第 10 条，司法解释为特殊动产多重买卖的所有权归属提供了四个判断标准：受领交付与否、办理移转登记与否、合同成立在线与否、交付优先于登记。[3]由于交付和登记都是特殊动产买卖中的重要节点，那么可能产生了四种情况：交付并且登记、交付但未登记、未交付但已登记、未交付且未登记。第一种和第四种情况，由于其权利相对明确，并不存在很大的争议，反而情况二和情况三，由于两种公示的行为只为了其一，它们两者之间发生了冲突应当如何处理呢?《买卖合同司法解释》第 10 条确立了“交付优先于登记”的做法。司法解释的起草者认为，交付是特殊动产物权变动的生效要件，而登记只不过

---

〔1〕 张力、郑志峰：“特殊动产一物二卖履行纠纷类型化思考——兼评《买卖合同司法解释》第 10 条”，载《河北法学》2014 年第 7 期。

〔2〕 王利明：“特殊动产一物数卖的物权变动规则——兼评《买卖合同司法解释》第 10 条”，载《法学论坛》2013 年第 6 期。

〔3〕 程啸：“论动产多重买卖中标的物所有权归属的确定标准——评最高法院买卖合同司法解释第 9、10 条”，载《清华法学》2012 年第 6 期。

是对抗要件对于物权变动的效力产生一定的影响而已。[1]此规则人为地将合同履行的顺序确定下来，解决了长期以来特殊动产一物数卖数个合同履行顺序确定之难的问题，仅凭这一点来说，就有很大的现实意义和指导意义。但是应当认识到一个问题，既然《物权法》在第24条对特殊动产买卖确立了交付和登记两种公示的方法，那么为何公示效力更大、范围更广的登记反而在履行顺序上要落后于公示性较小、公示范围相对较窄的交付呢？笔者认为，要想解决这个问题，有一个前置性的问题需要讨论，即买受人仅凭登记行为能否发生特殊动产物权变动的效力，从而取得所有权。

二、特殊动产中仅凭登记行为亦足以发生物权变动的效力

在特殊动产的物权变动中，存在着两种公示方法，即交付和登记。但我国《物权法》第24条其仅规定“未经登记，不得对抗善意第三人”，而并未规定其所有权的变动自何时发生效力。关于这个问题，我国学者有着不同的观点。

第一种观点是，特殊动产的物权变动既不用通过交付来公示，也不用通过登记来公示，而是当买卖双方达成物权变动合意之时即生效。也就是说，纵使物权变动未经登记或者未经交付，在当事人之间也完全发生法律效力[2]；第二种观点认为，特殊动产虽然在物理属性上存在有一定的特殊性，但其归根到底还是属于动产，因此并不得排除《物权法》第23条的适用，应当依然将交付作为物权变动的生效要件，至于《物权法》第24条的规定，并不是对该法第23条的否定，而仅仅是对其效力的加强和对抗范围的扩大，所以当没有实际交付时，即使已经办理了登记，也不能取得物权[3]；第三种观点主张，当事人虽然没有交付的公示行为，但是仍然可以通过登记而发生物权的变动，[4]因为虽然《物权法》第24条规定的是登记对抗的模式，但深究立法者的本意，还是鼓励买受人去进行登记的，而从生活中的实际情况来看，也亦是如此，登记已经逐渐成为特殊动产买卖的一项必经的程序，另外，从交付和登记的公信力来说，既然法律规定仅凭公信力较低的交付都可以产生物权变动的效力，那么凭公信

[1] 宋晓明、张勇健、王闯：“《关于审理买卖合同纠纷案件适用法律问题的解释》的理解与适用”，载《人民司法》2012年第15期。

[2] 黄松有主编、最高人民法院物权法研究小组编著：《〈中华人民共和国物权法〉条文理解与适用》，人民法院出版社2007年版，第114页。

[3] 崔建远：“再论动产物权变动的生效要件”，载《法学家》2010年第5期。

[4] 程啸：“论动产多重买卖中标的物所有权归属的确定标准——评最高法院买卖合同司法解释第9、10条”，载《清华法学》2012年第6期。

力要更高的登记行为，也应当可以产生物权变动的效力。

分析上述的三种观点，观点一最不可取，也最没有理论作为支撑。我国《物权法》上的物权变动所采取的是折中主义，即除了物权变动的合意，还需要当事人的公示行为。当买卖双方仅有物权变动的合意之时，在双方所产生的仅仅是债的关系，并没有进入物权变动环节，因此观点一直接与我国物权变动模式相悖，借鉴意义不大。而观点二是现在比较主流的观点，《买卖合同司法解释》第10条所确立的“交付优先于登记”的原则也是基于此法理之上，正是由于买受人依据交付行为所取得的是特殊动产的所有权，是一种物权，而若已登记，但并未交付时，买受人并不能取得该特殊动产的所有权，仍然只是普通人的债权而已，物权具有对世的绝对权利，其中当然包括对抗登记但未交付的债权。[1]而观点三则对特殊动产的物权变动持有开放、积极的态度，认为特殊动产仅凭登记行为亦足以发生物权变动的效力，笔者也同意此种观点，下面从登记的必要性和可行性方面对其原因作出一些分析。

（1）登记的公信力远远大于交付的公信力。交付行为作为一种抽象的行为，虽然具有一定的公信力，但毕竟由于没有物质载体或者书面载体供第三人查阅，因此交付所产生的公示范围是非常有限的，有时仅仅会在买卖双方身边一些亲朋好友间产生公示的效力。另外，一般人判断是否交付，就是通过买受人是否已经占有特殊动产来判断，但是占有人之所以能占有特殊动产，有时并不是基于所有权的占有，而还可能是基于债权的占有，比如借用、租用机动车的情形。此时，当占有人占有特殊动产时，就很难判断他是否是依据交付而产生占有的权利，对于一般大众来说，就很难判断此特殊动产的所有权人到底是谁。另外，就交付的种类而言，我国除了现实交付以外，还在《物权法》第25~27条规定了我国的观念交付制度，这种观念交付的存在，尤其是第27条占有改定交付的存在，使得第三人判断特殊动产是否已经交付就显得难上加难。而登记则是国家机关通过建立登记簿登记所有权人来加以确权的方法。由于这样一个书面载体的存在，使得第三人在查询到底谁是所有权人时变得简便，即只需去国家机关查询登记簿就可以，登记这样一个确权行为对于当发生机动车侵权或者特殊动产所有权纠纷时意义重大。

（2）就特殊动产登记制度而言，登记不仅仅具有民法上的物权公示作用，更重要的是它还有利于国家对这类财产的归属和利益秩序进行管理，以维护社

---

〔1〕 周江洪：“特殊动产多重买卖之法理——《买卖合同司法解释》第10条评析”，载《苏州大学学报（哲学社会科学版）》2013年第4期。

会秩序和交易秩序。[1]一方面，如前文所述，特殊动产尤其是船舶和航空器，其不仅价值巨大，而且其跨区域的流动性非常强，再加上航海业和航空业都是事关国家安全和国计民生的重要行业，因此，国家加强对船舶、航空器甚至是机动车的管理就显得尤为重要，而登记就是国家获取信息来源的重要手段。另一方面，生活中，特殊动产买卖时需要登记已经成为一种约定俗成的做法。虽然《物权法》上并没有将登记作为特殊动产物权变动的一个必要条件，但当特殊动产买卖发生之时，尤其是在机动车买卖的时候，往往都将登记视为一个必经的程序，甚至这一程序还要早于交付。比如，在二手车买卖之中，出卖人在正式地将机动车交付给买受人之前，买卖双方往往会携带机动车行驶证去车管所办理变更登记，然后才会将车正式交付给买受人。笔者认为，在正式移交之前，由于变更登记的存在，已经产生了足够的公信力，尤其是产生了对其他潜在买受人的对抗的效力，因此在办理变更登记之后，已经足以发生物权变动的效力。

（3）再分析一下将登记视为特殊动产一种公示方法的可行性。普通动产在日常的交易中，由于普通动产的种类繁杂，每天普通动产的交易量非常庞大，可以说普通动产的交易无时无刻不在发生，因此国家若想对这种物权变动加以登记是不可能的。事实上，普通动产物权变动也没有登记的必要。反而是对于特殊动产，由于其价值较高且交易的频率也不甚频繁，国家完全有必要和精力去对特殊动产进行登记，因此国家在对待特殊动产时，往往会将其类比于不动产对待。另一方面，一般动产常常属于种类物，同一种类物之间难以相互区分开；而特殊动产的个体往往具有可识别性。例如，机动车的发动机一般都有编号，具有唯一的可识别性，这为特殊动产以登记确权提供了必要条件。[2]另外，我国有关机动车、船舶、航空器的一系列法律、行政法规的出台，基本上构建起了一套比较完整的特殊动产物权变动登记体系，为特殊动产以登记确权提供了法律上的可能。[3]

---

〔1〕刘俊、刘融斌：“完善我国特殊动产物权登记制度的若干思考”，载《法学论坛》2007年第1期。

〔2〕王利明：“特殊动产一物数卖的物权变动规则——兼评《买卖合同司法解释》第10条”，载《法学论坛》2013年第6期。

〔3〕《海商法》第9条第1款：“船舶所有权的取得、转让和消灭，应当向船舶登记机关登记；未经登记的，不得对抗第三人”；《民用航空法》第14条第1款：“民用航空器所有权的取得、转让和消灭，应当向国务院民用航空主管部门登记；未经登记的，不得对抗第三人”；《道路交通安全法》第8条：“国家对机动车实行登记制度。机动车经公安机关交通管理部门登记后，方可上道路行使。尚未登记的机动车，需要临时上道路行使的，应当取得临时通行牌证。”其他有关船舶、航空器、机动车登记具体实施办法的行政法规、部门规章还包括：《渔业船舶登记办法》、《船舶登记条例》、《民用航空器权利登记条例》、《机动车登记规定》等。

三、在交付和登记发生冲突的情况下应当以登记为准

虽然依据交付与否和登记与否可以分为四种不同的状态，但是已交付且已登记和未交付且未登记这两种情况所有权状态似乎是确定的，前者已经完全取得了所有权，后者仅存在债的合意，尚未进入物权变动的阶段。那么，真正存在争议的就是已交付但未登记和未交付但已登记两者之间孰先孰后的问题。依据《买卖合同司法解释》第 10 条第 4 款之规定，“出卖人将标的物交付给买受人之一，又为其他买受人办理所有权转移登记，已受领交付的买受人请求将标的物所有权登记在自己名下的人民法院应予支持”，可见法律所确定的是“交付优先于登记”的处理方法，这是建立在立法者认为特殊动产买卖仅凭登记行为不能产生物权变动的法理之上。而依据本文第二部分的论述，笔者认为仅凭登记行为已经足够产生物权变动的效力，因此，《买卖合同司法解释》第 10 条的规定，尤其是第 4 款的规定就成了空中楼阁，故需要对合同履行顺序进行重新思考。因此笔者认为，当交付和登记发生冲突之时，应当以登记在先为准。

为了更直观的理解“登记应当优先于交付”的结论，不妨在这里设定一个情形：甲为一辆机动车的所有权人，现在其想出卖机动车，并与乙、丙签订了两份机动车买卖合同。

《买卖合同司法解释》第 10 条所确立的合同履行顺序，尤其是交付优先于登记的规则，受到学者们的诸多批判，学者们的一个批判点就是，这种一刀切的做法并没有考虑第二买受人主观上善意或恶意的状态。笔者认为，如果考虑第二买受人的主观状态，运用善意取得制度来衡量特殊动产的多重买卖，也能得到“登记应当优先于交付”的结论。在此之前，要首先对善意第三人的判定作一个说明，现代民法上认定善意第三人一般应当同时具备以下两个条件：①善意，即行为人动机纯正，没有损人利己不当目的的主观态度；②谨慎，即行为人在为某种行为的时候已经做到了足够的谨慎，并尽可能的尽到了注意义务。[1]那么在上述的情形中，假设甲先将机动车交付给了乙，但并没有办理登记；而与丙办理了登记，但并没有将机动车交付给丙。此时乙的情况是已交付但没有登记，丙的情况是已登记但没有交付，且甲对乙的交付在甲对丙的登记之前。依据善意取得的理论，甲对乙的交付完成后，甲就应当丧失了对机动车的所有权，那么甲在和丙订立合同并办理登记的时候就成了无权处分，但由于

---

〔1〕 陈益青：“特殊动产所有权变动的公示方法探析——兼评我国《特权法》第 24 条”，载《江西社会科学》2013 年第 1 期。

交付的公示效力不甚明显，丙很可能在尽到注意义务之后依然不知道或不能知道乙已经受领了交付，并且依据登记行为也已经发生了物权变动的效力，那么支付了合理对价的丙完全可以取得机动车的所有权，这足以说明善意的登记权利人应当优先于已交付的买受人。[1]那么换一种情况来看，假设甲和乙先办理了登记，但未将机动车交付给乙，而是后来将机动车交付给了丙，但并没有给丙办理登记，且甲对乙的登记行为在甲对丙的交付行为之前。由于甲乙之间在前的登记行为已经足以发生物权变动的效力，因此甲同样是无权处分，但是此时丙几乎不可能满足善意第三人的要求，其原因在于，有关机动车的登记簿上已经明确地写明了此机动车的所有权人应当是乙，依靠登记所产生的公示效力已经足够向丙宣告甲并非此机动车的所有权人，在这种情况下，丙依然和甲签订机动车买卖合同，要么是有意为之，要么是没有尽到应尽的谨慎义务，自然不满足善意第三人的构成，无法适用善意取得制度，无法取得机动车的所有权，机动车还是应当交付给乙。综上，无论是交付在先还是登记在先，最后的结果都是善意的登记权利人取得了特殊动产的所有权。

其次，从立法者的本意来看，虽然并没有将登记作为物权变动的生效要件，但立法者还是鼓励登记的，因为只有登记以后才能获得完整的物权，登记之后的物权的效力应当强于交付后、登记前这个阶段。因此，当登记和交付发生冲突时，其正确的逻辑顺序应当是登记的物权效力强于交付的物权效力，而不是作出相反的规定。《买卖合同司法解释》这样人为地提高交付的效力，使得即使登记也不能对抗之，那么登记权利人为何还要费时费力去办理登记。一物数卖中的数个买受人在出卖人没有将标的物转移交付给他们的时候，都会一直处于一种悬而未决的状态，然而交付又是一种很带有主观色彩的行为，那么一些买受人为了使出卖人将标的物交付给自己，便可能产生恶意竞争的行为，如此一来不仅极大地威胁到交易安全，更是不利于交易秩序的保护。

最后，《买卖合同司法解释》第10条之规定，为了将特殊动产发生一物数卖时合同履行的顺序确定下来，其所付出的代价不可谓不大。这条规定不仅否认了出卖人在多个合同中的自主选择权，致使当事人主观意思的陷落；更是使债权平等原则遭到破坏。[2]另外，依据市场的规律，往往在后成立的合同，更

---

〔1〕 王利明："特殊动产一物数卖的物权变动规则——兼评《买卖合同司法解释》第10条"，载《法学论坛》2013年第6期。

〔2〕 参见周江洪："特殊动产多重买卖之法理——《买卖合同司法解释》第10条评析"，载《苏州大学学报（哲学社会科学版）》2013年第4期。

能代表标的物本身的价值，对出卖人更加有利，但往往在后的合同却又不易得到保护，这又违背了合同效率价值的目标。本条法律之规定做出这么大的牺牲，其目的就是在于维护市场中诚信之原则，维护正常的交易秩序。但本条规定又将交付的效力提升到如此高的一个地步，使得司法解释制定的本意得不到实现。其原因在于，交付是一种非常带有出卖人主观意识的一种行为，既然交付具有如此高的效力，甚至可以对抗登记，那么出卖人完全可以通过将标的物交付给在后买受人的方法将在后的合同提前，从而实际履行。这样反而使得本条有关合同履行顺序的规定形同虚设，也实现不了维护市场诚信和市场秩序的价值追求。而如果将登记作为第一顺位来履行的话，就不会面临这样的困境，因为登记是国家机关主持并实施的，具有较强的真实性、固定性、公正性以及权威性，因此出卖人肆意更改登记的情况很难出现，如此反而更有利于实现本条起草者最初的本意。

综合全文的分析，无论从何种角度来看，登记都应当具备比交付更强的公示作用，因此特殊动产买卖仅凭登记行为已经足以发生物权变动的效力，并且当登记和交付相冲突之时，应当以登记为准。

论不动产一物二卖中买受人的权益保护

高　宁*

一、一物二卖中第二买受人不能适用善意取得制度

一物二卖是指出卖人在与第一买受人签订买卖合同后未办理不动产登记手续，出卖人再次将不动产与第二买受人签订买卖合同并且办理了不动产登记，据此，第二买受人取得不动产所有权。而善意取得制度是指无权处分人处分了不动产，第三人基于善意且合理支付价款并办理产权登记而取得不动产物权。

在一物二卖中第二买受人的出卖人是有权处分人，而善意取得中的出卖人是无权处分人，所以，法律要求善意第三人不知或不能知出卖人是无权处分人，而第二买受人则无需此要求。因为根据不动产登记生效主义，一物二卖中的出卖人虽然已与第一买受人签订了买卖合同但并未办理变更登记，因此并不发生物权变动，出卖人仍旧为不动产所有权人，他有权再次出卖，所以第二买受人不必“不知第一买受人存在”仅仅依据买卖合同和登记就可以获得不动产所有权。

此外，出卖人“有权”进行一物二卖的制度背景，是“禁止以法律行为限制处分权”（rechtsgeschäftliches Verfügungsverbot）的规定。[1]如《德国民法典》第 137 条第 1 句明文规定：“对可让与的权利进行处分的权限，不得以法律行为排除或限制。”[2]根据该条，即便第三人明知处分权限制的存在，有关处分也仍有效。在社会历史层面，该条被认为是资产阶级革命的重大胜利，是个体行

---

* 高宁，广东外语外贸大学法律硕士。

〔1〕 英美法上虽无此规定，但存在如“禁止永恒权规则”（rule against perpetuities），即允许对财产进行处分上的限制，但该等限制只在一定期限内有效。3Ch. Cas. 1，22Eng. Rep. 931（Ch. 1682）；Perpetuities and Accumulations Act 2009.

〔2〕 葛云松：《过渡时代的民法问题研究》，北京大学出版社 2008 年版，第 7 页。

动自由的重要保障，其与后续立法一起，破除了封建法定继承制和封建家族财产制，为彻底打破法典制定前的封建体制确立了规范基础。在微观层面，该条的功能有三：其一，保障包括所有权在内的各种财产权利的流通。其二，保障强制执行实现，即无论合同当事人之间如何约定处分权之限制，均不影响第三人对标的物的强制执行。其三，维护交易的安全。[1]这一理论对我国可同样适用，即签订买卖合同本身乃至关于出卖人不得随意处分的约定，都不导致出卖人处分权的丧失。

综上所述，出卖人在签订第一份买卖合同后还是不动产所有权人，所以其与第二人签订买卖合同的行为是有权处分行为，故不适用善意取得制度来考察第二买受人是否可获得所有权的问题。但一物二卖不适用善意取得制度并不意味着可以不过问第二买受人的善意或恶意，因为如果第二买受人和出卖人签订的合同违反了《合同法》的相关规定，例如，存在恶意串通侵犯第三人或国家利益等情况，他们两者间的合同很可能是无效合同，那么第二买受人就会因不当得利而丧失不动产所有权。所以并非如一些观点所言不动产登记制度缩小了善意取得的适用范围，维护了“不诚信的利益”。

二、一物二卖现象不宜归责于登记生效制度

有观点认为，登记生效制度因不过问第二买受人的善恶意，仅仅以登记来确定其拥有所有权，这对第一买受人是不公平的，进而论证登记生效主义是有失公允的，笔者认为这是不妥的。

物权作为绝对权，具有排他效力。除了权利人之外的一切人都必须尊重物权，不得侵害或妨害物权人的权利。既然物权具有如此强大的效力，那么它的变动就应该能从外部清晰地加以认识，否则不仅不利于明确物的归属、保护物权人的权利，也会给第三人带来不测之损害，无法保证交易的效率，这就是物权公示原则产生的理由。[2]现代物权法中，不动产物权以登记为其公示方法。这一点上，无论是德国法系、法国法系还是普通法系，没有区别。但是在登记的法律效果上，因历史传统等因素各国有不同的立法例。在德国法中登记具有转让效力和推定效力，而在日本、英美国家，登记不具有转让效力而仅具有对

---

〔1〕 Benno Mugdan, Die gesammten Materialien zum Burgerlichen Gesetzbuch fur das Deutsche Reich, Band III, Berlin, v. Decker. 1899, S. 501.

〔2〕 程啸：《不动产登记法研究》，法律出版社 2011 版，第 5 页。

抗效力和推定效力。[1]那么是否表明如果我们国家将登记的效力缩减为对抗效力和推定效力就可以避免一物二卖了呢？其实不然。以英美法系国家的不动产物权转让为例，英美的物权意思主义的立法模式，将双方当事人的买卖合同仅当成所有权变动的前提，而转让人将载有其转移不动产所有权内心意思的契书（DEED）交付给受让人方发生所有权转移的后果。“契书交付须具有三要素：一是转让人制成了所有权转让契书；二是转让人具有转移所有权给受让人的内心意思；三是将契书交付给受让人占有。在上述三要素中，转让人转移所有权的内心意思是最重要的因素。只要有事实能够证明转让人的内心意思，而不论契书实际上由转让人占有、受让人占有，还是第三人占有，均发生所有权转移的后果。在此，契书交付的过程实际上是表达转移所有权的内心意思的过程，这种意思表示独立于债权契约之外，并且成为所有权变动的要件和根据。债权契约仅仅是所有权变动的前因，登记不过是所有权变动的公示要件，经过登记的所有权可以对抗第三人。”[2]在此种立法模式下所有权变动和债权契约的成立之间还是有时间差的，出卖人完全可以在签订第一份买卖合同和制作“内心意思契约书（DEED）”这个时间段内进行二次交易并且制作 DEED 交付第二人，这样一物二卖也是不可以避免的。

那么是不是不动产买卖合同成立与不动产物权变动同时完成，在债权契约成立与所有权变动之间没有时间差，二次买卖就不可能产生了呢？其实不然，在采取此种变动方法的法国和深受法国法影响的日本也是有这种现象出现的，在第一买受人获得所有权但并未进行登记的情况下，出卖人如果在出卖前进行的登记，并以此作为证明取得第二买受人的信任，再次出卖了不动产并且与第二买受人进行了登记，那么基于登记的公示公信力，第二买受人可顺利取得所有权。在日本的理论界和司法界也有类似的主张，半田正夫教授认为，要对有关不动产二重买卖的各种原则在法律上作出理论性结论，恐怕只有一个解释方法，那就是第二受让人丙根据对实际上无权利的甲的登记的信赖，而原始取得了所有权。[3]登记公信力的主张者则认为，因为不动产物权的登记具有公信力，转让人与受让人意思表示一致，所有权便转移给买受人，但转让人仍为登记的名义人。不论真正的所有权人与登记的名义人是否一致，第二受让人可以根据

---

〔1〕 Wolfgang Lueke, Sachenrecht, S. 12; Schwab/Pruetting, Sachenrecht, 32Aufl. Beck, 2006, S. 14.

〔2〕 Roger H. Bernhardt & Ann M. Burkhart, *Real Property*, West Publishing Co., 2000, p. 297.

〔3〕 [日] 半田正夫：《不动产交易法的研究》，法律出版社 1980 年版，第 13 页。

登记的公信力，原始取得对不动产的所有权。[1]铃木禄弥教授对公信力主张者的观点持有否定意见，认为说明二重买卖成立的可能性，并非只靠公信力说不可。他认为，二重买卖中先买受人未经登记，尽管交付了价金，但受让的是一种不具有排他效力的不完全的所有权，其地位及待遇与尚未取得登记的后买受人相同。相互之间均不得主张自己的所有权，谁先完成了登记，谁就在同相对人的关系中原则上取得了对不动产的完全所有权，另一方的所有权则会完全丧失。因此，转让人与先买受人转让所有权的意思表示一致后，尚未登记之前，转让人又将不动产转让他人的，二次买卖能够成立。[2]

由此不难得出结论，一物二卖是在债权契约成立与所有权变动的时间差中所致，在任何一个所有权变动的立法模式之下，想排除时间差，并由此从根本上杜绝一物二卖现象是不可能的。如果以防范一物二卖为目的，在各种物权变动模式中进行价值取舍，所作的任何努力都将是徒劳的。

三、第二买受人的“知情”不影响其对不动产所有权的获得

通说认为，在不动产的一物二卖场合，如果在后的买受人已经取得不动产登记，并且在买受不动产的时候已经知悉第一买受人与出卖人有买卖合同在先，则不仅他们之间的合同因悖于善良风俗而无效，第二买受人还应向第一买受人负损害赔偿责任；纵使第二买受人已完成过户，终亦不能取得所有权。但笔者认为这种说法是不妥的，我国对无效合同认定的法律规定中有这样一条“恶意串通，并损害国家、集体或第三人利益的合同无效。”根据这条规定，只有当第二买受人与出卖人构成“恶意串通”且“损害了国家、集体或第三人利益”才能认为合同无效。那么如何认定“恶意串通”，第三人知悉先在买卖合同，是否构成恶意就是认定第二份合同是否无效的关键。在此问题上不同国家有不同的看法。

（一）“单纯知悉”不构成恶意串通

德国联邦最高普通法院认为：“要买受一个物的人，原则上不需要去考虑出卖人是否已经向一个第三人允诺该物。即使买受人积极地知悉这一内容，受领该物并不意味着悖俗。只有当买受人以特别的手段促使出卖人违约，例如，允诺免除出卖人对于第一买受人损害赔偿请求权的责任，始能够因之产生悖俗的

〔1〕［日］铃木禄弥：《物权的变动与对抗》，渠涛译，社会科学文献出版社1999年版，第9页。
〔2〕［日］铃木禄弥：《物权的变动与对抗》，渠涛译，社会科学文献出版社1999年版，第34页。

问题。"[1]我国台湾地区的学说与德国类似。通说认为，"民法"第184条第1项前段所称"权利"不包括债权。[2]但债权得为该项后段所保护的法益，王泽鉴先生进一步认为，第三人以"悖于善良风俗之方法"侵害他人债权时，"'明知'有害债权，尚属不足，必须系出于以侵害债权之目的"，方得构成第三人侵害债权行为。类似地，在英国，涉及对合同关系干预的侵权行为，"仅仅有引起损害的行为是不够的；为了让加害人承担责任，还必须有'违反善良风俗'的侵权要件，如诱使违约等"。[3]

这些观点是基于债权不具有社会典型公开性，外界难以知之，纵属知之，亦难查知其范围。若不对"恶意串通"要件作严格限制，不免给第三人的行为自由带来过度限制。

（二）知情即构成恶意串通

自不动产登记法在美国各个州建立后，最初适用的是顺序主义登记法，即根据登记的顺序（而不是权利产生的顺序）来决定相冲突的权利间的地位。但人们很快发现，这种立法存在着一个"潜在的、但固有的不公正因素，因为只要上例中的第二买受人抢先办理了登记，即使其明知在先的交易，也能取得优先地位。[4]于是，美国绝大多数州纷纷抛弃了顺序主义登记法，而将原先普通法规则中的例外，即注意原则（doctrine of notice）引入了登记法，并成了登记法的核心。

引入了注意原则的登记法又分为两个种类：其一，单纯的注意主义登记法（Notice Statutes）。根据这种立法，第二买受人只要在受让产权的时候未注意到在先的交易，他的权利就能够对抗第一买受人，而不论这两者最终谁先取得登记。其二，兼采顺序主义和注意主义的登记法（Rac-Notice Statutes）。根据这种立法，第二买受人要取得优先地位，不但在其受让产权的时候需未注意在先的交易，而且还必须登记在先，两个条件缺一不可。这种立法是目前美国大多数

---

〔1〕 按照德国联邦最高普通法院以往的审判实践，出现第三人违反善良风俗而介入合同导致违约的情况是指："如果他介入合同关系时，在相当人的程度上对受影响的人无所顾忌。这种无所顾忌特别是出现在他与合同债务人串通的目的正是为了使合同债权人的请求权无法实现。…只有是在严重地违背了公平观念的情况下，对违反善良风俗的谴责才得以成立。这种谴责的依据是，第三人的行为反映出了他的观念违背忠实于法律的基本要求。"（BG H NJW 1994，128，129，转引自［德］马克西米利安·福克斯：《侵权行为法》，齐晓琨译，法律出版社2006年版，第168页。）

〔2〕 我国台湾地区"民法"第184条规定："因故意或过失，不法侵害他人之权利者，负损害赔偿责任。故意以背于善良风俗之法，加损于他人者亦同。"

〔3〕 王泽鉴：《民法学说与判例法研究第一册》，中国政法大学出版社1998年版，第136页。

〔4〕 Richard R，*Powell on Real Property*，New York：Matthew Bender&Company Inc，2009.

州的登记法类型。[1]上述两种登记法的共同特征是，只要在后的买受人知道在先权利之存在，不论其是否进行了登记，都不能对抗在先的权利。

在20世纪60年代中叶，日本的最高法院作出判决称，“通常关于《民法》第177条所称‘第三人’，虽然不问其是否为善意和恶意，即使不存在不动产登记法第4条或者第5条明文规定的事由，但是至少与此类似程度的背信的恶意人，应该排除在《民法》第177条的第三人之外”。其后，反复出现了同宗旨的判决，并作为判例法而得以确立，学说上也支持判例的观点。[2]

这样，日本的判例对《日本民法典》第177条中的“第三人”进行了限缩解释，将“背信的恶意人”排除在“第三人”的范围之外。于是，问题就转化为，何为“背信的恶意人”我妻荣先生通过总结判例，对“背信的恶意人”进行了类型化。仍以甲、乙、丙三者的双重买卖为例，我妻荣先生认为，如果存在下述情形，后买人丙即为背信的恶意人：①作为甲的配偶、父母、子女等亲属或者处于类似关系的情形；②作为甲乙交易乃至纠纷中的中介人以及其他的参与发挥作用的情形；③存在害意乃至存在禁反言的情形；④甲不履行对乙所负有的登记义务中，丙参与的情形等。此外，作为乙方所存在的事由，包括乙已经作为所有人而现实地占有并使用不动产的事实，丙对此已经知悉的事实也被视为重要的判断资料。[3]

从以上引文可见，丙成为背信的恶意人，其实并不一定要以“积极地侵害在先权利”为主观要件。尤其是引文中的最后一句话已经很明确地反映出，知情将导致后买人成为背信的恶意人。而“在私法上，善意、恶意只是单纯地与是否明知事实相关联”。[4]

（三）笔者的观点

对此两种观点，笔者倾向于第一种观点，除了第一种观点已有的理由外，笔者认为在不动产买卖中出现二卖的主要原因是，第一买受人在签订买卖合同后没有办理登记，导致了二卖成为可能。第一买受人在签订了买卖合同后应该积极办理产权变更登记，出卖人也应该积极配合其办理。而即使在出卖人不配合与房地产公司签订期房买卖合同的情况下，第一买受人也是可以进行预告登记，这些措施都可以有效地保护第一买受人的权利。所以即使在登记生效制度

〔1〕 David A. Thomas, ed., *Thompson on Real Property*, New York: Matthew Bender&Company Inc, 2009.

〔2〕［日］我妻荣:《新订物权法》，罗丽译，中国法制出版社2008年版，第172页。

〔3〕［日］我妻荣:《新订物权法》，罗丽译，中国法制出版社2008年版，第172页。

〔4〕［日］我妻荣:《新订物权法》，罗丽译，中国法制出版社2008年版，第169页。

下，权利人只要积极地办理产权登记是可以很好地保护自己的权利进而杜绝房产被二卖的情况。所以，一物二卖的情况下，纵然出卖人有违诚信有过错，第一买受人也不能说完全无辜。

实际上，法律是将所有人都当作完全理性人来看待，即人会尽可能地保障自己的权利和利益，所以法律不保护躺在权利上打瞌睡的人，第一买受人在签订了买卖合同后，不积极行使自己的权利办理产权登记，其本身是有一定过错的，所以笔者认为不宜对其的权利保护得过于宽泛。

四、通过完善预告登记制度来防范不动产一物二卖

目前，在我国法律规定有不动产预告登记制度，当事人签订买卖房屋或者其他不动产物权的协议，为保障将来实现物权，按照约定可以向登记机构申请预告登记。预告登记后，未经预告登记的权利人同意，处分该不动产的，不发生物权效力。这一规定可以保护第一买受人的利益，根据我国《物权法》第20条，在第一买受人进行预告登记后，除非得到预告登记权利人的同意，登记名义人不得再处分已经做了预告登记的不动产或不动产权利；如果未经同意，登记名义人擅自处分的，则第三人不能够据此获得相应权利。第三人向登记机构申请权利登记的，我国有关土地、房屋登记的法规和规章几乎一致规定，登记机构不予办理。

这样只要第一买受人办理了预告登记就可以阻却出卖人的二卖，但我国目前对于预告登记制度的规定还比较粗陋，不能全面地保护登记人的利益，比如，我国预告登记不能对抗法院的查封，预告登记的债权请求权无法得到长期保护等问题。接下来就如何完善预告登记制度来防范不动产一物二卖做出讨论。

（一）简化预告登记的设立条件

预告登记制度的建立可以很好地防范不动产的一物二卖，尤其是在期房买卖中可以很好地保护消费者的利益。但是，现下我国《物权法》对预告登记发生的规定比较粗陋，这样就使得第一买受人无法很好地通过预告登记来保护自己的利益。

在预告登记的设立条件上，我国应改变现行法基于当事人“约定”方可申请预告登记的做法，改为基于“预告登记所涉及者的同意书或人民法院的财产保全裁定”申请预告登记；规定商品房预售人负有同意为预告登记的义务，以及接受商品房预售人委托办理预告登记的义务。预告登记自记入登记簿时生效。在登记程序上，应将预告登记的登记申请权赋予预告登记的权利人，实行单方申请，除提交预告登记发生的原因证明文件、当事人的身份证明等材料外，还

需提交预告登记义务人的预告登记同意书。但商品房预售合同的预告登记申请中，由于预售人有强制同意的义务，因而无需提交其同意书。为保全以不动产物权变动为内容的债权请求权而以法律行为设定预告登记时，即使登记权利人非真实权利人，善意信赖不动产登记簿的债权请求权人亦能即时取得该预告登记。[1]

（二）适度扩大预告登记的效力范围

预告登记效力是预告登记制度的核心问题，关系到预告登记制度功能的发挥与价值的实现，为预告登记规制国家和地区立法必设内容。预告登记的效力可概括为：权利保全效力、顺位保全效力、完全效力。

权利保全效力是指中间处分行为仅在挫败或妨害预告登记的请求权时，对预告登记权利人不生效力，对预告登记权利人以外的其他人均为有效。取得人已经取得了权利，并可以将权利登记在土地登记簿上。预告登记不构成对不动产权利人的“处分限制”，也不导致“登记障碍”。[2]预告登记权利人在为本登记时，有权请求取得人同意为实现被预告登记保护的请求权所必要的登记或涂销，取得人有同意的义务。该处分不限于法律行为的处分，还包括以强制执行、假扣押的方式所为的处分。顺位保全效力的规定来自《德国民法典》第883条第3款的规定，预告登记的请求权，以权利的给予为目的，该项权利的顺位，以预告登记的为准。德国学者将其解释为顺位效力，即被预告登记的权利所获得的顺位，就是它当初假如不为预告登记，立即直接登记时所应占的位置。[3]完全效力是指在破产程序中、强制执行程序中以及第三人以事实处分妨害或侵害预告登记所保全的请求权时，预告登记所保全的请求权应享有接近完全物权的保护，享有接近完全物权的效力。这三种效力充分体现了预告登记所保全请求权的物权效力，比较周全地保障预告登记所保全的请求权免受妨害或侵害，促进预告登记制度功能的实现。

我国《物权法》对权利保全效力有规定，但对于顺位保全效力和完全效力没有明确规定，因而应结合国情，借鉴先进立法例，从这三个方面完善预告登记的效力。在权利保全效力方面，应摒弃现行立法的做法，借鉴德国立法的做法。预告登记后，中间处分在妨害或侵害预告登记所保全请求权的限度内不发生物权效力。本登记条件具备，预告登记权利人直接请求债务人进行本登记，

---

〔1〕 王荣珍：“不动产预告登记制度研究”，武汉大学2013年博士学位论文。

〔2〕 金可可：“预告登记之性质——从德国法的有关规定说起”，载《法学》2007年第7期。

〔3〕 ［德］鲍尔·施蒂尔纳：《德国物权法》，张双根译，法律出版社2004年版，第438页。

登记机关在进行本登记时，应依职权涂销中间处分取得人的权利登记。在顺位保全效力方面，规定预告登记后，本登记的顺位依预告登记的顺位，但第三人取得的物权仍然有效。在完全效力方面，我国《物权法》中应规定预告登记具有排除破产管理人处分的效力，并在《企业破产法》中赋予预告登记所保全的请求权在破产程序中具有独特的法律地位以及特殊的法律效力。在《物权法》中规定预告登记具有排除强制执行而为处分的效力，并在民事诉讼法的执行程序和有关的司法解释中加以贯彻。当第三人通过事实处分对预告登记的请求权构成妨害或有妨害之虞时，赋予预告登记权利人得准用《物权法》第35条，对第三人享有排除妨害请求权或消除危险请求权；当第三人侵害预告登记的请求权并造成损害时，赋予预告登记权利人得准用《物权法》第37条，对第三人享有损害赔偿请求权。[1]

五、结语

随着市场经济的发展，我国不动产买卖交易日益频繁，不动产价格波动也很大，商人逐利使得房产的二卖甚至多卖的情况时有发生，尤其是在商品房期房买卖中二卖的行为对购房者的利益损害极大。因此，应将防范此种不法行为的发生作为重点，通过完善预告登记制度来妥善地保护买受人的利益，让二卖从法律制度上难以发生从而杜绝此种不法行为。

---

〔1〕 王荣珍："不动产预告登记制度研究"，武汉大学2013年博士学位论文。

论无主物的先占取得

郑智丹 *

一、问题之提出

从2012年四川省彭州市通济镇吴高亮发现天价乌木并引起纠纷事件，到2014年10月重庆潼南县村民出卖乌木被当地财政局起诉至法院，乌木案件日渐增多并成为疑难案件，其引起理论界与实务界的极大争议，这也折射出我国物权法体系所存在的缺陷。乌木是否应当被定性为无主物？如果其为无主物，公民是否可依据某种请求权基础取得其所有权？由此引申出的一系列实务方面的问题尚无法解答，例如，在山上发现一颗价值极高的千年人参，应当如何界定其权利归属？未经土地所有人许可，能否在他人土地上滥采滥挖？而如果此物归土地所有权人所有，那么此物久经百年无人发现，发现者是否有相应的贡献呢？诸如此类的问题在我国法律上都没有明确的规定，导致司法实践中出现相关案件时无法可依。

在我国《物权法》立法过程中，王利明教授与梁慧星教授主持的《中国物权法草案建议稿》均在动产所有权的取得方式中规定了先占制度。然而，2007年颁布的《物权法》却没有明确规定先占的所有权取得。先占制度的缺损影响着事实与立法上的协调，亦导致了该制度理论之空白与民法体系之不健全。

先占是古代社会特别是狩猎游牧社会中取得所有权的主要方法之一，其最早起源于罗马法。梅因曾指出："先占"是罗马"法学阶梯"中"取得所有权的自然方式"中的一种。[1]所谓先占，是指以所有的意思，先于他人而占有某

---

* 郑智丹，广东财经大学法学院2013级民商法学硕士研究生。

〔1〕［英］梅因：《古代法》，沈景一译，商务印书馆1996年版，第139~140页。

项无主的动产，并依法取得所有权。[1]先占制度在古今中外的法律制度中都占据着极其重要的地位。现代社会中，大多数国家就先占制度方面都设有较为完整具体的规定，为完善民法体系发挥着重要的作用，同时，也在实践中起到了很好的调整作用。而我国《民法通则》并未规定这一制度，《物权法》亦将先占制度拒之门外，由此造成理论与实践指导上的空缺，导致现实生活中的，许多由先占引起的纠纷无法得到圆满解决。因此，有必要对先占制度进行深入研究，并对无主物归属及其所有权归属问题进行新的探讨。

二、先占制度的比较研究

（一）我国历代对于先占制度的规定

在我国，历代法律都承认先占制度。早在中国先秦时期，政府在法律允许的范围内承认秦民对木材、猎物等先占取得所有权。秦简《田律》明确规定了在官府允许的时间、空间内开垦荒原、砍伐林木以及渔猎物的所有权。[2]在魏晋南北朝宋孝武帝时，政府承认了“封略山湖，强占官田”，即承认了官僚地主有权封山占地，认可了先占制度。[3]唐代《唐律·杂律》也有关于先占取得无主动产的规定。宋代继承了唐代的规定把先占作为原始取得的一种方式。只要先占无主土地的人按照“元业”交纳税租，就不属于“盗耕”，而确立其所有权。在元代，作为一种财产取得的方式的先占，包括对无主物和某些无人管理的公共产业的先占。在明朝，先占不仅是土地所有权，也是动产所有权取得的一种重要方式。由于明初推行屯田政策，明确规定“开垦成田，永为己业”，国有的荒地、山林也被默许按照先占原则取得。对于动产，明律规定，“若山野柴草木石之类，他人已用工力，砍伐积聚，而擅取者，准窃盗论”。即承认已加工先占之物的所有权。在清代，对于原始取得，也强调先占原则，譬如承认垦荒者享有其所开垦荒地的所有权，此外，若山野柴草、木石之类，本无物主，人得共采。[4]1929~1931年国民政府颁布的《中华民国民法》第802条规定：“以所有之意思，占有无主之动产，取得其所有权。”[5]

---

〔1〕 王利明：《物权法研究（上卷）》，中国人民大学出版社2007年版，第478页。

〔2〕 张晋藩主编：《中国民法通史》，福建人民出版社2003年版，第109页。

〔3〕 张晋藩主编：《中国民法通史》，福建人民出版社2003年版，第264页。

〔4〕 张晋藩主编：《中国民法通史》，福建人民出版社2003年版，第951页。

〔5〕 转引自杨峰：“先占的历史考察与制度功能——兼论我国《物权法》中先占制度的确立”，载《法学杂志》2006年第3期。

（二）现代各国对于先占制度的立法

当今大多数国家的民法典都规定了无主动产先占取得制度，从比较研究法的角度出发，不难发现其中或以占有制度加以规定，或以取得时效作为占有人取得无主物所有权的法理基础，或以先占制度作为专目加以规定。保护之路径虽然不尽相同，但是其价值取向则翕然相近。〔1〕

先占制度在近现代大多数国家的民法典都得到了传承，甚至赋予其更加鲜活的生命力。《德国民法典》在动产所有权的取得和丧失这一节中以先占制度专目对此加以规定。其第958条规定："①自主占有无主的动产的人，取得此物的所有权。②先占为法律所禁止或者因实施占有而损害他人先占权的，不取得所有权。"此外，其将无主物分类为动产所有权人放弃所有权的抛弃物与自然资源及其孳息。对于抛弃物，其第959条赋予其明确的定义，并且规定通过先占的方式取得其所有权："动产所有权人出于放弃所有权的意图而放弃其对物的占有时，此动产即为无主物。"而对于自然资源及其孳息，其第960条规定："①处于野生状态的野兽为无主物。动物园中的野兽，池塘或者其他封闭的私人水域中的鱼类，不是无主物。②捕获的野兽又逃回野外的，如果所有权人不立即追捕或者放弃追捕时，该野兽复为无主物。③驯服的野兽，如失去回到规定其应回的地方的习惯，即为无主物。"

《日本民法典》效仿德国之规定，其第293条第2款规定："以所有的意思占有无主动产者，因占有取得其所有权。"

《法国民法典》虽然没有直接通过先占制度来为抛弃物确权，但是其通过先占制度与时效制度的配合，要求在取得无主物所有权时适用时效取得制度，必须以先占为前提。〔2〕其第539条规定："一切无主或无继承人的财产，或继承人放弃继承的财产，均归国家所有。"在时效取得制度的具体条文设计中，其第2229条规定："为使时效完成，应具有以所有人的名义继续、不断、和平、公然并明显的占有。"

《俄罗斯民法典》第219条第3款规定："在本法典规定的情况下和依照本法典规定的程序，一个人可以取得无主财产、所有人不明的财产，或者所有人拒绝受领的财产、其所有人依照法律规定的其他根据丧失其所有权的财产的所有权。"

---

〔1〕 参见刘云生："民法典设立先占取得制度之必要性与可能性透视"，载《河北法学》2005年第3期。

〔2〕 谢鸥："试论我国先占制度的建立"，载《四川师范大学学报（社会科学版）》2009年第1期。

而《瑞士民法典》的规定最为宽松，其对动产与不动产均允许通过先占取得所有权。其第656条第2款规定："取得人在先占、继承、征收、强制执行或法院判决等情形下，先取得所有权。但是，非在不动产登记簿上登记，不得处分土地。"此规定表明，除土地外，一切先占不以登记为前提。

从上述各国的规定可以看出，随着社会经济的不断发展，土地的归属已经相对明确，而抛弃物的样式却越来越多。多数国家的先占制度的适用范围已经缩小到无主动产的所有权取得方面，而先占作为所有权取得的一种手段，一直受到各国物权法的重视。从罗马法之万民法到各国成文法典之发展，先占制度之立法进步，就充分说明了立法者强调在法律关系中公民个人意志的重要性，换个角度说，立法者越来越重视人之独立人格于法律关系中的作用，从而使无主之物成为人类的财产，并进而体现人类意志的独立与自由。先占制度作为一项世界范围内普遍承认的物权制度，能够充分保护公民个人的所有权，并发挥其物有所归，物尽其用的制度价值，完善物权法的体系。

三、我国关于先占制度的应然态度

（一）现行立法否定先占制度之原因分析

自新中国成立以来，我国废除了旧民法，先占制度不复存在。我国《民法通则》第79条规定，所有人不明的埋藏物、隐藏物，归国家所有。而对于无人继承又无人受遗赠的遗产，《继承法》亦规定了其组织归属："无人继承又无人受遗赠的遗产，归国家所有；死者生前是集体所有制成员的，归所在集体所有制组织所有。"从以上的规定可以看出，我国立法原则上否认先占取得。

对于我国《物权法》应否承认和确立先占制度，理论界的观点不一。持否定态度的学者认为，无主财产应当直接归属于国家，其理由如下：①现代社会中，先占制度的可适用范围过小，人们依先占取得物之所有权的可能性越来越小，再加上我国实行自然资源公有的制度，现代社会确立先占制度的意义不大。②确立先占制度会对国家和集体的合法财产权益造成损害。③先占制度会对我国传统美德造成冲击，通过先占取得物的所有权，有悖于我国强调的路不拾遗、拾金不昧的社会主义道德标准。

而我国《物权法》之所以没有规定先占制度，主要是因为如果对于先占规则，法律上缺乏必要的限制，很可能导致先占制度被滥用；一概规定私人可以先占，不利于国家对无主物的管理。[1]笔者认为，此种立法价值取向实为不可

〔1〕 李石山、汪安亚、唐义虎：《物权法原理》，北京大学出版社2008年版，第146页。

取，对于国家与集体所有权的过分强调，虽然在特定的历史条件下适应了单一所有制和国家集权下的经济体制，具有一定的积极作用，但是其已经不符合当代社会主义市场经济的发展需求，不仅导致无主物立法体系之缺失，亦难以自圆其说。

（二）关于先占制度之应然态度

从我国现实的国情来考虑，大量的先占事实与先占制度空缺之间的矛盾，反映了我国先占制度之阙如有违传统民法的本质精神。否定先占制度，至少有如下负面影响：

(1) 先占制度的缺失不利于确认产权。一方面，现代社会存在大量先占事实，例如垃圾、电脑、彩电等被抛弃，而后又被重新占有并利用。随着社会经济的发展，先占的可适用范围非但没有缩小，反而越来越广。有一种观点认为："除法律明令保护的野生动、植物外，我国历来允许人民群众进入国家或集体所有的植物、果实乃至名贵的中药材，并承认他们取得其猎获物、采集物的所有权。"[1]笔者认为此种观点值得商榷，因为权利的取得需要得到法律的确认，若缺乏基本的法律支撑，那么当他人侵害先占之客体时，占有人根本无法依据任何一种请求权基础予以公力救济。再者，无主物所有权的取得如无法律明定，先占人获得的只是一种暂时的、排他性的私人利益，而不是法权。正如梅因所说："先占的真正基础并不在于这'财产权'制度出于无心的偏爱，而是在于这个制度长期继续存在而发生的一种推定，即每一个物件都应该有一个所有权。"[2]如此，先占制度阙如势必不利于形成正常的财产秩序并防止他人对财产的暴力侵夺和破坏。

(2) 效率观念缺位与资源的耗散。法律经济学的分析表明，先占制度可以减少因竞争或过分开采而导致的高成本运作。[3]从法律经济学的角度出发，先占制度能够在资源的分配上具有实现资源的高效率运行的作用。此外，大量的抛弃物对于原所有人而言，可能已经没有利用价值，但是，其对于其他人而言，却可能蕴藏着极高的使用价值。这也是先占制度的重要的价值目标所在，在资源有限的前提条件下，实现物的有效利用。而现行立法之缺失显然背离了物尽其用这一目标，不能有效地促进人们去探索和发现自然界新的财富，也不利于鼓励先占人像对待自己的所有物一样，对占有之物达到足够的注意程度，以便

〔1〕 彭万林主编：《民法学》，中国政法大学出版社 1999 年版，第 298 页。

〔2〕 [英] 梅因：《古代法》，沈景一译，商务印书馆 1996 年版，第 139～146 页。

〔3〕 宁红丽：《物权法占有编》，中国人民大学出版社 2007 年版，第 59 页。

合理有效地利用资源。

（3）公权力之介入缺乏正当性。根据我国现行法律之规定，所有人不明的埋藏物、隐藏物以及无人继承又无人受遗赠的遗产，归国家所有。显然，国家取得无主物既非基于占有之事实，也无时效取得之理由，而仅仅凭借其国家公权力的主体地位便取得无主物的所有权。探究自罗马法以来迄于近现代之各国立法，先占取得或时效取得均为解决无主物之权利归属之重要制度，其价值功能并非为确保公权力主体之权利，而是为了确保私权利主体之权利，俾使其基于占有或时效而获得他人抛弃之物或无主物之所有权，借此对抗其他人之侵占、损害，亦借此排除国家公权力之非法干预、侵略。[1]而我国采取国家、集体利益至上之立法价值选择与民法之私法属性产生了强烈的矛盾，同时，亦违背了民法所本应遵循的公平正义原则。

（4）物权取得制度体系残缺。从物权的取得原因来看，物权取得的方式可分为基于法律行为的物权取得和非基于法律行为的物权取得。前者如通过订立合同并经交付后取得标的物的所有权，后者如添附、善意取得、先占等。先占作为所有权的取得的重要方式之一，为世界大多数国家所普遍承认。先占制度之缺损，必然对物权体系的完整性造成极大的影响。

综上所述，确认先占制度，以解决立法与习惯之间的冲突，防止国家利益的无限扩张以及道德立法的严重倾向，维护物权取得制度体系之完整性，才是我国关于先占制度之应然态度。

四、对我国先占制度的法律构想

笔者认为，我国先占制度的建立，需要在考虑我国实际国情的基础上，充分借鉴国外之先进经验。

（一）立法体例

关于先占的立法体例，主要有三种：第一种是先占自由主义，即不分动产和不动产，法律规定两者均可依先占取得，罗马法曾经采取这种方法。第二种是先占权主义，即不动产只有国家有先占权；动产，只有法律许可，才能取得其所有权。日耳曼法采纳这一立法例。[2]第三种是二元主义，为大多数国家所采用。无主动产所有权的取得采用先占自由主义，任何民事主体都可以依先占

---

〔1〕 刘云生："民法典设立先占取得制度之必要性与可能性透视"，载《河北法学》2005 年第 3 期。

〔2〕 宁红丽：《物权法占有编》，中国人民的大学出版社 2007 年版，第 53 页。

直接取得所有权，而无主不动产则只有国家拥有先占权。[1]

考察我国具体国情，笔者认为宜采用二元主义。因为我国土地已经由法律确认为属于国家或集体所有，那么土地便不可能成为无主物。既然所有权已经明确，便不能够适用先占制度。当土地权属发生争议时，只能通过法定程序确定土地的权属，任何个人或组织都不可能通过先占取得土地的所有权。至于房屋所有权纠纷亦是如此，当发生产权纠纷时只能通过法定的程序确认所有权，而不能适用先占。因此，在我国现行的土地制度基础上，适用二元主义最为符合我国国情。

（二）主体范围

依照我国现行立法，只有国家与集体两类公有制主体被确认为无主物之所有权主体，而把一般私权主体排除在外，此规定违背了先占制度的立法理念与价值选择。为彰显私法之公平、正义，应当允许公有制主体以外的个人或组织成为无主物之所有权主体。从价值选择层面弥补我国现行立法之不足，使先占制度成为“一切人之自由”，而不是“一个人之自由”或者“部分人之自由”，从而实现无主物之平等占有。例如，我国《合同法》第104条第2款规定：“债权人领取提存物的权利，自提存之日起5年内不行使而消灭，提存物扣除提存费用后归国家所有。”此时国家基于其公权力地位取得了被推定为“无主物”的提存物，显然有失公允。最合理之解决办法应当是将该提存物之占有归还至债务人，此时，虽然其法律上的返还义务被依法消灭了，但是仍能确保其道德上的返还义务。此外，先占制度并不会对国家和集体的合法财产权益造成侵害，具体而言，对于不动产，其仍然属于国家或集体所有；而对于无主动产，只要该无主动产不关系到社会公共利益或不违反公序良俗，则该无主动产的先占主体应当为一般的权利主体。

（三）客体范围

如前所述，不动产不能成为先占的对象，因此先占的客体范围仅限于动产。史尚宽先生认为：“先占之物体，以客观的无主之动产为已足，先占人误以为非无主物而为先占，亦不妨碍取得其所有权。”[2]无主物是先占的前提条件。笔者认为，无主物主要包括三类：①废弃物。王利明教授在其主持编撰的《中国物权法草案建议稿》中明确了其定义：“废弃物，是指所有人以抛弃所有权的意思而放弃占有的动产。”在实践生活中，主要表现为废品和垃圾。一些废品和

---

〔1〕 梁慧星、陈华彬：《物权法》，法律出版社2004年版，第224页。

〔2〕 史尚宽：《物权法论》，中国政法大学出版社2000年版，第125页。

垃圾对于原所有权人而言可能并无价值，但是对于先占人而言却可能价值极大。但是由于我国《物权法》并未对抛弃物的先占取得作出明确规定，许多涉及抛弃物先占的财产纠纷基本找不到评判的依据。因此，亟需法律明确抛弃物的先占取得。②非属国家特殊保护的野生动、植物。在广大农村地区，通过先占取得野生动、植物的行为不胜枚举，如果不通过先占制度给予此种行为合法性地位，则会产生法律上的巨大疏漏。因此，在不违反有关野生动物保护和环境资源保护的法律、法规的前提下，野生动、植物可以适用先占制度。③所有权人不明的财产，经过法定的公告期间，应当被推定为无主物。除了埋藏物之外，梁慧星教授主持编撰的《中国物权法草案建议稿》还对于遗失物、沉没物、漂流物、走失的饲养动物提出了相类似的建议："遗失物于通知或公告之日起6个月内，无人认领的，由拾得人取得所有权。"[1]笔者赞成梁慧星教授的观点，即经过法定公告期间，无人认领的遗失物、沉没物、漂流物、走失的饲养动物应当归先占人所有。如此规定不仅可以阻却国家公权力的强行介入，真正体现民法之平等自由的属性，还可以充分有效地利用资源，保持经济的可持续发展。

（四）先占取得的限制

先占取得不可能是无限制的，正如自由也不是无限制的。关于先占取得的限制，王利明教授主持编撰的《中国物权法草案建议稿》中第80条规定："在他人所有财产之上的无主的动产，未经财产所有人或者使用人的许可，不得先占取得。但依当地习惯无须许可的，依当地习惯。"该条规定表明先占的构成要件之一是"须不侵害他人之独占的先占权"，实际上是对有独占权的先占权人的保护。有独占权的先占权人，如狩猎权人，对一定区域内的林野，可以排除一般人的先占。无此特权的人，虽然通过先占的行为获得占有物，但其不能够取得占有物之所有权，而应当将其返还给有独占权的先占权人。

此外，先占不得违反法律的规定，亦不得违反诚实信用和公序良俗原则。因此，笔者建议明确规定不得成为先占的对象的内容：①法律禁止个人持有或流通的物，如枪支、毒品、假币等，不适用先占。②文物，根据我国法律规定，文物应当属于国家所有。③不应认定为无主物的物品，如遗体等。④石油、矿藏等已有法律规定属国家所有，不适用先占。

---

〔1〕 梁慧星：《中国物权法草案建议稿：条文、说明、理由与参与立法例》，社会科学文献出版社2000年版，第35页。

五、结语

现实社会生活中对基于无主物而产生的先占利益的需求日渐凸显，然而现行《物权法》并未对此作出明确规定，实为物权立法之遗憾和缺陷。引入先占制度，可以确认财产之归属，维护财产秩序，充分发挥物之效用，并弥补我国物权取得的制度体系的疏漏。因此，在我国民事立法体系中，物权法中先占制度的缺失应当引起足够的重视。

我国不动产统一登记制度的构建

商斌华 *

一、我国现行不动产登记制度的现状与不足

总的来讲，我国目前的不动产登记制度呈现法律依据分散，登记类型体系不完整，多层级、多部门、多头登记、登记程序不统一等特点。在《物权法》颁布以前，不动产登记制度的内容分散规定于各项法律法规中，相关规定不尽一致；不同类型的不动产登记均有各自配套的登记办法，不同种类不动产等级分属不同部门〔1〕。制度上的混乱，直接导致实际操作的混乱，严重影响不动产登记的工作效率和不动产交易的顺利进行，具体的现状和不足分析如下：

（一）不动产登记的立法现状

《物权法》颁布之前，不定产登记制度的内容分散规定于《土地管理法》、《城市房地产管理法》、《森林法》、《草原法》等法律法规中，以及各部委、各地方政府制定的法规、规章、通知和决定中。

2007 年颁布的《物权法》第 10 条第 2 款规定："国家对不动产实行统一登记制度。统一登记的范围、登记机构和登记办法，由法律、行政法规规定。"这是里程碑式的规定，第一次在法律上确立了我国的不动产统一登记制度。

另外，《物权法》还进一步规定了，登记机关的权责、登记的效力、登记的查询以及更正登记、异议登记、预告登记制度，为我国建立不动产统一登记制度提供了法律上的保障。第 9 条〔2〕从立法上确立了登记要件主义为原则、兼采特殊情况下的登记对抗主义，为不动产物权变动的原则。第 11 条初步规定了

---

* 商斌华，华南理工大学法学院硕士。

〔1〕 王崇敏："我国不动产登记制度若干问题探讨"，载《中国法学》2003 年第 2 期。

〔2〕《物权法》第 9 条规定："不动产物权的设立、变更、转让和消灭，经依法登记，发生效力；未经登记，不发生效力……"

申请人应提供的必要材料。第 12 条[1]、第 13 条[2]规定了登记机关应当履行的职责以及禁止行为。第 19 条设置了更正登记和异议登记，为真实权利人提供了登记制度内的救济途径。第 21 条弥补了登记错误的赔偿责任承担的这一法律空白。

《物权法》明确规定我国应当实行不动产统一登记制度并授权国务院和相关部门制定细则，这是对不动产登记制度的重大完善，但之后并没有出台相应的配套法律法规。我国目前没有专门的不动产登记法，不动产登记法律依据分散于各项法律法规中。这些登记规则不但散乱，而且众多规则明显违背物权公示的要求。例如，《土地登记规则》第 62 条尽显不动产登记的行政管理本质，无法保证登记的公示和公信力。[3]《担保法》第 41 条[4]混淆了合同效力和物权效力，把登记视为抵押合同生效的要件。

综上，虽然《物权法》确立了我国的不动产统一登记制度，但是其规定较为原则、模糊，其他现行的法律、法规、司法解释中的登记规则之间也存在很多矛盾，甚至与物权公示原则的要求相违背，行政管理的作用更甚于公示、公信作用。当然也有学者[5]认为不动产登记簿仅具有推定效力，更应该保护实际权利人的利益，意即不动产登记簿的效力可以被法律事实所推翻，但是登记簿的推定效力不利于不动产的稳定性，容易带来交易风险。立法上的不统一加剧了不动产登记的分化，导致实践中不动产交易市场的纠纷多发，法律适用困难，以致很难保障市场交易的安全。

（二）不动产登记机关

受计划经济体制的影响，在此基础上建立的不动产登记制度存在浓厚的行政管理色彩，常常造成多头登记或者登记无门的不利于登记和交易工作开展的现象，也越来越不适应市场经济发展的要求。具体而言表现在以下几个方面：

---

〔1〕《物权法》第 12 条规定："登记机构应当履行下列职责：①查验申请人提供的权属证明和其他必要材料；②就有关登记事项询问申请人；③如实、及时登记有关事项；④法律、行政法规规定的其他职责。申请登记的不动产的有关情况需要进一步证明的，登记机构可以要求申请人补充材料，必要时可以实地查看。"

〔2〕《物权法》第 13 条规定："登记机构不得有下列行为：①要求对不动产进行评估；②以年检等名义进行重复登记；③超出登记职责范围的其他行为。"

〔3〕《土地登记规则》第 62 条第 1 款规定："土地登记文件资料的查阅，按照土地管理部门规定办理。未经允许不得向第三者提供或者发布。"

〔4〕《担保法》第 41 条规定："当事人以本法第 42 条规定的财产抵押的，应当办理抵押物登记，抵押合同自登记之日起生效。"

〔5〕程啸："不动产登记簿之推定力"，载《法学研究》2010 年第 3 期。

第一，登记机关分散。不动产分散登记制度下，最典型的表现就是多个不动产登记机关并存。以农村居民为例，仅不动产物权等就要到四个不同的部门办理——房产登记到建设部门办理“房屋所有权证”，宅基地到国土资源部门办理“集体土地使用权证”，土地承包经营权到农业部门办理“耕地林权证”，承包林地后栽种树木需要到林业部门办理“集体林权证”。当事人查询同一个不动产的物权需要到不同的登记机关，稍有差池就会造成重复买卖、重复抵押等情况。

第二，不动产登记程序不统一。《土地登记规则》与《城镇房屋权属登记管理办法》（现已失效）中房屋登记程序有是否需要公告程序之差；地方政府对不动产登记程序的规定也不一致，权属调查也不是每个登记类型所共有的步骤。有的要求经过审批再核准登记，有的不用审批直接登记。另外各地方法律法规对申请材料、登记时间等问题的规定也不统一。

第三，不动产登记机关职权不明。基于部门利益和地方利益或者法律法规之间的矛盾，多个不动产登记部门之间职权分工不明，会出现管辖权重叠、争抢登记或者互相推诿等问题，这严重影响了行政机关的社会形象，直接导致重复登记和登记无门等问题的频繁发生。

（三）不动产登记的审查方式

不动产登记的审查方式向来有实质审查与形式审查之争。所谓实质审查是指，登记机关必须对当事人提交的材料的真实性负担调查和验收的义务，实际上是对登记内容承担一定的担保责任。所谓形式审查，是指登记机关仅对当事人提交的材料进行审查，只要材料显示的内容没有形式上的瑕疵，登记机关就应当登记。笔者认为形式审查与实质审查的概念之争主要源于学者分析视角的差异，可以归结于登记机关的审查是否及于当事人的实体法律关系。形式审查仅授予登记机关审查登记申请是否满足程序法上的要求，而无权审查登记申请是否与实体法上的权利一致，也无权决定是否予以登记。同时针对不动产的异议登记，也有学者认为，其仅有限制转让的性质不符合异议登记本来的规定，也有违《物权法》的规定。[1]

不仅《物权法》立法上的模糊引起了学术界的激烈讨论，实践中各地的审查标准也不同。同时，审查权限的界定不清也使司法机关对登记错误纠纷的责任认定缺乏统一、客观的认识，无形之中，登记机关也承担了更多的不确定风险。

---

〔1〕 程啸：“论异议登记的法律效力与构成要件”，载《法学家》2011年第5期。

（四）不动产统一登记难以有效推进的原因

面临不动产分散登记的种种弊端，理论界和实务界均呼吁尽早实现不动产的统一登记。距《物权法》颁布已时过数年，我国不动产统一登记仍未有明显进展。立法上的迟延和政治、经济等因素，导致了现实中不动产统一登记制度迟迟无法建立起来，就其原因主要有：

（1）由计划经济转型到市场经济，不动产登记工作重新开展。过去的不动产登记只是行政管理部门的管理手段而不具有任何法律上的意义。房产权、林地权先于土地权利进入财产法的范畴，先于土地登记建立了自己的登记制度。各自为政的分散登记模式由来已久。

（2）受制于现行法律约束和部门职能划定。除了《物权法》对于登记范围、机构和办法的规定，至今关于不动产统一登记的法律法规一直难以出台，原因在于，当前法律体系下，涉及不动产登记的各部门均有明确的法源依据，都分别规定了由相应的管理部门进行各类不动产登记。各部门登记机关出现职权范围的交叉，显然，在现行法律法规和行政管理体制不作调整的情况下，推动不动产统一登记举步维艰。

（3）受制于技术标准差异和登记信息不统一。首先，各部门在土地类型认定上存在差异，导致同一片土地常常被作为不同类型由不同部门重复登记。其次，在调查技术上，各部门调查采用的坐标、精度等均不统一，增加了成果转换和资源共享的难度。最后，在信息共享上，缺乏有效机制予以保障，各类不动产登记部门都不愿轻易交出本部门的登记成果，最终导致无法保障登记结果的准确性和一致性。

二、我国不动产统一登记制度构建的必要性与可行性

世界上多数国家的不动产登记制度经历了由分散登记向统一登记发展的过程，这不仅仅是不动产的自然属性决定，还因为该制度本身保护不动产权利、促进交易等优越性。不动产物权的核心是土地权利，各种不动产权利天然地依附于土地而存在，奠定了不动产统一登记的基础。随着市场经济的不断发展成熟，利用不动产进行投融资越来越频繁，而分散登记模式的种种弊端凸显出来。为了保障不动产登记的顺利进行，维护不动产交易市场的正常秩序，我国亟需构建不动产统一登记制度，下文从制度构建的必要性和可行性展开分析。

（一）我国不动产统一登记制度构建的必要性

（1）目前，分散登记模式带来的不动产登记的法律依据不统一、部分法律法规之间对统一登记问题的规定甚至互相矛盾，不利于不动产登记的确认和保

护。多部门、多层级的情况下，各部门职权不清、分工不明、效率较低、工作中互相推诿、争权夺利的情况层出不穷，重复登记、无处登记屡见不鲜。登记机关各行其政、各谋其利，导致登记程序不一样、内容不一致、登记效力不统一，不同的不动产物权在不同的登记部门登记，同一个不动产上设立的各种物权被记载于不同的登记簿，不动产交易当事人无法准确、快速、全面地了解不动产交易的相关情况、大大影响了不动产交易的安全性，不利于登记机关保护不动产物权和不动产交易市场。

（2）不动产统一登记制度对于不动产权利人、登记机关以及整个不动产交易市场来讲具有较大的积极性。不动产统一登记制度明确了登记机关、登记程序、申请人在登记程序中的权利义务，提高了权利人办理登记的积极性，有利于保护权利人的合法权益。不动产统一登记制度下的登记机关可以统一调配现有资源，合理分配任务，各部门权责明确、层级分明，有利于提高工作效率、降低登记成本，节约社会资源。统一的登记程序、登记簿、权属证书便于统计不动产物权的设立、变更、消灭，为国家开展征税、保护耕地等进一步的工作提供可靠信息。在此基础上的不动产物权权利变动情况清楚、权书明确，能有效防止一地二卖、一房二卖以及重复抵押等欺诈行为的发生；统一变动手续、收费标准，提高了不动产交易的安全性，降低了风险，维护了交易秩序，有利于不动产交易市场的繁荣。

（二）我国不动产统一登记制度构建的探索和实践

从全国范围看，我国实行多层级、多部门的不动产分散登记制度，但一些地方已经开始研究不动产统一登记制度，并在本地方范围内进行了一些大胆的尝试。厦门、天津、重庆等地方政府先后颁布了一系列以不动产登记机关、房地产统一登记为主要内容的地方性法规、规章和办法。在本行政区域内积极探索不动产统一登记制度构建，并且进行了一些大胆的尝试，为全国范围内构建不动产登记统一制度提供了宝贵的经验。

福建省厦门市率先进行不动产统一登记的探索，实行房地统一登记、两证合一之后，房地登记信息集中管理，不但减轻了申请人的负担，节约了时间和精力，节省了行政成本，而且有利于不动产权属信息的统计和管理。

天津市的房地统一登记政策主要包括，成立市国土资源和房屋管理局，对全市国有土地范围内的住宅实行房地产统一登记，按照住宅—非住宅的顺序推进房地统一登记的政策。土地使用权设定登记由各区县国土分局负责，土地使用权登记后房地产初始登记前的，各类房地产权属向房地产登记发证交易中心提出，房地产初始登记后的各类登记以及商品房预告登记由各区县房管局负责办理。房地产登记各阶段的登记机关权责明确，有利于及时办理登记。

重庆市政府在网上公布《重庆市土地房屋权属登记条例（修订稿）》向全市人民征求意见。该修订稿规定，土地房屋登记应当遵循权利明晰、权属合法、信息公开、便民高效的原则，实行属地管辖，并将逐步推行不动产统一登记。在法律责任方面，《条例》明确规定，登记机构工作人员若出现擅自涂改、毁损、伪造土地房屋登记簿等行为，将被依法处分，构成犯罪的将被追究刑事责任。该条例尚处于社会征求意见的阶段，透露的是重庆市将逐步推行不动产统一登记，并建立统一的登记信息查询制度的计划和努力，是继《物权法》确立不动产统一登记制度后，地方政府作出的又一立法上的重大探索。

（三）我国不动产统一登记制度构建的可行性

不动产统一登记制度在域外一些国家已经被确认并发展得比较成熟，但在我国还属于新生事物。有学者[1]将国外不动产登记作了较为深入的分析，将其分为德国法主义、托伦斯主义、法国法主义三种，并比较了这三者的优劣。这对我国不动产登记有着较为启迪性的作用，当然新生事物在取代旧事物的过程中需要排除万难，不能一蹴而就。但不动产统一登记制度相比目前的分散登记模式，其优越性是显而易见的，不动产统一登记制度在中国有着坚实的基础和十分有利的条件。

第一，我国《物权法》第10条第2款规定在全国范围内实行不动产统一登记制度，这是首次以法律的形式赋予不动产统一登记制度在我国的合法地位。在法律体系中位阶较高的《物权法》给未来一段时间的立法工作指明了方向，也预示着将来国家还会出台一系列的法律、法规进一步细化不动产统一登记制度的相关内容，完善法律体系。

第二，市场经济蓬勃发展的今天，买卖不动产或者设定权利等手段成为投融资的主要方式，不动产交易日益频繁，如何迅速了解不动产的基本情况及物权归属等内容，确保不动产物权信息的真实性，提高不动产交易的安全性等问题越来越突出。不动产物权的迅速发展，尤其是商品房数量猛增，房地产开发如火如荼，为不动产统一登记制度提供了肥沃的土壤和坚实的基础。

第三，我国的不动产登记机关多为行政机关，有国家公权力的授权，具有较强的执行力。由行政机关作为不动产登记机关符合我国的国情，可将这一习惯予以保留。不动产登记的核心是土地，目前主要的登记主管部门是国土资源部门，该部门在城乡已经形成了比较成熟的行政体系，能比较全面地辐射到整

---

〔1〕王洪亮："不动产物权登记办法研究"，载《法律科学（西北政法大学学报）》2000年第2期。

个国家的土地登记事务。在此基础上，对国土资源部门进行改造，由它承担不动产统一登记事务是很有可能的。未来各方面条件发展成熟时，可设立独立的不动产登记局处理不动产登记事务。随着国家管理水平的提高，各方面利益分配更加合理，形成统一的登记机关是绝对可能的。

总的来讲，由于特定的历史、政治、经济因素，不动产统一登记制度的发展还存在一定的障碍，但该制度符合社会发展规律，满足市场经济需要，具有先进性，在我国有着坚实的基础和巨大的发展潜力。

三、我国构建不动产统一登记制度的建议

通过对比国外一些国家、地区关于不动产统一登记制度的规定，总结国内部分城市积极探索不动产统一登记制度的成功经验，对我国构建不动产统一登记制度提出了一些设想和建议，具体如下：

（一）统一不动产登记制度的法律体系

目前我国并没有统一的不动产登记法，涉及不动产登记的法律、法规只能满足行政管理的需要，这些规则不但零散，而且法律效力不足、层级较低，不能满足物权公示、公信原则的要求。笔者认为，制定统一的不动产登记法是构建不动产统一登记制度的基石，通过立法明确各类不动产登记的登记机构、登记范围、登记程序和登记信息管理等核心要素，避免各类不动产登记中矛盾和冲突的产生。

首先，《物权法》已经就不动产物权变动的实体问题作了规定，不动产登记法就应以程序事项为调整对象，以解决不动产登记簿如何体现物权变动状况的问题。统一的不动产登记法应该涵盖登记范围，登记机关的设置、职责，规定统一的登记申请人的资格、条件，登记的审查方式，登记的基本程序，登记错误的赔偿责任与救济方式。具体来说，该法首先应明确不动产的种类，以明确不动产登记的范围。将土地、房屋、林地、草地等不动产物权的设立、变更、消灭纳入不动产统一登记的范围，适用统一的登记法。其次，规定统一的不动产登记机关，不论何种不动产的物权变动登记统一由一个登记机关负责，改变目前多头、多层级分散登记的状态，从源头上保证不动产登记的统一性。最后，具体规定不动产登记的程序。从申请人提交材料的内容，到登记机关审查是采用实质审查模式还是形式审查模式，再到发放权属证书的格式和效力。

单凭《物权法》的几条原则性法律条文，无法构建完整的不动产统一登记制度，更不能为不动产统一登记工作提供全面的指导。《不动产登记法》是不动产统一登记制度的基础，更是整个不动产登记工作的法律依据和行动指南。

要建立、完善不动产统一登记制度，必须先从立法工作入手，只有有了统一的法律依据，才能保证不动产登记机关、登记程序和登记效力等方面的统一。由国家立法机关制定的《不动产登记法》法律层级较高，能最大范围地调整全国的不动产登记事务，才能满足不动产登记公示、公信的要求，而且作为一部法律，能有力地排除其他不动产登记法律法规条例之间的矛盾，减少因各地方经济、政治发展不平衡导致的不动产登记保护力度的差异。在《不动产登记法》的指导下，再出台一些法规或者规章、办法详细规定不动产登记的相关问题，形成一个系统、完整的不动产登记的法律体系。

（二）统一不动产登记机关和程序

域外经验中，不动产登记机关主要有两种立法例，司法机关或行政机关。德国的不动产登记机关为地方法院的土地登记局，瑞士多为各州的地方法院，日本为司法行政机关法务局、地方法务局及其派出所，我国台湾地区为行政机构的地政局。

在我国如何统一登记机关，主要有三种观点：第一种观点为我国应当采纳法院统一登记的立法体例，第二种观点为不动产登记机关应为行政机关，第三种观点则是不动产登记机关应为公证机关。司法机关观点的出发点在于土地登记与权利人的实体权利紧密关联，方便权利人在发生不动产登记纠纷时获得相应的司法救济；弊端在于法院难以胜任司法救济与登记事务双重工作。行政机关观点考虑不动产登记的行政监督作用，以及我国长期以来由行政机关负责登记事项的历史国情。公证机关观点的理由在于公证机关的独立性与中立性有利于保证登记的公信力。

笔者认为，统一登记机关必要考虑目前我国登记的现状、确保登记的公信力以及统一的可行性。长期以来，我国的不动产登记机关均由行政机关负责，其已掌握了较为完备的登记资料，其从业人员也已经有了相应的职业素质，因此，行政机关担当不动产登记的职责更为合适。我国学者[1]梁亚荣、王崇敏也认为，由统一的不动产登记局进行不动产的登记较为合理。

就不动产登记的方式而言，实质审查与形式审查各有利弊，总的来说，形式审查注重登记的效率；实质审查注重登记的公信力，但是操作程序复杂。因此，有学者就支持将我国的不动产登记设计为形式审查[2]。当前，我国不动产

〔1〕梁亚荣、王崇敏："不动产登记机构设置探析"，载《法学论坛》2009年第1期。

〔2〕黄辉："中国不动产登记的立法思考"，载《北京科技大学学报（社会科学版）》2001年第3期。

物权变动采登记要件主义，实质审查方式与登记要件主义是相辅相成的；实质审查方式有助于增强登记机关的责任感，减少登记错误。确定不动产登记审查方式的关键在于如何协调登记的公信力与高效的要求。有学者〔1〕将不动产登记的程序和实体规范进行了较为深入的分析，权衡利弊，笔者认为我国应采纳实质审查方式。

（三）完善不动产登记错误赔偿机制

鉴于不动产较大的经济价值，登记错误将会给权利人和利害关系人带来较大的经济损失，所以，有必要完善登记错误的赔偿机制，确保不动产权利人和利害关系人的利益受损时及时得到相应的赔偿。关于赔偿数额等的确定，有学者认为可以以第三方的估计价值作为赔偿的依据。〔2〕

（1）应当明确的是不动产登记错误赔偿责任的归责原则是过错原则还是无过错原则。鉴于《物权法》规定登记机关在登记错误时由其自身或者工作人员造成的承担赔偿责任，也就是说，只有登记机关存在过错时才承担责任，符合过错责任的要义。同时，按照风险和收益成正比的原理，登记机关就其存在的过错承担责任是非常合理的。

（2）健全登记错误赔偿的配套措施，确定赔偿经费的来源，保证赔偿真正实现。国外不动产登记错误赔偿方式大致包括中央政府统筹赔偿预算、各级政府分别编列赔偿预算、国家设立专项基金以及通过保险渠道支付等。我国目前的赔偿经费主要来自中央和地方政府的财政预算，一定程度上会加大政府财政负担。笔者认为，应当设立专门的不动产登记赔偿基金，国家财政划拨一定费用，再引入保险机制，共同构成我国的不动产登记赔偿金的来源。

（3）应当在登记机关内部设立登记损害赔偿受理部门，划分赔偿责任，评估损害数额，制定赔偿方案，督促赔偿义务的履行。

---

〔1〕 常鹏翱：“不动产登记法的立法定位与展望”，载《法学》2010年第3期。

〔2〕 王崇敏：“我国不动产登记制度若干问题探讨”，载《中国法学》2003年第2期。

论国际货物买卖所有权转移和风险转移

于明伍 *

国际货物买卖中的所有权是关系到双方当事人切身利益的重大权利，货物所有权转移就成了货物买卖的核心问题。货物所有权一旦发生了变动，即在国际货物买卖中，货物由卖方转移到买方手中后，如果遇到买方意外破产或拒付货款等情况，卖方将会遇到既得不到货款，也失去了对货物的所有权的窘境，从而遭受损失和承担财货两空的风险。随着科技不断地进步，让世界越来越成为密不可分的整体，国际贸易也更加频繁。当今社会的货物买卖也远远突破了以前的"面面交易，钱货两清"的形式，绝大多数国际货物买卖的完成更是复杂，需要经历订立销售合同、保险、运输等多个环节。因此买卖双方则更需要对货物所有权的转移做出明确的规定。

遗憾的是，由于法律习惯、法律信仰以及历史传统等因素的影响，各国对货物所有权转移的规定也存在显著差异，而且很难达成一致或妥协。即便是国际货物买卖通常遵守的1980年《联合国国际货物买卖合同公约》（以下简称《公约》）和《国际贸易术语解释通则2010》（以下简称《通则2010》），仅对买卖双方各自的风险转移有明确的规定，但却没有对货物所有权转移进行规定。当今世界，国际货物买卖频繁，却没有一部统一的关于国际货物所有权变动的法律，因而，对于构建一套统一的国际货物所有权转移法律制度的意义也就不言而喻。

一、国际货物买卖中风险转移和所有权转移联结之可能性分析

（一）物主承担风险原则

当说到国际货物买卖，所有权转移和风险转移是必须要解决的两个问题，

---

* 于明伍，广东财经大学在读研究生。

当处理二者的关系时，在国际上有些国家就是将所有权转移与风险转移问题进行捆绑，就是以所有权转移的时间决定风险转移时间，这就是“物主承担风险”。

物主承担风险原则，又称所有人主义，是指标的物的所有人承担标的物因不可归责于双方当事人的原因而毁损灭失的损失。简单地说，就是东西归谁所有，谁就承担东西灭失的风险。该原则源于罗马法，在罗马法中就有“天灾归所有人承担”的法律谚语。物主承担风险这一原则是将风险转移与货物的所有权转移相捆绑，即所有权转移时间决定了风险转移时间，风险何时由卖方转移到买方手里，取决于所有权何时转移。这个理论在“Martineau v. Kitching”一案的判决中第一次出现。法官在判决中指出：“当货物的所有权发生转移后，那么承担货物毁损和灭失的风险的人就是当时货物的所有人。”英国和法国接受了这种学说，并在立法中体现了这一原则。

（二）物主承担风险理论的瑕疵

对该理论，许多学者进行了抨击。理由却也多样，认为：①所有权转移和风险转移是两项不同的制度，它们服务于不同的利益，所有权转移的时间主要涉及当事人之间债权人的利益，而风险转移则决定买受人何时无条件地支付价金[1]。②物权关系与债权关系属于两个不同的范畴，一方不能履行，对方是否该对待给付，是债的关系所应当解决的；所有人因标的物毁损灭失而丧失物权，并不能决定对待给付请求权的有无。而物主承担风险原则却将这些不同的事情混淆，是很不恰当的。

（三）联结可能性的再思考

（1）对于“所有权转移和风险转移是两项不同的制度，它们服务于不同的利益，所有权转移的时间主要涉及当事人之间债权人的利益，而风险转移则决定买受人何时无条件地支付价金”这种说法是否妥当有待商榷。我们首先要肯定国际货物买卖中的风险转移制度与所有权转移制度是两种制度，但是这并不意味着两者是完全独立的，不可能有着密切联系的，恰恰相反，两者之间的关系是十分密切的。也正是基于两者之间有着密切的联系，决定了它们不是服务于不同的利益。风险转移主要是涉及当事人的债权人的利益，而所有权转移也是涉及当事人债权人的利益，在一个货物买卖中，如果货物的风险由出卖人承担，那么买受人便有权拒绝支付价金，这就是作为债权人的买受人的利益体现。

---

〔1〕［英］施米托夫：《国际贸易法文选》，赵秀文选译，中国大百科全书出版社1993年版，第329～330页。

（2）尽管物权关系与债的风险的确属两回事，一方不能履行，对方应否为对待给付，是由债的关系确定，所有人因标的物毁损灭失丧失物权也不能决定对待给付请求权的有无。但是，利益和风险是并存一致的，通常情况下，物主就是利益的享有者，因此债法也规定了物主承担风险。由此可见，风险转移和所有权转移是可以联结的。

但是，物主承担风险原则仅仅是简单将风险转移与所有权转移的捆绑，但并没有详细阐述所有权转移与风险转移联结之可能性与合理性，笔者针对此问题进行了深入的分析，笔者认为，所有权转移与风险转移虽是两种独立的制度，但是二者可以统一于交付之上。

二、国际货物物权变动和风险转移统一于交付的可能性分析

何以二者可统一于交付？究其原因在于，交付解决了二者中一系列共性问题，现分析如下。

（一）风险转移立法例之分析

1. 合同成立主义（法国模式）

合同成立主义，又称为契约成立说，该学说认为如果买卖双方没有特别约定，那么在合同成立之时货物的风险由卖方转移给买方，即采取的是以合同成立时间作为风险转移划分点的标准。法国则采用了这一模式，见于1804年《法国民法典》[1]。对于法国的此种模式，可以促进双方当事人履行合同义务，积极行使权力。以合同的成立作为货物风险转移的界限，这样的做法有利于买卖双方更好地行使合同规定的内容。

2. 所有权主义模式（英国模式）

合同成立模式下卖方会在合同成立之后因为风险已经转移到买方身上而减少对货物的照看，这样一来便导致货物发生风险的概率的增加，对于买方而言很不公平[2]。也正是基于这种理论不能合理分配买卖双方之间风险，会严重阻碍贸易的发展，所以，理论界现在也已经放弃该理论。而现代贸易发展到今天，有如此的辉煌，实践证明，正是是摈弃该理论的必然结果。

英国法采纳了罗马法中关于“物主承担风险的原则”，遂规定了货物随着

---

〔1〕《法国民法典》（下册），罗结珍译，中国法制出版社1999年版，第288页。《法国民法典》第1138条第2款规定：“交付标的物之债，自该物应当交付之时起，使债权人成为物之所有权人并由其负担物之风险，即使尚未实际进行物之移交，亦同；但是，债务人如已收到移交催告，不在此限；在此场合，物之风险仍由债务人承担。”

〔2〕刘光远：“论国际货物买卖中的风险转移制度”，载《时代经贸（下旬刊）》2007年第3期。

所有权的转移而转移，按照《英国货物买卖法》第20条的规定，除双方当事人另有约定外，在货物所有权转移于买方之前，货物的风险应当由卖方承担。但所有权一经转移给买方，则不论货物是否已经交付，其风险均由买方承担；但是，如果由于买方或卖方的过失，致使交货延迟，则对于因为这种过失而引起的损失的风险，应由有过失的一方承担。另外英国法也允许双方当事人可以通过意思自治约定风险转移的时间，可以在所有权转移之前便将风险转移给买方，但是要求，在风险转移时，货物必须特定化。因此，如果买卖标的物是未经特定化的货物，那么必须以适当的方式将其规定在合同的款项中，然后货物的风险才转移给买方[1]。如果当事人没有约定，那么货物风险转移给买方是以所有权的转移为划分点的。

3. 交付主义模式（美国模式）

与英国模式不同，英国认为货物风险的转移以所有权的转移为转移，而美国法则认为这是一个很现实的问题，然而所有权的转移是一个相对抽象并不具体的问题以至于难以证明。所以，它们不赞同以所有权的转移为风险转移的划分点的模式，认为应该将所有权与货物风险的转移分开，原则上风险的转移以货物的交付为划分点，与货物所有权的转移无关。《美国统一商法典》对风险转移问题作了详细规定，双方当事人可以约定风险转移的时间，也可以采用国际贸易术语（如FOB，CIF，CFR）来确定风险转移的时间。在买卖双方未作出约定时，统一商法典对于不同情形下作出不同的具体规定：对于货物已经存放在受托人处无需移动即可交付的情形下，受托人是否具有代表货物所有权的单据以及这些单据是否可以转让，这些都会导致货物风险转移的时间的不一样。如果受托人出具的单据是可转让的，那么风险转移的时间以买方拿到物权单证的时间为划分点；如果受托人没有出具可转让的物权凭证，则货物风险转移发生于合理时间内，受托人承认买方有权占有货物时。但是如果受托人拒绝将单据交付给买方，那么则会认为买卖双方间的交货行为不成立，相应的风险转移也没有发生。凭单证交付情形，类似于《公约》中路货买卖，然而又与《公约》规定的以合同成立时间为风险转移时间不同。美国模式则认为在买方“控制”（如已收取单证或有权占有时等）货物时风险发生转移，美国采取的是交付主义。此外，《美国统一商法典》对于需要运输的货物风险转移时也是采用交付主义。

它的主要理论依据是《美国统一商法典》的“风险支配”思想，即货物风

---

〔1〕 J. P Benjamin , *Benjamin's Sale of Goods*, Sweet & Maxwell, 1981, p. 246.

险责任应由能够最好地掌管和控制货物的一方当事人承担，谁占有货物，谁就处于有利地位，从而就能较好的掌管保护货物，因为占有人最具有避免风险的能力，也即最具有支配风险的地位。因而，货物交付，风险也就随之转移。[1]

我们首先应该承认，所有权转移主义相对于合同成立主义而言，具有优势，所有权主义强化了买卖双方当事人的责任心，在很多场合是适用的。然而交付主义又进一步地彰显了其较所有权主义的优势。

第一，交付主义使得风险转移的时间确定化。看英国的有关所有权主义的规定，我们不难发现，所有权主义是建立在“除当事人另有约定外”的基础上。而这种除外规定是存在很大的不确定想的，从而使得双方当事人可以就合同的许多方面作出任意的约定，可以模糊，可以精细。这就使得所有权转移的时间和地点难以判断，从而使得所有权转移将会处在不确定中，而相比所有权主义，交付主义使得风险转移的时间很明确，不像所有权主义那样受制于双方当事人的意思自治。交付主义具有很强的可操作性。

第二，交付主义很好地解决了所有和占有相分离的问题。在贸易十分发达的今天，货物总是处在不断流通中。而在流通的过程中，占有货物的人并非都是货物的所有者，同样的，货物的所有者也不一定实际占有货物。如在所有权保留的买卖中，买方虽然从卖方那里实际取得货物，实际对货物享有占有、使用、收益的权利，但是并不拥有货物的所有权；而卖方虽然并不实际占有货物，却对货物享有处分权，因为其保留了所有权。这种情况下，所有权转移的弊端就显现了，由于卖方并不实际占有货物，无法避免货物毁损、灭失；而能够很好保护货物且实际控制货物的买方又会因为自己不是所有权人，货物的风险并非由已方承担，因而怠慢保护货物。而交付主义很好地解决了这种关系，交付之后，货物风险便由买方承担，更加有力地保护货物安全。

第三，交付主义很好地解决了合同订立时货物并不存在的风险负担的问题。期货交易是现代商事贸易的发展中产生的新兴事物，大大拓展了货物贸易的范围，并且这种交易方式已经逐渐为市场所接受。在期货交易中，合同成立时，合同的标的物通常仅仅存在于合同双方的观念中，在现实生活中并不一定存在。在这种情况下，根本不存在现有的所有权。没有所有权，也就谈不上风险如何转移。那么用所有权转移主义似乎也就毫无意义。而交付主义就解决了这个问题，不存在现有货物，那自然也就无法交付，没有交付，风险自然不会转移。

---

〔1〕 张荣芳：《经济全球化与国际贸易法专题研究》，中国检察出版社 2008 年版，第 67 页。

(二) 所有权转移立法例之分析

1. 意图主义(英国模式)

该主义认为，货物所有权转移的时间取决于合同双方当事人在合同中体现的意图。《英国货物买卖法》第 17 条规定，一份买卖特定或者确定货物的合同中所涉及的货物，其财产所有权在合同双方当事人意图转移时，转移给买受人。而至于具体的意图的确定，应由法官综合合同的具体条款、双方当事人的行为以及案件具体情况来判断。

2. 合意主义(法国模式)

上述“意图”是一个非常抽象的概念，因其存在于当事人的内心。意图可以所表达在行为及言语中，但不可能完全展现出来，而展现出来也可能会是相反的意思。对于当事人双方的意图的确定，也可以根据法官自己的理解来揣测，这就赋予了法官很大的自由裁量权。有时候双方当事人的意图可能仅是法官的意图，这样就有可能使案件的判决结果与当事人的真实意图是完全相反的，这既不利于维护法律的权威，也不利于促进贸易的发展，保护交易安全。《法国民法典》第 1583 条规定，当事人双方就标的物及价金相互同意时，即使标的物尚未交付，价金尚未交付，买卖合同即告成立，而标的物的所有权即依法由出卖人转移于买受人。以法国为代表的合意主义(即合同成立主义)认为，货物的所有权自合同成立时转移，即买卖双方达成合意时转移。合意主义克服了意图主义难以捉摸、不确定的缺陷，在维护合同的严肃性的同时，有利于维护法律的稳定性及权威性，充分保护了买受人的利益。

3. 交付主义

交付主义(又叫形式主义)认为，标的物交付的时间即为所有权转移的时间。由于对买卖合同项下交付的性质认识不同，交付主义又可分为债权行为说(债权形式主义、要因交付主义)和物权行为说(物权形式主义、抽象交付主义)。前者认为其属于买卖合同的债权合同范畴，后者认为货物所有权转移属于物权合同范畴，但二者都认为货物所有权的转移须以货物交付为必要条件。如《德国民法典》是物权行为说的代表，该法典就规定动产所有权的转让除交付受让人外，双方就所有权的转移还应当成立合意。《俄罗斯联邦民法典》是债权行为说的代表，该法典第 223 条规定，合同取得物的所有权自物交付之时起产生，除法律或合同有不同规定的除外；若财产转让需进行国家登记，则取得人的所有权自国家登记之时起产生。我国现行有关民事立法也采用这种立说，例如，我国《合同法》规定，财产所有权除法律另有规定或者当事人另有约定外，从财产交付时起转移。

交付主义较合意主义而言，有其优点：

（1）交付主义有利于保护善意第三人的利益，同时有利于增加货物的流通机遇。根据合同成立主义，买受人在合同成立时已取得货物的所有权，无论买方是否支付了价金。对于出卖人来说，合同一旦成立，货物所有权即发生了转移，卖方的手中仅剩下对货物的留置权。这种情形下，即便是善意第三人也无法从卖方手中取得货物，因为买方可基于所有人的身份追回货物，若善意第三人已经支付了价款，也只能以不当得利向卖方主张返还价款。这对于保护善意第三人的利益是极为不利的。也正是基于这个原因，善意第三人如果知道卖方先前已经签订了有效的合同，便不会再与卖方进行交易。而这种规定同样也给买方带来不利影响，它使得卖方在某种程度上降低了货物的流通速度，减少了货物的流通机遇以及货物的保值增值能力。

（2）交付主义能很好地解决合同成立时标的物不存在的所有权转移问题。在现代国际货物买卖中，比如，在期货交易中，大多数的货物在合同成立时标的物并不现实的存在，这也就没有所谓的所有权转移的问题。在所有权保留制度下，合意主义显然与所有权保留相矛盾，这就使得法律缺少了灵活性和前瞻性，而交付主义却能很好地适应贸易发展的需要。

（三）何以二者可统一于交付

综上可知，在风险转移中，交付主义很好地解决了合同订立时货物并不存在的情形风险负担的问题，同时，交付主义很好地解决了所有和占有相分离的问题。而相类似的是，在所有权转移制度中，交付主义能很好地解决合同成立时标的物不存在的所有权转移问题。而且在所有权保留制度下，交付主义很好地区分所有和占有的概念，从而使得风险转移制度与所有权转移制度基于交付制度得以联结。交付制度易于区分、便于操作；不仅解决了所有权与占有分离之交易现状；亦得满足立约时货物尚未存在、所有权不明定之问题。然此三类者，乃风险负担与所有权变动之共性，故二者于交付之上有其统一之可能性。

三、建立统一于交付所有变动制度之我见

国际现在通行的国际贸易惯例和公约中，买卖双方之间的所有权转移和风险转移是通过交付—交货并交单方式完成的。其中的交货方式有两种，包括将货物直接交给买方处置，还包括将货物交承运人。理论上而言，上述交货方式也适用于所有权转移的交付主义和风险转移的交付风险转移主义中，同时，这种规定的广泛使用为在已经形成的风险转移的国际公约、惯例基础上构建国际

统一的货物所有权转移制度提供了可能性[1]。鉴于以上分析，笔者认为可在国际货物买卖中建立起所有权变动始于交付，当事人另有约定除外的制度，即原则上而言，卖方将货物交付买方或者将货物交承运人时，货物的所有权和风险发生转移；但双方另有约定的从其约定。建立这种制度的优点在于以下方面：

（1）以当事人意思表示优先，不仅有利于更好地体现国际货物买卖双方当事人的意志，体现了民事主体之间的意思自治的原则，而且赋予了当事人根据具体交易情况变通处理所有权变动时间的空间，这种做法不仅有利于提高国际货物买卖的效率，更能够保障国际货物买卖交易安全有效地进行，从而促进国际货物贸易的发展。

（2）在国际上建立统一的将交付主义作为所有权转移的规则，不但保证了拥有货物的一方承担风险，使得买卖双方之间权利、义务得到公平的分配，这样不仅明确划分对卖方、买方、承运方等各方的风险责任，更加有利于在货物运输和流转过程中对货物的妥善保管，而且对买卖双方在掌握货物所有权时尽可能减少货损起到了督促作用，更加有利于促进商品的流通和交易的正常进行，使各方交易当事人减少损失、尽量避免风险。交付主义又将作为风险转移和所有权转移的共同界限，从而可以把风险转移和货物所有权转移相联结，这两方面的合力大大提高了国际货物买卖的交易效率，并更有利于保护国际货物买卖的安全性。

（3）这一规定把货物的物理控制与风险转移联系起来，使得在国际贸易实践中更易操作。通常而言，承运人之责任基石在于其应安全地将货物送达买方，故货物所有权与风险之转移对承运人毫无影响。至于出现货损的赔偿责任多转嫁于保险公司。因而，以交付作为所有权与风险转移的统一标准将使风险责任的划分更为简明，所有权转移的时间、地点易于确定，如此大大降低了实践上的操作难度。

（4）从国际上来看，交付主义立法例逐渐被各国广泛接受。这为国际货物买卖构建统一的所有权转移制度提供了现实基础。虽然目前各国对于所有权转移的立法各异，但这种差异正在缩小，因为很多国家在法律修订上纷纷向交付主义靠拢，这已然为构建统一的所有权转移制度提供了制度基础。除此之外，《国际贸易术语解释通则》在国际贸易中的使用已逾 70 载，其中有关风险转移的规定已被各国广泛接受并实践。各国在国际贸易的这种广泛实践的基础，为

---

〔1〕 陶爱颖：“所有权与风险转移制度在国际货物买卖中的可能性分析”，载《云南警官学院学报》2013 年第 6 期。

统一各国的所有权转移的规定提供了实践基础。

四、结束语

本文从物主承担风险原则出发，提出了国际货物买卖风险转移和所有权转移联结的可能性。通过分析比较风险转移与所有权转移之各类立法例，总结出其共性问题，从而论证交付制度可将二者联结，且基于风险转移中交付主义被国际社会广泛接受的现实，认为国际货物买卖所有权转移亦可统一于交付制度，创造性地提出了建立所有权变动始于交付，当事人另有约定除外的国际货物买卖规则。然本文仅详述了构建起统一所有权转移规则的益处，未能明定具体可操作的细则，此处有待学者进一步研究。

农村房屋流转及宅基地制度改革研究

张田田 *

农村房屋流转是当前新农村和城乡一体化建设进程中的热点问题，对现行农村房屋流转及宅基地制度进行改革的呼声也日益高涨。十八大四中全会以来，依法治国被提升到前所未有的新高度。在反腐及各项经济制度改革成为社会焦点的同时，习近平总书记明确提出“凡属重大改革都要于法有据”的观点。经过科学充分论证后的农村产权改革措施才能做到于法有据，循序渐进，进一步促进农村和谐发展和城乡一体化进程。因而加强农村房屋流转及宅基地制度改革的研究具有紧迫的现实意义。

一、农村房屋流转中的买卖合同纠纷及宅基地问题

农村集体建设用地流转中目前突出的问题是宅基地问题。我国农村形成了“一户一宅、禁止交易”、“无偿、无期限、无流动”的农村宅基地使用制度。由于农村宅基地使用权的流动限制和产权功能的弱化，低效闲置问题非常严重。当前城乡统筹进程中，农村宅基地通过“置换、挂钩”等方式进行空间置换，事实上变相地流转起来，村民在宅基地上建房，将其出租或者“出售”，即所谓的小产权房。据国土资源部统计，在经济发达地区特别是城乡接合部，农村宅基地通过房屋买卖、出租、抵押变相流转已是普遍现象，形成了自发的隐形市场，流转的宅基地占比在10% ~40%之间。[1]

然而，随着近些年房价上涨，在巨大利益驱动下，在多地出现了出卖人反悔而导致的农村房屋买卖契约纠纷案件。曾轰动一时的北京宋庄“画家村”马

* 张田田，广东外语外贸大学法学院法律硕士民商法方向。

〔1〕 王静：“城镇化中土地制度改革的未来走向——中国近10年研究成果综述”，载《甘肃行政学院学报》2013年第4期。

海涛诉李玉兰一案就是其中的典型例子。北京通州区宋庄镇因聚集大量外来北漂画家而被称为“画家村”，其中很多外地非农户口画家买下了本地农民的房子。原告北京通州宋庄镇辛店村农民马海涛，曾与被告河北非农户口的李玉兰签订房屋买卖协议并在原告付款后将房屋及《集体土地建设用地使用证》交付被告。被告入住后对原有房屋进行装修，并于2003年10月经辛店村民委员会批准新建西厢房三间。由于房价上涨等利益驱动，原告马海涛认为，被告李玉兰不属于通州区宋庄镇辛店村农民，无权使用辛店村宅基地，故请求确认双方所签房屋买卖协议无效，责令李玉兰返还房屋，马海涛按房屋现值退还李玉兰购房价款。李玉兰则主要以双方签订的房屋买卖协议合法有效为由，要求驳回马海涛的诉讼请求。

二、农村房屋买卖合同纠纷特征及判决依据

总结近年来各地法院受理的农村房屋买卖案件，不难发现，农村房屋买卖纠纷已呈现类型化特征：从诉讼主体上看，主要为房屋出卖人诉买受人，要求确认合同无效并收回房屋；从买卖双方的身份来看，出卖人均为农村村民，而买受人主要是城市居民或外村村民，出卖人起诉的理由均为农村房屋是国家法律限制转让主体的物，合同违反了法律、法规的强制性规定；从合同的履行状况来看，大多数发生纠纷的买卖双方已经依约履行了合同义务，出卖人交付了房屋，买受人入住并给付了房款，但多未办理房屋登记变更或宅基地使用权变更登记手续；从诉讼的起因来看，多缘于土地增值以及土地征用、房屋拆迁等因素，房屋现值或拆迁补偿价格远远高于原房屋买卖价格，出卖人受利益驱动而起诉；从标的物现状来看，有的房屋已经过装修、翻建、改建等添附行为；从交易发生的时间看，房屋买卖行为集中在20世纪90年代~21世纪初，买卖行为发生后至当事人提起诉讼要求确认房屋买卖合同无效，大多时隔5年以上，有的甚至在10年以上。

出卖人受利益驱动而进行诉讼本身就因为违反公序良俗和诚实信用原则引发一系列道德讨论，更具争议性的是，此类案件援引不同法律，即使援引同一部法律的不同条文，如《土地管理法》第63条或第62条，对同类案件判决结果也有截然不同的结论。例如，有法官认为，根据《土地管理法》第63条规定：“农民集体所有的土地的使用权不得出让、转让或者出租用于非农业建设；但是，符合土地利用总体规划并依法取得建设用地的企业，因破产、兼并等情形致使土地使用权依法发生转移的除外。”同时，结合有关政策的规定，应判决农村房屋买卖合同无效。

上述画家村马海涛诉李玉兰一案，一审法院认为，违反法律、行政法规强制性规定的契约无效。李玉兰系城市居民，依法不得买卖农村集体经济组织成员的住房，遂依《合同法》第52条第5项之规定，判决房屋买卖契约无效。笔者认为《合同法》第52条第5项作为一个准用性规范，由于缺乏相应的强制性规范与之相衔接，以违反法律、行政法规的强制性规定为依据判定非本集体经济组织成员购买农村房屋的买卖合同无效，显然有些牵强。被告提起上诉，二审法院除维持一审的无效判决之外，增加裁判理由称："宅基地使用权是农村集体经济组织成员享有的权利，与享有者特定的身份相联系，非本集体经济组织成员无权取得或变相取得。马海涛与李玉兰所签之《买卖房协议书》的买卖标的物不仅是房屋，还包含相应的宅基地使用权。李玉兰并非通州区宋庄镇辛店村村民。因此，原审法院根据我国现行土地管理法律、法规、政策之规定，对于契约效力的认定是正确的。"[1]

两审判决均未出示具体的规范内容，只在二审裁判理由中通过"房地一体"的援引，将房屋买卖问题转换成为宅基地使用权转让问题，以宅基地转让之禁止作用于房屋买卖契约。但是，这一援引纵使能够成立，对于本案的无效判决，仍无可供直接援引的禁止宅基地转让之"法律"或"行政法规"。[2]作为保障公民私有财产权的最重要的基本法律，《物权法》并未直接回答宅基地使用权应如何转让的问题，而是作了一个衔接性的规定，即《物权法》第153条："宅基地使用权的取得、行使和转让，适用土地管理法等法律和国家有关规定。"然而，现行《土地管理法》对于非本集体经济组织成员能否通过购买农村房屋取得宅基地使用权并没有明确规定。依据《土地管理法》第43条第1款之规定，除兴办乡镇企业、村民建设住宅或者乡（镇）村公共设施和公益事业建设可依法使用农民集体所有的土地外，其他任何单位和个人进行建设需要使用土地的，必须依法申请使用国有土地。同时，该法第63条还规定，除符合土地利用总体规划并依法取得建设用地的企业，因破产、兼并等情形致使土地使用权依法发生转移的情形以外，农民集体所有的土地的使用权不得出让、转让或者出租用于非农业建设。据此可知，城镇居民建住宅，不得再申请使用集体土地。不过，这些规定并未禁止城镇居民通过购买农村房屋的方式获得集体土

---

〔1〕 基本案情与裁判要旨来自北京市通州区人民法院（2007）通民初字第1031号判决书与北京市第二中级人民法院（2007）二中民终字第13692号判决书。

〔2〕 王卫国、朱庆育："宅基地如何进入市场？——以画家村房屋买卖案为切入点"，载《政法论坛》2014年第3期。

地使用权。该法第62条第1款规定："农村村民一户只能拥有一处宅基地，其宅基地的面积不得超过省、自治区、直辖市规定的标准。"第62条第4款规定："农村村民出卖、出租住房后，再申请宅基地的，不予批准。"[1]从上述两款规定来看，尚不足以成为认定农村房屋买卖合同无效的法律依据。

因此在各地的审判实践中，大部分此类案件都被认定为合同无效，但有些判决尽管在说理部分引用了《土地管理法》第63条之规定，但并未将该条规定作为法律依据。如在"张元树诉闵谨言房屋买卖合同纠纷案"的第二审程序中，成都市中级人民法院在判决书的说理部分直接引用了《土地管理法》第63条之规定并展开逻辑推理，但在随后的法律依据部分并未引用该法第63条。[2]

总结各地的审判实践，认定该类合同无效的具体依据如下：

（一）违反国务院规定

在山东省高级人民法院的关于城市化进程中集体土地上房屋买卖纠纷法律适用问题的调研报告上，对于城镇居民购买农村宅基地房屋的效力问题，有如下观点：对于城镇居民买卖建立于集体所有土地之上的宅基地使用权的问题，我国法律包括物权法均没有明确规定，因此应当适用国家有关政策的规定进行裁判。国务院办公厅1999年5月6日发布的《关于加强土地转让管理严禁炒卖土地的通知》第2条第2款规定，"农民的住宅不得向城市居民出售"；2004年10月21日国务院在《关于深化改革严格土地管理的决定》中再次强调，"加强农村宅基地管理，禁止城镇居民在农村购置宅基地"。2011年11月2日，国土资源部、中央农村工作领导小组办公室、财政部、农业部发布的《关于农村集体土地确权登记发证的若干意见》第10条规定："……对于借户籍管理制度改革或者擅自通过'村改居'等方式非经法定征收程序将农民集体所有土地转为国有土地、农村集体经济组织非法出让或出租集体土地用于非农业建设、城镇居民在农村购置宅基地、农民住宅或'小产权房'等违法用地，不得登记发证。……"可见，国家现行政策明确规定禁止城镇居民在农村购买宅基地或者地上建筑物，因此，应当认定城镇居民和农村居民之间签订的房屋或者宅基地的买卖合同为无效合同，不支持城镇居民要求在农村购买宅基地或者房屋的诉

[1] 厦门市同安区人民法院课题组："关于农村房屋买卖合同纠纷司法认定与处理的调研报告"，载《东南司法评论》2013年第00期。

[2] 参见"张元树诉闵谨言房屋买卖合同纠纷案"，四川省成都市中级人民法院（2007）成民终字第102号民事判决书。

讼请求。[1]

(二) 违反《土地管理法》第62条之规定

然而有的法官则认为,《土地管理法》第62条第4款规定:“农村村民出卖、出租住房后,再申请宅基地的,不予批准。”就内容而言,很难认为,该款乃是效力性强制规范,因为据其规定,农村村民出卖住房的后果只是“再申请宅基地的不予批准”,而此种法律效果仅在出卖人与宅基地审批机关之间发生,管制对象仅仅是作为出卖宅基地以后再度申请的农村村民。反推此规范即含许可买卖之意,只是这种福利的原始取得只有一次而已。而现行法律和行政法规没有禁止农村房屋买卖,“法不禁止即为自由”。同时,根据物权法的有关规定,农村房屋也属于农村村民的合法财产,既为合法财产,则农民有权选择房屋的买受对象进行交易,结合合同法的有关规定,应判决合同有效。《土地管理法》第63条规定,农民集体所有的土地的使用权不得出让、转让或者出租用于非农业建设。从文义解释的角度看,第63条不过是禁止将集体土地的使用权以出让、转让或者出租的形式用于非农业建设,并未禁止已在集体土地上合法建造的房屋及其土地使用权的转让,也未禁止农村村民出卖其房屋,当然更谈不上禁止非本集体经济组织成员购买农村房屋的问题。[2]由此可见,法律并未明文禁止农村房屋流转。审判实践中各地判决不一,缺乏共识。

三、农村房屋流转规制及宅基地制度与现实需求之间的冲突

对于农村房屋流转,法律没有明文规定,但国务院却屡次对此明令禁止。1999年国务院办公厅《关于加强土地转让管理严禁炒卖土地的通知》(国办发〔1999〕39号)明确要求,农民的住宅不得向城市居民出售,也不得批准城市居民占用农民集体土地建住宅,有关部门不得为违法建造和购买的住宅发放土地使用证和房产证。2004年国务院《关于深化改革严格土地管理的决定》(国发〔2004〕28号)指出:“禁止城镇居民在农村购置宅基地”。2007年《国务院办公厅关于严格执行有关农村集体建设用地法律和政策的通知》(国办发〔2007〕71号)又强调:“农村住宅用地只能分配给本村村民,城镇居民不得到农村购买宅基地、农民住宅或‘小产权房’。单位和个人不得非法租用、占用农民集体所有土地搞房地产开发。”2008年《中共中央、国务院关于切实加强

---

〔1〕 山东省高级人民法院民一庭、威海市中级人民法院课题组等:“关于城市化进程中集体土地上房屋买卖纠纷法律适用问题的调研报告”,载《山东审判》2012年第4期。

〔2〕 戴孟勇:“城镇居民购买农村房屋纠纷的司法规制”,载《清华法学》2009年第5期。

农业基础建设进一步促进农业发展农民增收的若干意见》（中发〔2008〕1号）重申："城镇居民不得到农村购买宅基地、农民住宅或'小产权房'。"从有关的不动产登记实务来看，原建设部2008年发布的《房屋登记办法》第87条规定："申请农村村民住房所有权转移登记，受让人不属于房屋所在地农村集体经济组织成员的，除法律、法规另有规定外，房屋登记机构应当不予办理。"由于现行法律、法规并未明确指出城镇居民可以购买农村房屋，故该规定表明，房屋登记部门不会为城镇居民购买的农村房屋办理所有权转移登记手续。在土地使用权登记方面，2004年《国土资源部印发〈关于加强农村宅基地管理的意见〉的通知》（国土资发〔2004〕234号）要求："严禁城镇居民在农村购置宅基地，严禁为城镇居民在农村购买和违法建造的住宅发放土地使用证。"2008年《国土资源部关于进一步加快宅基地使用权登记发证工作的通知》（国土资发〔2008〕146号）再次强调："严格执行城镇居民不能在农村购买和违法建造住宅的规定。对城镇居民在农村购买和违法建造住宅申请宅基地使用权登记的，不予受理。"

在云南"栗国志诉袁旭、袁东房屋买卖合同纠纷案"中，云南省昆明市五华区人民法院在判决书的说理部分笼统地指出："农村房屋买卖合同的下列情形应认定无效……④城镇居民购买农村住房的，因违反国务院的政策规定而无效。"〔1〕

基于对不同法律的援引，同类案件甚至是同一案件，其判决结果也有截然不同的结论。因而在北京"刘淑兰诉翟克常等农村房屋买卖案"中，一审的北京市昌平区人民法院与二审的北京市第一中级人民法院就同一事实对上述问题作出了两份截然相反的判决。〔2〕

不仅在判决上有较大争议，在生效判决的执行上也遇到了尴尬局面。在审判实践中，人民法院判决出卖人协助办理土地使用权过户手续的案件，行政管理部门往往会拒绝执行人民法院的判决，人民法院在无奈之下只得要求原告同意暂不申请执行，这虽然是出于保护买受人的权利考虑作出的无奈之举，但这将损害判决的严肃性，对权利人的权利保护最终能否落实变成了一个未知数。然而现实中，农村产权流转却有着旺盛的需求，各地变相流转现象屡禁不止，

---

〔1〕"栗国志诉袁旭、袁东房屋买卖合同纠纷案"，云南省五华区人民法院（2008）五法民二初字第493号民事判决书。

〔2〕参见北京市昌平区人民法院（2005）昌民初字第8921号民事判决书，北京市第一中级人民法院（2006）一中民终字第1329号民事判决书。

制度与现实需求之间的矛盾亟需解决。

四、农村房屋流转及宅基地制度改革试点与障碍

随着农村产权流转需求的不断膨胀，各个地区开始尝试进行房屋流转及宅基地制度的改革，各地试点改革不断深入。

早在2011年，在湖北省农村土地流转问题上，按照“鄂州能突破，全省能借鉴”的思路，鄂州进行了先行先试，成为成都、重庆两地之后，全国第三个规范开展土地指标交易的试点城市。鄂州农村金融创新，为破解“三农”发展难题，推进城乡一体化，进行了有益的尝试。

鄂州市农村土地流转的主要做法是：鄂州市在土地流转过程中，将农村产权抵押融资，作为农村金融产品创新的着力点。基于此，鄂州市扩大了农村抵押物的担保范围，开展“五权两指标”抵押，即借款人向银行申请借款，由借款人（或第三人）用其依法拥有的集体建设用地使用权、水域滩涂养殖权、林权、农村房屋所有权、土地承包经营权以及城乡建设用地增减挂钩指标和耕地占补平衡指标作为担保物的担保方式。

作为一种金融创新方式，抵押融资的实质是赋予农地以金融功能。而农地金融功能的实现，必须依靠建立归属清晰、权责明确、保护严格、流转顺畅的现代农村产权制度。因此，农村抵押融资需以农村产权制度的改革为前提。为此，鄂州市于2012年3月制定了《关于加快推进农村产权制度改革的指导意见》，主要做好以下几个方面的工作：一是基本完成农村土地的确权登记颁（换）证工作（土地承包经营权、集体建设用地使用权、林权的确权登记率均在95%以上），明晰权利归属，解决有权可担保的问题；二是成立鄂州市农村综合产权交易所，办理抵押融资登记手续，为金融机构处置贷款抵押物提供平台；三是开展建设用地挂钩指标和耕地占补平衡指标交易，进一步扩大抵押融资的范围。

实践证明，鄂州农村土地流转有效缓解了融资难题，促进了流转水平，但仍然面临法律障碍。鄂州农村金融系列创新，有的已突破了现行法律，有的还与现行法律规定相抵触：一是土地承包经营权抵押融资于法无据。依《物权法》第128条、第133条和《担保法》的第34条之规定，以家庭承包方式取得的土地承包经营权禁止抵押；二是集体建设用地使用权以及“两指标”抵押融资法律依据不足。依《物权法》第184条和《担保法》第37条之规定，耕地、宅基地、自留地、自留山等集体所有的土地使用权不得抵押（但法律另有规定的除外）；三是农村房屋抵押融资违反法律。依《土地管理法》第84条之规

定，农村房屋不得抵押。[1]

鄂州农村产权抵押融资存在着明显的法律障碍，从全国范围看不是个别现象，在成都、重庆等试验区都不同程度地类似存在。这不仅会影响改革的正当性，而且还因改革举措不具法律效力，在发生抵押纠纷时，不能作为裁判规范，进而影响金融创新改革的公信力。因此，应对现行涉及农地的法律进行全面梳理，将其中禁止农地抵押的相关条款及时予以修改。

中共十八大以后，在“推动城乡发展一体化”的战略方针的鼓舞下，地方进一步加大了土地改革的力度。例如，2013 年 3 月广东省政府发布《广东省城镇化发展“十二五”规划》，明确提出：“建立转户农民权益保障机制，允许转户农民在自愿基础上通过市场流转方式出让承包地、房屋、合规面积的宅基地并获得财产收益。”同年 10 月，安徽省政府出台《关于深化农村综合改革示范试点工作的指导意见》，提出将坚持自愿、有偿原则，探索建立符合农民合理需求的宅基地退出补偿激励机制，与此同时，建立农民通过流转方式使用其他农村集体经济组织宅基地的制度，同时还将建立统一的城乡土地交易市场，将农村集体建设用地、宅基地、林地使用权、森林和林木所有权、土地承包经营权、建设用地指标、耕地占补平衡指标的转让、出租、入股、抵押等逐步纳入。[2]

五、农村房屋流转及宅基地制度改革方案

2013 年 11 月，中共十八届三中全会通过《中共中央关于全面深化改革若干重大问题的决定》就宅基地流转制度改革设定了以下路径：“保障农户宅基地用益物权，改革完善农村宅基地制度，选择若干试点，慎重稳妥推进农民住房财产权抵押、担保、转让，探索农民增加财产性收入渠道。建立农村产权流转交易市场，推动农村产权流转交易公开、公正、规范运行。”宅基地流转制度改革路径使得住宅财产权得以自由流通转让，是否宅基地“地随房走”也可以自由流转了呢？根据官方权威人士解读：“宅基地不等于农民住房财产权”，“宅基地是我国的特有概念，简单来说就是‘自有的土地、自用的建筑’，即只能由本集体经济组织的成员申请，用于自住”，“农民对宅基地只有使用权，建

〔1〕 刘明尧、丁文、彭中：“土地流转的鄂州模式：释放农地金融活力的典范”，载《农村金融研究》2014 年 2 期。

〔2〕 刘明尧、丁文、彭中：“土地流转的鄂州模式：释放农地金融活力的典范”，载《农村金融研究》2014 年 2 期。

在宅基地上的住房才是农民的私有财产，土地则属于农民集体所有”。[1]因此，房屋流转及宅基地制度改革，仍然任重道远，需要出台更加细化可操作的具体方案。国内诸多专家学者对农村房屋流转与宅基地制度进行研究，对现存问题提出了不同的解决方案：

中国政法大学王卫国和朱庆育两位教授认为，法律可以设立一种新的物权形态，赋予房屋所有权人在宅基地使用权不改变权属关系的情况下占用宅基地的合法地位，即属于传统用益物权体系中的地上权。当宅基地上房屋所有权让与他人时，宅基地使用权本身不必随之让与，仅需为取得房屋所有权之人设定法定或约定地上权即可。该地上权为设立于宅基地使用权上的限制物权，宅基地使用权人因而有权要求房屋所有权取得人支付地租；地上权期限届满时，宅基地使用权人得在补偿地上建筑物价值的条件下收回土地及其地上建筑物。王卫国和朱庆育两位教授认为，地上权使得宅基地使用权人不至于因为转让地上房屋而失去宅基地，亦不必为保有宅基地而任由房屋闲置，浪费资源。[2]

笔者认为，地上权既然作为设立于宅基地使用权上的限定物权，且有地上权期限，期限届满后，宅基地使用权人仍然可以收回土地及其地上建筑物，这仍然使得地上权所有人没有获得传统观念上“买房置地”的满足感与安全感。由于目前城市产权房到期后可以自动续期，而农村房屋因地上权期限和宅基地制度，无法保证购买房屋者能享有完整物权，这种城乡房屋产权制度的差异在地上权期限届满后又将因经济状况变化产生一系列新的问题。并不能彻底解决目前农村房屋流转与宅基地制度矛盾。综上，笔者认为可以借地上权概念转化为现行过渡时期的一种试点与探索，不宜直接在法律条文中直接明确下来，以免破坏法律体系的系统性，稳定性。

学者毛维国、王广卷认为，应取消农村住房及宅基地流转主体限制，有条件地推动农村住宅流转市场化。建立健全农村房屋流转强制登记制度，加强对土地管理部门和乡镇人民政府在农村住房和宅基地管理方面的监督。建立农村宅基地强制回收利用制度，保障宅基地资源的合理利用。笔者认为，农村宅基地剩余只是城镇化进程中的一个阶段性现象，随着新农村建设的逐步完善，相当一部分外出务工谋求发展机遇的农民工会返乡归根或反哺家乡。基于宅基地

---

〔1〕“农村土地制度改革，底线不能突破——访中央农村工作领导小组副组长、办公室主任陈锡文”，载《国土资源》2014 年第 1 期。

〔2〕王卫国、朱庆育：“宅基地如何进入市场？——以画家村房屋买卖案为切入点”，载《政法论坛》2014 年第 3 期。

使用权是一种具有福利保障功能的权利，农村集体经济组织收回宅基地使用权不仅要受到宅基使用权用益物权属性的限制，而且还要受到宅基地福利保障功能性的限制。如果对农村宅基地强制回收，则实际上是断了外出务工人员的后路，不利于农村剩余劳动力对外输出，也会造成意图返乡的农民无家可归的局面。

浙江省自然科学基金项目组通过对农村房屋流转较活跃的浙江省杭州、宁波、温州、绍兴、嘉兴、衢州、丽水等地区开展调研后指出，从短期看，农房交易规模较小；从长期看，农房流转需求将日益增加。因此，浙江工业大学经贸管理学院虞晓芬、金细簪、黄忠华等学者认为，应鼓励有条件的农户放弃宅基地进城落户。为促进城镇化进程，可以在新农村建设中，引导农民住房向中心村镇集中，以实现农村土地的集中利用。对已在城镇购置商品房定居或愿意进城镇定居的农民，只要自愿退宅还耕且以后不再申请新宅基地，政府可以按退出的宅基地面积给予一定的经济补偿；对宅基地置换后，身份不变、原村待遇不变、土地承包权不变、股份分红权不变的农民，可以允许其继续享有原居住地村集体经济组织除宅基地及农房以外的权利。笔者认为，这种对农户放弃宅基地的区分对待，既可以保障回乡农民工的返乡途径，又避免了已在城市扎根的农民宅基地的闲置与房屋流转乱象，不失为一项可取举措。

六、结语

为优化农房资产的配置，促进城乡统筹协调发展，很多地方已经积极开展农房流转的探索。农村宅基地的所有权归集体经济组织，农民拥有的仅是宅基地使用权与农房所有权。因此，在农房流转过程中，必须兼顾农户与集体经济组织双方的利益。从这一层面考虑，农房流转应当参照国有土地出让金缴纳办法，流转后的权利人向集体经济组织缴纳一定比例的土地收益。此外，考虑到乡镇政府为改善农村的基础设施现状，对当地基础设施配套建设有过投入，也可将此笔投入折算成一定比例，从流转收益中进行提取，具体比例可由当地政府确定。

农村房屋流转及宅基地制度改革的地区之间差异大、涉及的利益主体复杂，可能产生的不确定性风险多，易于产生粮食安全、农民就业、社会稳定等问题。推进农房流转及宅基地制度改革，必须采取稳妥、渐进、先试点后推广的路径推进。随着各改革试点进一步深入改革，实践中更多有效措施会在旺盛的市场需求之下应运而生，拓宽农村宅基地流转纠纷解决渠道，解决宅基地流转纠纷，相关法律法规也会随社会经济发展趋势逐渐完善。

预告登记效力探讨

杨 涛*

预告登记制度源自于早期普鲁士法中规定的异议登记制度。1872 年，普鲁士颁布了《所有权取得法》和《土地登记法》，这两部法律中不但将早期的普鲁士法规定的异议登记名称变更为预告登记，使预告登记作为一个法律概念出现，而且规定了预告登记的两种类型，一是为保全已成立的物权的预告登记，二是为保全物权的移转、变更、消灭的债权请求权的预告登记。[1]随着商业社会的发展，预告登记作为一项优秀的司法制度为各国所改进加入自身的法律体系中。

我国学者们对预告登记的概念总结不一，梁慧星教授认为，预告登记是一种特殊的登记，为了使物权变动可以顺利进行，是一种防御性的手段。[2]孙宪忠教授认为，预告登记是由于债权人还不具有申请本登记的条件，对未来取得物权享有请求权的权利人，为了使之后的物权变动可以顺利进行，法律保护他的这一请求权而进行的登记。[3]王利明教授认为，预告登记是为了保全关于不动产物权的请求权而将该请求权加以登记的制度。[4]我国台湾地区学者史尚宽认为，预告登记是为土地权利之债权的请求权之预备登记，即以物权之设定及移转为目的之请求权之预备登记。[5]于海涌教授认为预告登记是指为确保债权

---

* 杨涛，广东财经大学 2013 级法律硕士（非法学）研究生。

〔1〕 葛学娟："预告登记制度探讨"，华东政法大学 2013 年硕士学位论文。

〔2〕 梁慧星：《中国物权法草案建议稿：条文、说明、理由与参考立法例》，社会科学文献出版社 2000 年版，第 168 页。

〔3〕 孙宪忠：《论物权法》，法律出版社 2001 年版，第 453 页。

〔4〕 王利明主编：《中国民法典学者建议稿及立法理由：物权编》，法律出版社 2005 年版，第 52 页。

〔5〕 史尚宽：《民刑法论丛》，荣泰印书馆 1973 年版，第 115 页。

在特定当事人之间的实现和未来物权对第三人的排他性效力而进行的提前登记。[1]虽然各位学者对预告登记的概念界定有些差别，但大多数学者对学理上的预告登记制度都认可有权利保全效力、顺位保全效力、破产保护效力三种[2]，对预告登记的存在是为了保障未来物权的核心目的并无异议的。

我国在2007年颁布的《中华人民共和国物权法》对预告登记制度也进行了法律移植，《物权法》第20条规定，当事人签订买卖房屋或者其他不动产物权的协议，为保障将来实现物权，按照约定可以向登记机构申请预告登记。预告登记后，未经预告登记的权利人同意，处分该不动产的，不发生物权效力。预告登记后，债权消灭或者自能够进行不动产登记之日起3个月内未申请登记的，预告登记失效。短短的一百二十多个字是我国物权法对于预告登记制度的规定。预告登记制度作为一项优秀的法律制度为我国法律所移植，但是，在我国的物权法中，对预告登记制度的规定不具体，对预告登记的效力规定原则性太强或缺失，对预告登记具有法律效力的规定，并不能完成其承担的为中国特色社会主义市场经济服务的义务。

一、预告登记的效力

在我国学理上通常认为预告登记具有权利保全效力、顺位保全效力和破产保护效力三种效力。日本学者则认为，预告登记还有预警的效力，但是德国学者大多认为预警效力属于以上三种效力题中应有之意。[3]

所谓权利保全效力，是指预告登记所具有的保障预告登记权利人预告登记约定的未来民事权利实现的法律效果，这是最能体现预告登记本质的效力。

在权利保全效力上，存在三种立法模式：①禁止再处分。该模式指为保全请求权的顺利实现而绝对地禁止登记名义人再为任何处分行为，所以又称为“绝对禁止”式。②禁止登记。该种模式虽不绝对地禁止登记名义人再为任何处分行为，但却禁止将这些行为登记于登记簿，从而使该处分行为要么缺乏生效要件，要么缺乏对抗要件，因此不可能妨害预告登记请求权人的权利实现。③相对无效主义，即进行预告登记后，登记名义人仍可处分其不动产，只有在其处分妨害预告登记权利人请求权范围内，才为无效处分，目前多数国家都采

〔1〕 于海涌：《论不动产登记》，法律出版社2007年版，第264页。
〔2〕 杨立新、宋志红：“预告登记的性质、效力和范围探索”，载《法学杂志》2006年第4期。
〔3〕 杨立新、宋志红：“预告登记的性质、效力和范围探索”，载《法学杂志》2006年第4期。

用“相对无效”的立法模式。[1]德国的立法例就是采用相对无效主义，《德国民法典》第883条第2款规定：“预告登记后，凡对土地或权利进行再次处分的，若处分会妨害或侵害请求权的，处分无效。”

顺位保全效力，是指当预告登记在转化为本登记时，预告登记制度所保障的本权利的顺位不是以本登记的登记日期来确定登记的先后时间的，而是将预告登记的登记日期作为本登记的顺位日期。预告登记的顺位保全效力在各国立法中已有实践。《德国民法典》第883条第3款规定，请求权如果以不动产物权让与为目的，物权的顺位以预告登记时为准。《日本不动产登记法》第7条规定，本登记的顺位依假登记的顺位而定。

破产保护的效力是指在相对人破产，但请求权行使不具备要件的情况下，权利人可以依据预告登记的规定，将作为请求权的标的不列入破产财产，使保障请求权实现。在日本民法上，所有权转移的假登记与本登记之间，作为标的的不动产被编入破产财团时，仍无碍于办理本登记。如果办理了本登记，得以其所有权的取得权对抗破产债权人。《德国破产法》第24条规定：“为保全破产人的土地权利，或破产人所为登记的权利让与、消灭或权利内容、顺位变更请求权，在登记簿上记入预告登记时，债权人对破产管理的请求履行。”可见，在德国和日本的立法上预告登记有破产保护效力，在相对人陷入破产时，排斥他人而保障请求权发生指定效果。这一效力，同样适用于相对人死亡，其财产纳入继承程序的情形，即继承人不得以继承为由要求涤除预告登记。[2]

我国预告登记制度的设立是法律移植的结果，但是在进行移植时也进行了一些本土化的改造。

在我国的立法中对于权利保全效力的规定体现在我国《物权法》。该法第20条规定“预告登记后，未经预告登记的权利人同意，处分该不动产的，不发生物权效力”，以及《房屋登记办法》第68条“预告登记后，未经预告登记的权利人书面同意，处分该房屋申请登记的，房屋登记机构应当不予办理”。我国《物权法》中，预告登记对于预告登记权利人的权利的保全采取的是完全保护权利人利益。现时登记权利人对物权的处分需经过预告登记权利人的同意，该种同意的性质是一种单方的同意，并不具有物权的公示公信的效力。在现时登

---

〔1〕 杨惟钦：“《物权法》框架下预告登记制度之分析”，载《云南大学学报（法学版）》2013年第6期。

〔2〕 梁慧星：《中国物权法草案建议稿：条文·说明·理由与参考立法例》，社会科学文献出版社2000年版，第170页。

记权利人进行处分时，因为需经过同意，所以内在的推定该种处分权利的行使是无效的，由此可以发现我国对于预告登记制度采取的是一种“绝对禁止”式立法模式。

我国的“绝对禁止”式立法模式在实践中，对于预告登记权利人的权利加以充分保护，能够很大程度上防止失信行为，切实保护权利人的权利；但是该种立法模式却有很多弊端。在物权法的起草中，我国很多学者就对预告登记的立法模式提出了自己的建议，梁慧星教授在其主持起草的《中国民法典草案建议稿（物权编）》第245条第2款规定：“当发生处分不动产物权与预告登记所产生的请求权的内容冲突的情况时，针对不动产的处分行为不产生法律效力。”王利明教授在其主持起草的《中国民法典草案建议稿及说明（物权编）》第689条第2款规定：“一经预告登记，登记权利人的权利即得对抗他人日后取得的权利，但顺位在后的其他权利仍得登记。”我们可以看出两个立法草案建议稿都倾向于“相对无效主义”模式立法。

在我国，物权法规定预告登记后，未经预告登记的权利人同意，处分该不动产的，不发生物权效力。该种顺位保全效力的存在必须是以预告登记权利人同意为前提。首先必须获得预告登记权利人的同意，该种登记才会发生物权效力，才会存在顺位保全效力，由此可见，中国的立法对预告登记制度的顺位保全效力与一般意义的并不相同。

预告登记在破产程序中的适用，能保证预告登记所保障的预告登记权利人的请求权在当事人破产的情况下亦得以实现，如果在实行商人破产主义的中国规定，则主要为法人或其他组织破产的情况下能保证预告登记权利人请求权的实现。但是，我国的物权法中对于预告登记制度的规定却并未涉及预告登记在破产程序中适用，在其他法律法规中也无相应的协调规定。

二、我国立法中关于预告登记效力所存在的问题

通过对预告登记制度的分析笔者发现在我国的预告登记制度中主要存在着以下问题：

（一）我国在预告登记制度中对于权利保全效力的规定并不能完全地协调各方利益主体的利益

1. 预告登记制度的实质是在保护预告登记人的权利范围内限制现时登记的权利人处分其权利

梁慧星教授认为，预告登记的本质特征是使被登记的请求权具有物权的效

力，其实质是限制现时登记的权利人处分其权利。[1]预告登记的存在是通过对现时登记权利人的处分权加以限制，而保证预告登记权利人未来债权的实现，但在预告登记期间，该种债权具有其不确定性，该债权是否会成为一种现实债权依旧有赖于预告登记双方之后的意思表示，如果以此就推定该期间现时登记的权利人未经同意的处分权行使无效，显然扩张了预告登记权利人的权利范围，加重了现时登记权利人的义务。将现时登记人的处分权变为预告登记双方的一种合意权利，笔者认为，承认预告登记人的权利与限制现时登记人的处分权是不同的内涵，两者并不是完全相等的概念，完全可以在保护预告登记人权利的情况下允许现时登记人行使处分权，经同意的处分显然与预告登记制度保护预告登记权利人的请求权的目的不相符合。

2. “绝对禁止”式立法模式违背民事立法的公平原则

预告登记制度的存在为预告登记权利人创设了未来能进行交易的机会利益。如果按照正常的设计预告登记行为会转为本登记，这种利益因法律的保障具有了确定性，但是当事人的交易规则可以确定，当事人的交易背景却处在一种动态的变化过程。特别是在市场竞争之下，成本与利益的权衡是当事人进行交易的主要考虑因素，国家也积极鼓励人们进行该种交易以达到市场资源的优化配置，这也是合同法中鼓励交易的原则的体现，预告登记权利人在预告登记转为本登记时完全可以基于自身的考虑而放弃本登记不进行交易。除了预告登记权利人的主观原因，预告登记也可能因为其他客观原因而导致预登记不能转化为本登记。“绝对禁止”式立法模式将会导致预告登记人在放弃自身权利时或因客观原因使预告登记不能转化为本登记的情况下，依旧使现时登记的权利人处分权利归于无效，使现时登记权利人再处分权利行使相对利益方的利益不能在该期间得到保护。预告登记的该种立法模式完全肯定预告登记权利人的利益，将现时登记权利人在预告登记转为本登记中的自我救济全部否定。现实登记权利人不但有保障预告登记人权利实现的义务，也有处分权被过分限制的枷锁，虽然预告登记是为了预告登记权利人的利益而设定，但法律应当是一种利益的衡量，该种不考虑现时登记权利人利益的立法显然违背了我国法律对当事人权利平等保护的原则。

3. “绝对禁止”式立法模式所确定的权利保全效力违背民事立法的效益原则

正如前文所说，民事交易是当事人对自我财产的处分，当事人有权依据不

---

〔1〕 梁慧星主编：《中国民法典草案建议稿附理由——条文、说明、理由、立法例（物权编）》，法律出版社2004年版，第38页。

同的理由来达成交易或取消交易，也有权自由进行预告登记或不预告登记，有权自由将预告登记转为本登记与不转化为本登记，在这期间，因为该种“绝对禁止”式立法模式规定的权利保全效力否定现时登记权利人对自我交易风险的转移，即将未来预告登记人不转化为本登记时可以有其他的选择，也让预告登记人的交易选择在决定不转为本登记时考虑自身的法律成本使其转化为一种义务。此外，会导致其他人交易机会利益无法受到保护，包括预告登记中现时登记的权利人的交易机会的丧失和相对利益方的交易机会的无法保护。法律保障了预告登记权利人的权利，但是却对在不确定的转化过程中预告登记的现时登记的权利人利益考虑不足，使当事人双方进行民事活动时多考虑一项法律成本。市场交易中当事人双方利益相关，损害一方利益的枷锁对另一方也是有害的，该种立法模式显然违背民事立法的效益原则，当然在预告登记权利人非主观原因导致预告登记不能转化为本登记时这种不利益就会体现得更加的具体。

（二）我国的预告登记制度中效力规定不足，不能完全保护登记主体的利益

1. 现时登记权利人需经过预告登记权利人同意才能处分预告登记中的不动产的规定不能保护现时登记权利人的利益

规定现时登记权利人需经过预告登记权利人同意才能处分预告登记中的不动产，该种规定明显地扩张了预告登记权利人的权利范围。由此导致现时登记权利人权利的过多限制，两者不成比例，不能保护现时登记权利人的利益。我国的物权法规定的顺位保全亦限制了现时登记权利人的处分权，固然可知，这种对现时登记权利人的处分权的限制，有利于防止预售的商品房因各种主观及客观原因未建立时而出现的社会损失的扩大，保护社会主体的利益。但时至今日，预告登记制度的适用已不仅仅是为一项交易行为服务。我国物权法规定预告登记适用于当事人签订买卖房屋或者其他不动产的协议，对预告登记制度的衡量不能以商品房预售为全部依据，何况即使在商品房预售中规定顺位保全也无碍于预告登记权利人权力的实现；其次，当事人在后位登记时显然基于登记的公示公信效力可以预料到自身所承担的风险，现时登记权利人有权行使自己的处分权，法律的规定应当尊重当事人对自我财产权利的处置。

在经过同意后，所存在的顺位保全效力也可以认为是《物权法》中我国预告登记的顺位保全效力的规定。但是对同意的内容却并未具体规定，同意是只针对单次处分权行使还是一经同意始终有效，又或者同意处分多少权利范围，对于同意的理解不同也会产生不同的法律意见。笔者认为该种同意是针对一次处分权行使的同意，因为这样比较符合预告登记制度对预告登记权利人的保护，发挥其限制现时登记权利人的权利的作用。无论是何种情况，毫无疑问都会增

加了现时登记权利人处分权利时的成本。按笔者的理解，在做多次预告时，现时登记权利人每一次都得征询前项所有的预告登记权人，这种同意所需数量在依次递增，这种权利的行使成本的增加也限制了现时登记权利人权利的行使。另外，预告登记制度的效力期限有限，很多情况下都是同意征询还未结束就已经使预告登记失效，同意的效果消失，后位权利人的预告登记权根本没有设立，不会存在顺位保全的效力，限制了顺位保全效力的发挥。

2. 我国未规定预告登记权利在破产程序中的法律效力，不利于保障预告登记人在破产程序中保护自身的利益

（1）未规定预告登记制度在破产制度中的效力，不利于保护预告登记权利人的权利。我国破产程序中的预告登记制度主要适用于商品房预售情形，预告登记的现时权利人一般为公司，公司破产制度是为了使公司在不具备营业条件时退出竞争市场，以达到社会资源的优化配置的目的。但是，如果滥用破产制度则会损害债权人的利益，妨害预告登记请求权的实现。预告登记权利人的权利性质随之转变为破产债权请求权，预告登记权利人只能作为普通债权人参与破产财产的分配，在此情况下，预告登记权利人若想要实现其权利将会增加很高的法律与经济成本，这将导致现时登记权利人以破产程序来逃脱自身义务的履行。预告登记是将物权法的规则施加于债权法，给予属于债权法的请求权以排他的物权效力，其本质属于物权法向债法的扩张。[1]预告登记制度中预告登记权人的权利是将债权经过法律规定变为一种带有物权排他效力的权利，但是，破产程序却将这种权利有可能再次转为普通债权，架空了预告登记制度。

（2）未对破产程序中的预告登记效力进行规定不利于预告登记制度与破产制度的衔接，这种法律漏洞会造成法律适用的混乱不一，违背预告登记主体的利益。

（三）我国的预告登记制度不能充分发挥效力

我国《物权法》及其他法律法规对于预告登记效力的规定不能与《破产法》的制度相互对应。我国规定了民事主体对自身财产处置的排他性权利，但是在预告登记制度中的效力规定则使现时登记权利人的处分权行使需经过他人的同意，这之中超过预告登记利益范围的义务显然与物权的排他性相悖，限制了现时登记人权利的行使，不能保护现时登记权利人的利益。

根据我国的《物权法》第20条的规定当事人签订买卖房屋或者其他不动产物权的协议，为保障将来实现物权，按照约定可以向登记机构申请预告登记可

---

〔1〕 孙宪忠：《论物权法》，法律出版社2001年版，第454页。

知，预告登记不仅适用于预售商品房的情形，还适用于其他物权预告登记情形。但是，现有的物权规定中需经同意的顺位效力则使我国的物权制度不能完全发挥效力。例如，在抵押预告登记中，在抵押登记中抵押事实需要相应的抵押权人与抵押人的原因行为，但是在预告登记中该种预告抵押登记则会成为三方的关系。此外，预告登记制度也不能与破产制度衔接，无法全面保护预告登记权利人利益。

三、对我国预告登记效力问题的完善

（一）改变我国对于预告登记制度权利保全效力的立法模式为“相对无效”式立法模式

依据以上的分析我们可以看出，对预告登记的权利保全效力的规定采取“绝对禁止”式立法模式并不能尽善尽美，而有改进的余地。从大陆法系各国的立法模式来看，“相对无效主义”立法模式显然是一种更好的办法。

第一，“相对无效主义”模式规定能够体现预告登记的限制效力是在保护预告登记权利人权利的范围内。该种立法模式并不完全否定现实登记权利人的处分权，而只有损害预告登记人的请求权时才发挥效力，立法规制的角度从对现时登记权利人的处分权的限制，转变为对预告登记权利人的权利的保护。该种立法模式的改变不仅仅是技术层面的改变，在内在也是一种法律价值的改变，是法律从对人的限制到对人的保护的改变，体现了现代社会权利本位的立法精神，也与我国的宪法尊重保护人权的精神相合。这种立法模式的改变也可以涵盖更多的内涵，能够处理预告登记人因客观原因未能及时将预告登记转为本登记时对现时登记权利人的保护。

第二，“相对无效主义”模式的法律效力规定更能体现公平精神。预告登记的存在就是为了保护预告登记人的权利，当这种权利被预告登记人放弃时，现时登记权利人的权利束缚消失，法律当然应当保护现时登记权利人的权利，这是物权的特性的体现。如果僵硬地以预告登记效力来阻止现时登记权利人权利的实现，显然扩大了预告登记的效力发挥的权利范围，违背公平原则，而“相对无效主义”则能很好地解决这之中出现的问题，更好地衡量二者的利益。此外，保障权利的义务与处分权被限制义务之间枷锁地带的释放能在不损及预告登记权利人利益的情况下，给予现时登记权利人更多的自由，更能体现双方权利义务的对等。

第三，“相对无效主义”模式的法律效力规定更能体现效益原则，达到我国民事规定对社会服务的目的。该种效力规定有助于现时登记权利人的处分权的行使，而且对于预告登记人而言因为有相应的后位得利者，所以其在选择是否进行本登记转化中，该部分的所挽回的损失显然可以在成本中减去，赋予其更大权限范围内的自由选择能力。此外，在预告登记权利人因客观原因导致预告登记不转化为本登记时，该种制度设计能够有效地保障现时登记权利人的处分权的实现，促进物尽其用。

第四，“相对无效主义”模式的法律效力规定可以与现有物权体系相衔接，扩大其适用范围，实现预告登记制度在更广的范围内调整社会利益，保护预告登记主体的利益。

具体的可以直接修改立法规定，也可以通过司法解释来确定未经同意的再处分权利的事实的效力。因为再处分权利的事实有先预告登记权利，一物不可能有两权，所以对于再处分事实的效力不可以确定为有效，至于效力待定，首先一般是债法的规定；其次该种权利变动的效力并不需要以撤销或变更使其无效，而是预告登记权利人在妨害自身预告登记权利时请求确认其无效，其预告登记的原因行为还是有效的，因此该种效力的认定用相对无效来认定较为适宜。

（二）在我国的预告登记制度中规定顺位保全效力

规定一般意义上的顺位保全效力可以更好地保护现时登记权利人的权利，尊重民事主体对自身权利的处分，促进物尽其用。

第一，顺位保全效力的存在有利于对现时登记权利人处分权的保护。预告登记制度是为了保障预告登记人请求权的实现，这与现时登记权利人的处分权并不是完全冲突。顺位保全效力的存在完全可以保护预告登记权利人请求权的实现，又能保证了在预告登记后本登记前现时登记权利人的处分权的实现。

第二，在登记中现实登记权利人与后位的登记人基于登记的公示效力可以知道预告登记，后位登记的存在表明了后位登记人对法律规定的顺序利益的认可，当事人双方同意进行民事登记是当事人自我权利的支配，法律应当尊重这种当事人的意思。预告登记制度是债权的物权化，对于同类债权保护应当相同，基于同等债权而产生的物权事实也应当给予相同的保护，无论基于债权的规定还是物权的规定，确立顺位保全效力显然是一个更符合民事立法本质的规定。

第三，顺位保护效力的存在有利于民事物权规定为社会服务的效益原则，有利于现时登记权利人的处分权的实现，符合社会经济效益，能更好地发挥物权预告登记的社会效果。

（三）在我国的预告登记制度中增加破产保护效力的规定

对于我国的预告登记制度，笔者认为应当规定预告登记制度的破产保护效力。

第一，规定破产保护效力可以使预告登记制度与破产制度衔接，有利于法律体系的完善，树立法律权威，维护司法统一，保护预告登记权利人的利益。预告登记制度与破产制度的衔接能很好地处理预告登记制度在破产中的地位，从而使预告登记制度加以完善，扩张其适用，实现预告登记保护预告登记权利人请求权的目的，也可以使法院在审判案件时有明确的依据来裁判案件。

第二，规定破产保护效力有助于预告登记权利人请求权的实现，符合预告登记制度的立法目的。预告登记制度的目的是为了保障预告登记权利人请求权的实现，规定相应的破产保护效力能够为预告登记权利人在现时登记权利人破产的情况下提供行为指导，保护预告登记权利人的请求权利的实现。

明确的破产保护效力规定符合预告登记制度的目的。预告登记是为了保障预告登记权利人的利益，规定了破产保护效力能让预告登记权利人的请求权在现时登记权利人破产时亦得到保护，从而避免了预告登记被破产制度架空，沦为现时登记权利人的法律玩具。

四、总结

我国对预告登记制度的效力规定不足，导致我国的预告登记制度不能完全保护登记主体的利益，欠缺广泛适用的法律条件，从以上笔者对预告登记制度的分析可以发现，我国有必要对预告登记制度中效力规定加以完善，采用有助于民事主体利益实现的相对无效主义的权利保全效力立法模式，改进顺位保全效力的规定，增加破产制度中对于预告登记制度的适用。

浅析不动产一物数卖之物权变动制度的完善

林鹏程 *

随着科技水平的不断提高与交易方式的多样化发展，各种交易日趋便捷快速，一场买卖甚至仅需几秒钟便可完成。在交易效益最大化的驱动下，引诱出许多一物数卖的卖家，而买方为了寻求一物数卖的物权归属也付出一定的代价。一物数卖是市场经济的产物，同时也是法律制度的漏洞所带来的结果。

一、一物数卖问题的产生

市场经济具有开放性，各种市场因素充分活跃，交易频繁发生。而鼓励交易是我国《合同法》的立法理念，尤其是《买卖合同司法解释》[1] 第 3 条的规定，更体现了这一理念。在这种背景下，一物之上订立多份合同已是常事，而“一物一权”是我国物权法的基本原则之一，一物之上只有一个所有权，这就出现了数份合同一个物权的尴尬局面，一物数卖的债权与物权的纠纷就此产生。

谈及一物数卖问题的产生，需要先从我国的物权制度谈起。我国《物权法》第 9 条第 1 款明确规定：“不动产物权的设立、变更、转让和消灭，经依法登记，发生效力；未经登记，不发生效力，但法律另有规定的除外。”由此可见，我国物权法的物权公示制度中，不动产采取“登记要件主义”，未经登记不能发生物权变动。在一物数卖的场合中，物权变动的登记手续多数作为当事人合同的义务之一，法律并没有强制当事人进行登记，登记产生于合同成立并生效之后，需要义务人到登记部门履行一定的登记变更手续。交易的风险往往

---

* 林鹏程，广东财经大学民商法学研究生。

〔1〕《最高人民法院关于审理买卖合同纠纷案件适用法律问题的解释》，后文简称《买卖合同司法解释》。

产生于合同的生效与物权变动的时间差之间。如何确定物权归属，处理纠纷，规避风险，成为学界讨论的焦点。

一物数卖的物权纠纷的研究，问题有：首先，数个合同是否都生效是需要解决的首要问题，因为合同的生效与否是物权变动的基础与依据；其次，物权变动的规则与公示制度如何，是解决一物数卖之物权变动的理论根据；最后，如何完善相关制度，弥补法律漏洞，如何规避一物数卖的风险，是交由市场去追求效率，还是由法律制度来追求公平等不同的理念。因此，对不动产一物数卖的物权变动制度的完善显得尤为重要。

二、一物数卖合同的效力认定

一物数卖的合同主要有两种类型：①仍未发生物权变动的一物数卖；②已经发生物权变动的一物数卖。

对于第一种情况，由于当事人仍没有完成不动产的变更登记，因此物权仍在卖方手中，其订立的买卖合同的本质是有权处分。此时，卖方订立的数个合同按照次买受人订立合同时的知情与否，可分为善意次买受人订立合同的情形与恶意次买受人订立合同的情形两种。

对于善意的次买受人与卖方订立的合同效力认定，学术界都认为有效。因为卖方与第三人订立的合同主体合法、意思表示一致、不存在违反合同法的强制性规定，因此合同是有效的。而针对恶意的次买受人订立的合同效力如何，则有不同看法。有学者认为该法律行为属于《合同法》第52条第2项“恶意串通，损害国家、集体或者第三人利益”的情况，依法应认定为无效合同。[1]这种看法有一定的道理，但有失偏颇。笔者认为此行为并不完全属于恶意串通。我国合同法规定的恶意串通包括以下构成要件：①当事人主观恶意。即明知自己的行为会造成损害第三人或集体、国家的利益，而故意为之。②当事人之间已有串通的行为。即当事人已就行为的目的、动机达成一致，为共同的目的实现而相互配合。③双方实施的行为造成第三人、国家或集体利益的损害。即恶意串通的结果须造成第三人、国家、集体的损失。对于第三个构成要件应当是实质损害，对于那种期待利益应不属于这里的损害。卖方与恶意第三人订立合同，损害了第一买受人的合同利益，其造成的应当是期待利益的损失，不属于对他方的利益造成实质损害。笔者更赞同卖方与第二买受人双方意思表示一致，

---

〔1〕 刘保玉：“论多重买卖的法律规制——兼评《买卖合同司法解释》第9、10条”，载《法学论坛》2013年第6期。

属于正常的市场交易的竞争。再者，根据合同的相对性，受到损害的买方可以寻求违约救济来弥补损失，而不能随意行使对第三方的合同撤销权。总之，如果一味地认为合同无效，则明显违背了合同法鼓励交易的立法理念。还有学者认为要根据恶意的程度来决定合同的效力，这种看法也有一定的道理，但是实践中很难区分。

对于第二种情况，物权已经发生转移，卖方之后订立数合同的行为属于无权处分。关于无权处分而订立合同的效力，学术界就有争议：形成有效说、无效说、效力待定说等不同的观点。我国《合同法》在回应这个问题时，采取的是效力待定。我国《合同法》第51条明确规定："无处分权的人处分他人财产，经权利人追认或者无处分权的人订立合同后取得处分权的，该合同有效。"即此时的合同效力要由物权人来决定是否有效。然而，《买卖合同司法解释》第3条则采取有效的观点，该司法解释第3条第1款明确规定："当事人一方以出卖人在缔约时对标的物没有所有权或者处分权为由主张合同无效的，人民法院不予支持。"该条款一方面承认了交易的效力，同时也考虑了第二买受人的利益救济。笔者认为，在交易便捷的时代背景下，采取合同有效的观点更加恰当，只要不存在违反合同法强制规定的要求，就应认定每一份合同有效。一方面，我们不能将物权的生效与否作为合同生效的依据，合同是一种意定之债，需要更多的意思自治，只要当事人表达一致即可；另一方面，不能将合同能不能实现或履行作为合同生效与否的依据，我们应当注重完善合同履行不了的救济途径，而不应当遏制每一笔交易。

三、一物数卖物权变动制度的完善思考

（一）不动产物权变动区分原则

1. 大陆法系的不动产物权变动区分原则

大陆法系对于不动产的物权变动采取了不同的区分原则，主要有意思主义与形式主义两种不同的立法体例〔1〕，各物权变动区分原则既有优点也有缺点，值得借鉴与注意。

意思主义的物权变动模式。这种物权变动模式中，买卖双方意思表示一致的债权合同既约束双方的债权债务关系，又产生物权法上的物权变动的效力。也就是说，一物数卖的物权变动并不需要其他要件，便可以直接发生物权变动，

〔1〕 秦艳华："不动产'一物数卖'纠纷的法律适用——以不动产物权变动模式为中心"，载《山东审判》2007年第1期。

唯一的交易风险就是不能对抗善意的第三人。此种物权变动模式明显也为当事人的交易带来便捷，减少交易的障碍，但是很容易导致物权公示制度的混乱，不利于交易安全的保护。

物权形式主义的物权变动模式。这种物权变动模式中，买卖双方的意思表示一致仅是契约中的一部分，一份完整的契约仍需一方履行在不动产登记簿上的登记。即契约是债权契约与物权契约的结合。这种物权变动模式无疑对保障交易安全有很大的作用，而且遏制一物数卖的产生，但是其不利于交易的便捷，与生活实际脱离联系。

债权形式主义的物权变动模式。这种物权变动模式下，债权合同仅是物权变动的法律依据，而物权变动仍需当事人履行登记或变更登记方能产生物权变动。这种物权变动一方面能保障交易安全，另一方面也能鼓励交易，但也会产生许多一物数卖的情形。

2. 我国不动产的物权变动区分原则

我国在物权变动的立法体例上选择债权形式主义。限于目前我国的不动产登记制度并不完善以及为了保护交易安全的目的，我国现行的物权法不动产物权采取登记生效主义。《物权法》第9条第1款规定："不动产物权的设立、变更、转让和消灭，经依法登记，发生效力；未经登记，不发生效力，但法律另有规定的除外。"即未经登记的不动产不能发生物权变动，这也是我国不动产物权变动的公示原则。公示原则是以一定的可以从外部察觉的方式表示出来的，以法律行为变动的物权必须采取一定的公示方法。我国的公示方法就是在不动产登记簿上进行各项登记，公示的依据是不动产登记簿上的登记者为物权的所有人，买受人交易的依据也是登记簿上的信息。公示属于自愿的行为，法律并不强制一定要公示，公示是为了交易安全，如果没有公示，在发生纠纷时，法律就只能依据公示与否的客观标准来确定物主。在一物数卖的情况下，谁取得物权显得尤为关键。

（二）不动产一物数卖物权归属的探讨

对于不动产一物数卖的物权归属需要分情况来分析：

1. 卖方一物数卖，均未完成登记的情形

首先这种情形下的物权纠纷蕴含于合同纠纷之中，这时应该过户给谁，有不同的说法：①出卖人选择说。即过户给谁，由出卖人来决定，其他的按照违约责任来处理。②合同履行在先说。这种是按照合同价款或义务的先行履行来确定过户。③合同成立在先说，即按照合同成立的时间先后来确定物权的归属。④竞价与变价受偿说，即按照买方出价的高低来确定物权归属人，出最高者将获得物权，其高出价款的部分用于弥补其他买方的损失。笔者认为以上的学说都有其道理，但是第一种与第三种学说在处理交易纠纷时，容易忽视债权的平等性，数合同之间应当是平等的，不存在优先顺序之分，以此确定物权的归属有极大不足之处。而第四种学说很明显对于维护交易便捷与效率是有很大作用的，而且会平衡交易风险，但是其会诱导更多卖家一物数卖，这不利于我国不动产物权变动制度的完善。笔者认为可以在第二种学说的基础上，融合其他学说的优点，进一步完善相关处理规则。

2. 卖方将不动产过户给第一买受人，而后又订立了数个买卖合同的行为，其行为的性质属于无权处分

根据物权的效力优先于债权效力的理论，其不动产的物权应属于第一买受人，是否再行过户给第三人，由第一买受人来决定。之后的买受人损失只能以合同的违约救济来寻求卖方赔偿。这种情形下，对第一买受人起到遏制物权风险的作用，这是我们追求的理想状态。

3. 卖方将不动产过户给第三人的行为

如果第三人是善意的，则物权直接对第三人发生变动，这种处理原则是没有争议的，因为出于保护善意第三人的交易安全与利益考虑而发生物权变动。而如果第三人是恶意的，物权的变更登记行为是否发生变动则有不同看法。有学者认为第三人是恶意而订立的合同，损害他人的利益属于恶意串通的行为，应当认为合同无效。因此，物权变动失去了法律依据，应该不被保护，所以变更物权的行为无效。笔者认为这种看法有失偏颇，一方面，如上文所述，卖方与第三人之间的合同是有效的，不能否定其效力；另一方面，当事人此时的处分是有权处分，其行为的不当最多也就是合同的违约行为，并不存在物权登记无效的违法规定。此种看法存在片面之处，笔者更倾向于该行为的物权变动有效的观点。

（三）相关制度的完善

如上文所述，我国的不动产物权变动区分原则采取的是债权形式主义。该原则在保护交易安全方面确实有其作用，但是，该制度的漏洞导致其不适应于交易便捷化的市场背景，需要进一步完善。在我国的立法背景下，相关物权制度在体现效率价值理念的同时，也要兼顾公平制度。我们应当在公平的环境里，将这种物权变动制度变得更加快捷、合理。对此，笔者认为在我国的发展背景下，我国的不动产物权变动制度可以如下完善。

1. 完善我国的不动产登记制度

我国的物权登记制度统一规定于改革开放时期，该制度的发展历史较为短

暂，在实际运行中也出现了许多不足之处。其表现在：①不动产登记管理体系不统一，主要是不动产登记机关的不统一，不动产登记机关授权于不同的法律，这样一方面不利于不动产的公示制度，同时也诱发一物数卖的不动产权属纠纷；另一方面也不利于交易双方快速完成不动产登记，对交易效率极大不利。②登记审批与程序不统一，不同的登记机关对登记的审核标准不统一，登记的时间与繁简不一，这样不利于市场交易的要求。③不动产登记适用法律不统一，我国的不动产登记法律规范呈现出分散性，而且存在诸多矛盾，另外，大部分登记规定基本沿用计划经济时代的立法背景要求，有浓厚的行政管理色彩，不适应交易便捷的时代要求。④不动产登记的效力不统一，有的采用登记对抗，而有的采取登记要件主义，这不仅会导致不动产登记的效力不一，更会使不动产一物数卖的效力认定出现尴尬的矛盾局面。我国物权法颁布时间比较晚，对登记制度缺乏确切的规定。[1]

笔者认为，《物权法》作为一部确定物权归属的基本大法，有必要对不动产的登记管理制度、不动产登记审批制度等作出统一而系统的规定。消除“政出多门”、“各自为政”现象，通过：①统一登记机构，简化登记的手续，缩短审核或变更登记的时间与限制，这样方便交易的同时，可以减少许多不动产登记纠纷的发生。②完善登记簿的相关内容，减少错误登记的频率，同时统一信息管理，建构信息联网体系，以方便当事人进行查阅，遏制一物数卖的现象。③统一法律规定，方便对物权归属的认定，进一步保护交易安全。④进一步完善登记的种类，比如预告登记制度，该制度在实际运作中存在诸多问题，需要法律加以弥补漏洞。⑤统一确定物权登记的效力，对于需要特殊规定的，应当在法条中明确，减少适用法律的纠纷。⑥继续完善物权公示制度，公示制度可以随着科技的发展而不断拓展。笔者认为以立法背景为基础，可发展符合我国实际的类似于登记的效力功能的其他公示原则与公示规范。只有系统的规定，才会使我国的不动产物权变动制度更加满足于交易便捷的时代背景，对规避交易中的物权归属纠纷产生更大的作用。

2. 构建不动产转交付制度

转交付制度源于英美法对于一物数卖的处理制度。该制度主要是交易当事人中间加入一个买卖中间人，具体运转是：转让人将不动产的所有权证书交付于该第三人，待一定的条件成就时，将标的物的所有权转移给受让人，而受让人需要先履行一定的价金支付手续给第三人，由第三人转交付给转让人。转交

[1] 赵磊：“我国不动产登记制度的建立和完善”，载《产业与科技论坛》2012 年第 10 期。

付制度系独立于交易当事人的中介，在一定程度上对于保护一物一权、一物一交易起到了很好的示范作用。我国在某些地区已经有类似于转交付制度的买卖中介，实践中也已经取得了良好的效应。该制度运行时主要是该中介履行代登记以及代交付的工作。这种制度的尝试可以适应“一手交钱，一手交物”的交易便捷模式，而且能够保障交易的安全。这是我国物权法针对不动产一物数卖可以尝试的一种制度。

笔者认为在将该制度引入到不动产一物数卖的物权制度中时要注意以下几点：①关于中间人资格认定的问题，专门的中介服务机构从事转交付营业时需要主管部门先审核，而且要根据《公司法》的相关规定进行规范。②由统一的部门法加以规定，使转交付制度有法律依据，以辅助于不动产物权登记制度，弥补我国物权法对一物数卖处理的不足。③对于转交付需要提交的资料进行规定，以方便不动产登记主管部门的审核与登记；对于转交付的价金等也要有法定的范围，以避免市场交易权利的泛滥。

四、结论

在交易便捷的时代背景下，一物数卖应运而生，许多法律问题不断涌现。一物数卖以合同为基础，以物权纠纷为中心。在合同的效力上，笔者认为每一笔买卖都是意思自治的产物，而且合同具有相对性，只要不存在违反合同法强制规定的要求，就应认定每一份合同有效。在物权的效力上，我国采取债权形式主义，不动产物权变动需要登记方能生效。我国的不动产物权变动制度很难适应交易便捷的要求，尤其是不动产登记制度，其产生于改革开放初期，该制度不够完善，存在诸多不足。对此，笔者认为应当由物权法统一规定不动产登记制度、借鉴国外经验来进一步构建转交付制度，以解决不动产一物数卖的物权纠纷，从而也为提高交易的便捷尽一份力。

我国物权变动模式之立法选择

严剑冰 *

物权变动，就物权自身而言，是指物权的发生、变更、转让和消灭。即物权法律关系因一定的法律事实而变动，物权变动的原因主要是基于法律行为和法律行为之外的法律事实，物权变动的原因很多，但最重要的是法律行为。法律行为又称表意行为或意定行为，生活中大量物权变动是法律行为引起的，其中主要是合同这种双方的法律行为，当然也包括单方的法律行为，如抛弃、遗赠等。在此，本文将主要研究基于双方法律行为引起的物权变动的模式，这也是学界研究争论的焦点。

一、物权变动模式之比较

物权变动模式，是指在以法律行为尤其合同行为的基础上进行法律调控的具体方式。就大陆法系而言，具有代表性的物权变动模式有两种，即意识主义的物权变动模式和形式主义的物权变动模式。进一步还可细分为绝对形式主义、绝对意思主义、债权意思主义、物权形式主义、债权形式主义。其中，绝对形式主义和绝对意思主义因其明显缺陷均已经成为历史。[1]目前仍在使用的物权变动模式有债权意思主义、债权形式主义和物权形式主义。本文将通过对这三种物权变动模式的考察，从历史发展背景、制度演变过程、配套制度的作用等方面出发，对此进行解析，以此来客观全面地理解这三种物权变动模式，从而对我国《物权法》的物权变动制度进行具体的分析。

（一）债权意思主义

债权意思主义，也称为意思主义，是指当事人之间的债权合同（买卖、赠

---

* 严剑冰，澳门科技大学民商法博士研究生。

〔1〕 王轶：《物权变动论》，中国人民大学出版社2001年版，第11页。

与、互换）可以直接导致物权变动，即物权的设定与移转仅仅因当事人的债权意思表示而发生效力。这意味着，只要合同成立生效，即使标的物尚未交付或变更登记，价金也未交付，标的物的所有权已于此时由出卖人之手移转给买受人之手。物权变动不以公示为生效要件，非经登记或者交付的物权变动，登记或交付只不过是物权变动对抗第三人的要件。采用意思主义的国家主要有法国、日本。

《法国民法典》中明确了物权变动意思主义的立法模式，法国意思主义的立法的产生有其深刻的历史背景。1789 年法国资产阶级大革命爆发后，法国社会上下确立了法律为民众制定，法律必须成文、明确、简洁，法就是“写下来的理性”的原则。从表面上看，法国意思主义的原因是对契约自由原则的推崇，法国民法规定的物权变动的要件就是当事人的意思表示，主要是契约，《法国民法典》第 711 条规定，财产所有权，得因继承、生前赠与以及债的效果而取得或转移。易言之，《法国民法典》是把物权变动作为债权行为的当然结果来加以认识的，不承认有物权行为。以买卖契约为例，按照《法国民法典》第 1583 条之规定：“当事人就标的物及其价金相互同意时，即使标的物尚未交付，价金尚未支付，买卖即告成立，标的物的所有权也于此时在法律上由出卖人移转给买受人。”[1]《法国民法典》第 113 条规定：“交付标的物的债务依缔约当事人单纯同意的事实而完成成立。” “交付标的物债务的成立从标的物应交付之时起，即使尚未实现转交，使债权人成为标的物所有人……”[2]以上之规定，都是债权意思主义物权变动的具体体现。从以上诸条我们可看出，法国民法典之规定，遵循的还是债权意思主义的物权变动模式，并不是以交付作为物权所有权移转的要件。依此登记制，不动产物权的变动，采用登记对抗主义，即当事人订立契据即已生效，但非经登记不得对抗第三人。至于登记的方法，则为登记机关依契约所载的内容予以登记，即采用形式审查主义。登记的范围方面，不仅登记不动产物权，也登记物权的变动事项。登记公信力方面，对于登记无公信力的，公众不可相信；已登记的事项，实体法上如有无效或得撤销的原因时得以推翻。而物权的转移以债权契约为根据，并不以交付或登记为要件，当事人一旦形成物权变动的意思表示，即产生权变动的法律效果。只是在未依法进行公示前，不能对抗善意第三人。善意第三人可依据当事人没有进行公示为由，否认其物权变动的效果。

---

〔1〕 梁慧星、陈华彬编著：《物权法》，法律出版社 2005 年版，第 74 页。

〔2〕 王轶：《物权变动论》，中国人民大学出版社 2001 年版，第 19 页。

在日本引进、移植西方法律时，继受于法德两国法律的日本法，应该说自民法典颁布后很长一段时间存在着对法、德物权变动制度的根本误解，而日本法正是在这种误解与误解的校正中成立和发展起来的。《日本民法典》第176条就是在争论中逐渐发展起来的。[1]

《日本民法典》第176条规定："物权的设立及转移，只是因当事人的意思表示而发生效力。"第177条规定："关于不动产的取得、丧失及变更，非依登记法所规定，不得以之对抗第三人。"[2]第178条规定："关于动产物权的转让，非有其动产的交付，不得以此对抗第三人。"以上之规定，都是物权变动债权意思主义的体现，在《日本民法典》中之规定，交易安全这个近代理想如同在《法国民法典》一样，处于次要地位。而且日本民法的债权意思主义原则比法国民法贯彻得更彻底，法国民法的债权意思主义对于不动产是完全的，对于动产所有权，观念性的构成则是不完成的，而日本民法对于不动产和动产一概用债权意思表示。[3]

（二）物权形式主义

物权形式主义，是指物权变动发生过程中，主要是以物权合同为要件，且应当办理登记或交付手续，即标的物所有权的移转除了买卖合同外，还需要当事人就移转标的物所有权所达成的物权合同再加上登记或者交付，始能移转所有权。与意思主义相比，物权形式主义的特点是：①区分债权行为与物权行为，债权行为（买卖、赠与等）仅仅导致债权的发生，物权行为（移转所有权的合意、抛弃所有权等）才会引起物权变动。②物权行为具有独立性和无因性。独立性是指在债权行为之外，还独立存在着物权行为。无因性是指物权行为的效力不受债权行为的影响。③公示原则是物权变动的生效要件，没有登记或交付，就不能发生物权变动。其中，《德国民法典》是现代民法采取物权形式主义立法例的代表。

《德国民法典》之所以采用物权形式主义的物权变动模式，是由当时的历史条件决定的。《德国民法典》制定时，经济飞速发展，德国经济日益从农业向商业和工业转移，在工业化过程中，德国信用交易的发展使债权与物权的成立在时间和职能上发生分离，并由此引发了物权和债权在近代的对立，从而使

〔1〕王茵：《不动产物权变动和交易安全——日德法三国物权变动模式的比较研究》，商务印书馆2004年版，第234页。

〔2〕王轶：《物权变动论》，中国人民大学出版社2001年版，第21页。

〔3〕王轶：《物权变动论》，中国人民大学出版社2001年版，第20页。

交易界出现了对于形式主义的要求。在法典制定时，个人主义观念仍占据一定的影响，但是与之而来的社会观念也得到了发展，尤其体现在物权变动上虽坚持当事人间的合意理念，但同时又要求物权变动采取一定的外部形式，从而保护交易安全，这又体现了社会理念的发展。这样，《德国民法典》就通过将当事人之间物权变动的生效要件转换成对第三者的公示手段，统一了物权变动中当事人之间的对内对外关系，至此物权变动如果没有对第三人的公示，绝对不发生效力的近代物权变动制度就确立起来了。例如，《德国民法典》第873条规定："为转让一项地产的所有权，为在地产上设立一项物权以及转让该项物权或者在该物权上设立其他权利，如法律没有另行规定时，必须有权利人和因该权利变更而涉及的其他人的合意，以及权利变更在不动产登记簿上的登记。"物权变动中，尚未登记的合意，在当事人的意思表示经过公证证明，或者该意思表示已经提交给不动产登记局，或者权利人将已经获得登记许可的证书交付给相对人时，也同样具有约束力。"第929条第1款规定："为转让一项动产的所有权，必须由物的所有人将物交付受让人，以及双方就所有权的转移达成合意。"[1]

因此，不动产物权变动仅有当事人的意思表示一致尚不能产生效力，必须经登记机关实质审查确定，并践行法定登记形式后始发生效力，即采用登记成立主义。登记的范围，仅为不动产的现在状态，登记具有公信力。依此主义，物权的变动须有以物权变动为内容的物权合意和登记或交付。如取得人已经占有该物时，仅须就所有权的移转成立合意。此种将物权的合意与登记或交付作为引起物权变动的法律事实的立法，即物权变动的物权形式主义。据此，物权变动如没有进行公示—登记或交付，将确定地不发生物权变动的效力。

总而言之，德国民法确立了物权变动的形式主义立法模式，物权变动依独立于债权契约而存在的物权合意及交付、登记而发生。德国关于物权变动的模式同时在我国台湾地区适用。[2]

（三）债权形式主义

债权形式主义，是指物权变动的发生，除了债权合意之外，还需要登记或交付，但并不需要专门的物权合意。与意思主义不同的是，债权形式主义认为登记或交付是物权变动的生效要件；与物权形式主义不同的是，债权形式主义

〔1〕 王轶：《物权变动论》，中国人民大学出版社2001年版，第26页。

〔2〕 王茵：《不动产物权变动和交易安全——日德法三国物权变动模式的比较研究》，商务印书馆2004年版，第23页。

认为不存在独立的物权行为，当然不承认所谓的物权行为的无因性。一般认为，瑞士、奥地利、韩国等采纳的是债权形式主义。

如上所述，《瑞士民法典》的物权变动模式属于债权形式主义，实际上是意思主义与形式主义的折中，故又称折中主义。《瑞士民法典》关于动产所有权的转移，第714条第1项规定："动产所有权的让与，应当将其占用移转于受让人。"就不动产所有权的转移，该法第656条第1款规定："为取得不动产所有权，须于土地登记簿册加以登记。"即移转所有权的契约，不经公示，无拘束力。依此主义，物权因法律行为发生变动时，除当事人间须有债权合意外，还需另外践行登记或交付的法定方式，即发生物权变动的效力。

瑞士采取折中主义，主要原因有以下几点：①在地缘关系、文化传统上，瑞士既受德国影响，又受法国影响；②瑞士民法关于物权变动的规定与其民法整体风格一致，使用清楚的、大众化的文词；③在历史上，瑞士没有像德国那样接受罗马法，法律没有落入专业人员中。

通过对上述三种物权变动模式的解析，我们可以看出债权意思主义尊重人的意思自治，对于有些不需要公示的，价值不大的就可以适应债权意思主义，但是该模式又存在这法理上的逻辑矛盾、契约双方利益保护不均衡、多重交易安全难以保障等缺点。物权形式主义的出现对法律行为制度的完善和民法典总则的设立帮助巨大，但也存在诸多缺点，如该理论纯属人为拟制，不是生活现实，也可能妨害交易公正，同时可能造成一物数卖，违背诚实信用原则。债权形式主义既充分尊重了当事人的意思，又使物权变动当事人之间的内部关系与对第三人的外部关系相统一，从而保障了物权交易的快捷和安全。但债权形式主义物权变动模式仍然存在缺点：债权形式主义否定物权合意的存在，进而否定负担行为和处分行为的区分，将债权变动与物权变动相混同。[1]

二、我国物权变动模式之立法选择及具体表现

通过对上述物权变动模式的比较分析，我们应该认识到，各国依据各自的国情，以适应本国的经济发展、社会及交易习惯为取舍标准，进行制度选择和架构，从而形成一系列配套制度对其加以完善。目前正在不同国家适用的几种物权变动模式均有其不足之处，若简单地选择其中的一种模式作为物权变动的模式显然是不理性的。我国《物权法》既没有选择物权形式主义的物权变动模式，也没有选择纯粹债权形式主义的物权变动模式。实际上，我国物权法既有

〔1〕赵万忠："我国物权变动模式的应然选择"，载《青海社会科学》2010年第5期。

债权形式主义，又有债权意思主义。可以说，我国是以债权形式主义为原则，以债权意思主义为例外。下面本文将通过我国《物权法》的具体规定，详细介绍我国的立法选择及具体体现。

（一）基本原则：债权形式主义

债权形式主义是通过债权合同再加上公示完成物权变动的，公示分为登记或者交付，换言之，债权合同和公示两个要件缺一不可。关于不动产物权，我国《物权法》第 9 条第 1 款规定："不动产物权的设立、变更、让与和消灭，经依法登记，发生效力；未经登记，不发生效力，但法律另有规定的除外。"关于动产物权，我国《物权法》第 23 条规定："动产物权的设立和转让，自交付时发生效力，但法律另有规定的除外。"即公示作为物权变动的必要条件，登记或交付是物权变动的生效要件。我国《物权法》第 9 条可以简要表述为登记是不动产物权变动的生效要件，只要在有效的债权行为与登记同时完成后即可完成不动产的物权变动；同理在有效的债权行为与交付都完成后动产物权变动即可发生变动。

例如，某年 4 月 1 日，甲乙在中国北京就一辆自行车买卖达成协议，次日并交付，约定 4 月 8 日办理变更登记手续。但在 4 月 3 日甲从乙处借车后，次日又以自己的名义卖与不知情的丙并交付、办理变更登记手续。则结论：乙在 4 月 1 日取得要求甲交付自行车并办理变更登记的债权；在 4 月 2 日取得自行车所有权；但乙的所有权不得对抗丙，丙最终取得自行车所有权。

据此，再来正确理解我国《物权法》分则的以下物权变动的规定及其条文。《物权法》第 139 条规定："设立建设用地使用权的，应当向登记机构申请建设用地使用权登记。建设用地使用权自登记时设立。登记机构应当向建设用地使用权人发放建设用地使用权证书。"建设用地使用权是在建设用地合同与登记完成后达成建设用地使用权的变动交易。同样形式的还有《物权法》第 187 条（不动产抵押权）、第 212 条（动产质权）、第 224 条（有价证券质权）、第 226 条（股权质权）等。

（二）例外：债权意思主义

根据意思主义，物权变动因债权合同而发生，登记或交付不过是对抗要件。如我国《物权法》中有其相关规定，第 24 条规定："船舶、航空器和机动车等物权的设立、变更、转让和消灭，未经登记，不得对抗善意第三人。"意思主义有别于债权形式主义的非经登记或交付，不得对抗第三人，换言之，登记或交付是物权移转的对抗要件。由于船舶、航空器和机动车等物的特殊性。我国《物权法》对这些特殊动产物权变动的确定标准作了例外规定："船舶、航空器和机动车等物权的设立、变更、转让和消灭，未经登记，不得对抗善意第三人。”船舶、航空器和机动车等交通工具在本质上属于动产，但是基于其价值和公共安全性，对其物权变动一般准用不动产物权变动时的登记规则，故这些交通工具又被称为“准不动产”。即法律上对于准不动产采用登记对抗主义，就是这些特殊动产的物权变动并不是在登记时发生效力，将登记仅仅作为对抗善意第三人的条件，而不是物权变动的条件。但其物权变动如果没有在登记部门登记，就不产生公信力，不能对抗善意第三人。

意思主义存在两大难点：一是在物权变动中该法律行为是双重效力，即既有债权又有物权效力，如何再区分与运用；二是何谓对抗第三人？为什么有权利而不能对抗第三人？这是因为在物权变动中最核心的目的是为了保护交易安全，而保护善意第三人就是为了保护交易的安全，公示作为对抗要件很好地解决了交易安全的保护问题。

我国《物权法》中关于债权意思主义主要体现在土地承包经营权、地役权以及动产抵押权。我国《物权法》第 129 条规定：“土地承包经营权人将土地承包经营权互换、转让，当事人要求登记的，应当向县级以上地方人民政府申请土地承包经营权变更登记；未经登记，不得对抗善意第三人。”通过法条的理解可以概括为，土地承包经营权是在土地承包经营权合同生效时设立，登记并非必要要件，但登记是物权移转的对抗要件，未经登记不得对抗善意第三人。关于地役权的规定是在该法第 158 条“地役权自地役权合同生效时设立。当事人要求登记的，可以向登记机构申请地役权登记；未经登记，不得对抗善意第三人。”《物权法》第 188 条规定：“以本法第 180 条第 1 款第 4 项、第 6 项规定的财产或者第 5 项规定的正在建造的船舶、航空器抵押的，抵押权自抵押合同生效时设立；未经登记，不得对抗善意第三人。”这应该视作对动产抵押权的规定。

三、对我国《不动产登记暂行条例（征求意见稿）》的分析

2014 年 7 月 30 日，国务院常务会议讨论《不动产登记暂行条例（征求意见稿）》，决定向社会公开征求意见。但令人失望的是，该条例并未对物权变动如何登记进行明确规定，只是在其第三章“登记程序”中第 12 条加以概括，即“因买卖、设定抵押权等申请不动产登记的，应当由当事人双方共同申请”，本条只能说明物权变动登记需要双方到场进行确认，而对变动登记的模式并未明确说明。

因此，本文认为，征求意见稿制定者在其中留下了伏笔，当然也可能需要

相关配套措施加以完善，本次征求意见稿只是一个对不动产登记的基础性制度。但建立不动产统一登记制度、整合不动产登记职责，对注重稳定连续、保护权利具有实质意义。比如，我国先后在重庆、江西、天津、北京等地进行实地试填，并在修改完善不动产登记统一簿册证样式（征求意见稿），该不动产统一登记簿样式采取活页的方式，通过“一簿多页”和主、次、附页形式反映登记内容，具体分为宗地、宗海基本信息，不动产权利登记信息和其他登记信息三大部分。基本信息部分反映宗地、宗海的主要自然属性，权利登记部分反映不动产的权利状况，其他登记部分反映不动产权利负担或限制情况，包括抵押权和地役权登记、预告登记、异议登记、查封登记等，这种具体规定对物权变动的公示力、形成力、推定力、公信力都具有实质意义。

四、结论

通过对我国《物权法》及《不动产登记暂行条例（征求意见稿）》中的具体法律条文的剖析，可以看出，我国在物权变动模式中选择以债权形式主义为原则，以意思主义为例外，符合了我国的法律传统和民族习惯，平衡了物权变动当事人和第三人的利益冲突，确保了物权变动能够安全、快速地完成，适应了当今市场经济条件下交易频繁的需要，保障了财产流转过程中的良性秩序，实现和促进了市场交易的安全、效率和公平。

我国不动产登记机关的审查义务及其完善

范利平 * 陈屹东 **

不动产登记是指，经权利人或利害关系人申请，由不动产登记机关将有关不动产物权及其变动事项记载于不动产登记簿并予以公示的事实。而不动产登记机关的审查义务是不动产登记制度的关键因素，合理的审查义务对于安全的保证、交易效率的提高、出现登记错误时责任的承担等均有重要影响。关于我国不动产登记机关的审查义务主要有形式审查主义模式和实质审查主义模式的争论，但《物权法》就此并没有明确具体的规定，这也给登记机关现实操作和司法机关的裁判造成了困难。本文将对两种不同的审查模式进行探讨，并对明确并完善我国不动产登记机关的审查模式一陈管见。

一、登记机关审查的标准——实质审查与形式审查

对于形式审查和实质审查的区分，学界尚存在不同的看法，大致存在从登记机关审查的范围、从登记机构是否对实体法律关系有调查权限、登记机关审查义务是否应包含物权变动的原因关系，三种不同的角度进行区分。本文赞同最后一种观点：登记机构的审查权限及于不动产物权变动的原因关系的，就是实质审查，反之，就是形式审查。[1]并从该角度出发，对实质主义和形式主义审查进行介绍。

（一）实质审查义务

1. 实质审查义务的概念

实质审查就是指，登记机关不仅应当对当事人提交的申请材料进行形式要

---

* 范利平，广东外语外贸大学法学院教授。

** 陈屹东，广东外语外贸大学法学院民商法研究生。

〔1〕 陈华彬：《物权法研究》，法律出版社2009年版，第300页。

件的审查，而且应当负责审查申请材料内容的真伪，甚至在特殊情况下对法律关系的真实性也要进行审查，且登记官员有权力和义务对不动产物权的原因关系进行审查。[1]我国的物权变动模式采取的是登记生效主义，在物权登记生效之前，双方当事人之间需有一个有关物权变动的债权合意。若采用了实质审查模式，那么登记机关就不仅需要做查验必要材料、询问申请人等形式工作，而且应当对物权变动的原因行为，即债权行为是否符合实体法上的权利义务关系进行审查。

2. 比较法角度的考察

从比较法的角度来看，采取实质审查模式的国家和地区大都是采用了登记生效主义的权利登记制或是托伦斯登记制，主要包括瑞士、英国、澳大利亚等国家和我国台湾地区。而德国虽采物权登记的权利要件主义模式，但登记机关只是形式审查，只有在不动产登记有害于社会公共利益时才进行实质审查。[2]所以，不应当将德国也归入实质主义的审查模式。

3. 实质审查义务的特点

有利于贯彻物权法的公示公信原则。《物权法》采用的是登记生效主义的变动模式，在此模式下，不动产登记具有对世的公信力。实质审查义务下，登记机关不仅要对申请材料进行形式要件的审查，而且需追究物权变动的原因关系是否真实有效，从而确保登记内容与实际权利相符合。若采用形式审查而导致登记簿所记载内容经常与实际权利不相一致的情况出现，那么不仅定分止争、确认权利的目的不能实现，反而会引起诸多纠纷，降低登记机关的公信力。

有利于促使登记机关树立更强的责任感。实行实质审查意味着登记机关需要承担严格的注意义务，同时在登记错误时应承担无过错责任。在当前，我国登记机关错误登记频发的情况下，明确实质审查义务有利于敦促登记机关，强化其责任感，减少登记错误。

适应市场经济发展的要求，保护相对人的权利。我国虽然经济快速地发展，但是相关法制尚不健全，尤其是尚未形成一个社会信用机制，不动产交易欺诈现象时有发生。在此背景下，如果仍然采用形式主义审查，势必会造成登记权利不实的现象。如此，既不利于保护相对人的权益，也会对市场交易秩序产生影响。

---

〔1〕 史彦维："论我国不动产登记审查模式"，中国政法大学2012年硕士学位论文。

〔2〕 孙宪忠：《中国物权法总论》，法律出版社2003年版，第226页。

（二）形式审查义务

1. 形式审查义务的概念

形式审查是指，登记机关仅就登记申请是否合法进行审查，登记机关并不审查申请材料内容的真伪，如果申请材料完备并且符合法定的程序和形式，就可以根据材料所记载的内容进行登记。前文已述，我国采取登记生效主义，但没有效仿德国将物权行为独立出来，而在登记前仅有债权合意的原因关系。一般认为形式审查仅仅赋予登记机关就登记的申请是否符合程序法上的要求予以审查的权限，至于登记申请是否符合双方当事人的债权合意，登记机关则无权审查，也无权决定是否准许登记。

2. 比较法角度的考察

从比较法角度看，采取形式主义的国家大都采用契约登记制，即双方当事人有债权合意即可发生物权变动，登记并非生效要件仅为对抗要件，且登记机关并不保证登记内容不存在瑕疵。主要有法国、日本等国家和我国香港地区。契约登记下的登记审查将实体性的规则过滤，而仅仅对程序性规则进行审查，但恰恰是对程序性机制的重视，从而在发生实体机制设置不合理给物权交易造成障碍的情况下，通过程序的完善进行弥补，以保证物权登记的高效便捷和交易的公平合理。

3. 形式审查义务的特点

（1）方便快捷，提高交易效率，降低交易成本。随着经济的发展，不动产交易日益频繁，不动产交易的数量是巨大的。大量的登记申请集中到登记机关办理，对登记人员形成很大的压力。但是登记机关所能承受的业务量也是有限的，若采用实质主义审查，登记机关对申请材料方方面面均要尽到审查义务，必然会影响登记效率。此外，实质审查所带来的成本也是巨大的，这必然会使得登记费用的提高。国家不会承担这笔支出，而登记机关也不可能自己消化，提升的登记成本只能转嫁到相对人身上。由此，不仅影响了效率、加重了成本，也有可能产生登记腐败、权力寻租的问题。

（2）维护私法自治和合同自由原则。从私法中意思自治的角度出发，只要没有违反公序良俗和诚实信用，那么法律就应当尊重当事人之间的意思表示，并保护其法律效力。若采用实质主义审查模式，那么登记机关对物权关系基础的原因关系负有审查义务，这必然会使得登记机关去破坏当事人之间的合意，如此也是同私法自治的原则相违背的。

（3）有利于登记机关合理地承担登记错误的责任。形式审查义务下，登记机关只需对登记申请进行形式审查，那么在出现登记错误时，就无需如实质审查一般承担“专家式”的责任。登记机关只有在故意或重大过失时，依过错责任原则承担登记错误的赔偿责任，这对于减轻登记机关负担有较大的作用。

二、当前我国不动产登记机关审查义务存在的问题

(一) 法律规定不明确，登记机关负何种审查义务仍存争议

《物权法》第12条规定，登记机构应当履行下列职责：①查验申请人提供的权属证明和其他必要材料；②就有关登记事项询问申请人；③如实、及时登记有关事项；④法律、行政法规规定的其他职责。申请登记的不动产的有关情况需要进一步证明的，登记机构可以要求申请人补充材料，必要时可以实地查看。本条规定了我国不动产登记机关的职责，但是对于采纳何种审查模式，无论是立法者还是学界均没有明确的答案。

1. 立法者的观点

从立法者的角度来看，本条既没有试图界定什么是实质审查，什么是形式审查，更不去回答物权法要求不动产登记机构进行实质审查还是形式审查。本条的规定目的是，使登记机关在各自的职权范围内，充分履行职责，尽可能地保证如实、准确、及时地登记不动产物权有关事项，避免登记错误。[1]

2. 学界的争论

对于本条规定登记机关承担何种审查义务，学界也有不同看法。有学者提出因为本条赋予了登记机构一定的调查权，所以实行的是实质主义审查的模式[2]；也有学者认为，《物权法》实际上采纳了以形式审查为主、以实质审查为辅的审查制度[3]；还有学者提出，《物权法》第12条规定的是登记机关承担实质审查和形式审查相结合的审查义务。[4]

由此可以看出，立法者和学界对于法律中规定登记机关到底承担何种审查义务并不统一，而对于法律的争议存在则会影响法律的适用，造成理解的混乱。

(二) 实践中产生登记机关审查标准混乱的问题

由于《物权法》中对于登记机关承担的审查义务没有明确规定，那么在实践当中，也造成了相关部门规章以及登记机关认识的不一致。

---

〔1〕 全国人大常委会法制工作委员会民法室编：《〈中华人民共和国物权法〉条文说明、立法理由及相关规定》，北京大学出版社2007年版，第20页。

〔2〕 支持此种观点的代表为江平教授、李显东教授等人。

〔3〕 支持该观点的代表为王利明教授、刁其怀等人。

〔4〕 孙宪忠教授为该观点的代表。

1. 相关规章的规定

原建设部《房屋登记办法》第18条第1款规定，房屋登记机构应当查验申请登记材料，并根据不同登记申请就申请登记事项是否是申请人的真实意思表示、申请登记房屋是否为共有房屋、房屋登记簿记载的权利人是否同意更正，以及申请登记材料中需进一步明确的其他有关事项询问申请人。询问结果应当经申请人签字确认，并归档保留。国土资源部《土地登记办法》第13条规定，国土资源行政主管部门受理土地登记申请后，认为必要的，可以就有关登记事项向申请人询问，也可以对申请登记的土地进行实地查看。

上述部门规章均为配合《物权法》的实施而制定，但从条文中可以看出，对于登记机关的审查义务，两个规章均明显地表现出了登记机关承担实质审查义务的倾向。

2. 登记机关的做法

深圳市房地产登记审查主要采取的是窗口处理加形式审查的方式。登记机关只需要对登记申请人是否提交了必需的文件及文件是否真实作表面性审查，无需对申请背后的实体法律关系加以审查。这主要是出于行政效率的考虑，而且房地产交易中心的登记审查人员均系外聘的社会人员，未经任何专业法律培训，不具备发现实体法律关系瑕疵的能力。[1]

因《物权法》对登记机关审查义务规定不明确，所以，在实践中相关法规规章与实务部门的做法也并不统一，甚至互相冲突。可以说，当前我国登记机关的审查义务标准仍是混乱的。

(三) 登记机关的赔偿责任难以认定

在不动产登记制度中，不动产登记责任的认定应与不动产登记审查义务保持一致。责任的承担源于义务的违反，义务规定的不明确将直接影响到责任的认定。

若登记机关承担实质审查义务，那么登记机关应当承担严格责任，即无论其主观上是否具有过错，其都必须就登记过程中所发生的一切错误承担责任。因为登记机关若承担实质审查义务，那么作为专业的服务机关，实际上扮演了民法上的“专家”角色，尽更高的注意义务，其免责事由当然必须受到严格限制。[2]相反，若登记机关承担形式审查义务，则无需对登记进行“专家”式的

---

〔1〕 何皞：“我国不动产登记机关审查标准的法理反思”，载《当代经济管理》2012年第7期。

〔2〕 朱岩：“形式审查抑或实质审查——论不动产登记机关的审查义务”，载《法学杂志》2006年第6期。

审查，只需尽到一般注意义务既可，因而登记机关承担的是过错责任。

由于《物权法》对登记审查义务的规定较为模糊，致使其在登记责任上也没有明确的定义，仅于第21条第2款规定：“因登记错误，给他人造成损害的，登记机构应当承担赔偿责任。……”明确登记机关审查义务对于归责原则的明晰也有重要作用。

三、对我国不动产登记机关审查义务的建议

（一）登记机关应承担形式审查义务

1. 适应登记机关工作能力的现状

我国不动产交易数量巨大且在不断增长，若登记机关承担实质审查义务，则会导致登记机关审查的材料覆盖面过大，而每种登记材料却可能涉及不同领域的专门知识，这就要求登记机关工作人员具备较高的专业辨别能力。但是我国不动产登记并未实行专业的登记官员制度，对登记人员没有系统地培训和职业准入门槛，这导致了登记机关工作人员业务素质并不高，在专业化和职业化方面较之于其他国家仍有所欠缺。此外，当前我国登记工作人员数量较少，如果大量增加登记官员，则又可能造成行政机关编制的臃肿以及行政效率的低下。所以，登记机关根本无法对每一件不动产登记申请进行实质性审查，而对不动产登记申请进行形式主义审查是现实可行的选择。

2. 提高交易效率，维护契约自由

从交易环境出发，实质审查主义程序繁琐冗杂，影响登记的效率，很大程度上会增加交易成本。登记作为一种行政行为依当事人申请而进行。在不动产交易中，许多当事人在申请登记前已经达成一致且完成交易，若在登记时，仍要经登记机关对其已经完成的交易进行诸如是否具备行为能力、债权意思是否表示真实等方面的实质审查，则会造成合同履行的迟延和交易效率的下降。此外，实质审查必然会使得登记费用的提升，而增加的成本必然会转移到当事人的身上，如此则又增加了交易成本，在效率和成本两个方面都阻碍了不动产交易的发展。

在现代社会，除了违反公序良俗和损害公共利益的情况，尊重当事人意思自治，国家减少对私人间的交易进行干预已经成为共识并为法律所确认。而登记作为私法中的公法行为，是国家对社会交易进行调控，对税收进行监管的重要手段。既然在不动产交易的私法行为中必然要纳入登记这种国家干预，那么登记机关采形式审查义务无疑会减少国家对当事人意思自治的干预，尽可能避免公权力干预私权利情形的出现。

3. 明确登记机关的侵权赔偿责任

若登记机关承担的是实质审查义务，则作为专业机关，承担着专家式的注意义务。其免责事由应当受到严格的限制，对扩大的损害后果也应当承担责任。那么在发生登记错误时，登记机关必须承担严格责任而非过错责任。也就是说，无论损害结果能否归因于登记机关，也无论登记工作人员主管上是否存在故意或者过失，在发生登记错误造成相对人损害时，登记机关必须对登记中所发生的一切错误承担赔偿责任。

目前，我国的登记机关仍属行政机构，在发生登记错误侵权赔偿时，赔偿金需由国家财政支出。如果承担实质审查义务且以严格责任归责，那么不仅赔偿金无法保障，也会使得国家财政不堪重负。所以，在我国没有建立起较为完善的不动产登记错误赔偿保障制度前，不宜使登记机关承担实质审查义务。

4. 德国和法国两大大陆法系国家的借鉴

德国不动产登记制度始于18世纪的普鲁士。按照1783年的《普鲁士抵押条例》与1794年的《普鲁士普通联邦法》，不动产交易中的登记采取实质审查制度，要求登记官员对原因关系进行审查。但是实质审查的做法严重侵害了当事人的自由且费时费力。随着社会的发展，《德国登记法》变成了主要依据程序法审查，仅仅审查书面材料而无需依照实体法审查债权行为和物权行为的效力。[1]

法国采用登记对抗主义，登记模式为契约登记，即登记公示的是引起不动产物权变动的法律行为。在登记审查时，登记员对登记资料的审查不需要贯彻“合法性”原则，对于登记申请仅仅进行形式审查即足矣，至于申请人的权利是否在法律上有效、提交的证书是否合法等均不予过问。[2]

现行大陆法系国家和地区的登记制度多以德国和法国制度为渊源，我国民事法律更是同二者有着千丝万缕的联系。从维护制度统一性出发，我国也应借鉴二者使登记机关承担形式审查义务。

（二）形式审查义务缺陷的弥补

应当看到，登记的形式审查对登记的公信力有很大的影响，纯粹的形式审查而无配套制度是不可取的。[3]虽然《物权法》并未明确规定登记机关承担何种审查义务，但是第12条第2款规定：“申请登记的不动产的有关情况需要进一步证明的，登记机构可以要求申请人补充材料，必要时可以实地查看。”这表

〔1〕 李凤章：《登记限度论——以不动产权利登记制为中心》，法律出版社2007年版，第164页。
〔2〕 马栩生：“登记公信力研究”，武汉大学2005年博士学位论文。
〔3〕 申卫星：“内容与形式之间：我国物权登记立法的完善”，载《中外法学》2006年第2期。

明立法者并不赞成单纯的形式审查。应当采取一定的措施来弥补形式主义义务所产生的缺陷。

1. 公证制度

大陆法系许多国家都将公证制度引入不动产登记当中，例如，《德国民法典》第313条、《法国民法典》第1601～1602条均规定了公证制度。虽然两国登记的效力不同，但其公证的共同特点在于，登记机关承担的是一种形式或者窗口的审查义务，而实质审查义务则由公证机关承担。

对于公证制度，也存在强制公证前置和自愿公证两种不同的观点。本文认为，在公证尚未成为我国的交易习惯前，不宜规定强制公证制度，应当坚持契约自由的原则，由当事人自己决定是否进行登机前的公证，若不愿进行公证则直接进行登记，但风险应当自负；并可以效仿德国制度，在既没有公证且涉及公共利益的情况下，登记机关可以对不动产登记申请进行实质审查。设置自愿性的公证制度，由公证和登记制度相互配合，从而保障物权变动的安全高效。

2. 赔偿基金制度

实质主义论者对形式主义的异议之一在于，采用形式审查而导致登记簿所记载内容经常与实际权利不相一致的情况出现，从而降低登记机关公信力，因登记错误使得登记机关需承担大量赔偿责任。针对此种情况，可以借鉴香港的土地业权弥偿基金制度。

香港土地业权弥偿基金根据《土地业权条例》规定设立，而依据该法判决的弥偿款额须从土地业权弥偿基金支付。弥偿基金是通过注册申请的征收费用而设立的一个自负盈亏的基金，资金来源于每宗注册申请征收的费用，而资金的用途则在于赔偿因登记过错受到损害的相对人。

我国可以借鉴此种做法，设立我国的不动产登记机关侵权赔偿基金。其资金应当来源于从登记机构收取的登记、查询费以及国家财政拨付的一定比例的费用等方向。赔偿基金建立后，登记机关可以按照相关规定运作基金，使基金增值保值。

3. 保险制度

保险制度的建立同样是为了弥补形式审查所带来的风险，使得发生登记错误时责任的承担能够得到落实，从而保障相对人的利益。

在建立不动产登记赔偿基金的基础上，通过收取申请人的登记、查询费用来支撑基金的运作流转，同时将基金的一部分向保险公司投保。保险公司的介入可以缓解赔偿基金的运作压力，也使得发生登记机关侵权时，登记相对人的权益能得到保障。这也体现了基金取之于民用之于民的目的。

城乡统一建设用地市场法律制度

刘洪华 *

十八届三中全会通过的《中共中央关于全面深化改革若干重大问题的决定》（以下简称《全面深化改革决定》）就“建立城乡统一的建设用地市场”问题专辟一节进行论述，这显示出中央对该问题的高度重视。城乡统一的建设用地市场对于保障农民土地权益和实现市场在土地资源配置中的决定性作用意义重大。不过，早在2008年10月，十七届三中全会通过的《中共中央关于推进农村改革发展若干重大问题的决定》就明确提出，“对依法取得的农村集体经营性建设用地，必须通过统一有形的土地市场、以公开规范的方式转让土地使用权，在符合规划的前提下与国有土地享有平等权益”。2009年中央一号文件重申了这一决策。但实践中，城乡统一的建设用地市场仍然没有建立。究其原因，一方面是没有清除现行土地制度中建立统一市场的障碍；另一方面是建设用地市场非常复杂，上述决策始终处于政策建议阶段，没有形成相应的制度。没有一个可行的制度方案，统一市场将如同空中楼阁。有鉴于此，就城乡统一建设用地市场法律制度相关问题进行深入研究，具有十分现实的意义。

一、我国目前建设用地市场存在的问题

（一）缺少农村建设用地市场

（1）我国建设用地市场缺少集体建设用地一级市场。目前，集体建设用地只能依申请经批准取得。造成此局面的原因在于法律的禁止。我国《土地管理法》第63条规定：“农民集体所有的土地的使用权不得出让……”但是，禁止集体土地使用权出让并不意味着没有集体土地使用权。在农村，存在着依据《土地管理法》第43条规定，集体及集体成员经依法批准使用仅限于“兴办乡

---

* 刘洪华，韶关学院法学院讲师。

镇企业和村民建设住宅”或者“乡（镇）村公共设施和公益事业建设”的集体建设用地使用权。数据显示，到2000年底，我国农村村民用地规模达到2.45亿亩，城市用地规模为0.51亿亩，前者是后者的4.80倍。[1]加上农村的其他建设用地，农村建设用地占到整个建设用地5/6。[2]不过，该种使用权的主体和用途都是严格限定的，性质则类似于国有土地使用权划拨，是无偿使用的。无偿使用无法反映资源的稀缺程度，结果造成了宝贵的土地资源无法得到有效的配置。

（2）我国建设用地市场缺少集体建设用地二级市场。其根源依然是《土地管理法》第63条的规定：“农民集体所有的土地的使用权不得……转让或者出租用于非农业建设；……”法律给出的例外是，因破产、兼并等情形可以允许存在的集体建设用地使用权转让。如此所述，此类集体建设用地的使用权数量是非常巨大的。然而，依目前的制度，它无法流转，致使土地资源利用效率低下，造成严重的资源浪费。正如有学者指出：“政府对农地转用的管制，也直接使得市场机制无法合理配置土地资源，分配不公与产权运行的低效率同时出现。”[3]

（二）集体土地只能经征收为国有土地后方可出让建设用地使用权

法律禁止集体土地使用权出让，并不意味着集体土地被隔绝于建设用地市场之外。根据《城市房地产管理法》第9条的规定：“城市规划区内的集体所有的土地，经依法征用转为国有土地后，该幅国有土地的使用权方可有偿出让。”该条有两层含义：其一，该条再次重申禁止集体土地使用权出让的立场；其二，该条强调，规划区内的集体土地进入建设用地市场的唯一途径是先要被征用。值得说明的是，如果该块集体土地处于城市规划区内，其最终的命运将是必然被征用。可见，现行体制不是禁止农村土地入市，而是禁止农村土地以集体土地的身份入市，禁止集体土地的所有权人和使用权人以主体身份出让或转让集体土地使用权。在这一过程中，征地机关实现了“用计划经济的行政手段低价征地，用市场经济的办法高价出让土地。”据对17省农村土地权利状况的调查数据显示，目前政府出让土地的平均价格为778 000元/亩，与支付给村

〔1〕郑财贵：“城乡建设用地协调互动研究——以重庆市为例”，西南大学2007年硕士学位论文。
〔2〕韩立达、李勇、韩冬：《农村土地制度改革研究》，中国经济出版社2011年版，第92页。
〔3〕叶剑平、田晨光：“中国农村土地权利状况：合约结构、制度变迁与政策优化——基于中国17省1956位农民的调查数据分析”，载《华中师范大学学报（人文社会科学版）》2013年第1期。

集体的单位补偿额均值为24 980元/亩补偿款相比，溢价高出30倍以上。[1]巨额的差价收入刺激地方政府不断掀起征地的狂潮，同时伴随农民的土地权益不断受到侵蚀。[2]这种体制不可避免造成了一些严重的社会问题。据统计，中国目前的群体性事件和群众上访事件，超过80%都与土地买卖和房屋拆迁有关。[3]

（三）建设用地一级市场完全由地方政府垄断

在一级市场，地方政府既垄断国有土地使用权的出让，也垄断集体土地使用权的出让。只不过集体土地是经征用后再出让。为了加强地方政府对于一级市场的垄断地位，如前所述，《土地管理法》第63条还明确禁止集体自用和成员无偿使用的集体土地使用权的自由转让。

地方政府垄断建设用地一级市场使得市场配置资源的作用得不到完全实现。一方面，地方政府为追求国民生产总值的高速增长，往往将建设用地低价出售或无偿送给企业，或者大搞开发区，造成了土地资源利用效率极其低下。另一方面，为了弥补财政缺口，地方政府又有意推高住房用地价格，这又造成了我国房价居高不下。房价的高启扭曲了房产的本来价值，绑架了大量的财富，既影响公众的幸福感，也不利于经济发展。一级市场的垄断还为腐败提供了可能。

现行土地制度存在的问题呼唤着城乡建设用地市场的统一。只有统一，才可能发挥市场在资源配置中的决定性作用；只有统一，才能够解决现行体制中的一些不公正现象。而建立城乡统一建设用地市场，首先要重构现行征地制度，在这个前提基础上才能够具体建构一个开放的、多元的、统一的建设用地市场制度体系。

二、建立城乡统一建设用地市场的基本前提：重构征地制度

不堵住肆无忌惮的对集体土地的征收，地方政府垄断土地一级市场的局面将无法打破，那么城乡统一的建设用地市场显然就成了一句空话。笔者认为，应当从以下两个方面改革目前的征地制度：

（一）从规划征收回归到公益征收

征收集体土地的必要条件本是“公共利益”。《宪法》第10条第3款明确

---

[1] 叶剑平、田晨光：“中国农村土地权利状况：合约结构、制度变迁与政策优化——基于中国17省1956位农民的调查数据分析”，载《华中师范大学学报（人文社会科学版）》2013年第1期。

[2] 崔艺红：“新农村建设中农民土地权益保护问题的法律思考”，载《经济师》2008年第5期。

[3] 骆祖春：《中国土地财政问题研究》，经济科学出版社2012年版，第92页。

规定:“国家为了公共利益的需要，可以依照法律规定对土地实行征收或者征用并给予补偿。”《土地管理法》第2条也作了类似的规定。但实践中“公共利益”标准形同虚设。一方面，“公共利益”的范围缺乏界定，经常被滥用。数据显示，“全国征地用途中仅有20%的土地是出于绿化等公共利益需要，80%的农用地被征用后则转做房地产开发等建设用地”。[1]；另一方面，作为征地的主要依据的《城市房地产管理法》第9条根本没有提到“公共利益”这一标准（该法第6条提到了“公共利益”，但该条是规定对国有土地上单位和个人的房屋的征收）。根据该条，“公共利益”被替换为“规划区域”。只要在“城市规划区内的集体所有的土地”，均可以被征用。至此，征地范围变得没有任何节制。

笔者认为，集体土地的征收必须以公共利益为条件。为此，应当废除《城市房地产管理法》第9条，并修订《宪法》第10条第1款和《土地管理法》第8条第1款。《城市房地产管理法》第9条是导致集体土地非公益征收的罪魁祸首，废除自不待言。同时，其制度根源《宪法》第10条第1款和《土地管理法》第8条第1款有关“城市的土地属于国家所有”的规定也应当修订。在城市市区的范围不扩大的情况下，“城市的土地属于国家所有”的规定似乎不存在多大问题。但我国目前正处于城市化高速发展时期，城区范围在近30年里急剧扩大近5倍。[2]原来的郊区和农村现在变成了城市市区。此时，只有通过征收将集体土地转变为国有土地才能满足“城市土地国有”的规定。城市规划区内的土地变成国有土地不可能都符合公共利益。“城市土地国有”的规定与《宪法》第10条第3款只有“为了公共利益的需要”才能征收土地的规定相互矛盾。有鉴于此，笔者认为，应当修订《宪法》第10条第1款使得因城市市区范围急剧扩大，新并入城市而又不符合公益征收的集体土地，仍能保持其集体所有的身份。如此，城市规划区的农村土地不必经过征收，不必变成国有土地即可成为城市建设用地进入建设用地市场。要说明的是，强行将城市市区的土地规定为国家所有，不具有任何的正当性。根据物权法的法理，所有权的取得也不应当通过法律直接规定取得。所谓的“统一的城乡建设用地市场”，也并不是要将建设用地使用权都统一为城市建设用地使用权。统一，应当是指两种土地使用权之间没有高低之分。

---

〔1〕 赵蕾、陈霄:“土地法律修改将提速保障农民权益是重心”，载《南方周末》，2008年10月16日，第4版。

〔2〕 章彦英:《土地征收救济机制研究——以美国为参照系》，法律出版社2011年版，第69页。

立法机关还应当制定公益性征收名录。符合名录的，可以征收。不在名录，而主张依公共利益征收的，必须由法院进行判定。值得说明的是，名录一定要由立法机关制定而不是由行政机关制定，以避免政府既当运动员又当裁判员。

（二）从原用途补偿回归到完全补偿

根据《土地管理法》第47条规定，征收土地，仅按照被征收土地的原用途给予补偿，“征收耕地的土地补偿费，为该耕地被征收前3年平均年产值的6～10倍。征收耕地的安置补助费，……每一个需要安置的农业人口的安置补助费标准，为该耕地被征收前3年平均年产值的4～6倍”。即便如此之低的补偿费用，农民也只能得到一部分。由于“村集体是农村土地的所有者，农民只拥有土地的使用权和部分收益权。因此，土地补偿费给村集体经济组织，安置补助费给安置单位，农民个人只能得到数量最少的土地附着物和青苗补助费”。[1]据调查，在土地用途转变增值的土地收益分配中，政府得60%～70%，村一级集体经济组织得25%～30%，而农民则只能得到5%～10%。[2]这使得农民获得的土地补偿不仅无法保障农民未来生活水平的提高，而且有时甚至难以维持现有生活水准。[3]

显然，应当提高征地补偿标准。法律规定的征地补偿标准应当是最低标准，被征地一方有权参考当地相同品质、区位的土地价格获得更高的补偿。征收的本义是强制改变权利归属，但改变的前提必须是等价补偿。需要强调的是，实行等价征收，使得征收后无利可图，也可以遏制地方政府肆意征收集体土地的冲动。此外，为了减少征地成本，应当规定仅可以征收土地使用权。目前，我国法律一方面禁止土地所有权转让，另一方面却又允许通过征收改变土地所有权的归属，这是十分矛盾的。征收实际演变为一种变相低价购买土地所有权的手段，这与禁止土地所有权转让的法律规定相悖。同时，规定仅能征收土地使用权，也可以相应降低征地费用。

三、城乡统一建设用地市场制度的基本内容：客体主体平等和收入公平分配

市场是由交易主体与交易客体组成的。统一的市场，必须要做到交易客体

---

〔1〕有关安置补助费的问题，参见周飞舟：“生财有道：土地开发和转让中的政府和农民”，载《社会科学研究》2007年第1期。

〔2〕安徽省财政厅课题组等：“基于公共财政视角的土地出让金研究”，载《经济研究参考》2006年第94期。

〔3〕骆祖春：《中国土地财政问题研究》，经济科学出版社2012年版，第92页。

与交易主体的平等，即让不同主体及其拥有的权利能够公平进入市场以供交易。除此之外，还要解决收入公平分配的问题。

（一）客体平等

建设用地市场交易的客体是土地使用权。在我国，土地使用权被分为国有土地使用权和集体土地使用权。目前，《土地管理法》等法律却厚此薄彼，在允许国有土地使用权转让的同时，却不允许集体土地使用权转让。笔者认为，这样做是没有道理的。权利就其本身属性来说，是可以转让的。禁止权利自由，必须有正当的理由。目前，看不到这样做的正当理由。而集体土地在被征收为国有土地之后，该土地上的使用权便可以自由转让。同样一块土地的使用权，仅仅由于国有与集体的不同，其可转让性却迥然不同。这正如说，一块土地属于张三时不可以转让，而属于李四时却可以转让。尽管张三和李四没有什么不同。

笔者认为，应当允许集体土地使用权在不改变性质的基础上转让。否则，所谓的城乡统一建设用地市场，仅是统一到国有土地使用权市场之上。某种意义上，我国土地市场是统一的，只不过该种统一是统一到城市建设用地市场之中去。笔者理解的统一，应当是既允许城市建设用地自由转让，也允许农村建设用地自由转让，并且集体建设用地可以在不改变其权利性质的基础上进行转让。法律不应当歧视集体土地使用权。需要指出的是，集体土地使用权的转让也有宪法上的依据。《宪法》第10条第4款明确规定："……土地的使用权可以依照法律的规定转让。"这里的土地使用权，显然包括集体土地使用权。

（二）主体平等

在未来的城乡统一建设用地市场，国家垄断土地一级市场的局面将被打破，集体土地的所有人可以出让集体建设用地使用权，任何民事主体均可以平等地通过市场获得土地使用权，也可以通过市场转让土地使用权。城乡统一的建设用地市场应当对所有主体适用统一的法律规范、统一的税费体系以及统一的市场监督管理体制。[1]在此种情况下，土地权益实质上是由所有人与使用权人共享。

主体平等不仅要打破地方政府的垄断地位，还要防止集体对其成员的垄断地位。目前，我国集体土地的权利结构一般是双层的，在所有权之外，土地上还要负担土地承包经营权、宅基地使用权和建设用地使用权。对于集体建设用地使用权和宅基地使用权，其权利人是当然的转让主体。但是，对于涉及农业

〔1〕 韩立达、李勇、韩冬：《农村土地制度改革研究》，中国经济出版社2011年版，第102页。

用地转建设用地的问题，究竟是所有权人还是土地承包经营权人作为出让人存在疑问（实践中，正是主体地位不明，导致失地农民只能在征地中获得一些青苗补偿）。[1]按照一物一权原则，所有权人并不能出让负担有土地承包权的集体建设用地使用权。原因是两种权利都是物权，并且相互冲突，不能并存。相应地，顾名思义，土地承包经营权人仅取得相应的种植经营权，而并没有获得建设用地使用权。正如法谚所云：权利人不得出售自己不拥有的权利。因此，理论上土地承包经营权人也无法充当出让人。当然，所有人可以先购回土地承包经营权，再出让建设用地使用权。然而，这样做并不可行。土地承包经营权人在土地增值的情况下很难同意回购，更何况土地往往涉及他们的基本生活保障。这样做也将使得谈判成本增加很多。为了提高流转效率，法律可以直接规定所有人径直出让建设用地使用权，但问题是，这样做可能会遭到农民的强烈抵制，同时，农民的利益可能也会受到损害，因此，并不可取。

笔者认为，法律应当规定由土地承包经营权人作为出让人。理由是：其一，土地承包经营权人通常是集体经营组织的成员，集体所有不过是农民拥有土地的一种具体形式。也可以说，农民本质上也是所有权人。其二，土地承包经营权人是该幅土地的占有人和最大的利益相关者。尽管在法律上土地承包经营权拥有一定期限，但该期限应当是终其一生的。该幅土地还承载着相应的社会保障功能。由土地承包经营权人出让显然比由所有权人出让更为合适。其三，由土地承包经营权人作为出让方并不是说由其独享土地的全部收益。土地收益完全可以由集体和个人共同分享。

（三）收入公平分配

目前，地方政府拿走土地增值收入的绝大部分，其理由是土地之所以增值是政府规划和前期准备的结果。笔者认为，物品增值应当归所有权人，这是不言自明的道理。规划的确会使一个地区的整体土地利用效率提高。但是，规划权应当根源于所有权，规划应当属于一个地区的土地所有权人而不是政府。当然，地方政府如果为土地开发进行了前期准备，那么对此的支出应当由土地权益人承担。除此之外，政府不应当再抽取土地的增值收益。

实际上，仅在集体土地使用权出让时和存量的集体建设用地使用权转让时，才涉及土地增值收入的分配：其一，目前存量的建设用地使用权，转让收入应当归权利人所有。如果权利人当初取得建设用地使用权是免费的，还应当向所有权人补交建设用地出让金。另外，转让该建设用地使用权并不意味转让集体

〔1〕 申建平："对农村集体土地征收补偿范围的反思"，载《比较法研究》2013 年第 2 期。

土地所有权。集体建设用地使用权同国有建设用地使用权一样，也应当有一定的期限。在期限到了之后，受让人应当续交土地使用权费用。其二，涉及农业用地上的建设用地使用权出让的，则有些复杂。如前所述，这里的土地承包经营权出让了不属于自己的权利。因此，在这里土地承包经营权人应当与所有人集体分享收益。土地承包权人获取种植收益和一定量的增值收益。其他收益则应当交与集体。为避免该笔收益为集体组织个别管理人员挪用或贪污，集体获得的土地增值收益应当立即分与所有集体经济组织成员。

四、结语

一个多元主体平等交易的市场才是真正统一的市场。城乡统一建设用地市场要求适用统一的法律制度。笔者认为，应当改变分别调整的城乡建设用地法律体制，将相关法律规范统一规定于一部法律之中。为此，需要单独制定一部《城乡统一建设用地市场促进法》，统一调整建设用地市场。法律的统一必将进一步促进城乡统一建设用地市场的建立。

论不动产登记制度法理基础的重构

——以物权行为为中心

张保红 *

学界在研究不动产登记制度时，对其与物权行为的关系研究很少。一是认为不动产登记法为程序法，不需要涉及实体法中的物权行为理论；二是认为我国没有采纳物权行为理论，研究二者之间关系没有必要。事实上，这些事由均不能成立。一是登记是不动产物权变动的要件，研究不动产登记制度必然要涉及实体法；二是物权法是否采用物权行为并无定论。事实上，物权行为理论有越来越为学者和司法接受的趋势。一个例证是，最高人民法院《关于审理买卖合同纠纷案件适用法律问题的解释》第3条明确规定："当事人一方以出卖人在缔约时对标的物没有所有权或者处分权为由主张合同无效的，人民法院不予支持。出卖人因未取得所有权或者处分权致使标的物所有权不能转移，买受人要求出卖人承担违约责任或者要求解除合同并主张损害赔偿的，人民法院应予支持。"普遍认为，该解释是司法接受物权行为的标志。当然，本文的初衷并不是要把物权行为理论强加给学界，而是通过对不动产登记的相关制度进行系统性分析，最终得出物权行为作为不动产登记制度法理基础的必然结论。

一、权利登记制的采纳

不动产登记模式通说主要有三种模式，即权利登记制（Title Registration System）、托伦斯登记制（Torrens Registration System）和契据登记制（Deeds Registration System）。托伦斯登记制与权利登记制并没有实质的区别，因此也属于权利登记制。因此，登记模式实际上主要只有两种。权利登记制因其以登记

* 张保红，韶关学院法学院副教授。

权利自身而得名；契据登记则因不登记权利而仅登记权利交易票据而得名。契据登记制或许名之为契据记录制更为准确，因为此登记并非彼登记。美国的契据登记制正式名称是不动产权利证明记录制度（Recordation of Title Evidence System）。显然，使用记录（recording）而非登记术语更为准确。

我国《物权法》在不动产登记模式上明确采纳了权利登记制。《物权法》第9条规定："不动产物权的设立、变更、转让和消灭，经依法登记，发生效力；未经登记，不发生效力，但法律另有规定的除外。"所谓对物权的设立、变更、转让和消灭的登记，即是对权利本身的登记。理论界也就权利登记制的采纳达成了共识。我国之所以采纳权利登记制而不是契据登记制原因在于，二者相比前者有着明显的优势。

契据登记制下，出卖人（抵押人）是否拥有不动产权利是依据产权链条判断。"人们需要从现在的转让书回溯至产权的最初来源或者是法律所规定的一个起点，即'所有权之根'（root of title，普通法对法律规定的需要检索的最早起点的称谓）。"更糟糕的是，"转让书并不能提供土地上的全部权利信息，潜在的购买人不能从转让书中判断出所有的影响所有权的权利。因而，转让书登记并不能改变转让书方式本身的缺陷：人们仍然要对转让书锁链进行无比繁琐的调查，并自己作出所有权归属的判断"。[1]如此复杂，不得不让人慨叹早期的英国土地法犹如一部魔幻天书。[2]交易的效率和安全得不到保障，交易成本之高更是让许多人对交易望而却步。这种繁琐的交易方式在封建年代或许可以接受，因为那时的土地主要的目的是保有而不是用来交易。进入近代以来，土地与房产交易越来越频繁，对交易的效率和安全就有了更高的需求。于是，将契据登记制改为了权利登记制也就顺理成章了。

权利登记制的特征在于登记机关登记的是权利而不是契据。质言之，不动产登记簿是物权归属和内容的根据（《物权法》第18条）。由此，产权回溯调查将不再必要。"登记簿本身即能授予产权"。[3]之所以如此，在于登记簿具有推定力和公信力。在德国，《德国民法典》第891条规定了登记簿的推定力："①在土地登记簿中为了某人登记一项权利的，应推定此人享有该项权利；②在土地登记簿中注销一项权利的，应推定该项权利不复存在。"第892条规定了登记簿的公信力："为以法律取得土地上的某项权利或此种权利上的某项权利的人

---

〔1〕 陈永强：《英国土地登记法研究》，中国法制出版社2012年版，第4页。

〔2〕 Dlane Chappelle, *Land Law*, London: Person Edueation Limited, 2001.

〔3〕 Alain Pottage, "The Originality of Registration", *Oxford Journal of Legal Studies*, 1995.

的利益，土地登记簿的内容视为正确，但对正确性的异议已被登记或不正确性为取得人所知的除外。”关于二者之间的关系，孙宪忠教授总结道：“不动产登记具有国家公信力是不动产登记的‘权利正确性推定效力’的根据。不论当事人实在的不动产物权如何，司法机关只能首先以国家建立的不动产登记簿上记载的权利为正确的权利，并依此建立不动产物权的交易秩序；同时，如果第三人依照不动产登记簿取得登记的权利，则他取得的权利当然应该得到保护（善意保护作用）。”〔1〕在英格兰和威尔士，托伦斯登记制下的镜像原则和幕帘原则也起着类似推定力和公信力的作用。〔2〕镜像原则（Mirror Principle），“是指土地所有权登记簿应该像镜子一样准确地反映土地自身及其上的权利结构的真实状态，从而任何潜在的购买人都可以通过查阅登记簿发现谁是土地所有权人，土地上存在哪些负担，谁又是这些权益的所有人”。〔3〕幕帘原则（Curtain Principle），也称“权利不随所有权移转原则或抹去原则（Overreaching Principle）”，“即使土地上负担有其他受益性权益（beneficial interests）”。〔4〕通过这两个原则，登记簿清晰而确定，“购买人可以通过查阅登记簿而不是产权锁链（chain of title）来获得更安全的交易”。〔5〕在权利确定方面，由于具有推定力和公信力，登记簿在一定意义上具有一锤定音的作用，从而使交易的效率、安全得到了保障，使交易成本也大大地降低了。

二、登记簿正确性保证的困境

必须强调的是，推定力和公信力的基础是权利与登记簿高度一致。德国学者鲍尔·施蒂尔纳将德国土地登记立法的思路总结如下：“针对所有法律行为方式的不动产物权变动的登记原则，结合精心设计的土地登记程序，确保真实权利关系与土地登记簿登记状态相同，尽可能地相互协调一致。还剩下的极小一部分真实权利与登记状态相互分离之情形，只能将就于有利于善意人而不利于权利人之状态中。而权利人的这种权利丧失，仅只能在权利在任何时候均具有

〔1〕 孙宪忠：《中国物权法总论》，法律出版社2014年版，第357页。

〔2〕 参见孙宪忠等：《物权法的实施第一卷：物权确定》，社会科学文献出版社2013年版，第70页。

〔3〕 陈永强：“英国《2002年土地登记法》述评”，载《私法》2012年第1期。

〔4〕 参见李昊等：《不动产登记程序的制度建构》，北京大学出版社2005年版，第27页。

〔5〕 陈永强：“英国《2002年土地登记法》述评”，载《私法》2012年第1期。

使真实权利关系与登记状态相互一致的能力时，才是合理的。"[1]质言之，登记簿的正确性至关重要，不正确将会导致权利人权利的丧失。由于不动产巨大的价值和对权利人可能存在的特殊意义，这种丧失可能是权利人无法承受的。为了避免这种糟糕后果的出现，德国法采取两个办法，一方面，土地登记程序要精心设计以确保真实权利关系与土地登记簿登记状态尽可能地相互协调一致；另一方面，通过查询制度使得权利人能够及时更正登记簿的错误，尽量保障财产安全。

要说明的是，上述方法只能尽量避免而不是杜绝登记簿的错误。出现错误时，如果非因权利人的原因，就应当由登记机构赔偿权利人可能的损失。"土地登记是一个由国家设立并维护的体系，或多或少国家均担保登记的精确性"。[2]如果国家不予保证，不但从法理上说不过去，而且登记簿的推定力与公信力也是不可能建立起来的。即便建立，那也必然会遭受到权利人的强烈抵制，进而引发社会冲突。因此，登记簿的高度正确性也是登记机关减轻自己责任的需要。需要指出的是，登记机构在此承担的是无过错责任。此为《物权法》第21条第2款明确规定："因登记错误，给他人造成损害的，登记机构应当承担赔偿责任。登记机构赔偿后，可以向造成登记错误的人追偿。"这种观点也得到了一些参与立法的学者的认同。[3]权利登记下，登记机关承担无过错责任是一般原则。英国、瑞士、澳大利亚昆士兰州、我国台湾地区无不如此。[4]承担无过错责任的理由是，既然国家强行介入不动产交易之中，[5]那么当然应当承担登记出错的责任。在登记制度出现之前，不动产交易是施行"买者自慎"原则。

我们已经明确了登记机关对登记簿正确性的保证责任。然而，鉴于不动产价值巨大，如果错误过多，登记机关也将无法承受。因此，设计制度时就必须找到降低登记簿错误的方法。目前所采取的办法主要是规定严格的不动产登记程序。

---

〔1〕［德］鲍尔、施蒂尔纳：《德国物权法·上册》，张双根译，法律出版社2004年版，第276页。要说明的是，这里丧失的仅是权利，不代表登记机关免除可归因自己的赔偿。但即便如此，权利人丧失权利往往也是难以承受的。

〔2〕陈永强："英国《2002年土地登记法》述评"，载《私法》2012年第1期。

〔3〕参见王利明：《物权法研究》，中国人民大学出版社2007年版，第368页；胡康生主编：《中华人民共和国物权法释义》，法律出版社2007年版，第64页。

〔4〕参见沈开举主编：《中国土地制度改革研究》，法律出版社2014年版，第137页。

〔5〕参见《物权法》第9条第1款："不动产物权的设立、变更、转让和消灭，经依法登记，发生效力；未经登记，不发生效力，但法律另有规定的除外。"

第一，法律规定初始登记要进行裁判审查和实地查验。正确性首先取决于初始登记的准确性。初始登记，“指不动产的所有权人依法在规定的时间内对其权利进行的第一次登记。初始登记的原因，一般可能是因为新不动产登记法的付诸实施，需要对全部的不动产所有权进行清理性登记；也有可能是对新产生的不动产进行登记，如新建设成的楼宇、房屋等，需要进行初始所有权登记”。“因为是第一次，其权利对以后的不动产变动具有原始根据的意义。”〔1〕在我国，土地使用权相比土地所有权在私法具有更重要的意义。因此，初始登记应当包括对土地使用权的第一次的登记。为了保证正确性，我国相关法律法规规定初始登记必要时要进行裁判审查和实地查验。裁判审查，主要是为了确定不动产为登记权利人所有的；〔2〕实地查验，则为了确保登记簿中登记的不动产的自然状况是与实际相符的。除《房屋登记办法》之外，其他法律文件用了“可以”而不是“应当”。法律应当明确不动产初始登记必须实地查验。只有在非初始登记时，登记机构才可以根据实际情况选择是否进行实地查验。实地查验，重在验字，登记机构应当亲自或委托有资质的机构进行测量。非有其他情况，登记机关应当对查验结果承担责任。

第二，法律规定变更登记时要进行实质审查和裁判审查。初始登记的正确性只是第一步，登记簿要想保证正确性，还必须保证变更登记的正确性。为此，还要做到三点：一是降低因为转让协议被撤销或被认定无效而对登记正确性的影响；二是要求登记机关避免变更登记申请人和权利人二者的不一致；三是要求登记机关保证变更登记内容不会被伪造和变造。这些仅有第三点是登记机关可以掌控的，而第一点和第二点，登记机关无法完全避免。但登记机关必须将这种登记错误控制在合理的范围内。为此，法律需要采取实质审查和裁判审查的方法予以解决。①为了减少转让协议对登记簿内容正确性的影响，许多立法例采取的办法则是对转让协议内容进行实质审查。〔3〕法律之所以这样做，有其不得已的苦衷。正如前述，登记制度最终达到的效果是要保证登记簿的高度正确性。如前所述，转让协议是导致登记簿出现错误的重要原因。例如，一个转

〔1〕 孙宪忠等：《物权法的实施第一卷：物权确定》，社会科学文献出版社 2013 年版，第 86 页。

〔2〕 裁判审查的概念为王红建博士提出，与窗口审查概念相对应，是指对登记事项详加询问和调查的登记审查方法，因其类似于司法裁判而得名。参见沈开举主编：《中国土地制度改革研究》，法律出版社 2014 年版，第 102 页。

〔3〕 实质审查的概念众说纷纭，这里采王红建博士、张龙文教授的主张，实质审查是指对原因关系的审查。参见沈开举主编：《中国土地制度改革研究》，法律出版社 2014 年版，第 102 页；张龙文：《民法物权实务研究》，汉林出版社 1977 年版，第 42 页。

让协议突然被撤销或被宣布无效，那么此前以之作为登记根据的登记也就变成了错误的登记。或有人会说，这并不是登记的错误，登记机关并不能为此负责。但是如果登记机关对此存在重大过错，恐怕也难辞其咎。更重要的是，如果这种错误发生过多，那么无论如何登记的公信力都会受到影响，并进而影响交易效率和交易安全，从而登记制度的必要也将受到质疑。对转让协议采实质审查最为典型是英国。但令人尴尬的是，对转让协议的审查不但存在着理论上的障碍，而且也不能避免上述影响。理论上，对转让协议的审查损害了意思自治原则。并且，由于不是法院，登记机关事实上也没有能力和权力判断转让协议是否应当被撤销或是否无效。②为了避免变更登记申请人和权利人二者的不一致，一些立法会要求登记机构进行裁判审查。但即便最严格的裁判审查，也无法完全避免一些错误的发生。为了解脱自己的责任，登记制度转而规定登记机关仅进行窗口审查而要求申请人登记之前必须进行公证。此种情况下，盗卖风险本身并没有消失而只是转移给了公证机关。为了对冲风险，公证机关一方面事无巨细地进行审查，另一方面则收取高昂的公证费。如此，尽管表面上登记机关进行形式审查，提高了交易效率，并降低了交易成本，但实质上，实质审查依旧存在，交易效率也没有得到提高，交易成本更没有降低。只是原来由登记机关所扮演的角色，现在由公证机关或律师扮演。公证机关一定意义上成了第二登记机关。并且成本最终还是要由当事人来承担。[1]

综上分析，对初始登记进行实质审查、裁判审查是可行的，立法与实践也只能如此。但是，如果对变更登记也一概采实质审查和裁判审查主义，不但会遇到法理上的障碍，而且也无法满足登记簿高度正确性的要求。登记簿正确性保证遇到了困境。

三、形式审查需要以物权行为理论为法理基础

行文至此，我们应当可以自然而然得出一个结论，那就是不动产登记应当以物权行为为法理基础。然而，这个根据不能建立在债权契约之上。否则，登记机关应当负起审查债权契约是否有效的任务。实践中，正是由于采债权意思主

〔1〕 制度设计往往有其价值取向。与大陆法偏向于保护第三人不同的是，美国的做法更多的偏向权利人。但这并没有本质的不同。在大陆法系中，第三人的审查义务较轻，国家赋予更多的义务。为了减轻这一点，登记机关往往要求公证。公证机关一定程度起到了第一登记机关的作用。美国的情况也非常类似。公证机关起到了非常大的作用。此外，律师也起到了非常大的作用。值得说明的是，无论费用与责任义务分配给谁，最终都是总体交易成本的一部分，这些交易成本，只能对双方都产生影响，科斯定理。

义，托伦斯登记制下不动产登记依然要对转让协议进行审查的缘故。在英国，不动产变动并不区分债权行为和物权行为，强调转让协议对于最终产权登记效力的决定性作用，因而导致实践中登记机关必须对不动产转让协议进行实质审查。转让协议非常复杂，如若做到有高度的公信力，登记还必须对其进行裁判式的审查。

我国学者多数意见认为，我国不动产登记应当采形式审查模式。理由是可以减轻登记机关的责任，减轻纳税人的负担，提高登记的效率。理由是否正确暂且不说，学者多没有认识到形式审查必须建立在区分原则之上。如果采统一原则，物权变动乃至物权自身的效力都取决于债权契约，那么登记机关根本没有理由仅对登记过程采形式审查。物权行为制度则可以解决形式审查的法理基础问题。在德国，物权变动实行区分原则和抽象原则，即区分债权行为和物权行为，且债权行为的效力不影响物权行为的效力。“负担行为（das schuldrechtliche Grundgechäft）虽然是不动产物权变动的原因，但对于不动产物权变动的成熟与否却不能发挥实质性作用，其原则上不在登记机关审查范围之内，当然对登记的完成也就不起作用”。[1]抽象原则为顺畅不动产登记程序提供了保证。[2]德国学者 Rolf Kunuetel 认为，“如果登记官需要审查债权行为的有效性的话，会造成登记的拖延与障碍，而交易的不确定性频生，补救的办法就是登记官只审查物权行为的有效性。”[3]这样就省略了对债权行为（转让协议）的审查，形式审查才有建立的可能。

登记同意规定于德国《土地登记簿法》第 19 条，一般认为是区别于物权合意的程序行为。[4]德国法之所以这样做，取决于其思维抽象和出于实体、程序严格区分之偏好。笔者认为，登记同意完全可以与物权行为二者合二为一。登记同意之时，即是物权合意之时。在登记同意之前和债权行为之后，或许会客观存在一些意思表达，但这些意思表达，法律可以忽视之，不认为其具有法律意义。只有登记时的意思表示才具有法律意义。“同意其权利在登记簿中被转让、设置负担、变更或者涂销者，必定与合同对方当事人就实体权利基础变动达成了合意。”[5]物权行为应当是物权合意和登记同意二者的结合，而登记则是其外在形式。过度的抽象和区分是没有必要的。正如前述，如果不将物权合

---

〔1〕 李昊等：《不动产登记程序的制度建构》，北京大学出版社 2005 年版，第 36 页。

〔2〕 李昊等：《不动产登记程序的制度建构》，北京大学出版社 2005 年版，第 27 页。

〔3〕 此为德国波恩大学 Rolf Knuetel 教授的论述，转自李昊等：《不动产登记程序的制度建构》，北京大学出版社 2005 年版，第 28 页。

〔4〕 李昊等：《不动产登记程序的制度建构》，北京大学出版社 2005 年版，第 30 页。

〔5〕 Siehe Weirich，a. a. O，S. 117 ~ 118.

意与登记同意结合，那么登记同意前后可能会出现多个物权合意，此时，又面临着究竟哪个物权合意有效的问题。

区分债权行为与物权行为并仅对物权行为进行审查，审查的效率与正确率将大大地提高。实现这一点，还要抽象原则的运用。即物权行为的效力不受债权行为这一原因行为的影响，从而保证登记正确性。权利登记制下，抽象原则实际上是必须坚持的。物权登记追求高度的正确性。如若允许债权行为影响物权行为以致物权登记，那么登记的正确性将大打折扣。因此，尽管英国法理表面上不实行抽象原则，但该原则在登记实践中则被实际地履行，否则将无法解释幕帘原则和镜像原则的运用。这里要申明的是，抽象原则并非想象的那样对权利人不公平。通说认为，在债权行为无效之后，抽象原则将权利人的物权降格为债权，对权利人不公平。但没有抽象原则，对于支付金钱的当事人存在同样的不公平。当事人支付的金钱，在无效之后，无论如何都会当作债权。事实上，抽象原则的存在一定程度上矫正了先前的不公平。

四、登记自主化

如前所述，为了保证登记簿的推定力和公信力，也为了减轻因登记错误可能存在的赔偿责任，登记机关要尽量减少变更登记申请人和权利人二者的不一致。然而无论登记机关如何严格，个别错误也总是难以避免。正如前述，将这种审查责任交由公证机关也存在种种弊端。那么可否换一种思路，由当事人选择自担风险呢？自担风险，在这里的含义是，登记机关仅对申请人与权利人的一致性承担窗口审查责任，并且不要求申请人公证，权利人不动产被盗卖的风险自己承担。这样做的有利之处可以提高登记效率并节省相应的公证费。公证费在我国是不菲的。[1] 自担风险的理论基础是意思自治，登记自主自然要自担风险。但是，理论归理论，如果现实中不动产一旦被盗卖，权利人的损失将不可承受。更重要的是，登记的推定力与公信力的基础之一是建立在申请人与权利人二者高度一致之上。如果不动产被他人盗卖的频率很高，那么这种推定力与公信力是不可能建立起来的。因此，窗口审查并排除公证的做法必须建立在

---

〔1〕 国家发展计划委员会、司法部《关于调整公证服务收费标准的通知》（计价费［1998］814号）："①证明土地使用权出让、转让，房屋转让、买卖及股权转让，按下列标准收取：标的额500 000元以下部分，收取比例为0.3%，按比例收费不到200元的，按200元收取；500 001元至5 000 000元部分，收费0.25%；5 000 001元至10 000 000元部分，收取0.2%；10 000 001元至20 000 000元部分，收取0.15%；20 000 001元至50 000 000元部分，收取0.1%；50 000 001元至100 000 000元部分，收取0.05%；100 000 001元以上部分，收取0.01%。"

申请人与权利人高度一致性这一前提之上。易言之，我们如若既要在实行窗口审查的同时排除公证，那么就必须找到一种比公证和实质审查更能确保申请人与权利人高度一致的办法出来。

笔者认为，这个办法可以找出来，那就是采取网络数字认证的办法。证券登记即是采用这种方式。以前，人们必须要亲自去登记机构才能申请权利登记。在科技推动下，人们发现可以借助网络而不需要亲自向证券登记机构申请登记。但借助网络申请登记时，证券登记机构面临着身份识别问题。此时，人们想到可以利用证券账户账号的唯一性来完成身份识别问题。具体来说，登记机构确定申请人身份的依据是，申请人通过网络向登记机构发来的账户账号和密码同登记机构所存的账户账号密码是否一致，如一致，即可确认申请人的身份。通过这种方式，人们不用亲自到登记机构即可以通过证券账户处分自己的证券权利。证券账户从投资者与证券登记机构联系的工具，演变为权利人处分证券权利的工具。换句话说，一个在投资者看来是处分证券权利的行为，在证券登记机构则是登记变更。证券账户与其背后的操控者相区分，大大减轻了证券登记机构身份认证责任，使得自动认证和自主登记成了可能。即使有错误、欺诈、无权处分，那也是背后操控人的行为（可以按民法侵权规则处理，以赔偿替代返还），而对证券权利变动的效力没有任何影响。这对保证证券权利变动便捷、安全是十分必要的。〔1〕

关键是将风险交与权利人自身承担合不合理。笔者认为这是合理的。其一，自动认证的风险并不高于登记机构与公证机关的主动认证。主动认证是人工认证，而自动认证则是机器认证，谁风险更小一目了然。自动认证的最大的风险便是密码被泄露和委托风险。密码安全的问题在现代金融中已经被解决。退一步说，即便密码泄露，也并不意味着权利人的不动产处在不安全之中。因为自主登记的范围主要限于双方申请的登记。以不动产买卖登记为例，买受人在申请登记之前必然会去实地考察。如果不动产非盗取密码者所控制（如果由盗码者控制，权利人自身也有责任），这种实地考察便能将这种盗卖风险消弥。抵押时可能相对方并不一定去实地考察，但不动产权利人可以通过抵押冻结的方式来消除这种风险。〔2〕其二，如果符合自愿原则，风险自担便是合理的。在美国，

---

〔1〕 张保红：《证券权利研究》，武汉大学出版社2014年版，第162～163页。

〔2〕 抵押禁止可以通过系统操作，申请解除冻结则应当亲自到登记机构办理。这如同网上银行一样，如果你认同网上银行的便捷性，你可以申请网上银行（现在开通网上银行要去柜台办理），如果你没有这种需要，你可以不申请。这里面有风险自担的意味。

不动产买卖奉行买者自慎。买者自慎对买受人没有什么不公平之处。唯一要诟病的则是其高额的搜索成本可能萎缩交易。交易萎缩对买受人和出卖人来说都是不利益的。从买者自慎到登记机构的信用保证，目的是降低搜索成本。但这种成本的降低是以国家的负担为代价的。为此，登记机关便辅之以实质审查和高昂收费。这种方式之下，交易成本是否真正的降低是可疑的。解决这一办法，便是至少给权利人一个选择，即以风险自担为代价选择彻底的形式审查制以降低交易成本。因为风险低，实行权利人风险自担不但公平而且有利于降低交易成本；因为是自愿的，所以风险自担是符合法理的。网络数字认证乃至自主登记是自己选择的，因此风险由自己承担。

笔者认为，登记行为究其本质，是物权行为的形式。登记行为有意思表示作为支撑，才不会变成没有灵魂的躯壳。有了意思表示的灵魂，自主登记才有可能，而一定限度内的买者自慎也是可以实现的。

五、结语

权利登记制应当建立在物权行为制度之上。物权行为目前不但渐深入人心，且是我国登记制度的必然选择。我国登记制度，目前呼声最高的是形式审查制，而形式审查，必然以物权行为为基础。否则，登记机关不得不审查交易合同，因为无此不能保证登记簿的正确性，既而也无法保证登记簿的推定力和公信力。这样，物权登记也就失去了意义。物权行为也使得意思自治贯彻到登记行为之中。意思自治，是民法的价值所在。在平衡风险与成本的基础上，自愿选择自担风险无疑是一种更好的选择。还应当看到，不动产越来越从静止不动走向频繁交易，民法中的人也越来越多的成为商法中的理性的人。商人强调风险自负，强调效率安全。电子登记可以满足商人这一要求。至少要给不动产权利人中的部分商人一个自我选择机会。

集体土地开发权与建设用地使用权之辨析

——以农民土地权益保障为视角*

王权典**

一、引言

我国城乡二元结构土地制度导致的最大的问题就是城市化进程中土地收益分配不公。农民（集体）在土地增值收益分配中的不公平源于土地产权制度设计的缺陷。譬如集体与国有土地产权的不平等性，致使集体土地必须经过征收方可付诸城市化开发，农民仅获得强制征收的有限补偿，非能通过自行开发途径实现市场化对价。2007 年颁行的《物权法》基本沿袭相关立法（如民法通则、土地管理法）既有的规定界定土地产权制度，并无重构并将相关范畴完整表述为新的土地财产权利保障体系，从而使行政管制性的《土地管理法》（即非民事财产权意义的土地法）仍作为土地利益关系调整的主要依据。在持续快速的城市化进程中，各地的农村集体建设用地流转虽有形式多样的探索实践，但总体是按照"城郊实体流转、远郊权利流转"的基本套路进行。只是囿于法律的限制，集体建设用地依然未能直接入市。远郊的集体建设用地更难以得到开发利用的机会，即便国土资源部推行"城乡增减挂钩"的政策，其实质也是把非农转用的权利从远郊转移到城市边缘使用，且通过政府项目方式掩盖权利转移的过程。如重庆的"地票交易"方式，由于创制本身的原因，并未在这个完全由政策造就的市场设计好地票的使用范围，从而导致需求的混乱，终未形成完整的城乡统一土地市场。实现城乡建设用地流转一体化，关键在于真正做

* 基金项目：教育部人文社科规划基金项目"统筹城乡建设用地整理及再开发法律规制研究"（项目号：11YJA820075）、清华大学中国农村研究院招标课题（项目号：CIRS2013-2-2）之研究成果。

** 王权典，华南农业大学法学教授，农村法治与社会发展研究中心主任。

到“同地同权”，即集体土地未必转为国有也可进入城市化过程。

我国法律对“农村集体建设用地”虽无明确的界定，但其作为实践中的习惯称谓，农村集体建设用地是指乡镇企业、乡村公共设施或公益事业和农村村民住宅等建设所占用及使用范围内的土地，是城镇以外农村和集镇建设用地的统称。由此可见，农村集体建设用地包括三种基本类型：一是农村居民住宅建设用地，即农民宅基地；二是农村集体经营性建设用地；三是乡村公共设施和公益事业建设用地，也可称非经营性用地。农村集体经营性建设用地主要是指村社组织将集体建设用地租赁、转让给企业（个人）使用的部分，多数已成为厂房、仓库、商业市场等，也即有待优化的经营性存量建设用地。事实上，在《土地管理法》出台前即从20世纪80年代开始，集体经营性建设用地的流转一直延续不断，如广东珠三角早就存在以出让、转让、出租和抵押等形式自发流转集体建设用地使用权的隐性市场。其隐性的土地流转为大量非国有或集体性质的“三来一补”等非公有制企业提供了发展用地，为大量外来进城的农民工提供了栖身之所。据广东省国土部门统计，珠三角地区通过农民自发流转方式使用的集体建设用地，其实早已超过集体建设用地总量的50%。在现实与法律的反差中，当务之急就是加强该实践问题的研究，探索农村集体经营性建设用地入市的利益驱动与保障机制的构建思路，优化农村建设用地流转的法制保障环境。

二、相关概念的界说

土地开发权是英美法系中“Land development rights”的译称，是占用、使用土地上下空间营造建筑物或其他构作物并取得相应收益的权利，即包含于土地所有权、使用权等权利束的一种用益物权。为确保作为一项独立的用益物权，从土地所有权、使用权中分离出来，供土地所有者以外的他人专用，其在大陆法系传统上被称为“地上权（Superficies）”。20世纪30年代的《中华民国民法》、《中华民国土地法》也称之为“地上权”；在德国则称为“建筑权（Erbbaurecht）”；日本称为“发展权”[1]。由于它是在公有土地上衍生出来的使用权，故《中华人民共和国物权法》称之为“建设用地使用权”倒是无妨，其与

[1] 我国亦有人将Land development rights译为发展权，并将“development”解释为“发展”两字，顾名思义，把土地发展权定义为“土地变更为不同性质使用之权，如农地变为城市建设用地，或对原有的使用集约度升高”。其实该理解并不准确，“development rights”在此是“开发”的意思，不能作“发展”解释，应译为“开发权”。

“开发权”、“地上权”应属于同一涵义。不过，现仍有不少学者从“发展”两字望文生义，把变更土地使用性质和农地集约利用的权利统称为“土地发展权”，如此理解其实是有失偏颇的。土地开发权（建设用地使用权）主要是把土地所有权中部分占有、使用、收益、处分等权能分离出来供他人使用而独立设定的一种用益物权。新中国在建立两种形式的土地公有制以后，长期实行土地“公有公用”，自然无设定用益物权的必要，却导致土地利用效率不高。改革开放三十余年，在国有土地上逐步创设建设用地使用权，主要提供作为独立经营主体的各类企业使用；在集体土地上依法创设农地承包经营权、宅基地使用权供农户使用。通过城乡土地产权改革“双轨并行”的途径，改“公有公用”为“公有私用”，促使土地所有权与使用权的分离，大大提高了土地利用效率。由于建设用地使用权等用益物权衍生于土地所有权，故国有土地上的用益物权（包括建设用地使用权）本属于国家，再由国家出让给其他主体；同理，集体土地上的各种用益物权（包括建设用地使用权）本该属于集体。

有人认为，土地所有权其实是一种双重性质的所有权，即存在两个所有权主体：国家权利主体与民事权利主体同时并存于同一土地；土地开发权是属于国家的一项新型且独立的财产权，其权利源于国家主权；为保护耕地、防止单位或个人任意变更农地为非农建设用地，国家直接行使主权性质的财产权，按规划（计划）确定土地使用性质即实行用途管制。依现代物权法理，该说法是不成立的——土地双重所有权是封建时代所有权的特征，现代市场经济社会关系早已摆脱夹杂其中的人身统治权和其他政治权力，成为纯经济意义的土地所有权，不再有保留双重所有权的必要。土地开发权（建设用地使用权）是以土地所有权为基础，从土地所有权权能中分离出来的他物权，其所有权并未改变，仍属于土地所有人延伸性的财产权。

土地开发权立法源于英国1947年颁布的《城乡规划法》。该法规定，土地开发权属于国家，任何土地所有者变更土地用途必须申请开发许可。其立法目的在于保证粮食自给，重视保护农地规模，强调农地神圣不可侵犯，对农地进行详细的规划控制。英国政府曾为实施1947年《城乡规划法》，花3亿英镑收购7～10年内可能进行建设开发土地的开发权，才宣布开发权国有化；根据该法规定，土地开发权属于国家，任何变更土地用途的行为均须向中央土地委员会申请开发许可并缴纳开发费。不过，该法同时规定，国家若拒绝土地所有者的开发许可则应实行补偿。这是英国最初的土地开发权补偿制度。1974年以来，美国在分区规划（Zoning）制度的基础上，设立可转让的开发权（Transferable Development Rights，TDR）制度——每一规划区块使用类别、建筑高度、容积率、前后侧院的距离等事项均在分区规划中有详尽的规定。所谓可转让的开发权（TDR）制度，是指在某块土地所规定的容积率限度内，将其未利用部分的容积率转移到其他土地上，与其他土地的开发容许限度一并实现的制度；接受区的土地所有人为取得分区制规定的开发强度之外的开发强度，须向转让区土地所有人购买开发权。TDR 制度源于土地的用途管制。19 世纪末，美国借鉴德国的做法，引入分区管制办法，管制土地开发的密度和容积率。1916 年，纽约颁布第一个综合分区管制规则，土地开发利用的分区管制（Zoning）得以正式确立。1924 年美国联邦政府商务部公布土地使用分区管制标准授权法案，该法案成为美国各州土地利用管制的基础模式，而且在世界范围得以推广。从理论上来讲，同一区域内各宗土地的开发权是相同的，但根据其创设目的，为保护农业用地、自然环境、历史文化建筑和特殊的风景资源等，土地要进行分区管制，尔后即使是同一区域，各宗土地也被定为不同的利用类型和利用强度（高度、密度、容积率等）。不过，这种不同的土地利用管制，会导致土地所有权人之间土地价值的巨大差异。为此，依 TDR 制度，即按照规划可以高强度开发的土地所有者必须向开发受到限制的土地所有者购买开发权，从而达到利益均衡，消除因土地利用管制而造成的不公。此表明，美国的土地开发权归属土地所有人。政府为保护历史古迹或地标建筑，允许土地所有人买卖分区规划可量化的容积率指标，使得管制地段的土地所有者失去变更土地用途的权利，同时由购买者按市场价格补偿。这种可转让的开发权制度"主要用于保护历史古迹、开辟或保留开放空间、保存城市环境敏感地带等"，并实现良好的规划目标，即为实现保护历史遗迹、地标建筑等目标，土地所有人的开发权可以转让，让渡的开发权在转让地块上作废，在受让地块上与其现有的开发权叠加而存续。后来，法国、德国、意大利、加拿大、新加坡、韩国等国及我国台湾地区均陆续建立土地开发权制度。如今，国际社会关于土地开发权的定义比较统一，意指对土地利用进行再开发的权利，包括在空间上向纵深方向发展，在使用时变更土地用途之权。国内学者惯用的土地开发权则有狭义、中义与广义之分。狭义的土地开发权仅指土地用途的变更，中义的土地开发权包括土地利用和再开发的用途转变以及提高利用强度而获利的权利，而广义的土地开发权不仅包括土地用途的变更，土地开发利用强度的提升，还包括对土地投入的增加。

若从法理视角分析土地开发权的价值，它是现代社会重视用益物权、为防止利用土地外部性并限制其利用而产生且趋于强化的新型物权。土地利用的外部性及政府管制是开发权的权利来源，对因管制而受损者的利益补偿则是第三个权利来源。从权利来源分析，土地开发权应属于土地权利所有者。结合我国国情实际，国家有权对所有土地行使管制权，但国家未必是所有土地开发权的当然所有者。在城市，由于土地国家所有，故国有土地使用权人与国家是开发权利共同所有者；在农村，集体土地所有权人与使用权人是开发权的共同所有者。

三、我国集体土地开发权的归属现状

我国《物权法》规定：国有土地上可以设置建设用地使用权（即开发权），政府可以有偿出让建设用地使用权。对集体土地则未设置建设用地使用权，但并不意味着没有开发权，而是隐含在所有权、使用权的权利束中未分离出来。从人民公社时期至改革开放后，农民行使集体土地的开发权，开办许多社队企业（乡镇企业），吸收大量农村剩余劳动力并支付大量支农资金，从而壮大了集体经济，表明集体曾拥有过土地开发权，取得了一定效益。然而，我国集体土地开发权及其收益在现行《土地管理法》中却被严重异化或处于被剥夺的状态，其主要表现为：

第一，基本农田依法禁止开发即完全否定了其开发权，但并无设置安排相应的经济补偿机制。

第二，征收集体土地仅按原农业用途年产值进行土地补偿，却以“建设用地与农用地的差价”、“涨价归公”、“剥夺地租用于国家支出”等似是而非的理由，拿走了集体土地的开发收益（地租的增值）。

第三，进入20世纪90年代，绝大多数乡镇集体企业改制为私营企业、股份合作制、公司制甚至“三资”企业。业主未必就是集体组织成员，他们与农村集体组织的关系就是建设用地使用权出让或租赁的关系，并形成集体建设用地（使用权）市场。乡镇用出租集体土地开发权得到的租金（即开发收益）兴办“龙头企业”，进行一定的乡镇建设。这可谓农民首创的一项成功的诱致性制度创新，但依法被视为“以租代征”的违法行为，受到严厉的查处。

第四，在规划的城镇建设区或城郊地区部分农民（集体）自主行使开发权，参与城镇化建设（如住宅楼、工商物业等），再出租（售）给城市居民和农民工。城市居民和农民工得到了廉价住房、廉租房，集体农民得到开发收益，客观上起到了平抑房价、缓解城镇住房短缺的作用。其可谓一项成功的诱致性制度创新，但依《土地管理法》集体土地“使用权不得出让、转让或者出租用于非农业建设”之规定，这种土地开发权并未依法得到确认与尊重，从而使农民（集体）住房成了所谓的“小产权房”，而被禁止和取缔。

第五，《物权法》虽规定集体土地之宅基地使用权，宅基地使用权人可占用、开发、使用宅基地，但其转让要依《土地管理法》等法律和国家有关规定。国务院2004年《关于深化改革严格土地管理的决定》禁止城镇居民在农村购置宅基地，宅基地使用权只能在集体组织内部流转。《土地管理法》早有规定：村民一户只能有一处符合规定面积的宅基地，村民自有宅基地，就不能接受他人转让的宅基地。有的村民已迁居城镇，宅基地闲置，也无法转让，只能由集体组织收回。但宅基地使用权也被村（农）民视为自有财产，不甘心无偿上交，农民集体也没钱有偿收回。于是，大量宅基地任其闲置或荒废。此表明有关农村宅基地管理的法律规定使宅基地其实无可有效利用，导致大量空心村。

第六，集体土地的开发权被严格限制在只准建造乡（镇）村自办或入股、联营的乡镇企业、公共设施、公益事业和村民住宅。于是，大部分集体土地只能用于收益率低的农业经营，得不到开发收益，不能分享工业化、城市化的成果，使农民长期处于贫困境地，拉大了城乡收入的差距。

我国自20世纪80年代末以来，大量的进城农民工的住房需求，促使城郊农民以其宅基地、建设用地甚至耕地投入住房建设，兴起基于集体土地的房地产业，为农民工和城市外来人口提供了政府未能提供的廉租（价）房。其实就是农民在集体土地上自发创设了意定的建设用地使用权。在客观上，它提高了集体土地利用效率，促进了农村工业化、城镇化，增加了农民（集体）收入，其贡献不可抹杀。这近似于家庭承包制，是集体土地使用制度又一项诱致性制度变迁。然而，这种意定的集体建设用地使用权和土地市场，自始即被政府出于保护耕地、垄断建设用地供给的理由，运用国土立法管制权不予认可，相关政策文件一再宣称要取缔。《物权法》也将建设用地使用权的客体仅设定为国有土地，仅确认国有土地上建设用地使用权（即开发权）。因此，“土地的开发权属于国家”的说法，不仅法理上站不住脚，与实践情形也不符，饱受诟病。尽管如此，农民对片面强调严格管制的基本农田保护不积极，对政府惯于低价征地屡有抗争、诉求不断，径行“以租代征”、“小产权房”开发，屡禁不止；同时，农村留存大量的空心村及闲置房。这些问题皆源于集体土地开发权的残缺和开发收益被剥夺的制度之困。农民之所以穷困，其根源症结莫非如此。所以说，集体土地开发权的残缺造成集体土地产权与国有土地产权不平等，同权而权能不等；集体土地所有制和国有土地所有制的不平等，也是城乡二元结构的体现。于是，禁止集体土地进入市场，即阻碍农民（集体）参与分享工业化、城市化发展的成果，严重剥夺了农民利益。在现行严格的土地用途管制与耕地保护制度下，即使业已存在的农民集体出让、出租建设用地使用权的行为也成了“以租代征”、“小产权房”的普遍违法行为；大量已合签的集体土地建设用地使用权、宅基地使用权租赁、出让合同便成为无效合同，给乡镇企业、非农产业发展制造难题，也减少了廉租、廉价房的供应，既阻滞了农村工商业和小城镇的发展，也损害农民（集体）的发展权益。

农地变为城地依法必须经过国家征地转用的环节，即意味着将所有可能成为城市土地的农村集体土地开发权进行“预剥夺”。土地进城需要经过政府征收（用），而法定补偿的标准参照土地种粮的产值，此乃不平等欠公正的制度安排；对农民宅基地房的征收（用），一般是按一定的评估值和面积进行货币补偿。这种宅基地政策也仅考虑农民自住，并未考虑农民生计来源，对于失地农民城市化的难度估计不足。这就是造成数千万失地农民在失去土地之后生活水平下降的根本原因。“依法”禁止集体建设用地使用权入市，征地成为新增建设用地的唯一合法途径，且政府肆意扩大征地范围，从而制造了近亿失地农民。征地又长期沿袭计划经济时期的低价征地政策，以开发权（即建设用地使用权）属于国家为理由，按原农业用途计算土地补偿费，拿走集体土地上万亿元计的开发收益（即区位地租的增值，亦即建设用地使用权收益），致使60%的失地农民贫困化。近年来，政府虽几经政策调整（没有修法）提高征地补偿费，相较于土地市场价值不断追涨，政府从集体农民手里拿走的财产性收入更多。这就是近年强征强拆命案频发、酿成严重社会问题的根源。政府拿走了集体土地开发收益，得以构建以万亿计的“卖地财政”——其正好填补现行分税制下地方财政的亏缺，补充地方政府建设经营城市、发展经济的资金，支撑高速的土地城镇化和地方经济发展，同时也助推地方政府的投资热，刺激其更多地圈地、征地，制造更多的失地农民。“卖地财政”的部分流入开发商腰包，制造了一批地产富豪；部分成为涉地官员寻租、腐败的源泉，加剧了城乡社会贫富差距。

“卖地财政”或土地财政的真正危害在于其严重扭曲市场经济中政府的功能地位，推升了城市化成本。政府本来是公共利益的服务者和守望者，但倒卖土地的财政却扭曲了政府角色，使之成为巧取豪夺国民主要是农民土地财产权益的生意人，从而丧失政府的公信力与公正性。各种违法征地、野蛮拆迁、逼农民上楼都是行政强权在利益驱动下的必然产物。显然，土地财政完全是政府行为的异化，并成为社会矛盾和官民冲突的焦点之一。在市场经济体制下，土地开发有开发收益；若取得他人土地的开发权，就要按等价交换原则支付对价。譬如，我国民国时期《土地法》规定：取得他人土地的地上权，需支付租金；英国为实施1947年《城乡规划法》，推行开发权国有化，花3亿英镑购买了私有土地的开发权。若取消土地所有者的开发权也要给予对价的补偿。譬如，美国立法不准开发受保护的农地和历史遗址，也要买断其开发权，但因购买开发权的资金无着落，改行“可转让开发权”的制度——即由需要获得分区管制规则允许的容积率之外（额外）建筑面积的开发商出资向保护地的所有者购买其“可转让开发权”。这就是市场经济体制下开发权流转的基本规则。

集体建设用地使用权流转并未依法得到确认，反而设有明确的限制。《土地管理法》第63条规定：“农民集体所有的土地的使用权不得出让、转让或者出租用于非农业建设；但是，符合土地利用总体规划并依法取得建设用地的企业，因破产、兼并等情形致使土地使用权依法发生转移的除外。”因此，除了乡（镇）村公共设施和公益事业建设外，集体经济组织成员仅可使用本集体的土地办企业或建住房，除企业破产、兼并外，土地使用权不得出让、转让或出租。

四、校正农民集体土地开发权归属关系之价值意义——重在明晰集体土地开发权，保障农民财产权益

明晰土地产权边界，赋予土地权利人对等的权利和义务，特别要明晰政府以民事主体参与市场的权利，切实将政府对土地的行政管理、监督等职能与之区别，更好地促进城市土地有效利用，盘活土地资产运营、收益和保护。

（一）保护耕地不可剥夺农民集体土地的开发权益

集体土地开发权之残缺主要是在耕地保护的名义下造成的，其中也不乏政府利益的影子——政府垄断建设用地供给，掠取集体土地开发收益。世界各国的工业化、城市化进程都要占用耕地；工业化、城镇化速度快，占用耕地的速度也快，中国自不例外。问题是在我国，由于工业用地、城镇建设用地大多以低价征收、无偿划拨或低价协议出让取得，地方政府又有行政圈地大办开发区的权力，低成本的土地供给激励了大量圈占耕地，甚至威胁到粮食安全，致使耕地保护问题严重复杂化，受到各方和决策高层的普遍关注。

我国正处于工业化城镇化快速发展期，尽管强调土地节约、集约利用，建设用地需求有增无减，势必继续占用耕地；当然，强调保障粮食安全关乎十几亿人口的吃饭问题。在耕地趋减的情况下，确保粮食安全不外乎三种可借鉴的途径：一是补充开垦新耕地（如美国）；二是进口粮食即利用国外的耕地资源（如日本）；三是提高在耕地的单产（如西欧）。现实国情表明，我国依赖粮食进口绝不可取；经过数十年垦殖，我国已无多少后备耕地可供开垦，建设用地占补平衡可能近于末路；可行途径似乎唯有集约利用耕地，提高耕地的单产。如此，解决耕地和建设用地争地的矛盾、保护耕地保障粮食安全的根本出路在于：一方面要集约利用建设用地，在保障必要的建设需求的前提下，减少建设

用地的增量；另一方面要集约利用耕地，提高耕地质量和单产。故而党的十七届三中全会《中共中央关于推进农村改革发展若干重大问题的决定》提出“实行最严格的节约用地制度”、“积极发展现代农业，提高农业综合生产能力”的方针，不无远见卓识。土地管理宏观调控基本任务就是在保障工业化城镇化的土地供给和保障粮食安全之间找到平衡点并维持均衡状态。由此表明，完全没有理由更不应当采取剥夺农民（集体）土地开发权，损害农民土地权益的办法。

（二）工业化城镇化并非一定牺牲农民集体土地的开发权益

现阶段我国工业化城镇化的持续发展，需要劳动力、土地、资金等生产要素向二、三产业和城镇流转和集聚，农民进城要转为城镇居民，农用地要转为建设用地。工业化城镇化发展的结果，也会使农村发展所需要的资金（包括农机、化肥等物化资金）、技术向农村回流，促进农业、农村的发展。生产要素的顺畅流动是城乡协调发展的要件之一。十八届三中全会《中共中央关于全国深化改革若干重大问题的决定》提出“健全城乡发展一体化体制机制”的实质，就是要消除城乡二元结构造成生产要素流动的制度障碍，让广大农民平等参与现代化进程、共同分享现代化成果。生产要素流转必然引起生产要素所有者权益的变化。在流转过程中，要素所有者各方必须共同受益，而不是一方受益、一方受损，生产要素的流转才能顺畅起来，社会才能和谐。因此，必须明晰产权和平等保护产权，并遵循市场经济的价值规律和等价交换规律，在统一开放竞争有序的要素市场中平等竞争地流转。

工业化城镇化的推进，必然导致国家加强对土地非农使用的限制，一般是以立法形式将土地所有权与开发权分离。我国传统的农耕社会惯于重视土地所有权问题，而通晓西方经济学的人士倾注于土地私有权而一叶障目，使城镇化进程显现价值意义的土地开发权问题，至今未能进入公众视野。政府则以社会和国有土地所有者代表的双重身份，垄断了土地开发权。这是我国城镇化路向异化成全国性的强征强拆的“造城”运动，即唯有土地而无人口同步城市化的根源所在。当今世界各国的土地所有权与开发权普遍分离，土地财产权包括私有产权并不等同于土地开发权。由于国人惯于把土地所有权与开发权混为一谈，他们极力关注和争辩的土地所有权难免流于问题表象，而其真正想争的并非农地农用的私有权，而是农地转用的开发权。因此，城市化转型的我国面临的真正问题与其说是土地所有权的形式，不如说是土地开发权的归属和分配。我国现阶段最大的社会变迁莫过于从传统以农民为主体的社会转型为现代城市化的市民社会，由此也产生农地流转、农民进城、农地转用的新“三农”问题——

其核心即城市化带来的土地占用和进城农民的安居问题。城镇化面临的主要挑战就是在家乡本来有地有房的农村移民如何在城镇安居乐业的问题，其实质是土地权利的再分配。与中国人口资源禀赋、人均可耕地和出口导向型赶超经济模式相近的日本、韩国，在20世纪下半叶城市化加速期，无论是日本民主政府还是韩国当时的军政府及转型的民主政权，都曾经一度完全垄断土地一级市场的开发权，但并无产生类似我国的“土地财政”，相反却借助于土地增值的社会分享较好地解决了土地和住宅资源的公平分配、实现了在城市化高速发展阶段的住有所居问题。

（三）严格的土地管制并非剥夺集体土地开发权益的正当理由

严格的土地管制源于国家的“土地管理权”。我国《宪法》规定城市土地所有权属于国家，而国家只是拟制的法律主体，即意味着土地既非全民所有亦非政府所有，政府的职能是对国家所有的土地进行管理。其管理权包括对土地进行征收、规划，决定土地使用权的归属，并从土地使用权转让中获得收益。现在人们对土地财政的批评，似乎一边倒地指责地方政府垄断土地一级市场的开发权，因而阻碍市场机制发挥土地供求平衡的调节作用。这意味着似乎只要不垄断，政府土地财政也就不存在。其实该认识并未抓住土地财政的真正要害。

世界各国普遍存在严格的土地用途管制和规划管控，民间开发每一块土地，都要得到政府许可；除非国将不国，否则无任何一个国家会允许居民随意改变土地用途搞开发建设。从此意义上讲，各国土地供给源头都具有垄断性。土地用途管制更是市场经济发达国家广泛采用的政府有效管理土地的基本制度，但其在不同国度实施的框架与机制条件有别。一般采用的土地用途管制如城市发展边界（UGB）、分区管制（zoning administration）、宗地管理（subdivision regulation）等，不过都是基于土地资源市场配置所采取的土地用途管制，主要是管制市场配置做不到、做不好的事情，并不推翻市场配置的制度框架。而我国《土地管理法》制定的土地用途管制则完全排斥市场配置机制。这种号称“世界上最严格的”土地用途管制制度，实际上是世界上独有的最严格的土地资源行政——计划配置制度。当然，无论农村土地采取集体、国有或私有形式，农民肯定都不能自行随意改变土地用途和规划。不过，在符合城镇规划的情况下，城郊农民应有权自行开发土地。国家征地应严格限制为公益事业，所有非公益用地，农民要么可以在符合规划的情况下自行开发，要么由开发商与农民进行市场谈判。当国家必须征地时，也应按土地市场价值补偿。这一观点早已经成为相当普遍的共识，也为部分政府所接受，是国家土地管理法修改考虑的一个重要方向。

土地开发权源于国家管制对土地开发利用的限制。土地利用若不受限制，就无所谓的土地开发权。古代的土地利用自由而不受限制，到了近现代，基于国家对土地开发利用进行管制的需要，产生了土地开发权的观念和制度。我国的相关制度与英国土地发展权国有制度接近，土地发展增益几乎全部国有，制度未能明确保障被征地农民对土地发展增益的分享，也未考虑并无征地机会的大田农民对土地发展增益的分享。这种模式曾经在英国遭遇挫折，目前中国的实践也遇到挑战。沈守愚、张安录早就主张我国引入土地发展权。但如何界定土地发展权，则有五种观点：①归国家所有；②归集体所有；③归国家和农民共有；④归国家、集体和农民分享；⑤依公益性归国家或集体所有。土地发展权转让通过发展权界定和市场转让，在发展部分土地的同时保护具有环境和战略地位的土地，它能协调各方利益、市场化分配收益、降低政治压力及实施成本。土地发展权转让已在浙江耕地保护和建设用地指标管理中成功应用，城乡建设用地增减挂钩政策和宅基地置换已包含土地发展权可转让的思想，然而尚需深入分析和总结。故有学者持土地发展权派生论，主张按照土地征收后的用途和市场价补偿农民。但是这种"农民利益立场"的主张，本质是失地农民独享土地发展增益，与美国的土地发展权定额私有明显不同，缺乏美国制度中不同地块上发展增益的平衡机制，以及所有的土地所有权人对土地发展增益的共享机制。土地发展权派生论几乎剥夺大田农民的土地发展权，使他们无法分享土地发展增益，而在土地发展权国有模式下，大田农民在理论上还可能通过某种具体机制部分分享土地发展增益。英美两国的土地发展权制度，虽然不一定可以直接被中国借鉴，但它们仍然有着相当重要的意义。这主要体现在两个方面：一是有助于从法律理论上理解土地发展权及中国相关制度实践，二是有助于从具体立法和制度上完善土地发展增益的分配机制。

（四）依法设置农民集体土地开发权及其实现保障机制

需要明确设置集体土地的开发权并保障其按等价交换的原则通过流转等途径实现。若就一般财产权而言，谁拥有某物品的所有权，也就当然拥有开发利用乃至毁坏它的全部权利。土地开发权（land development rights）是指对土地进行非农利用的权利。让城市规划范围内的农村集体土地直接进入城镇建设用地市场，就必须首先消除《宪法》第 10 条第 1 款"城市的土地属于国家所有"这一条款的障碍。至于如何消除该立法障碍，可选择的路径大致有二：①修改《宪法》第 10 条即删除"城市的土地属于国家所有"的限定性规定，不仅可以避免因条款模糊造成的现实混乱，而且可保障农民在集体土地上参与城市建设的权利。进而通过立法修改明确：已经属于国家所有的土地继续属于国家所有，已经属于集体所有的土地继续属于集体所有；国有土地和集体土地都按照城乡统一规划来确定其用途；国有土地可以用于农业生产，集体土地也可以进行城市建设发展工商业和房地产业。除非基于公共利益的必要需求外，国家一般不随意征收集体土地。②不修改《宪法》，继续维持“城市的土地属于国家所有”，但要明确城市的涵义，同时分离土地所有权与使用权，虚化土地所有权，实化集体土地使用权，让农民在失去集体土地所有权的同时，拥有对已转化为国家所有的土地的使用、收益的权利，并保障农民进行城市建设的权利。譬如1982年《宪法》实施之后，城市私人住宅用地悉归国家所有，但私人仍享有该住宅土地的使用权，当国家要取得该地块使用权时，仍要通过征收途径。目前的城市房屋征收补偿实际包含对土地使用权予以一定程度的补偿，也正是土地使用权补偿在一定程度上导致不同地理位置的房屋补偿价格的差异。按此思路，集体土地转变为国有土地，国家所有只是名义所有，也就是说城市规划区内的集体土地虽属于国家所有，但原拥有土地的农民集体仍具有使用权，即可付诸城市建设。显然，若能避开政府征收程序直接改变土地所有权的性质，则可在城镇化进程中限制政府的权力空间。

1. 明确设置集体土地开发权

现行《宪法》规定，只有两种土地所有制：国家所有和集体所有，土地不得买卖。集体建设用地入市交易须有集体土地开发权。因此，《土地管理法》的修改，要明确设置集体土地开发权，或与国有土地同称为建设用地使用权。

2. 允许集体土地开发权进入建设用地市场

允许集体土地所有者在开放的土地市场上出让（批租）、出租其开发权；对符合土地利用规（计）划的集体土地已经出让、出租开发权的行为，如“以租代征”、“小产权房”，有条件地给予合法化（规划、计划不适当的，要修改规划和计划）；集体土地开发权也允许转让或转租。这也是形成城乡统一、开放竞争的建设用地市场的必要条件。现阶段，我国年建设用地指标是600万亩左右，而“十一五”期间全国建设用地总需求就已超过1200万亩。因此，造成大量的集体建设用地隐形入市，有相当的部分并未纳入年度用地规划和土地宏观调控之中，由此带来的一些深层次问题和重大矛盾无法回避。而目前很多地区热衷于“增减挂钩”的方式显然不是解决问题的根本出路，有必要建立城乡统一的建设用地市场，以实现国有与集体土地的同地、同价、同权。

建设用地总量和布局可通过公众参与式的土地利用规划、计划和土地用途管制分区来控制，不应采取政府垄断土地供给的办法。政府垄断建设用地的供给，只是损害农民利益，而使地方政府和开发商受益。在现行制度下，由于政府集土地征收决策者、地产交易当事人、土地宏观管理者多重角色于一身，既当裁判员又当运动员，在巨大的交易级差利益驱动下，这种自我监督的职能形同虚设，多年来“圈地运动”盛行和屡禁不止的症结正在于此。

3. 农村宅基地使用权允许出租、转让

农村集体宅基地使用权应允许出租、转让给城镇居民或需要扩大宅基地的村民。有些城镇居民，如农村教师在农村工作，需在农村有一处住房；有些城镇居民想在农村找一处更宽敞、更廉价的工作室，如北京宋庄的画家；有些城镇居民退休后想回农村老家居住；农民工进城要在城里买套房，城里房贵买不起，想在郊区农村买；有些村民收入增加了，住房想宽敞些，城镇居民收入增加了，可以不断更新住房，扩大住房使用面积，村民为什么不可以呢？群众这些合理的诉求为什么不能利用村里空闲的宅基地予以满足呢？所以，农村集体宅基地使用权应允许有偿地出租、转让给城镇居民或需要扩大宅基地的村民，以提高农村宅基地的利用效率，增加农民的财产性收入。

4. 征收集体土地按正常市场价给予足额的土地补偿

现行征地制度诟病之一是土地补偿费过低，侵占了集体土地的开发权益。征收集体土地应遵循等价交换的原则，无论是公益性建设或非公益性建设，都应按当期的最高最佳用途的区位地价给予足额的土地补偿。区位地价应形成于市场而非由政府单方面确定。其实，任何政府都不可能确定真实反映土地稀缺程度的市场价格。现在各地制定的区片价并非反映真实的市场价格，仍然在某种程度上剥夺了集体土地的开发权益。在市场地价高涨时，可以征收与国有土地同等的土地增值税，但不能取消其开发收益。

征地按市场价格进行土地补偿，也就是把集体土地的开发收益还给农民。这样做还可以遏止地方政府和开发商乱占土地的冲动，同时，为形成能真正反映土地稀缺程度的土地价格、建立城乡统一开放竞争有序的土地市场创造条件。

目前，有些地方征地采取“留地安置”的办法——实质是将10%～15%被征土地的开发权还给农民，让农民以其本属于自己的开发收益补偿其他85%～90%被征土地的损失，政府却不多掏一分钱。严格来讲，这仍然是不公平的征地办法。

不少大中城市试行“以土地换社保”——将失地农民纳入社会保障体系对补偿其丧失的劳动权倒有一定的积极意义，但社保费用中由个人负担部分仍要在极低的土地补偿费中出，而且社保标准很低，有的还不足以保障现有的生活水平，更遑论提高今后的生活水平了。所以，“以土地换社保”并未做到土地的等价交换，农民还是吃亏。况且，建立覆盖城乡居民的社会保障体系本是政府的工作目标之一，农民有享受与城市居民同等社会保障的权利。城市居民不需要以自己的财产来换社保，为什么农民一定要用土地来换社保呢？可见，这仍是城乡分割的、不公平的制度，应为法治社会摒弃。

5. 需要重新设计对特别保护的基本农田给予开发权益补偿

重新检讨现行基本农田保护政策——其保护目的是什么？若出于保障粮食安全，中央政策已将18亿亩耕地作为坚守的红线且反复强调，则何必再划一道红线，再保一个15.6亿亩；倘若真是为保护优质耕地，则我国优质耕地占耕地总面积不过1/3，保6亿亩基本农田即可。这6亿亩基本农田要能够真正保住，则需要充分补偿其开发权益（即买断其开发权），农民才有保护基本农田的义务和积极性。

6. 对集体土地开发权的调控

设置集体土地开发权，开放农村建设用地市场，并非要取消政府对土地的宏观管理和调控，而是农村建设用地无需再经过国家转征程序，政府也不再作为农村建设用地的供地方直接参与市场交易，而由土地权利人直接作为交易当事人一方参与地产交易。政府退出农村建设用地市场，也并不意味着其对非农建设用地的放任自流和无所作为，还可通过制定和实施土地利用总体规划，以及对农地转用的审批程序实现对用地规模和数量的宏观管理和调控。根据中央政策要求“统筹土地利用和城乡规划，合理安排市县域城镇建设、农田保护、产业聚集、村落分布、生态涵养等空间布局”。为控制建设用地总量及其开发的用途和布局，当然需要对集体土地开发权的行使进行调控，其调控可通过统筹城乡发展的土地利用规划、计划和土地用途管制分区来实现，不应再采取剥夺集体土地的开发权，一概“禁止集体土地使用权出让、出租、转让、转租用于非农建设”或没收其开发收益的办法。农民集体行使土地开发权要符合规划、计划和分区管制规则，但规划和计划也不能严格到正常的建设用地需求不能满足的程度，不能严格到阻碍工业化、城镇化的程度；否则，经济力量会冲破任何刚性的控制指标和红线，势必引致“政府失灵”的后果。

农村集体建设用地使用权流转的法律制度构建

姚蔚子 *

一、我国农村集体建设用地使用权流转的背景与立法现状

改革开放后，国有土地市场在市场经济体制建立与完善中得到较快的发展，但农村集体建设用地发展却相当缓慢，出现了“城乡二元格局”下的两种产权模式，形成了城乡土地资源配置的二元格局。

农村集体建设用地使用权的流转一方面呈形式和主体多元化，流转具有区域性和阶段性。集体建设用地出让人除了本集体经济组织，乡镇村企业、个人等也成了其中的一员，而受让方也突破了本集体经济组织内部成员，包含了其他集体经济组织和社会主体。同时，流转形式的多元化主要体现在涵盖了出让、转让、出租、入股等多种方式，而其中农村集体建设用地所有者直接出让和出租、乡镇企业经营变化导致流转、使用权随房产流转成了主要的方式。经济发展程度不同，流转的活跃程度、规模、形式等表现出不同的特点。经济欠发达的地区，流转活动零散，规模较小，以场地、集贸市场等出租为主；经济发展中等地区，集体建设用地流转更多是通过乡镇企业带动土地使用权流转；而经济发达地区，流转速度快、规模大，多以有偿直接出租为主。

另一方面，在我国农村集体建设用地上出现隐性流转的现象。据农业部统计，截至2009年底，全国农村家庭承包耕地转出面积为1.52亿亩，同比增加39.45%；流转比例为12%，同比提高3.1%。流转形式中，转包占52.89%，出租占25.69%，转让占4.54%，互换占4.39%，股份合作占5.42%，其他占7.07%[1]。珠江三角洲地区通过流转方式使用农村集体建设用地的数量实际上

---

* 姚蔚子，广东财经大学民商法学硕士研究生。

〔1〕 黄延信等：“农村土地流转状况调查与思考”，载《农业经济问题》2011年第5期。

超过了农村集体建设用地总量的50%，而在粤东、粤西、粤北等地，这一比例也超过了20%。以上的数据表明，我国已大量存在着农村集体建设用地的隐性流转、地下流转，而且在规模和数量上都有不断扩大的趋势。即使有些地区已出台了地方性的政策法规将集体建设用地使用权流转公开化，但大部分仍以隐性流转为主。

我国的立法现状，从1982年《国家建设征用土地条例》、1988年《宪法》和《土地管理法》再到1998年的《土地管理法》，我国的农村集体建设用地使用权大致经历了禁止流转——留存法律空间——严格限制的制度变化过程，时至今日，我国仍然没有一部单独的关于集体建设用地流转的法律法规，并且法律始终对农村集体建设用地使用权的流转进行严格限制。《土地管理法》第2条、第43条、第62条、《担保法》第36条和《城市房地产管理法》第9条规定，都确定了农村集体建设用地不能直接流转的原则，但在现有的法律体系中也有两个例外，那就是《土地管理法》第63条和《担保法》第36条的但书规定，确定了特殊情形下农村集体建设用地可以流转的情形。对于被允许的可转让情形，法律没有作出具体明确的可操作程序的规定，法律界限模糊。正是针对这一现象，浙江湖州、河南安阳、江苏苏州、广东省等地方政府相继推出了相关试点法规，以引导集体建设用地市场的健康发展，但因出台的地方性法规各地差异较大，且没有上位法的保障，使得全国集体建设用地市场无法得到统一管理与监督。

二、国外土地流转经验的借鉴

美国、英国、法国、日本四个国家在土地权利方面有着共同之处，它们都将土地权利制度的重心由土地的归属转移到土地的利用上，在一定程度上摆脱了对土地所有制性质的讨论，而是关注土地资源的使用效率与收益分配公平。英国土地所有权制度的基本原则是：以利用定归属，重视保护土地的动态利用，其保护土地权益的次序为：租用保有权——自由保有权——土地所有权，侧重保护土地使用者的权益，这样做的目的是提高土地的使用效率和经济效率，实现土地的持续利用。

通过土地交易市场实现土地的流转是发展的趋势，也是土地流转的本质要求，国外的经验为我们证明了这一点。比如，美国由于其土地产权清晰，土地交易制度是最为完善的，其农地买卖和出租均很自由，通过中介或自找使用者出租，买卖或出租的价格由交易双方协议采取某种方式确定；法国的土地整治与农村安置公司、土地事务所和土地银行的设立就是为了实现土地的合理有序的交易；日本的合作经济组织从本质而言也是进行土地交易的机构。

这四个国家对于土地流转都有着强有力的管理和控制，日本先后颁布了《农地法》、《农用地利用增进法》、《农促法》等法律对土地流转进行了详细的规定，并根据土地流转的现实情况不断改善法律。美国对土地流转的管理主要通过其发达的市场和权责明确的交易秩序和原则来进行，无论是政府还是个人，使用不属于自己的土地都需要购买或租赁获得。

在土地流转过程中对农民权利保护方面，这四个国家都给予了高度的重视。比如，日本一方面建立合作经济组织等中介机构，为农民进行土地流转提供了平台，而且规定对农民 10 年租金一次性付清，对农民租种组织的土地租金 10 年分期付清，这一规定充分考虑到了农民的利益。另一方面，建立了认定农业者制度，保证耕地在农民之间的流转，有利于防止耕地的减少和大量农民的失业，并提高土地的利用效率。[1]

外国的土地流转制度各有特色并各具成功之处，对我国农村集体建设用地使用权流转制度的确立完善提供了很好的经验。

三、我国农村集体建设用地使用权流转概述

目前，我国立法上并没有明确农村集体建设用地的概念，在理论和实践中可以将其概括为：位于广大农村，由农村集体经济或农民所有，已用于非农业目的的土地。在此基础上，农村集体建设用地使用权是指农村集体经济或农民依法取得对农村集体建设用地进行非农业目的占有、使用、收益、部分处分的权利。依我国现行《土地管理法》的规定，农村集体建设用地使用权主要分为农村宅基地使用权、乡镇村企业建设用地使用权和乡镇村公共设施、公益事业用地使用权三类。农村集体建设用地使用权流转是指农村集体建设用地的转让和流通，即在集体土地所有权不变的情况下，依据“土地所有权与使用权相分离”的原则，乡镇村各级农民集体经济组织、乡镇企业或农民个人将集体建设用地使用权通过出租、出让、作价出资等方式有偿或无偿地转让给其他单位和个人的行为。根据流转的主体不同，其又可分为初次流转和再次流转。前者的转让主体是农村集体经济组织与土地使用者，而后者的转让主体是集体建设用地使用者。乡镇村企业建设用地流转规模较大，问题更为突出，因此，本文主要讨论的是乡镇村企业建设用地使用权流转。

---

〔1〕史志强：“国外土地流转制度的比较和借鉴”，载《东南学术》2009 年第 2 期。

四、农村集体建设用地使用权流转存在的问题及其原因分析

我国农村集体建设用地使用权流转所存在问题有以下两点：

1. 存在隐性流转的现象

当前，农村自发进行土地交易形成的隐性土地市场，根本原因在于城市建设用地的供不应求、城市房地产价格居高不下以及巨大的集体建设用地流转现实利益。隐性流转催生出小产权房等一系列问题。由于隐性流转属于私下、非公开化的流转，流转价格偏低。集体建设用地使用权的流转价格没有科学的评估机构和衡量标准，完全由双方协定的情况下，价格的确定具有较大的主观性和随意性，容易造成价格扭曲和集体土地资产的流失，不利于实现集体土地财产权益。并且严重冲击了国有土地的正常管理秩序，同时，由于集体经济组织和农民保护耕地意识淡薄，在利益面前不愿承担保护耕地的义务。改革开放以来，非农建设占用耕地现象普遍。

2. 农民的合法权益得不到保障

现行法律对农村集体建设用地所有权主体界定不清，在行使具体权利时，集体经济组织成员难以表达其真实意愿。同时，由于地方政府征收权的滥用，通过非法征收的手段扰乱了正常的市场交易秩序，严重侵犯了农民的利益。还有一些土地使用者私下流转土地，造成集体和国家土地收益分配的双重流失。得不到法律规范的收益分配，使各个群体的收益权限无法得到确认，极易导致分配不公以及处于弱势方农民的权益受到损害，并且难以通过有效途径得到保障。

对于上述问题，其主要原因如下：

1. 土地产权关系不明晰

法律规定农村集体建设用地农民所有，但农民集体被确定作为一个抽象化的概念，在乡镇村集体经济组织、乡镇企业、农民个人都存在的情况，无法认清真正的所有权主体。此外，各层次的产权权责关系模糊。王利明教授对于这个问题认为："目前我国农村土地所有权主体的抽象性带来成员权利虚化的问题。主要表现在：一方面，集体土地和农民利益的联系度不高，农民不能切实感受到其对土地的权益，造成'人人有份、人人无份'、'谁都应负责、谁都不负责'的状况；另一方面，集体所有权往往缺乏最终的归属，在集体土地及其权益遭受侵害之后，谁有权主张权利，并不明确。"农村集体所有权的性质、农民和农民集体所有权的关系、集体所有权和使用权的权能范围等不确定。以上种种的不确定和模糊性，使土地使用、收益等权利落空，不能形成和产权相联

系的权利、义务、责任，土地流转难以进行。

2. 相关制度体系配套不完善

首先，相关法律制度建设进展较为缓慢，仍然停留在对流转严格限制上，明显滞后于流转实践。在农村集体建设用地自发无序地进行流转的同时，我国的《土地管理法》为数不多的对农村集体建设用地规定的内容却仍然是调整的主要依据，并且这些内容大部分都是对农村土地集体建设用地使用权流转进行限制，造成了立法与实际事实无法相统一的局面，严重阻碍了流转市场的健康发展，无法保障安全稳定的流转。其次，地方性试点法规因缺乏可操作性或监督机制而未能很好地对流转起规范和指导作用。大量的集体建设用地隐性流转，处于一种非公开化的状态，管理部门无法及时收集相关情况，缺乏有效的调控工具，使得流转市场呈现混乱局面。最后，相对于完善的国有土地使用权流转市场，集体建设用地使用权流转市场很不健全：①国家的严格限制，造成大多数交易是通过隐性市场完成，交易价格不能接受市场价格竞争体制的调整；②集体建设用地流转需要的中介服务组织发展严重滞后，缺乏土地评估机构、土地融资服务机构、土地保险服务机构等，现行的土地使用权交易服务工作主要由村集体包办，失去了中介机构应有的效率和公正。目前，农村土地尚未开展定级评估工作，缺乏科学合理的土地价格体系，难以为交易者提供完善的价格信息，无法促进土地资源的合理分配与实现集体土地的资产收益。

五、构建农村集体建设用地使用权流转制度的可行性

（一）现行法律和政策留有制度创造的空间

《宪法》第10条明确规定“土地的使用权可以依照法律的规定转让”，而现行的法律法规并未将土地使用权限定为国有土地使用权，因此可以理解为包括集体土地使用权，其中又包括集体农地使用权和建设用地使用权，所以《宪法》对此作出了保留。还有《土地管理法》虽然总的来说对集体建设用地使用权流转进行了限制，但是也规定了几种例外情形，如企业合并、重组等，同时，《物权法》也将集体建设用地使用权规定在用益物权类，都说明了法律留有制度发展空间。

（二）各地试点工作取得的成果和经验为其奠定了社会基础

面对农村集体建设用地流转入市的现实，国土部先后批准了江苏苏州、河南安阳、广东顺德、浙江湖州等地开展试点工作，试点工作在保证农村集体享有土地所有权的条件下，允许农村集体建设用地使用权直接进入市场交易，突破了国家对建设用地一级市场的垄断。同时，为使得试点工作顺利进行，各地

相继出台了一些规范集体建设用地流转的法规政策，如江苏省《关于加强土地规划和利用管理，推进集体建设用地使用权流转的若干意见》、《广东省集体建设用地使用权流转管理办法》等。经过多年的探索和实践，试点工作积累了显著的成效和丰富的经验，各地各具特色的流转方式也为流转制度的构建奠定了社会基础。[1]

六、构建农村集体建设用地使用权流转制度的具体建议

（一）农村集体建设用地使用权流转制度应遵守的原则

1. 同地、同价、同权原则

“同地、同价、同权”指同一用途的土地，应该具有相同的价格，土地使用权人同等地享有占有、使用、收益的权利。集体建设用地之所以大量存在着隐性流转，很重要的一个原因就是集体建设用地所有权与国家土地所有权被区别对待。在国家土地所有权已得到法律明确保障的同时，农村集体建设用地却未能以合法的身份出现在市场经济中。农村集体建设用地使用权不得直接进入市场，必须经过国家的征收后才能进入市场，而这样农民对土地的权利可以说已经完全丧失，与国有土地所有权者和使用者有着“同地，不同权，不同价”的不公平差别。因此，要使农村集体建设用地流转的问题得到根本解决，法律地位的平等是前提。

2. 意思自治原则

在符合规划和经依法批准的前提下，土地使用者对其使用的集体建设用地享有占有、使用、收益的权利，并且能够以自己的意志来控制流转与否或者如何进行流转。流转双方在进行集体建设用地使用权流转时，可以自行协商确定合同内容，外界不得强加干涉。

3. 保护农民利益原则

由于我国农村社会保障体系尚不完善，农民失去土地后的生活保障问题较为突出，妥善解决农民因失去土地而引发的一系列问题，关系到整个社会稳定的大局。在集体土地使用权流转收益分配的过程中应注意保护农民的利益，才能真正实现集体建设用地使用权流转的目的。

4. 依法登记原则

依据《土地管理法》第12条规定：“依法改变土地权属和用途的，应当办

---

〔1〕 参见蒋晓玲、李慧英、张建：《农村土地使用权流转法律问题研究》，法律出版社2011年版，第111页。

理土地变更登记手续。”经流转双方当事人合意后，必须办理土地登记手续，才能发生土地权利变更的法律效果。通过集体建设用地使用权流转登记，明晰农村集体建设用地产权主体，维护农村集体土地产权，并且约束了土地用途的非法利用。[1]

（二）构建农村集体建设用地使用权流转制度的具体内容

1. 流转界定的范围和条件

在促进农村集体建设用地得到充分利用的同时，也必须考虑放开对其限制后带来的负面影响，立法有必要界定清楚农村集体建设用地使用权流转的范围和条件。

（1）范围：在符合土地利用规划确定的建设用地范围前提下，所有合法的集体建设用地使用权都可以合法流转。而对于流转主体范围，不应仅仅包括土地所有者和集体经济组织的内部成员，也应允许集体组织以外的人通过流转获得集体建设用地的使用权。

（2）条件：①符合土地利用总体规划，经批准使用和合法取得；②符合城市年度规划、村镇年度规划；③界限清楚，没有权属纠纷；④与用地用途没有冲突，符合法律强制性规定等。[2]

2. 流转应采取的形式规定

从全国多数地方积极探索流转模式的实践来看，流转主要包括以下三种模式：①规划区内同等对待，实行“保权让利”的方式；②规划区内外同等对待，实行“转权让利”的方式；③规划区内外区别对待，规划区内的采用“转权让利”，规划区外采用“保权让利”。从实践来看，第三种方式更具有可行性。在规划区内的集体建设用地使用权流转应该先转化为国有土地使用权，再在市场上公开竞争交易；在规划区外使用权流转必须经过本集体经济组织大多数成员同意。从另一个角度，流转的形式既包括初次流转也包括再次流转，而这两种方式都应包括出让、出租、作价入股等形式，对于这些形式的规定可以参照国有土地使用权流转的规定，促进两个市场的统一。

3. 流转的期限制度

根据各试点的流转工作成效，若流转的期限规定过长则不利于土地及时调整对市场的供应，若过短则不利于交易和使用的稳定，因此，具体怎样确定一

〔1〕 光宇：“农村集体建设用地使用权流转的法律问题研究”，郑州大学2013年硕士学位论文。

〔2〕 参见武善学：“农村集体建设用地使用权流转的现状与完善”，载《韶关学院学报》2010年第4期。

个合理期限需要长期的实践探索，但可以从以下两个方面加以借鉴：①对于一级市场及二级市场设计的土地使用期限，应该规定一致，免于发生冲突；②根据不同的用途，分别确定最高使用期限；③借鉴国有土地使用权的相关规定，对转让后的剩余期限作出相应的限制。

4. 流转的程序规定

严格合理的规定是流转有序进行的保障，由于集体建设用地使用权的特殊性，其程序规定应针对流转方式不同分别规定初次流转和再次流转的程序。对于初次流转的程序应该参照《土地管理法》第 14、15 条及《农村土地承包法》第 18 条的相关内容：流转表决——申请登记——转让——登记变更。而对于集体建设用地再次流转的程序，法律限制不应过多，只需规定集体建设用地使用者与受让者达成书面协议，并到相关部门办理土地流转审核、登记即可。

5. 流转的收益分配规定

农村集体建设用地使用权流转的土地收益分配，关系到集体建设用地流转制度运作的利益机制，是规范农村集体建设用地使用权流转的核心问题。流转收益指由土地的承载功能和资源功能带来的，集体建设用地所有者和使用者让渡集体建设用地使用权而产生的收益。流转收益包括初次流转收益和再次流转收益。初次流转是在享有土地所有权的所有人与使用者之间流转，其依据是所有权这一产权权能的收益，因而根据相关物权法和民法精神的规定，使用权所获得的收益应该归所有权人所有，政府不应该参与收益分配。而对于再次流转的收益，是使用权人之间产生流转所获得的收益，是用益物权处分、收益的体现，因此，政府不应该直接参与其中的分配，但考虑到政府为调节收入分配公平，应该允许政府以征税的方式参与其中，以便政府能更好地照顾和补贴农民。涉及集体经济组织所获得的收益应该将大部分投入到相关服务及公益领域。也就是说，农村集体建设用地使用权流转的收益应分配给农村，其收益主要用于医疗、保险、养老、失业等农村社会保障支出和兴办集体公益事业等，这也在一定程度上解决了农村建设的资金问题，符合当前社会主义新农村建设的要求。[1]

（三）构建农村集体建设用地使用权流转的配套制度

1. 土地登记制度的完善

《不动产登记暂行条例》的公布与实施，有利于完善土地登记制度，有利于集体建设用地使用权权限界定明确，也有助于国家对土地市场的管理，促进

〔1〕 参见欧志强："探析农村集体建设用地使用权的流转"，载《国土资源导刊》2008 年第 6 期。

使用权交易安全稳定的进行。特别要在不动产登记制度中，明确登记机关的单一性、登记程序公开化等内容，使土地登记更好地维护使用权人的利益。

2. 土地产权制度的完善

土地产权制度是农村集体建设用地使用权流转的基础，因此，土地产权制度在完善时，应该清楚明晰地说明集体土地所有权主体是农民集体，还有这一农民集体是如何构成，如何产生农民代表发表意见，当权益受到侵害时谁有权要求进行救济等，并应进一步确立土地权属争议调处机制。

3. 土地征收制度的完善

土地征收同时涉及土地所有权和土地使用权。政府滥用征收权能轻易地侵害到集体建设用地使用权人的权益，因此，为规范政府的征收行为应正确界定“公共利益”，并推动征收程序法律化、规范化，强制性补偿标准化和完善征地补偿安置争议的协调和裁决机制。

4. 管理监督体系的完善

首先，政府应当强化土地利用规划，注重信息的公开与公众的参与。其次，建立分级价格评估与土地价格管理制度，设立每个级别的基准价格，能客观地反映土地价值。最后，应当实行价格备案制度，要流转的集体建设用地，应当向相关管理部门申报成交的价格，部门才能有效地进行监管。〔1〕

（四）完善农村集体建设用地使用权流转的法律规范

1. 修改《土地管理法》

对《土地管理法》有关禁止集体建设用地使用权流转的规定进行修改、补充、完善，明确其流转的合法性，同时加快建立与农村集体建设用地使用权流转的合同制度以规范其合法流转。通过修改全国性的法律规定来规范集体建设用地使用权的流转，能够从更高层次的法律角度对集体建设用地使用权的流转进行保障。

2. 进行全国性专项立法

目前，全国各地的不少地区都出台了一系列关于农村集体建设用地使用权流转的规定，但存在地方特点鲜明、普遍实用性较低、立法层次不高、规范程度低、指导价值欠缺等问题。另外，不同省市与地区在制定规定的过程中仅考虑了自身的实际需要，各规章制度间存在明显差异，这对于我国规范土地市场而言是极其不利的。对此，亟需出台全国性的专项立法，对集体建设用地使用权流转的适用范围、要求、流程等进行规定，在全国范围内得到统一，实现有法可依。

---

〔1〕 参见夏方舟、严金明：“农村集体建设用地直接入市流转：作用、风险与建议”，载《经济体制改革》2014 年第 3 期。

商事自治规范

意思自治的商法解读

——以协议控制模式为例 *

廖艳嫔 **

一、前言

“协议控制”，是指境内外投资者通过设立离岸控股公司来控制设在境内的外商独资企业，并由该外商独资企业通过独家服务合作协议等一系列协议，控制境内中资企业，并将该境内中资企业利润转移至外商独资企业，最终转移至境外离岸控股公司的系列关联公司的运营模式。由于此模式由新浪网境外上市时首先采用，其后国内互联网公司境外红筹上市竞相效仿（如网易、搜狐、盛大等），故又被称为“新浪模式”。外资采用协议控制模式入境最初源于突破境内产业政策限制，但当前在对外资准入不设限的领域，也发现“新浪模式”的踪迹，此模式已呈泛化趋势。

尽管协议控制模式在实践中备受追捧，但暴露出的如“规避监管”、“以合法形式掩盖非法目的”等问题也层出不穷，而时至今日其合法性问题也一直没有得到有效的解决。事实上，自支付宝协议控制模式风波爆发以来，这种巨大的法律上之不确定性已经导致民营企业境外间接上市之旅困难重重。有鉴于此，笔者试图从商法的视角解读协议控制模式，一方面对协议控制模式的合法性予以明晰，另一方面为某种意义上已陷入困境的立法实践提供商法角度的参考，以期对我国企业境外间接上市的监管思路有所助益。

---

* 本文系教育部人文社会科学研究青年项目（项目号：10YJC820067）和中央高校基本科研业务费中山大学青年教师培育项目（文科）（项目号：1209012）阶段性成果。

** 廖艳嫔，中山大学法学院讲师。

二、协议控制模式的介绍

传统的中国企业海外上市分为海外直接上市和海外间接上市，海外间接上市主要包括两种方式："股权控制"模式和"协议控制"模式。[1]可以说，后者协议控制模式是由前者股权控制模式演变而来的，但两种模式在法律层面上具有完全不同的意义。

（一）"股权控制"模式

股权控制模式，也被称为"红筹模式"，是指内资企业或自然人在境外设立特殊目的公司[2]（SPV，Special Purpose Vehicle，也称离岸公司（Offshore Company）或壳公司）（即图1中的环节①设立境外公司），由特殊目的公司收购境内企业资产或权益（即图1中的环节②境外公司收购境内公司的股权或资产），以境外特殊目的公司名义在境外证券交易所上市（即图1中的环节③境外公司在境外上市）。[3]具体结构见图1所示：

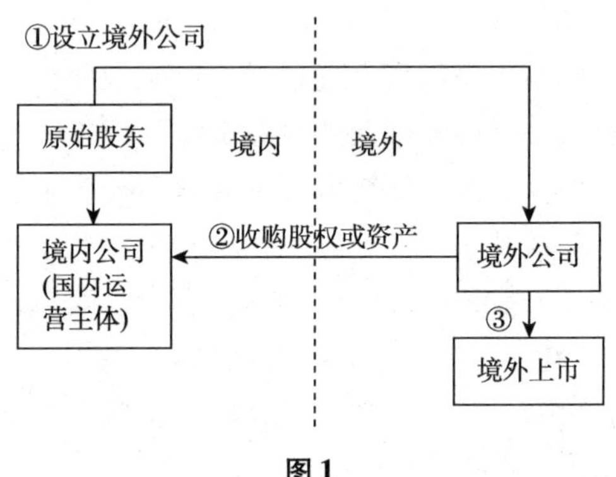

图1

境外公司直接收购境内公司的股权或资产，对其形成股权控制或资产控制，这是公司控制之中最为直接和稳妥的方式。在1999～2006年期间，股权控制模式使得境内企业能够绕过监管机关对内资企业赴海外上市的审批监管，方便了企业在海外融资，因此为中国私人控制的企业所采用。[4]

---

〔1〕参见赖达鸣："协议控制模式法律监管研究"，中国政法大学2012年硕士学位论文。

〔2〕参见叶存金："VIE结构的合法性探讨"，载《公民与法（法学版）》2012年第5期。

〔3〕参见叶存金："VIE结构的合法性探讨"，载《公民与法（法学版）》2012年第5期。

〔4〕参见唐应茂："私人企业为何去海外上市——中国法律对红筹模式海外上市的监管"，载《政法论坛》2010年第4期。

（二）“协议控制”模式

“协议控制”模式最早诞生于2000年新浪网赴美国纳斯达克上市,〔1〕因此也被称为“新浪模式”，在2006年股权控制模式被实际禁止之后，成为中国企业赴境外间接上市的主要方式。协议控制模式是指在境外设立并上市的公司与内资公司签订一系列协议来成为内资公司的实际收益人和资产控制人，以规避国内《外商投资产业指导目录》对于限制类和禁止类行业限制外资准入的规定或是监管机关对中国企业赴境外上市的监管，实现国内企业顺利赴海外市场上市或融资。具体结构见图2：

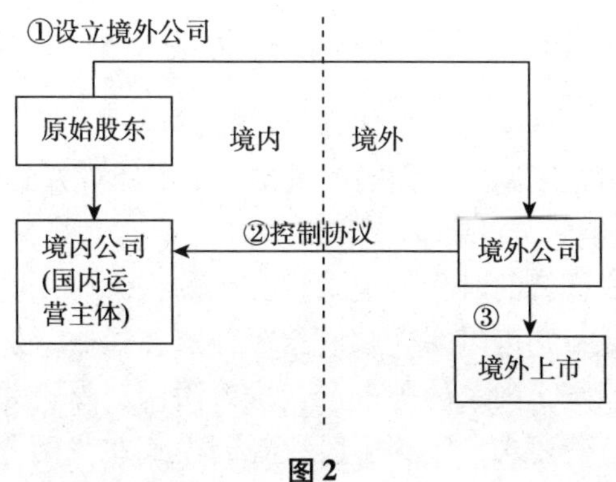

图2

协议控制与股权控制的不同之处在于环节②，即境外公司收购境内公司股权或资产的环节，被改为双方达成控制协议，由境外公司通过一系列协议控制境内公司。〔2〕

（三）“股权控制”模式与“协议控制”模式的比较

可以说，股权控制模式是依据商事组织法而作出的法律筹划，指向的是两个具有独立法人地位企业之间的权利义务关系，由《公司法》或者其他商事组织法中的母子公司关系规则或控股股东规则直接调整，除非针对相关事项“公司章程另有约定”。因此，股权控制协议囿于《公司法》或商事组织法的框架，奉行商事组织法中非常重要的一个原则——主体法定。

而协议控制模式则主要是依据商事行为法尤其是合同法，综合考虑商事组织法而作出的法律安排，它以合同文本来配置两个企业之间复杂的控制关系，

〔1〕参见欧阳瑭珂：“后红筹时代的外资私募股权基金——以上市退出机制为中心”，载北京大学金融法研究中心编：《金融法苑》（2010年第1期），法律出版社2010年版，第39页。

〔2〕这些协议通常包括：资产运营控制协议、借款合同、股权质押协议、认股选择权协议、投票权协议、独家服务协议等。

在合同中明确规定与双方企业经营相关的所有重大事项，如决策权、管理权、执行权的分配和行使、利润分配和亏损承担、对外债务的承担等。在这种合同安排中，一个必不可少的内容就是被控制企业的股东放弃或让渡自己作为股东的各项法定权利。因此，协议控制下的合同主体不仅包括控制企业、被控制企业，还包括被控制企业的股东，甚至企业的实际控制股东；合同的核心内容则是被控制企业向控制企业转移决策权及经营活动的盈利。可以说，协议控制协议是对《公司法》或商事组织法的超越，完全体现了私法上的重要原则——意思自治和合同自由。

三、协议控制模式的创设——商行为的创新

作为境外上市的一种模式，为什么协议控制模式会被创设并受到一众企业的青睐呢？这背后包括了制度方面的考量也包括了经济方面的需求。

（一）协议控制模式产生的制度背景

在股权协议模式盛行的时代，模式参与者的一方——境外公司是作为外资进入中国境内，因此，它可以享受政府给予外资在税收、外汇结汇、审批等方面的优惠和便捷。但是，国家的外资产业准入限制、外资并购监管、境外间接上市审批等一系列监管要求，制约了股权控制模式在我国企业境外间接上市法律架构中的运用。例如，《外商投资产业指导目录》中规定了外商投资限制和禁止类行业，对于这类外资禁入和限制类行业中，采用股权控制模式绕过证监会赴境外上市有规避监管之嫌，存在相应的法律风险。[1]

到了2006年，商务部等六部委办联合出台的《关于外国投资者并购境内企业的规定》(下文简称10号文)[2]，将股权控制模式全面纳入国家监管之中，外资被明确规定不能通过股权或资产收购的方式进入这些限制类和禁止类行业，境内公司采用股权控制模式境外上市的必须经过证监会的批准，这实际上使得中国企业的股权控制模式上市之路就此被断绝了。协议控制模式应运而生，并逐渐成为主流。

“协议控制的实质，是在保持境内公司股权结构稳定之下，外资虽无直接通过股权控股企业，却得以通过特殊协议曲线获得企业的经营控制权。收益权通

〔1〕《证券法》第238条规定：“境内企业直接或者间接到境外发行证券或者将其证券在境外上市交易，必须经国务院证券监督管理机构依照国务院的规定批准。”

〔2〕《商务部等六部委令2006年第10号公布〈关于外国投资者并购境内企业的规定〉》，载中华人民共和国商务部网，http://tfs.mofcom.gov.cn/article/date/i/l/ag/200612/20061203910231.shtml，2006年8月9日发布。

过多次合同转让最终仍由最终股东享有，利润并没有发生实质改变。"[1]由于从形式上看，协议控制并没有改变境内公司的股权或是资产权属，因此被业界普遍认为不属于10号文所定义的"并购"——即股权或资产并购，所以不属于10号文的规制对象，由此得以在十余年间畅行无阻。[2]

（二）协议控制模式产生的经济背景

企业境外间接上市作为一种融资行为，是我国不少民营企业以最小的成本获得资金的一种较优的融资模式。当下，我国资本市场偏爱国有企业、关注成熟公司，因而冷落了新兴行业中的民营企业。由此产生的结果是：对最富活力的民营企业而言，一方面境内融资渠道不畅成为企业发展的瓶颈；另一方面，资金雄厚的境外投资者为分享中国经济高速增长的红利而对优质民营企业情有独钟。实践之中，虽然许多企业如新浪网等，身处禁止外资准入的行业，融资的实际需要和融资存在的现实困难是摆在这些企业面前的一大难题。以最具代表性的互联网企业为例，它的一个重要特点是，在初创时期一般具有良好的商业模式和专利技术，但是往往利润并不高，自有资金也有限，这就使得其在国内上市困难重重。[3]

国内资本市场上市的门槛高，而且审批程序异常复杂。[4]因此，轻审批重监管的境外资本市场成为首选。但境外直接上市的门槛和审批程序也很复杂。[5]类似于互联网产业等属于限制类和禁止类的轻资产行业往往无法达到这种严苛的标准，"曲线救国"、间接上市就成了这些企业的必然选择。因此，协议控制模式可以说是市场选择的结果，是在企业自身发展中为了解决资金和融资问题在现行法律框架内所进行的制度创新性行为。即使抛开这些身处禁止外资进入行业的企业不谈，其实相当部分身处外资准入不受限制的行业的企业也纷纷采用协议控制模式赴境外上市，这说明繁琐的上市审批程序给企业上市造成了非常高的成本，企业都是理性的经济主体，当然会选择成本最低的方式。

---

〔1〕参见叶存金："VIE结构的合法性探讨"，载《公民与法（法学版）》2012年第5期。

〔2〕参见刘燕："企业境外间接上市的监管困境及其突破路径——以协议控制模式为分析对象"，载《法商研究》2012年第5期。

〔3〕参见伏军：《境外间接上市法律制度研究》，北京大学出版社2010年版，第2~16页。

〔4〕《公司法》、《证券法》、《首次公开发行股票并上市管理办法》（证监会，2006年）等法律、行政法规、部门规章及其他规范性文件都规定了企业公开发行股票并上市的实质要求及审批程序。

〔5〕根据《国务院关于股份有限公司境外募集股份及上市的特别规定》（1994年）、《关于企业申请境外上市有关问题的通知》（证监会，1999年）的规定，境内企业赴境外直接上市要经过证监会审批，且满足净资产不少于4亿元人民币，过去一年税后利润不少于6000万人民币，并有增长潜力，按合理预期市盈率计算，筹资额不少于5000万美元的要求，上市后每一次再融资亦需审批。

企业作为市场营运的主要主体，其融资的需求从来不曾停歇，在我国国内融资可选模式少，门槛高，时间、政策和财务成本负担重的环境下，尤其是创业板上市标准较严苛的情况下，境外上市始终是许多优质的新兴行业中民营企业的首选。

四、协议控制模式的生存及实践的土壤——商法

（一）合同法方面的考量——意思自治的商事行为法解读

协议控制是一种以合同为基础所进行的企业经营控制权的安排，其本质上是属于一个市场行为下的契约或者说是一个商事合同行为，纳入相关合同法律的调整范围，因此，《中华人民共和国合同法》（以下简称《合同法》）的基本原则和分则部分都对协议控制模式中的核心载体——“协议”部分有效。《合同法》在立法阶段，已经把合同自由原则和诚实信用原则视为其两大基石。遗憾的是，1999 年《合同法》出台的时候，并没有在法律中直接规定“合同自由”，而是规定了“合同自愿”。但是，2009 年出台的《最高人民法院关于适用〈中华人民共和国合同法〉若干问题的解释（二）》，其中的大多数内容都在针对人民法院审理商事合同案件适用法律所出现的若干问题基础上，对合同自由原则进行了进一步的阐释与贯彻。[1]无疑，我国的《合同法》及其配套法律，在我国现行合同法民商合一的情况下，逐步加强着合同自由原则对市场经济发展的积极推动作用。协议控制模式作为我国企业尤其是民营企业在国外金融市场融资的创新型行为，创始人及机构投资者达成意思一致，即可在合同自由原则内签订相关协议，即使其旨意在于控制境内运营实体并将经济利益输送给境外上市主体。

而且，除了《合同法》的总则以外，协议控制模式也可以在《合同法》分则的 15 种有名合同中找到可与之匹配的分类，即委托合同。在境外间接上市的协议控制中，境内企业可根据其所享有的股权成为委托代理合同中的本人，把股权运营权与收益权分离，并把后者通过协议让渡给作为受委托人的境外的上市主体，实现企业运作的稳定与安全、融资的需求和企业的发展。虽然享有营运权的名义股权与享有收益权的境外上市实体之间的纽带仅为一纸协议，实际控制人可以依据《合同法》第 410 条随时解除股权委托代理合同，因为两者之间的联系较为脆弱，并且面临着违约的信用风险，如支付宝股权案中马云单方

〔1〕 参见王闯：“当前人民法院审理商事合同案件适用法律若干问题”，载《法律适用》2009 年第 9 期。

撤销协议的行为。但无可否认，这些都是合同当事人的合同风险[1]，在他们拟定控制协议并签字生效之日时已经可以预见此种风险，只是在意思自治的前提下他们都愿意也必须去承担这些风险，并无碍于控制协议的有效性和协议控制模式的合法性。

当然，合同自由并非是绝对的自由，而应该是法律允许范围内相对的自由。《合同法》中也规定了几种合同无效的情形。相当部分的学者指出，协议控制模式存在着规避法律的瑕疵，因此可能与《合同法》中的相关规定不符，例如，第52条的规定“有下列情形之一的，合同无效……③以合法形式掩盖非法目的……⑤违反法律、行政法规的强制性规定”和第54条第1款的规定“下列合同，当事人一方有权请求人民法院或者仲裁机构变更或者撤销……②在订立合同时显失公平的”。[2]但是，笔者认为这种观点并不合理。首先，有关《合同法》第52条的规定。第3项所规定的“非法目的”中的“法”具体是指什么效力层级和何种效力性质的“法”？答案可以参考《最高人民法院关于适用〈中华人民共和国合同法〉若干问题的解释（二）》中有关《合同法》第52条第5项“违反法律、行政法规的强制性规定”的解释，第52条第3项和第5项指向的应该是法律、行政法规中的效力性强制规范。而协议控制模式主要被控诉的所违反的第10号文由商务部等六部委办所颁布，在效力层级上并不属于法律、行政法规的范畴，在效力性质上也并非效力性强制规范而是管理性强制规范。其次，有关《合同法》第54条第1款第2项所规定的显失公平的合同。在控制协议中，表面上看，境内运营实体成为牌照中心、成本中心、运营中心——承担全部的责任却不能享有权益，而境外主体成为投资对象、利润中心——仅享受权益而无需承担风险。但实际上，从支付宝股权案例中可以看出，境内运营实体掌握了单方的撤销权和实际控制权，合同双方并不符合给付与对待给付之间失衡或造成利益不平衡的显失公平的客观要件。而且，在绝大多数协议控制实践中，境内运营实体的持牌公司所有人与境外融资实体的拥有权益公司董事长为同一人，也不具备在订立合同时一方具有利用优势或利用对方轻率、无经验等而与对方订立显失公平合同的故意这一主观要件。

（二）公司法方面的考量——意思自治的商事主体法解读

通常来讲，在股权控制模式下，两个具有独立法人地位的企业之间的权利

---

〔1〕 除了违约风险，还有其他的情形，例如虽然控制协议明文限制创始人转让其在境内运营实体的股权，但无法排除因债务纠纷或离婚析产而发生法院强制执行及转让股权的情形。

〔2〕 参见刘燕：“企业境外间接上市的监管困境及其突破路径——以协议控制模式为分析对象”，载《法商研究》2012年第5期。

义务关系，是由公司法中的母子公司关系规则或控股股东规则直接调整的。一个公司之所以能够控制另一个公司的经营管理并享有其收益，是由于其是被控制公司的股东，按照《公司法》的规定，对于被控制公司享有资产收益、重大决策和选择管理者等权利。[1]而在协议控制模式中，这种控制关系则完全通过合同文本来配置，通过资产运营协议、投票权协议、独家服务协议，控制者可以取得被控制公司的运营管理权和收益权，此外通过借款合同、股权质押协议实现控制者对被控制公司的实际出资形成保障制约，此外，认股选择权协议也有利于保障控制者对于被控制公司的权益。相比于股权控制的法定权利，控制协议赋予控制者的是一种约定权利，通过合同安排，被控制企业的股东放弃或让渡自己作为股东的各项法定权利。

协议控制模式由已经依法设立的公司主体进行，这些公司符合商主体法中主体法定的原则，包括主体类型法定、程序法定和内容法定等方面的强制性规范。[2]同时，在公司治理和公司理财的环节，《公司法》在设置一般性、强制性规范的同时也设置了许多选择性或者任意性规范，以服务于不同公司在实际经营活动中的具体需求。在实践中，两个企业间以合同协议的方式进行控制的例子并不少见，如曾经非常流行的承包合同、联营合同、托管合同等，都是将一个具有独立法人地位的企业置于另一个企业的控制之下。[3]而且按照《公司法》的规定，股东权是一种可以自由转让的权利，因此协议控制模式下控制公司对被控制公司的控制并不违反《公司法》的规定，是一种企业经营自由的表现，属于《公司法》任意性规范的范畴。

在协议控制模式下，与股东权相对应的股东义务，包括出资义务、不得抽回资本的义务、遵守公司章程的义务，并没有因为控制协议的存在而被消灭，仍然存在于境内的经营公司和境外的融资控制公司。同时，在股东名册并没有进行变更的情况下，在外观主义原则导向之下，作为实质控制利润的境外上市公司的股东始终尊重境内公司的独立人格，而境内公司的股东在公司的存续和经营中也始终负有相应的信义义务和忠实义务。[4]

（三）监管方面的默许——意思自治的商事管理法解读

在现代商法系统中，除了商行为法和商主体法以外，“商事管理”规则是

---

〔1〕参见朱慈蕴：《公司法原论》，清华大学出版社 2011 年版，第 247 页。

〔2〕参见周林彬主编：《商法与企业经营》，北京大学出版社 2010 年版，第 60 页。

〔3〕参见刘燕：“企业境外间接上市的监管困境及其突破路径——以协议控制模式为分析对象”，载《法商研究》2012 年第 5 期。

〔4〕参见朱慈蕴：《公司法原论》，清华大学出版社 2011 年版，第 256 ~ 261 页。

一个日益彰显其重要性的组成部分，在商法体系中逐渐扮演重要角色。[1]商事管理法以公司企业等主体为调整对象，着重保护社会经济主体间的利益。[2]因此，从广义上来讲，国家对有关商事运行秩序及要求商主体实际某种积极行为的公法性规范属于商事管理法，也纳入商法体系的范畴。与协议控制模式相关的商事管理法规中，最具有争议的是商务部等六部委办在2006年所颁发的10号文。10号文颁发于协议控制模式的创设阶段，其禁止的对象其实是股权控制模式，因此，10号文对于禁止“并购”的界定仅限于“股权并购”或“资产并购”，尽管第11条第2款规定“当事人不得以外商投资企业境内投资或其他方式规避前述要求”（指报商务部审批要求），但这里的“其他方式”是否包括“协议控制”却未明确。基于商事管理法以商人自治原则为其首要原则[3]，在相关法律规范没有明确规定的情况下，10号文第11条第2款的正确解读应该是不包括“协议控制”。

当然，在协议控制模式日益为起步阶段的中国互联网提供了不断创新发展的融资机会从而实现了境外上市的过程中，协议控制模式越来越受到相关外资、商务和证券等监管部门的重视，除了10号文以外，还有其他的公法性行政管理规范涉及协议控制模式。但是，纵观这些相关规范的具体内容不难发现，其中没有任何一个对协议控制模式进行了明确的全面性禁止的。例如，国务院颁布的《国务院办公厅关于建立外国投资者并购境内企业安全审查制度的通知》（国办发［2011］6号）中的“并购”所指的股权并购或资产并购，并不包括协议控制，外资可以协议控制模式入境。[4]又例如，在支付宝风波爆发后，商务部2011年发布了《实施外国投资者并购境内企业安全审查制度的规定》，进一步明确提出了实质审查的监管原则。其第9条规定：“对于外国投资者并购境内企业，应从交易的实质内容和实际影响来判断并购交易是否属于并购安全审查的范围；外国投资者不得以任何方式实质规避并购安全审查，包括但不限于代持、信托、多层次再投资、租赁、贷款、协议控制、境外交易等方式。”但相关部门解释该条规定适用的范围仅为“涉及国家安全的行业”，而非全部行业。[5]

---

〔1〕 参见［美］Herbert M. Bohlman，Mary Jane Dundas：《商法：企业的法律、道德与国际环境》，张丹等译，清华大学出版社2004年版，第125～128页。

〔2〕 参见周林彬主编：《商法与企业经营》，北京大学出版社2010年版，第426页。

〔3〕 参见周林彬主编：《商法与企业经营》，北京大学出版社2010年版，第425页。

〔4〕 参见吴汉铭：“外资以‘协议控制’形式入境的相关问题分析”，载《上海金融》2012年第4期。

〔5〕 参见郝俊慧：“VIE审查‘伪恐慌’：只涉及国家安全行业”，载《IT时报》，2011年9月13日。

由此看来，协议控制模式长达10年的繁荣，并不是某些学者所说的这种特殊的法律架构成功地规避了监管法规的适用。相反，从商事管理法制定者的角度来看，协议控制模式并没有伤害公共利益反而适应了社会经济生活发展的需要，因此相关的商事管理法规认为其不应该被绝对禁止与扼杀，要疏而非堵。

五、在商法意思自治的原则下解决协议控制模式尴尬法律地位

以上从商法规制的角度对协议控制模式的分析可以看出，对于协议控制模式这种国内企业为了实现境外上市融资目的而进行的创新性市场法律行为，商法基本上所采取的是不反对和有限干涉的态度。这一态度的背后其实反映了商法的一个核心价值和需求：商法的宽容。[1]协议控制模式凸显了市场创新与过度监管之间的激烈冲突，在这一群体性创新法律事件的背后，折射出的是相关法规或者监管政策脱离实际、效率低下、不适应我国经济发展的情形。面对这种情形，秉持商法宽容这一原则，是解决协议控制模式法律尴尬地位的一个正确思路。

在自由市场比较发达的国家，商法是社会经济活动的基石，也是国家经济秩序保障的核心。包括商事主体法、商事行为法和商事管理法等主要组成的商法体系，奉行自由主义的基本立场，以营利和效率为价值取向，以宽容为立法的依归。因此，商法的宽容一般包含以下几个基本内容：充分尊重商人的私法自治，企业和社会的效率至上，尽量遏制不必要的强制与干预。[2]这些内容就协议控制模式而言，主要体现在以下几个方面：

(1) 在尊重私法自治的原则下，承认企业进行市场创新的自由，包括协议控制模式。自由是企业的精髓和灵魂。1999年的《合同法》和2005年的《公司法》都体现了立法者从管制主义到自由主义的立场变换，强制性规则被驱逐，大量的授权性和任意性规范被扩张。正是在授权性和任意性规范的范围内，协议控制模式得以创设和盛行。在私法自治原则下，协议控制模式既符合商事行为法的合同意思自治宗旨，也遵循了商事主体法的股东自治和公司自治信条。

(2) 在效率至上的原则下，协议控制模式实现了我国企业以较低成本实现较好的境外融资需求的结果。企业境外间接上市归根到底是一种融资行为，是企业希望以最小的成本获得资金而发展出来的一种融资模式。在我国国有企业

---

〔1〕 参见蒋大兴：《公司法的观念与解释Ⅱ——裁判思维 & 解释伦理》，法律出版社2009年版，第55页。

〔2〕 参见施天涛："公司法的自由主义及其立法政策——兼论我国公司法的修改"，载公司法律资讯网，http：//www.corplawinfo.ecupl.edu.cn/news/116_588.html，2012年12月28日访问。

和成熟公司备受青睐、新兴行业中的民营企业的遭遇冷落的当下资本市场中，协议控制模式确实为相当部分新兴行业与境外资金雄厚的投资者架起了有效桥梁，实现了境内企业与境外资本的低成本高效对接。

(3) 自由从来不可能是绝对的自由，只能以限制为基础，[1]对于自治和强制的界限要非常慎重。[2]就协议控制模式而言，一方面在现行《公司法》和《合同法》这两部基本法律的框架下，要承认境内企业接受境外上市主体控制而进行协议性安排的自治权。在协议控制模式下，由于企业之间控制和被控制的不对等关系，被控制企业有可能会成为控制企业股东们谋取利益、逃避债务的工具，也可能会出现利益全部被转移到控制企业中，而债务却被留在了被控制企业之下的情况，但这些情况应被视为经济生活中私人强制的一种表现，只要在可以容忍的范围内，无论是立法还是契约对方，都应该给予宽容。[3]另一方面，商法的自治是以必要的强制为基础的，商法的宽容必然是有限度的，应该以公共利益为前提推行必要的商事管理和强制性规范，因此对于协议控制模式，要在鼓励经济的发展和市场的繁荣的前提下，坚持商法营利性的目标，在保有商法潜藏着的利益驱动下的"财富最大化"的精神下去设置协议控制模式进行过程中的必要限制。对于限制的具体措施，笔者有以下建议：

第一，对于境外上市融资的企业，不应采用形式审查的标准，以其采取的模式为判断允许与否的依据，而应该以实质审查为准则，以是否危害国家经济安全为基本底线。对在境外上市融资的企业，仅简单地以其属于10号文颁布以前的股权控制模式还是颁布以后的协议控制模式来判定其合法性，其实是很不合理的。其实无论是股权控制模式还是协议控制模式，都应该属于企业自治的范畴，为商法所允许。但是，在允许不同路径实现境外上市融资的目的的前提下，对企业的具体安排作区别性对待，以国家经济安全为审查的标准进行甄别。对于境外上市实体中与国内运营实体的控制股东是一样的这一类型企业，因为他们并非真正的外来资本控制，而是国内企业或个人由于税收优惠、资本运作便利等因素而设立的出口转内销的"伪外资企业"，并不会对国家经济安全产生危害，因此要对他们的境外上市安排予以许可。对于那些境外上市实体与国内运营主体各异，可能会使国内企业陷入外来资本控制之中的企业，应该在保

---

〔1〕 参见［英］霍布豪斯：《自由主义》，朱曾汶译，商务印书馆1996年版，第73页。

〔2〕 蒋大兴："公司自治与裁判宽容——新《公司法》视野下的裁判思维"，载《法学家》2006年第6期。

〔3〕 蒋大兴："公司自治与裁判宽容——新《公司法》视野下的裁判思维"，载《法学家》2006年第6期。

障国家经济安全的前提下施以禁止。因此，在保障国家经济安全的前提下，针对国家经济安全战略性和敏感性产业保留现有的外资准入的监管性规定和融资方面的控制，但是，同时，应采用中国人民银行在《非金融机构支付服务管理办法》中采用的“实际控制人”标准，只要境外上市实体依然为境内运营实体的创始人所实际控制，那就把他们定义为内资企业而非外资企业，无需适用外资企业的相关监管规定。这种实质审查的做法，比采用形式审查的“境外/境内”两分法更加合理。这样既符合我国外资产业准入监管的目的，保证了国家经济安全，也不损害公司的自由市场融资行为，使它们免于法律规避之嫌。

第二，对于境内外股东高度类同又采取协议控制模式的企业，如果出现了被控制企业和控制企业之间的不对等关系，被控制的国内运营企业沦为境外上市主体控制企业股东们谋取利益、逃避债务的工具，从而导致利益全部被转移到控制企业中，而债务却被留在了被控制企业之下的情况，在现行《合同法》和《公司法》都不能规制也不应该规制的情况下，可以通过企业财务管理的相关法律加以调整。例如，可以参考学习在美国会计准则中的“可变利益实体（Variable Interest Entity，即 VIE）的合并”规则，要求在这种情况下合并财务报表，从而使得两家企业的股东承担的权利与享受的义务相一致。[1]在保护国家经济安全的大前提下，保障公司股东的利益平衡，避免公司的大股东利用其控制地位通过协议控制把公司利益输送到境外企业，从而损害小股东的权益。

六、结论

沸沸扬扬的支付宝风波引出了法学界对协议控制模式合法性的深层次思考。当法律监管者对股权协议模式进行禁止以后，智慧的商事主体又通过协议控制模式实现了他们对融资的需求。有学者说，协议控制模式是对《公司法》或商事组织法的反叛，以契约自由的名义对法律的规避；但从商法的角度来说，协议控制模式是对《公司法》或商事组织法的超越，以契约自由的名义对股权控制的瓦解。在商法宽容性和商法自由主义原则的引领下，我们可以对协议控制模式的合法性进行更好的解读，突破法律的形式主义，追求商法及至整个法律领域的实质真理。

---

〔1〕 参见钱立富、郝俊慧：“支付宝事件引 VIE 可变利益实体‘潜规则’思考”，载《IT 时报》，2011 年 6 月 27 日。

论行业协会限制竞争行为规制的谦抑性

欧洁梅 *

一、问题与思路

自2008年《反垄断法》明确对行业协会[1]限制竞争行为进行规制[2]以来，我国针对行业协会的反垄断执法进展是很可观的：国家发改委及其下属机构近五年共查处了价格垄断协议案件约20件，其中涉及行业协会的约占50%；国家工商部门查处的垄断协议案件中，行业协会涉案比例达到了2/3。[3]其中，典型案件包括2013年浙江省保险行业协会等组织实施固定价格垄断协议案、上海黄金饰品行业协会等实施横向价格垄断协议案、丽江旅游协会等实施横向价格垄断案等，涉及行业协会限制竞争的类型主要集中在组织成员企业共谋定价，统一调整有关价格。[4]审查情况表明我国对待行业协会的限制竞争行为规制呈现以下重要特点：其一，反垄断执法是我国目前对行业协会限制竞争行为规制的主要途径；其二，行业协会的限制竞争行为已成为了反垄断领域的重点执法

---

* 欧洁梅，澳门科技大学在读博士生，广州商学院法律系副主任、讲师。

〔1〕 由于欠缺统一的立法，关于行业协会的界定莫衷一是。本文所探讨的行业协会，参考《广东省行业协会条例》，表述为“从事相同性质经济活动的经济组织，为维护共同的合法经济利益而自愿组织的非营利性社会团体”。从契约和交易成本理论的角度，行业协会和商会具有相同的内涵，是指同业经营主体为降低市场活动的交易成本而达成的自治自律组织，本质上是关系型契约。参见周林彬、董淳锷：“中国商会立法刍议：从契约的视角”，载《南开学报（哲学社会科学版）》2007年第2期。

〔2〕 目前我国对行业协会限制竞争行为规制主要是依据“一法两规”，分别是《反垄断法》以及2010年颁布的《反价格垄断规定》以及《工商行政管理机关禁止垄断协议行为的规定》。

〔3〕 根据价格监督检查与反垄断局以及国家工商总局反垄断与反不正当竞争执法局官网公布案件资料整理统计。

〔4〕 除了共谋定价外，行业协会限制竞争行为的主要类型还包括共谋市场、共谋产出以及排他竞争等其他行为。参见徐士英：“行业协会限制竞争行为的法律调整——解读《反垄断法》对行业协会的规制”，载《法学》2007年第12期。

对象；其三，对违反反垄断法的行业协会大多处以了最高额罚款。[1]

对我国行业协会限制竞争行为的执法效果大体有两种观点：一种观点是批评我国目前行业协会规制过于宽松，尤其是行政处罚金额过低，缺乏刑事责任，惩戒实效不足，已然成为多年来行业协会实施共谋和排他的反竞争行为甚嚣尘上的重要原因；[2]与此同时，另一种观点认为，尽管与动辄上亿的天价罚单相比，目前对行业协会的处罚额度不高，但是政府对行业协会的管控过于刚性，可能扼杀行业协会自治发展以及市场机制作用的发挥。

毫无疑问，行业协会自治活动与限制竞争行为并存，既有降低市场交易成本，增进社会总体福利的一面，但也有阻碍公平竞争，降低市场经济效率的一面，故而有规制该行为的必要。正如18世纪著名经济学家亚当·斯密在其巨著《国富论》中曾经一针见血地指出的："同业者往往很少聚在一起，但他们一旦聚在一起，其结果就是商讨对付公众的合谋，或者是某种提高价格的计谋。"[3] Posner的实证研究显示，行业协会限制竞争协议案件占所有限制竞争协议案件的44%，Frass & Greer的研究也发现在固定价格的案件中，36%为行业协会所为。在日本，据统计70%的反垄断法案件涉及行业协会。[4]

因此，如何平衡行业协会自治权与规制权的冲突，是规制行业协会限制竞争行为不可回避的重要问题。尤其在推进法治政府、发挥市场决定作用以及行业协会转型的改革背景下，我们应当选择何种的策略适用于规制行业组织的限制竞争行为？这种策略应当是趋向宽松还是严厉？是以反垄断执法为主还是多元规制手段并存？这些问题难以基于现实经验而做出回答且理论上也争鸣不断，本文试图从法经济学的角度进行分析并提出原则性看法，探讨对待行业协会限制竞争行为究竟需要怎样的规制策略，这种策略与传统经济领域的反垄断执法有何以及为何不同。

---

[1] 《反垄断法》第46条第3款规定："行业协会违反本法规定，组织本行业的经营者达成垄断协议的，反垄断执法机构可以处50万元以下的罚款……"

[2] 目前大部分的研究都是从加强对行业协会规制的立场出发，参见：叶明："行业协会限制竞争协议的反垄断规制"，载王晓晔主编：《反垄断法实施中的重大问题》，社会科学文献出版社2010年版，第122页。

[3] [美] 曼昆：《经济学原理（上）》，梁小民译，三联书店、北京大学出版社1999年版，第368页。

[4] 参见：Hay. G. A., D. Kelly, "An Empirical Survey of Price Fixing Conspiracies", *Journal of Law and Economics*, 1974, pp. 13 ~ 38; Posner, *Antitrust Law: An Economic Perspective*, The University of Chicago Press, 1976, p. 207; Frass A. G., D. F. Greer, "Market Structure and Price Collusion: An Empirical Analysis", *The Journal of Industrial Economics*, 1977 (24), pp. 21 ~ 24. 转引自叶明："行业协会限制竞争协议的反垄断规制"，载王晓晔主编：《反垄断法实施中的重大问题》，社会科学文献出版社2010年版，第122页。

本文的基本观点和思路是依赖《反垄断法》的单一事后救济体系难以对行业协会形成积极有效的规制并促进市场公平竞争和效率提升。强化反垄断执法以及提高处罚力度并不必然是能够达到预期减少行业协会限制竞争的做法；相反很有可能无限放大反垄断执法效果，执法机构倚重《反垄断法》一元模式的规制，将“合理的市场结构→规范的企业行为→理想的市场绩效”的逻辑关系错误地简化为“反垄断法规范企业行为→理想的市场绩效”〔1〕，其结果是，有着“总是游走在违法边缘”行为偏好的行业协会容易被执法者“错杀”或者“漏杀”，《反垄断法》的威慑效果不理想。因此，从这个角度看，执法谦抑并且“确保法律以合理的成本获得合理地遵循”〔2〕是十分必要的。有鉴于此，笔者将对行业协会的反垄断执法效果以及各国对行业协会限制竞争行为规制的经验进行比较剖析，以期正确理解和把握对行业协会限制竞争行为规制的共同规律，并揭示其对完善我国行业协会限制竞争行为规制所具有的借鉴意义，最后提出更能有效回应行业协会发展需求的规制策略应当是执法谦抑，以及自治与规制并存的措施。

二、对我国行业协会反垄断执法效果的法经济学分析

行业协会限制竞争行为的反垄断执法首要目标是威慑行业协会不敢违反法律，基本方式是使行业协会“从事违法行为变得成本高昂来阻止违法行为，即应当使其给违法者带来的成本等于其违法行为给社会带来的成本。”如果前者高于后者，则表明惩罚过度。例如，行业协会的共谋或排他行为使社会承担的成本是100万元，但是由于通过加强行业自治，降低了市场交易成本，其带来的收益是200万元，那么这样的行为应当被允许。假设我们对这一行为的惩罚高于200万元，那么这样的自治行为将不复存在。又如，在麦迪逊诉美国冰球联盟〔3〕一案中，美国冰球联盟（NHL）禁止联盟各个俱乐部自己建立网站，应统一使用NHL的官方网站。原告请求法院认定NHL的上述行为违反谢尔曼法，但这一请求未能被法院认可。与涉及统一电视转播权等判例相似，考虑到俱乐部内部竞争的平衡性特质，法院对体育联盟的看似违反反垄断法的做法从初始的严格规制走向了宽容，具体表现在两点：其一，一般不使用快速审查方式和

---

〔1〕 喻玲：“从威慑到合规指引——反垄断发展的新趋势”，载《中外法学》2013年第6期。

〔2〕［美］理查德·A. 波斯纳：《反托拉斯法》，孙秋宁译，中国政法大学出版社2003年版，第313页。

〔3〕 *Madison Square Garden*, L. P. v. NHL, 270 Fed. Appx. 56, 59 (2d Cir. 2008).

本身违法原则对案件进行审查，而是使用了合理原则进行审查；其二，增加了体育联盟的豁免范围。这些措施使体育联盟成为行业协会中最早得到宽容对待的类型之一，这也是美国的体育联盟获得快速发展的重要因素。

但是就一般情况而言，如何判断对行业协会施加的成本已经达到威慑边界？处罚的严厉程度无疑是重要变量，与之相关的处罚概率则是另一重要变量。用数学模型表示即 E（c） = pf，其中，c 代表成本，p 代表承担的罚款或罚金，f 代表概率。目前，对行业协会限制竞争行为的反垄断规制的救济措施主要是行政处罚。按照《反垄断法》的规定，一是处以 50 万元最高额度的罚款，二是撤销行业协会的主体资格。显然罚款是最常用的手段，但 50 万元的最高额度与“没有最高只有更高”的反垄断罚单相比似乎又微不足道，因而在相关研究和论述中出现的建议包括：提高行政处罚额度、增加刑事责任等。[1]这样的建议暗含的逻辑是只要加重行为的后果，就可以有效抑制该行为的发生。但是，正如贝卡利亚、边沁、波斯纳等所论证并已被普遍接受的观点认为的威慑的效果，即行业协会及其成员是否决定违法，不仅取决于其可能面临的惩罚的轻重，还有惩罚的概率。例如，对行业协会罚款虽然只有 50 万元，但处罚的概率是 90%，相比较罚款 1 亿元，处罚概率为 0.01%，其执法效果更好。以行业协会被追诉最多的限制竞争行为，即价格卡特尔为例，欧盟卡特尔的发现率大约为 12.9% ~13.3%，美国卡特尔的发现率大约为 13% ~17%；通讯领域卡特尔发生率高达 84%，但该行业却位列卡特尔发现率最低的领域之一。[2]因而从总体上看，“极少有证据表明，惩罚会超过违法收益，尤其是考虑到并不是所有的案件都会被追诉”。[3]

实际上，提高处罚概率远比提高处罚额度要困难得多。这也就是为什么有些处罚看起来很严厉却没有效果的重要原因，如贪污犯罪。如何提高处罚概率是每个政府面临的难题。这并非单纯的统计学任务，而是实质受制于反垄断执法机构的人员和财政约束，换言之，是由一国的财政支付水平决定的。

---

〔1〕 如有学者在完善行业协会限制竞争责任体系方面认为，在责任主体方面，确立双重双罚制的处罚原则。即对于行业协会限制竞争行为，不仅要处罚行业协会，还要处罚参与其中的会员企业，不仅要处罚行业协会及其会员企业，还要处罚行业协会及其会员企业中对其直接负责的主管人员和其他直接责任人员。在责任形式方面，一方面完善现有的行政责任，增加责令停止违法行为和没收违法所得两种责任形式，实行以销售额为基础的重罚制度，赋予反垄断执法机构撤销登记的处罚权等。参见姜发根：“行业协会限制竞争行为的反垄断法规制”，载《学术界》2013 年第 5 期。

〔2〕 Paul R. Taylor & Robert Jr. Hauberg，Supra note，pp. 95 ~96.

〔3〕 OECD，“Report on Leniency Programmers to Fight Hard Core Cartels”，2001，p. 20.

审查行业协会限制竞争行为的每一个环节都要耗费大量的财政支出。在一定的经济发展水平制约下，反垄断执法机关倘若执意要提升处罚概率，往往就会采用快速审查或适用本身违法原则等节约审查成本的方式认定违法行为并予以处罚，这种积极的行政执法方式并不可取。有学者将这种“事先在非合规行为之上贴上一个违法价格标签，当违法行为产生，法律实施者遵循既定的规则，让不合规者按照既定的价格买单，而不管该价格是否合理以及该价格是否足以让不合规者感受到被惩罚的苦痛”的威慑方法称为“简单威慑”。[1]例如，2010年，各省发改委基于当时平抑物价的政策诉求，频频对实施横向价格协议行为进行审查，其中涉及浙江省富阳市造纸行业协会等自治组织。这样的执法结果是适用法律简单粗糙，缺乏有力的经济证据和经济分析支持，因此不能使处罚产生正向的激励作用，反而使受罚者认为自己仅仅是运气不好才撞到枪口上。

从重从快的简单威慑的弊端是显而易见的，转型发展国家的财政支出预算约束也是普遍存在的。因此，接下来的问题是在预算水平一定的前提下，应如何更好地配置资源以形成对行业协会的有效规制？显然，单纯依赖反垄断执法并非唯一途径。

三、基于成本理论的行业协会反垄断执法效果比较——以美国为例

考察美国对行业协会反垄断的执法效果，同样观察两个方面的内容：一是罚金的数额，二是处罚的概率。

美国大幅提高反垄断执法的罚金及相关刑罚是近20年的事情，尤其是近5年来，反垄断执法的罚金出现了大幅上涨与私人实施有密切关系。美国针对行业协会限制竞争行为的规制从开始就由两部分构成：公共执法和私人实施。两者都可以有效阻止限制竞争行为。在公共执法退出的领域，私人实施可以继续发挥其法律规制功能。相比公共执法，私人实施的成本更低，发现违法的概率更高。因此，总体上看，在财政预算较低的早期，反垄断案件中私人实施的数量居多，并发挥了重要作用。据波斯纳的统计，自1960年起，私人反垄断诉讼逐年增加，并在60~80年代初达到顶峰，几乎每年都有超过1000起诉讼，到1982年以后逐步下降；随着法院对反垄断行为的界分逐步清晰，私人实施的成本逐步增加，相应地自20世纪80年代起，美国司法部针对反垄断案件的审查在80年代增加了2倍，处罚金额也大为增加。尽管案件审查数量在下降，但年

〔1〕 喻玲：“从威慑到合规指引——反垄断法实施的新趋势”，载《中外法学》2013年第6期。

罚金总额却在不断增加。以近10年的数据为例[1]，波斯纳认为这一变化并没有表明反垄断行为越来越多，只是反映了司法部更多关注价格垄断案件，但是不能忽视的是同期政府对司法部反垄断局拨款的增加，1981年财政拨款数额是8200万美元，克林顿时代预算增加到了10 500万美元。

2003～2013年美国司法部反垄断案件罚金一览

年份	案件数量（件）	年罚金总额（万美元）	平均罚金（万美元）
2003	41	107	2.61
2004	42	350	8.33
2005	32	338	10.56
2006	34	473	13.91
2007	40	630	15.75
2008	54	701	12.98
2009	72	1000	13.89
2010	60	555	9.25
2011	90	524	5.82
2012	67	1140	2.61
2013	50	1020	8.33

另一方面，从审查过程（同样受财政约束）观察，同时考虑受哈佛学派的影响，早期行业协会的反垄断审查原则主要是成本较低的本身违法原则，比如，在1898年的联合运输协会案中，最高法院宣布联合运输协会固定费率的安排，直接、有效地剥夺了市场的自由竞争，是本身违法的行为。另外，在硬木协会案、木材商协会案、陶瓷贸易协会案等案件中都适用了本身违法原则来认定行业协会限制竞争行为。在1986年的印第安纳牙医联盟案中，最高法院用合理原则来分析牙医联盟的集体抵制政策，认为该政策排除了消费者希望得到的信息服务，是一种不合理的限制，判决牙医联盟禁止其会员向牙科医疗保险商提交理赔申请时一同提交光片的规定构成了对贸易的不合理限制，是违法行为。除了案件本身的考虑外，从趋势上看也是法院能够调度更多资源的反映。

---

〔1〕根据美国司法部反垄断数据整理，参见 http：//www.justice.gov/atr/public/division-update/2014/criminal-program.html，2014年10月访问。

综上，美国针对行业协会反竞争行为规制的效果呈现以下特点：其一，行业协会限制竞争行为规制的途径是多元而非一元。尤其在财政支付能力受限的情况下，其他替代性措施有利于提高违法处罚概率。其二，对行业协会反竞争行为处罚的数额与政府财政约束水平相关，和行业协会反竞争行为数量的多少并没有直接的关联。其三，审查原则的选择除了受到案件性质、经济学流派观点的影响外，财政支付水平对其亦有相应的影响作用，当财政预算较低的情况下，从总体上限制了合理原则的适用范围，因为这是比本身违法原则更为需要耗费资源的审查方法。

四、回应与建议

前文主要论证了两个观点：①对行业协会的限制竞争行为实施反垄断执法的效果要受制于政府的财政预算水平，因此，并非对行业协会施以越严厉的处罚越好。②同样从政府的支付能力出发，对行业协会限制竞争行为的规制要考虑各国的初始条件和发展轨迹。因此，哪怕行业协会的垄断倾向具有天然性，也不意味着必须通过加强反垄断执法这一途径进行规制。如果这两个观点成立，那么反垄断法应用于行业协会的限制竞争行为就应当谨慎，过于严厉的执法态度，不论对企业、行业协会发展还是经济发展都不是一件好事。执法谦抑应当是行业协会反垄断执法方式的理性选择。

执法谦抑不仅是一种执法方式，也是一种执法态度、执法原则，表明了对权力克制，对市场宽容，意在强调对行业协会的反垄断审查应克制、谨慎。这种方式同样受我国现阶段的支付能力所影响。在转型时期面临发展行业组织，发挥市场作用的命题，在资源有限的情况下，以下三个基本条件的稀缺是推进行业协会限制竞争行为的反垄断执法的困境：①稀缺人力资本。政府只有少数人同时接受了法学和经济学的正规训练，而对行业协会限制竞争行为的判定往往是复杂、困难且存在诸多争议的。②稀缺政治资本。反垄断执法机构没有形成较为完善的竞争政策和强大的政治力量，行业协会会因为产业政策等原因成为推进执法的牺牲品，并进而危及行业协会的发展。③稀缺部门经费。反垄断执法机构只是部委的下属机构，查处案件的资源有限，不能广泛查处所有可能的案件。以国家发改委为例，其每年查处的案件平均不超过5起。在人力物力有限的情况下，依赖反垄断法推进行业协会限制竞争行为的规制是不可取的。

具体而言，执法谦抑的含义基本可概括为四个方面：

第一，推进自治优于竞争规制。对行业协会限制竞争行为应以推进自治措施为主，如培育行业协会的竞争文化、建立行业协会的合规性指引等。美国学者诺内特和塞尔兹尼克把社会中的法律区分为三种类型或基本“状态”：其一，作为压制性权力的工具的法律。其二，作为能够控制压制并维护自己的完整性的一种特别制度的法律。其三，作为回应各种社会需要和愿望的一种便利工具的法律。他们认为，虽然强制存在于所有三种类型中，但其意义却不一样：它在压制型法中是居支配地位的，在自治型法中是有节制的，而在回应型法中则是潜在的。压制型法的法律目的是秩序，其规则是粗糙而繁琐的，对规则制定者只有微小的约束力，对服从的期望是无条件的，不服从本质上被作为蔑视加以惩罚，它还要求谦恭的依从，批评被视为不忠诚。而自治型法的法律目的是正统化，其规则是精细的，被认为同样约束统治者和被统治者，允许有依法证明为正当的背离规则行为，例如，检查制定法或命令的有效性，出现了法律批判，但评价要受既定程序限制。行业协会的自治规则约束成员遵守市场规则，是形成自治型法律的重要组成和主要路径。调查表明，当行业协会没有形成自治意识的情况下，哪怕明确接受了处罚，其违反的概率也高达33%。从我国目前的情况看，推进自治合乎行业协会自身发展的需求，其成本也是政府推进竞争可堪负荷的。与竞争规制相比，行业自治规范可以解决信息不对称问题。不管是《反不正当竞争法》还是《反垄断法》，它们对行业协会反竞争性的规制大多属原则性规定，其针对性和操作性不足。但行业协会对本行业或本地区的经济情况和行业秩序所掌握的信息比立法机关更为快捷和充分，因此，相对于国家立法的滞后性和稳定性，行业规范可以及时、灵活地对反竞争行为做出反馈，这是政府规制所不及的。

第二，多元规制优于单一规制。在政府必须介入规制行业协会限制竞争行为的情况下，采用行业协会监管及反垄断措施等多元规制的措施更符合当前实际。从规制的先后次序看，监管制度通过市场准入、规定价格上限、界定平等接入与互联互通的法律义务，侧重对行业协会行为的事前引导，构建竞争秩序。与之相对，《反垄断法》通过禁止价格共谋、禁止歧视性待遇及严重限制竞争等垄断协议，侧重对反竞争行为结果的事后救济，维护竞争秩序。规制时间的不同意味着监管决策比反垄断决策更为迅速。因为监管机构的介入无需特别的证明负担，为了避免侵害到行业协会及其成员利益，不能轻易中断其生产活动；而反垄断执法机构一般只有在证明了行业协会行为的反竞争性以后，才展开救济，时间的要求并不是非常紧迫。规制时间的不同还意味着不同程度的不确定性。事前规定行为界限可以为行业协会决策提供更为确定的指引；事后规制可以为行业协会留下更广的决策空间，减少规制机构与企业事前合谋的可能性。

第三，私人实施与行政执法并存。私人实施的主要方式为对垄断违法行为者提起损害赔偿诉讼，私人实施带来的是反垄断司法资源消耗的增加。由于反垄断公共执行存在执法人员数量有限、专业性水平不高、办案经费紧张等问题，反垄断的公共执行权配置严重不足，欠缺足够的执法能力。受到执法资源的约束和限制，反垄断行政执法机构不得不集中相对有限的资源来处理那些具有普遍意义的或涉及重大公共利益的垄断行为案件，而对于单个私人主体而言非常重要的案件往往得不到反垄断公共执行机构的重视，甚至被反垄断执法机构有意忽视。反垄断公共执行机构遭受财政资金的限制愈多，其在执法过程中的诚实、勤勉和尽责的表现和执行能力的发挥愈为低下，公共执行机构被迫在财政能力与执法政策目标之间寻求适度妥协，确保执行的重点性、有效性。[1]因此，对行业协会的限制竞争行为规制，应当在《反垄断法》介入成为必要的前提下，提供私人更多的激励措施，通过司法资源与行政资源的协同利用提高《反垄断法》实施效果。

第四，温和执法优于简单威慑。对行业协会限制竞争行为进行温和执法可以避免严厉执法可能给行业协会发展带来的伤害。温和执法而非简单威慑至少意味着三方面的要求：其一，案件审查采用更多的经济分析而非规则判断。经济分析在反垄断执法中的重要性已形成共识，行业协会限制竞争行为的反垄断执法更需依赖经济分析。经济分析首先意味着垄断行为认定要谨慎。《反垄断法》规则相对较为简单，以简单的规则来考察判定行业协会构成垄断易落入威慑陷阱。其二，法律责任轻刑化。从各国反垄断法规定的情况来看，虽然大多规定了针对个人的徒刑或者监禁，但是对个人参与垄断犯罪处以的刑期并不是很长。比如，美国《谢尔曼法》规定的最长刑期是1年监禁，到1974年提高到3年，日本、韩国以及我国台湾地区规定的最长刑期为3年，加拿大、英国反垄断法规定的最长刑期为5年。鉴于行业协会的主要成员实施限制竞争行为的社会危害性并不如一般刑事违法行为那样明确肯定，更重要的是反垄断法上的刑事制裁具有高度的可替代性，因而加强行业协会的刑事责任并非必然。其三，更多的豁免例外。常见的行业协会的限制竞争行为反垄断法适用除外包括以下三方面：①行业除外。如公用事业，含电力、煤气、铁路、银行业、保险业、农业、体育等行业。[2]这些特定行业，或是由于自然垄断，或是由于国家垄断而形成，基于在这些特定行业中如果存在过度竞争会导致资源的浪费，同时考

---

〔1〕王健："反垄断法私人执行的优越性及其实现——兼论中国反垄断法引入私人执行制度的必要性和立法建议"，载《法律科学（西北政法学院学报）》2007年第4期。

〔2〕这些行业是否全部适用豁免除外规则，在实践中仍然没有统一的结论。

虑到国家稳定的需要，大多数国家往往在立法中排除这些行业的反垄断法适用。②特定行为除外。主要包括外贸行为和依法行使知识产权的行为两种。为了在国际市场上增加竞争力，压制竞争对手，许多国家作出了对外贸行为不适用反垄断法的规定。比如，俄罗斯反垄断法规定："如果外贸部制定了与俄联邦反垄断法规中有关规定不同的规则，应以外贸部的规则为准。"[1]③特定组织和人员除外。比如，工会、一些行业协会和某些特殊的自由职业者等。这些组织和人员，基于自身的特殊性质一般不适用反垄断法。比如，工会是一个具有政治性质的组织，在保护工人的利益方面具有特殊作用。因此，许多国家对工会与雇主根据国家劳工关系就强制性事项进行集体谈判达成的协议可不适用反垄断法。

---

〔1〕 比如，俄罗斯《关于竞争和在商品市场中限制垄断活动的法律》1995年第2条规定："……涉及知识产权的商务关系不适用本法……"我国《反垄断法》第55条规定："经营者依照有关知识产权的法律、行政法规规定行使知识产权的行为，不适用本法……"日本、美国等都作了类似的规定。

典当业交易习惯与典当法律制度的冲突与融合

——港澳台地区的经验与启示

高　菲*

近年来，随着国家金融市场体系的逐渐健全，典当交易日趋发达。在银行信贷收紧时，市场主体通过银行贷款融资相对困难，典当融资成为市场主体，尤其是中小企业融资的主要途径。然而，由于我国有关典当的正式制度供给不足，现实中没有专门关于典当的法律法规，《合同法》、《担保法》、《物权法》中也没有专门规定，目前唯一调整典当法律关系的只有2005年4月1日商务部审议通过，并经公安部同意施行的《典当管理办法》（以下简称《办法》），立法层次低，规则不够明确具体，导致一旦发生纠纷，法律依据不足。但是，另一方面，典当业在长期的交易中形成了许多交易习惯〔1〕。这些交易习惯有的与法律规定保持一致，有的却发生冲突。如何协调典当业交易习惯与典当法律制度的冲突，做到既尊重交易习惯，充分发挥交易习惯的作用，又能实现法律制度对公平正义的追求，对完善典当立法，规范并促进典当业发展，具有重要意义。

一、典当业的起源及其重要作用

典当，俗称"以物质钱"，是主要以财物作为质押而有偿有期借贷的一种融资方式，是中国乃至世界史上最古老的金融行业，也是现代银行业的雏形和源头。我国是世界上最早出现典当业的国家，据史料记载，早在南北朝时期

---

* 高菲，广州番禺职业技术学院讲师，澳门科技大学法学院博士研究生。

〔1〕 根据《最高人民法院关于适用〈中华人民共和国合同法〉若干问题的解释（二）》第7条第1款的规定，交易习惯是指不违反法律、行政法规强制性规定，在交易行为当地或者某一领域、某一行业通常采用并为交易双方订立合同时所知道或者应当知道的做法，或者当事人双方经常使用的习惯做法。

(420～589年)，中国内地就出现了典当业的萌芽。[1]研究中国典当业发展历史的曲彦斌教授曾将其简明扼要地概括为八句话："初见萌芽于两汉，肇始于南朝寺库，入俗于唐五代市井，立行于南北两宋，兴盛于明清两代，衰落于清末民初，复兴于当代改革，新世纪有序发展。"[2]

在"钱荒"愈演愈烈的今天，许多信用不高的中小企业和个人投资者较难从银行等正式金融机构获得信用贷款。据中国企业家调查系统发布的2012年一季度企业经营调查结果显示，小型和非国有企业从民间借贷比重较高，而在2011年工业和信息化部发布的轻工业运行情况显示，只有15%的中小企业从银行贷到新的贷款。[3]典当作为一种重要的民间金融[4]方式，与银行或小额贷款公司相比，具有简便、快捷、灵活等方面的优势，提高了融资效率，拓宽了融资渠道，成为民间融资的重要手段和银行融资的重要补充。据统计，2010年典当总额已经达到1801亿元，中小微企业的融资占典当业务总额的80%以上。[5]

第一，典当作为一种重要的民间融资手段，在弥补银行融资不足、提高资金利用效率等方面发挥了重要的作用。①典当具有简便、快捷的特点。当户不需要提供证明自身信用及还款能力的各种证明文件，典当行也不需要对当户进行信用审查。典当借贷的基础是以物质钱，"由于判断一件财物（抵押品）的价值比判断一个人的品行容易得多"[6]，典当行简化了贷款的程序，节省了交易双方的谈判时间和谈判成本，从而成为小额融资最为便捷有效的金融机构。[7]②典当具有更高的保密性和自由度。银行等正式金融机构需要调查贷款的资金用途，并且要求借款人不得将贷款挪作他用，而当户不需要向典当行说明贷款用途，且可以自由使用贷款，从而提高了资金的利用效率。③与民间借贷、地下钱庄等其他民间融资方式不同，典当根据抵（质）押财产的价值和贷款期限确定贷款金额和贷款利率，而民间借贷则主要根据贷款的风险确定贷款金额和贷款利率。也就是说，其他民间金融机构是通过提高利率水平和人缘、

[1] 曲彦斌：《中国典当史》，九州出版社2007年版，第35页。

[2] 曲彦斌：《中国典当史》，九州出版社2007年版，第325页。

[3] 参见"破解小微企业贷款难还要多久?"，载新华网，http://news.xinhuanet.com/2012-04/23/c_111829558.htm，2014年7月11日访问。

[4] 正式金融是指纳入国家金融监管体系的金融组织，如商业银行、保险公司和证券公司等类型，而民间金融则是未纳入国家金融监管体系的非正规金融组织，包括民间借贷、私人银行、地下钱庄、典当行等形式。

[5] 见2011年商务部发布的《关于"十二五"期间促进典当业发展的指导意见》。

[6] 转引自胡宗仁：《典当业法律制度研究》，中国政法大学出版社2012年版，第84页。

[7] 经市场调查，有的典当行为招徕客户甚至许诺，当金在50万元以下的可以实现当日放款。

地缘等信息成本优势来缓解信息不对称和违约风险，而典当行则是通过合约定价和抵押物来规避风险。[1]从这个角度来看，典当行的抵（质）押贷款业务比其他民间金融机构的贷款业务风险更低，即使当户违约，典当行仍然能从抵（质）押物中获得偿还。

第二，典当业已经得到合法化认可。目前，许多国家都有针对典当业的专门立法，[2]我国于2005年出台了《办法》，2011年国务院法制办公布了《典当行管理条例（征求意见稿）》（以下简称《条例》），典当立法正在逐步完善。相较于其他高利性、高风险性的民间金融形式来说，合法地位的确立能够最大限度地降低典当行的经营风险。通过确定市场准入的标准，建立并完善交当、折当、续当、赎当、抵当、绝当等一整套行业规则和程序，完善监督管理体制，使一切与典当有关的行为均有法可依，有章可循，从而增强行业的规范性，提高行业信誉和抵抗风险能力，吸引更多的市场进入者被引入参与竞争，促进典当业向正式金融的转化。

第三，规范典当融资有利于打击地下钱庄和非法高利贷活动。据国家统计局的调查显示，有近4%的民营企业的流动资金部分来自高利贷，其中有1%的企业的流动资金中25%以上是靠高利贷筹措的。[3]现代企业经营需要大量的现金流，用于资金周转以及扩大再生产。如果社会不能提供合法、简单、便捷的融资渠道，那么，部分急需资金周转的企业和个人必然会转向地下钱庄和高利贷等非法民间融资形式。俗话说，救急不救穷。社会应当提供合法的制度供给，以满足正当的融资需求。典当融资受到法律的保护和约束，是一种合法的民间融资形式，有利于打击非法民间借贷活动。

二、典当业交易习惯

交易习惯是商人在长期的商事交易中逐渐形成的，用来分配商人之间的权利、义务，调整和解决商人之间的利益冲突的一种行为规范。由于交易习惯能够充分反映商人的真实意志，体现商人的意思自治，因而具有扎实的民众基础，在商人内部具有自觉遵守和实施的效力，对商法起到了重要的补充作用，在交易中扮演着极为重要的角色。典当业在我国具有悠久的发展历史，形成了一套

---

〔1〕 曾康霖、程婧、王艳娇："我国典当业的性质及可持续性研究"，载《金融研究》2005年第12期。

〔2〕 如香港《当押商条例》、我国台湾地区"当铺业法"、新加坡《典当商法》、马来西亚《1972年当商法令》等。

〔3〕 参见"民间借贷高利贷化可借鉴台湾的经验"，载中国网，http://finance.china.com.cn/money/bank/yhyw/20130313/1326910.shtml，2014年7月5日访问。

完整的交易习惯。

（一）当物

在我国典当历史上，当物最初以旧衣旧货、动物牲畜等为主。南北朝的佛寺质贷，被认为是我国典当业的源头。《南齐书》卷二十三“褚洲传”中曾记载“洲薨，（弟）澄以钱万一千，就招提寺赎太祖所赐洲白貂坐褥，坏作裘及缨，又赎洲介帻犀导及洲常所乘黄牛。”讲的是南齐录尚书事褚洲去世后，弟弟褚澄从招提寺赎出褚洲质押的一件白貂坐褥，一支介帻犀导和一头黄牛。[1]由此可见，典当之物一开始并没有提到田宅，而是以家具衣服、动物牲畜等动产为主。但是，如果对白貂、犀导、黄牛可以典，把这一方法用于田宅也是顺理成章的。从语言现象看，田宅成为典（当）的标的显然在物品之后，如果物品典当的流行对田宅的典卖具有启发作用，这丝毫不会使我们惊讶（因为古人不受限于动产和不动产之分）。当然，将“质举”之法用于土地，并不直接产生土地的典制，它产生的是“质举田宅”（类似日本人所说的“不动产质”）。[2]宓公干在《典当论》中谈到，“不动产如田园、房屋及其他不动产权，入质时典当行须占有其产业，即将使用不动产所得之收益作为利息”。这种“租息相抵”的做法与传统典当“收取利息，且不得使用当物”的做法相异，使得不动产典当从传统典当中脱颖而出，并在此基础上形成另一种具有典型中国特色的法律制度——典权。因此，典当与典权分离，典权只是典当的一种特殊形式。典当的当物一般是动产，而典权的典物则是不动产；典当关系中，当铺不得使用当物，更不可能把当物的收益折抵利息，而典权关系中，典权人可以对该不动产实施占有、使用和收益，并将收益折抵利息。

（二）当息

典当业以其高利贷特征而闻名，自古以来就被认为是剥削老百姓的工具，新中国成立后还曾因意识形态原因被取消。据史书记载，我国古代典当的利息普遍较高，唐宋期间典当的利息就曾高达每月六分。例如，《唐律疏议》规定，“每月收利，不得过六分”；《宋刑统·杂律》也规定“每月取利不得过六分”。其后典当利率稍有下降，清末时期典当月利率在每月二分左右，民国以后有所回升，月利率甚至达到四分、五分。然而，在当息的收取方面，我国一直以来采用的是单一费用制，即只收取利息，不收其他任何费用。

但是，古代当铺在发放当金时常采取预扣利息的做法，即当铺在向当户发放

---

〔1〕 吴向红：《典之风俗与典之法律》，法律出版社 2009 年版，第 8 页。

〔2〕 吴向红：《典之风俗与典之法律》，法律出版社 2009 年版，第 11 页。

当金时通常会先扣除一定的利息，因此，当户实际收到的当金与当票中约定的当金是不相等的。历史上曾存在“九出十三归”的做法，意思是物品值 10 元（约定当金），但当铺借出时预扣 1 元作利息，实际只借出 9 元（实收当金），最后赎回当物时却需要 13 元。按照这种计算方法，当息高达 40%。随着时代的变迁，这种“大耳窿”式的做法已经不存在了，但是预扣利息的习惯却一直保留了下来。

（三）绝当

当户到期不赎，即成绝当，当物成为死当物品，也称“满货”。从典当交易习惯来看，绝当的后果是当物被视为当户自动放弃，当铺可以自行处理。此绝当规则，在我国传统的官方法律中即有所确认，到期不赎即下架出卖是普遍性规定。据我国民国初期的相关史料记载，典当行可以随时售卖绝当物，也可以定期组织类似拍卖会的方式销售绝当物，不论赢利还是亏损，均由典当行负责，与原当户无关。[1]据学者考察，清末民初时，“典当行于当物期满后无论何时均得处分其当物。”且绝当物处理所得，比当本多时不退，少时亦不补。也就是说交当人对当物到期不赎，即表明自动放弃所有权；而作为收当人的典当行则因此得到所有权，可以任意处置绝当物品，当户无权异议，更不得干涉。再如，1929 年《上海特别市典当营业规则》第 14 条规定：当货以 18 个月为满期，逾期不赎，得由典当行估卖归本。[2]上述交易习惯的实质是当户到期不赎回当物，当铺取得当物的所有权，也即当今“流质”之约定。

三、我国典当立法与司法实践中存在的问题

典当业以其在诸行业中的特殊性、自我封闭性，形成了显具当行特色的规约制度——习惯法。然而，随着时代的变迁，典当业的部分交易习惯得到了法律的认可，如折当[3]和抵当[4]规则等。但是，也有部分交易习惯没有得到法

---

〔1〕 参见（民）中国联合准备银行调查室：《北京典当业之概况》，首都图书馆 1940 年资料，第 42 页。

〔2〕 李淑远：“清末民初典当法律制度与现今典当法律制度比较研究”，内蒙古大学 2012 年硕士学位论文。

〔3〕 折当规则是指典当行按照当物估价数额的一定折扣比例向当户发放当金的规则。我国传统典当业有“当半当半”的行话，其实这是指折当率为 50%。现《办法》第 36 条规定，当物的估价金额及当金数额应当由双方协商确定，据调查，折当率一般为 50% 左右。

〔4〕 抵当规则是指当户与典当行协商，用一种新当物替换出原来在押的旧当物的行为，俗称“当抵当”。若新当价值小于原当价值，由当户补足；若新当价值大于原当价值，则要典当行补差给当户。现行法律并没有禁止担保物的变更，只要双方协商一致，意思自治优先，法律对变更担保物的“抵当”行为不予禁止。

律的认可，或者法律规定不明确，导致在司法实践中引起了不少争议和纠纷，例如，当物的种类，当息的认定和收取，绝当规则，等等。

（一）当物

根据《办法》第3条第1款的规定，“本办法所称典当，是指当户将其动产、财产权利作为当物质押或者将其房地产作为当物抵押给典当行，交付一定比例费用，取得当金，并在约定期限内支付当金利息、偿还当金、赎回当物的行为”。也就是说，在我国，当物包括动产、财产权利以及不动产。但是，许多学者认为，典当其实是一种特殊的质权——营业质，当铺从事的应当是质押业务。但根据《办法》的规定，我国典当行的业务范围既包括动产和权利质押业务，还包括不动产抵押业务。有的人认为，典当行不能进行不动产抵押业务。但是，据相关数据统计，在中国内地，房地产抵押业务已占典当行业务的50%以上。〔1〕那么，实践中是否应当将不动产抵押业务排除在典当行的业务范围之外呢？

（二）当息

典当作为一种简单便捷的短期融资方式，当息普遍较高，一直以来被认为是高利贷的典型，为人们所诟病，并曾被现代法律所禁止。受此影响，为转变典当高利贷的形象，我国立法改变了“单一费用制”的交易习惯，转而实行多元费用制〔2〕，通过“综合费用”这种“变相利息”的方式规避立法有关高利贷的限制。

根据《办法》第37、38条的规定，当息可分为利息和综合费用两部分，其中，利息按中国人民银行公布的银行机构6个月期法定贷款利率及典当期限折算后执行，而综合费用包括各种服务及管理费用，分别根据当物的类型确定不同的标准，例如，动产的月综合费率不得超过当金的4.2%，房地产的月综合费率不得超过当金的2.7%，财产权利的月综合费率不得超过当金的2.4%。但是，根据最高人民法院《关于人民法院审理借贷案件的若干意见》第6条的规定，民间借贷利率最高不得超过银行同类贷款利率的4倍，超过此限度的，超

---

〔1〕根据上海典当行业协会公布的《上海典当行业2013年度统计分析报告》，在上海典当业业务经营结构中，房地产业务金额达289.89亿元，占业务总量的59.3%。参见上海典当网，http://www.shpawn.net/artinfo.asp?id=736&smallname=%D0%D0%D2%B5%D0%C5%CF%A2，2014年7月11日访问。

〔2〕在当息的收取方式上，通行的做法有两种。一种是单一费用制，即只收取利息，而不收取其他费用。另一种是多元费用制，即既收取利息又收取其他费用，这里的“其他”费用包括如鉴定、评估、保管等综合费用。

过部分的利息不予保护。按照上述计算标准，典当的利息和综合费之和往往超过《意见》规定的最高标准。对于当期届满后当户实际支付的利息及综合费合计金额超过银行同期贷款基准利率4倍的部分，法院应否支持也存在分歧。在一次专题研讨会中，“典当行业代表认为，综合费和利息分属不同性质，4倍同期贷款利率是对民间借贷的规制，典当不应受此约束。与会学者则指出，理论上专业机构的融资成本应低于民间借款利息……与会法官表示，利率是否过高的衡量应以相关规定为基础，结合具体案情进行审慎审查”。[1]

另外，我国立法也否定了典当业预扣利息的交易习惯。根据《办法》第37条的规定，典当当息不得预扣。可问题是，典当的收费由当息和综合费用两部分组成，当息不能预扣，综合费用可以预扣吗？《办法》第38条将综合费界定为各种服务及管理费用，即典当行为当户提供旨在维护当物价值的服务所应收取的费用。根据上述规定，综合费的法律属性是典当行在为典当借款行为时为当户提供服务以及对典当借款行为进行管理的费用。它不同于利息，而是典当行提供评估、保管等服务的合理报酬。因综合费的法律属性与利息截然不同，法律对于综合费的收取方式并没有限制。对于是否预扣综合费的问题，当事人有权通过意思自治的方式进行预先安排，现实中，典当业普遍存在预扣综合费的行为，司法实践中也存在大量此类案件纠纷。[2]那么，法院又应当如何认定预扣综合费行为的效力呢？

针对上述两种情况，由于法律缺乏明确指引，司法实践中产生了不同的做法。例如，江苏省高级人民法院明确表明，对当息超过同期贷款利率4倍的部分不予支持。该院印发的《关于当前宏观经济形势下依法妥善审理非金融机构借贷合同纠纷案件若干问题的意见》（苏高法审委［2009］45号）第12条规定，典当行主张借款期限届满后的利息及综合费的，对于两项合计数额超过按银行同期同类贷款基准利率4倍计算的利息的部分不予保护。又如，浙江省高级人民法院明确表示，对典当行预扣综合费用的行为不予认可。该院颁布的《关于审理典当纠纷案件若干问题的指导意见》第4条规定，当户主张当金发放时已预先扣除典当综合费用，并要求当金按照实际发放的金额认定的，人民法院应予支持。但是，该院并没有明确表示不支持当息超过同期贷款利率4倍的

〔1〕钱锡青、武彬：“民间融资中典当纠纷的裁判困境与司法路径”，载《东方法学》2013年第1期。

〔2〕参见“典当行普遍预扣当息”，载北京晚报，http：//bjwb. bjd. com. cn/html/2012 - 04/16/content_ 73528. htm，2014年7月16日访问。

部分。根据上述《意见》第5条规定，典当行与当户对典当综合费率有约定的，依法从其约定。当户有合理依据主张当期内典当行收取的利息、综合费用过高的，人民法院结合审理民间借贷纠纷案件中的利率保护标准、典当行经营成本等因素，合理确定应予保护的利息、综合费用数额。

（三）绝当

典当交易实践中，对于绝当物品，存在着“流质”的交易习惯，即在质权设定时，质权人与出质人在质押合同中约定，出质人在债务清偿期届满仍不履行到期债务，质权人债权未受清偿时，质物的所有权转移为质权人所有。然而，我国立法却对流质契约采取严格禁止的态度。[1]《办法》对严格的“流质”契约有所突破，对于绝当物估价金额不足3万元的，典当行可以自行变卖或者折价处理，损溢自负。这在一定程度上认可了“流质”的交易习惯。然而，严格地说，《办法》是商务部和公安部共同出台的部门规章，属于下位法，其与《物权法》、《担保法》等上位法冲突的部分应属无效。并且，实践中，由于典当业务中50%以上为房地产典当，绝当物估价多在3万元以上。因此，该条款对允许“流质”契约的实际帮助不大。

四、港澳台地区典当规则的比较与借鉴

典当业最早起源于中国，香港、澳门和台湾地区自古以来就是我国的领土，随着经济文化的发展，这种传统的融资方式也传播到港澳台地区。据史料记载，早在19世纪40年代开埠前，香港所在地新安县即有当铺存在。[2]澳门典当业的历史则更为悠久。明嘉靖三十六年（公元1557年），就有人在军营附近设“营典”专做军官士兵生意。清末民初，典当业进入鼎盛时期。[3]澳门政府为了规范典当活动，于1903年12月26日制定了《澳门市当按押章程》，规定开办当按押店铺[4]的各种事项和保障该行业与典当物件的物主利益。港澳台地区的典当规则传承了中国内地典当业的交易习惯，其有关当物、当息、绝当等规则与传统的交易习惯相似。自进入法治社会以来，港澳台地区对原有的典当交易

[1] 见《物权法》第186条、第211条以及《担保法》第40条、第66条相关规定。

[2] 李沙：《中外典当》，学苑出版社2010年版，第69页。

[3] 参见“濠江漫话：澳门当铺的前世今生”，载中国新闻网，http://www.chinanews.com/ga/ga-kjww/news/2010/06-12/2339198.shtml，2014年3月18日访问。

[4] 澳门典当业在全盛时期可分为“当”、“按”、“押”三种经营模式，主要区别在当期和利息上。其中，“当”的经营资金及规模最大、最雄厚，“按”的经营资金及规模次之，“押”的经营资金及规模最小。

习惯采取了不同的做法。例如，香港和台湾地区制定了典当的法律，以立法的方式对典当业特殊的交易习惯予以了确认。澳门地区虽然没有制定专门的典当法律，但大多沿用原有的交易习惯。

（一）当物

目前，港澳台地区各家典当行主要经营动产质押业务，当物通常是金银首饰、钻石珠宝、高档手表、名牌钢笔、手机等，故典当行又称“珠宝金行或钟表珠宝行”（见表1）。例如，我国台湾地区“当铺业法”第3条规定，典当的物品只能为动产，禁止有价证券及各种存款凭证等权利典当。[1]澳门典当行的当物也以动产为主，主要是金银首饰和名牌手表，而对于汽车、房地产等抵押贷款业务，澳门典当行则一律不做。在香港，虽然《当押商条例》并没有禁止典当行经营不动产抵押业务，[2]但据笔者了解，实践中，香港的典当行并没有从事不动产抵押业务。

港澳台地区典当行沿用动产质押的交易习惯，一方面是因为这些贵重物品的价格比较稳定，估值比较容易，方便典当行快速地确定贷出款项，满足了人们急需现金周转的需求；另一方面，金银首饰、钻石珠宝、高档手表等贵重物品的变现能力较强，能够保证典当行足够的流动资金。

表1　港澳台地区当物比较

地区	当物
中国内地	动产、权利、房地产
香港	动产，多为金银首饰、贵重物品
台湾	动产，多为金银首饰、贵重物品
澳门	动产，多为金银首饰、贵重物品

（二）当息

在当息规则上，港澳台地区分别采取了不同的做法（见表2）。港澳地区的当息规则继承传统交易习惯，一直以来实行的是单一费用制。并且，受到“禁止高利贷”规则的限制，立法还规定了典当的最高利率限制。例如，香港《当押商条例》规定，典当月利率为3.5%。该利率虽然高于银行贷款利率，但仍

[1] 我国台湾地区“当铺业法”第3条将“收当”定义为“当铺业就持当人提供担保借款之动产，贷与金钱之行为”。同时第16条规定了当铺业禁止收当的物品，包括有价证券及各种存款凭证等。

[2] 根据香港《当押商条例》第21条规定，身份证、护照、银行存折、照片等不得作为当物。

低于立法有关高利贷的限制。[1]澳门的情况比较特殊。由于澳门博彩业发达，典当行的顾客以赌徒为主，典当业与博彩业的发展息息相关，为防止赌博成瘾，澳门典当业的法定利率规定为月利率5%，高于立法规定的高利贷的限制。[2]我国台湾地区"当铺业法"第11条规定，典当的最高月利率不得超过4%，高于其他法律对高利贷的限制。[3]并且，台湾地区还实行多元费用制，一旦加上仓栈费，典当的实际费用更高。

表2　港澳台地区当息比较

地区	当息	与高利贷限制的比较
中国内地	多元费用制，平均月利率约5%[4]	可能高于高利贷限制
香港	单一费用制，月利率3.5%[5]	低于高利贷限制
台湾	多元费用制，最高月利率不超过4%，另可收取仓栈费，仓栈费最高不超过典当金额的5%[6]	高于高利贷限制
澳门	单一费用制，月利率5%	高于高利贷限制

另外，港澳台地区的立法普遍不承认预扣利息的行为。香港《放债人条例》第2条第3款有关贷款本金的释义中规定，"为厘定任何贷款的本金额，该笔贷款中任何款额如无显示曾经贷出，而只被视为借款人分期偿还贷款的其中一期，且贷款人亦如此视之，则该款额不得计算为本金"。也就是说，贷款本金

---

〔1〕根据香港《放债人条例》第25条规定，任何贷款协议，如其所订的实际利率超逾年息48%，则可推定该交易属敲诈性，法庭可变更该协议条款，以实现对协议各方的公平。另外，其第24条规定，任何人（不论是否是放债人）以超过年息60%的实际利率贷出款项或要约贷出款项，即属犯罪。

〔2〕根据澳门《民法典》第1073条有关暴利的规定，在消费借贷合同中，如订立之利息高于法定利息之3倍，则视有关合同具有暴利性质。但是，上述有关暴利的规定也有例外。根据《澳门博彩信贷行政条例》第16条规定，按照本法律的规定获赋予资格的实体，如赌场内的博彩中介人，在从事信贷业务时，不受上述暴利条款的限制。虽然典当行不在此例外范围内，但由于博彩中介人的放贷利息较高，导致典当行的利息也随之"水涨船高"。因此，即使典当行的利息高于法定利率3倍，也仍然比博彩中介人的放贷利息低，赌徒也愿意从典当行借贷。

〔3〕根据我国台湾地区"民法"第205条规定："约定利率，超过周年20%者，债权人对于超过部分之利息，无请求权。"

〔4〕在中国内地，这里所指的利率可以分为两部分，利息和综合费用，利息按照银行同期贷款利率收取，而综合费用则根据当物的不同有所区别，借款人需同时支付利息和综合费用，两项加起来平均利率约每月5%。见《办法》第36条至第39条规定。

〔5〕见1997年香港《当押商条例》附件二的规定。

〔6〕见2008年我国台湾地区"当铺业法"第11条、第20条规定。

根据实际贷出款项确定，不允许预扣利息。台湾地区“当铺业法”第19条则明确规定，不得预扣利息及费用。

（三）绝当

关于绝当物的处理，世界上通行两种做法，单一制和差额制。单一制是指，绝当物品，无论当金数额大小，其所有权一律自动转移至典当行，成为典当行的财产。而差额制则根据当金数额大小来决定绝当物品所有权是否自动转移，在法定数额界限以下的绝当物品转移所有权至典当行，而法定数额界限以上的绝当物品并不当然转移所有权，而是由典当行交予其他组织拍卖或变卖。

在绝当规则方面，港澳台地区不约而同地沿用原有的交易习惯，实行单一制（见表3）。当期届满，当户不来赎回当物的，当物就成为典当行的财产，典当行可以自由处分。根据香港《当押商条例》第17条第1款的规定，除本条例及任何其他法律另有规定外，当押物品如在当押商贷出任何款项的日期起计4个农历月届满时仍未被赎回，则成为当押商的财产。我国台湾地区“当铺业法”第21条规定，届期不取赎或顺延质当者，质当物所有权移转于当铺业。澳门《民法典》虽然也有“禁止流质”的规定，[1]但是，第664条（特别制度）中规定了允许例外的情况，“本节之规定，不影响法律对特定种类之质权所定之特别制度”。典当作为一种特殊的质权——营业质，不同于民事交易中的质权，可以设定特别的制度，实践中也普遍存在典当行自行处分绝当物的交易习惯。

表3 港澳台地区绝当规则比较

地区	绝当物的处理
中国内地	3万元以下归典当行所有，3万元以上交其他机构拍卖或变卖
香港	归典当行所有
台湾	归典当行所有
澳门	归典当行所有

五、我国内地典当法律制度改革的思路与对策

交易习惯是法律的重要渊源，具有弥补法律不足、解释法律等作用。我国《合同法》明确规定，对于合同中某些事项没有约定、约定不明或对条款的解释产生歧义，当事人在事后又无法达成补充协议时，适用交易习惯。任何国家

[1] 见澳门《民法典》第674条、第690条规定。

在制定法律制度时，除了借鉴其他国家的立法经验，更重要的是如何将自己民族的优秀法律文化和法律成果融入其中，包括交易习惯。在这方面，一个好的典型是，南京国民政府在制定民法典时，曾进行了大规模的民事习惯调查活动，并将其中的一些习惯纳入民法中（如典当的习惯）。这部法典至今仍在台湾地区适用，这种做法颇为台湾法学家所称道。〔1〕然而，“过去的法律知识是当今之人处理当今之事在规范上的‘出发点’，而非其‘最后的依据’。必如是，才不致以古泥今”。〔2〕尤其是在我国古代阶级社会中，封建阶级统治者制定的法律，或遵循的交易习惯，必带有阶级色彩，有利于统治阶级，不利于社会的公平与正义。因此，现代社会在继承传统交易习惯时必须“取其精华，去其糟粕”。

典当作为一种营业质，属于商事行为，具有不同于民事行为的规则，在对待传统交易习惯上，应当坚持以降低交易成本、提高交易效率为主要目标，对有利于降低交易成本、提高交易效率的交易习惯应当予以确认和继承，而对于增加交易成本和交易风险的习惯，则应当坚决予以否定。我国的典当立法可以借鉴港澳台地区的经验，充分发挥交易习惯的作用，并坚持批判继承的原则与思路。对于旧社会遗留下来的恶习，具有剥削性质，以及侵犯他人合法权利的做法，应当坚决予以否定，而对于反映传统文化的智慧与精华，有利于促进交易自由，提高交易效率的交易习惯，应当及时以立法的形式予以确认。

（一）当物

从典当及典权的发展历史可知，在我国古代，当铺就已经经营“质举田宅”的不动产典当业务，而后才发展成为典权。因此，不动产也可以成为当物。典当的实质是担保物权，无论是抵押，还是质押，只要能够提高物的使用效率，满足人们的融资需要，就应当予以肯定。况且，目前不动产抵押业务已成为我国典当行的核心业务，如果禁止典当行经营不动产抵押业务，不但不利于充分发挥不动产的价值，提高不动产的使用效率，还会抑制典当业的发展，抑制人们的融资需求。因此，立法应当坚持现有做法，继续允许典当行经营土地、房屋等不动产抵押业务。

（二）当息

我国古代一直采用的是单一费用制，该收费方式具有简单易计算等优点。然而，由于典当的利息较高，受到民间借贷利率不得超过同期银行贷款利率4

〔1〕孟杰：“交易习惯在合同法中的角色——兼论习惯在民商法中的地位重构”，载中国民商法律网 http://old.civillaw.com.cn/article/default.asp? id=10212，2014年9月10日访问。

〔2〕（台）黄茂荣：《法律方法与现代民法》，中国政法大学出版社2001年版，第82页。

倍的限制，现代的典当业只能将利息与其他费用分离，并通过综合费用这种“变相利息”的方式，避开高利贷的限制，实现收取较高利息的目的。但是，这种模棱两可的收费方式产生了当息计算及认定等方面的争议，超过4倍以上的利息存在不被法院认可的风险，因而提高了双方的交易成本。事实上，典当作为一种合法的高利贷已经得到世界许多国家的认可，典当业无需再避讳其“高利贷”的身份，而应当重新采用单一费用制，确定典当的法定利率。

另外，典当具有手续简单、放款迅速等优势，其利率一直高于银行同期贷款利率。考虑到银行从事的是贷款的“批发”业务，而典当从事的是贷款的“零售”业务，典当业收取较高的利息也无可厚非。作为一种合法的民间借贷方式，典当的利率不应当只考虑与银行贷款利率相比较，而应当同时考虑其他民间借贷方式的利率，从而确定典当的法定利率。因此，我国应当考虑民间借贷的实际情况，参考港澳台地区的做法和经验，以立法的形式，明确规定典当业的最高利率限制，同时还可以将该利率作为民间借贷的最高利率限制。[1]这样，既可以解决当息超过银行同期贷款利率4倍是否受到保护的争议，又可以将民间借贷纳入法律的监管，打击非法高利贷行为，使典当可以“光明正大”地收取高利息。

然而，2012年发布并征求意见的《条例》，在典当的当息收取方式上仍然坚持多元费用制。《条例》第22条规定，典当行可以按照当金的一定比例向当户收取综合费用。综合费用占当金的比例不得超过国务院商务主管部门规定的比例上限。当金利率按照中国人民银行公布的贷款基准利率执行。可见，上述规定并没有解决目前司法实践中存在的争议，亟需在征求意见后进行相应的修正。

关于综合费用能否预扣的争议，《条例》同现行《办法》一样，只禁止预扣利息，但没有明确禁止预扣综合费用。虽然典当业曾存在“九出十三归”的交易习惯，但这样的交易习惯实际上是典当行利用当户急需现金周转的优势而形成的，违反了公平原则，必须进行矫正。我国港澳台地区的法律也已经明令禁止预扣利息的做法。因此，我国立法应当将现有的“利息和综合费用”统一合并为典当的“利息”，并明确禁止预扣利息的做法。

---

〔1〕 浙江省温州市作为我国民间金融的试点，在起草《浙江省温州民间融资管理条例（草案）》中曾规定，借款期限在1个月以上的民间借贷，合理年利率应不超过48%，超过48%则不受保护。但借款期限在1个月以下的，则可超过48%。可是，在正式出台该条例时又删去了上述规定。参见“我国首部民间借贷管理条例通过，取消利率48%上限”，载新浪网，http://finance.sina.com.cn/china/dfjj/20131122/130417406310.shtml，2014年9月15日访问。

（三）绝当

允许典当行自行销售绝当物的做法节省了寻找绝当物买家的交易成本，他们不需要通过拍卖或变卖的方式处分绝当物，同时可以决定绝当物最终的销售价格，赚取销售价格与典当价格之间的价差，拓宽了典当行营利的渠道，大大刺激了典当行发放典当贷款的动力。另外，这种经营模式使得广大消费者既可以在当铺利用典当融资，满足自己的金融消费需求；又可以在典当行通过零售方式，购买新商品或二手货，从而满足自己的商品消费需求。世界上许多国家（地区）均将典当视为特殊的质押——营业质，允许约定流质条款。我国港澳台地区也不例外，绝当物的所有权归典当行，可以自行处分。因此，典当行除经营质押业务外，还经营商品零售业务，由于绝当物品物美价廉，吸引了不少顾客前来“淘宝”。

事实上，虽然我国立法禁止交易双方约定流质条款，然而现实中，不少典当行均通过合同规避“禁止流质”的限制。[1]但是，法律规避存在着不被司法认可的风险，加大了双方的交易风险，这导致典当行可能压低当金价格，或提高利率，以弥补风险损失。并且，若发生纠纷，双方还将增加协商和诉讼成本，从而增加了双方的交易成本。因此，我国立法应当适应市场现状及国际趋势，降低典当双方的交易成本，修改绝当规则，允许交易双方约定流质条款。

《条例》对“禁止流质”的规定继续有所突破，不再根据当金的大小区别是否允许“流质”。《条例》第24条规定，典当期限届满，当户和典当行未约定续当，当户也未赎回当物的，典当行可以与当户协议以当物折价或者以拍卖、变卖当物所得的价款，就当金及其利息、综合费用受偿，超过部分返还当户，不足部分由当户清偿。当物为动产的，经当户书面同意，典当行可以自行变卖。当户自接到典当行书面通知之日起满30日未答复的，视为同意，但在当物被处置前，当户可以向典当行支付当金及其利息、综合费用后，赎回当物。

然而，上述规定仍未完全放开“禁止流质”的限制。首先，只有当当物为动产时，经当户书面同意，典当行才可以自行变卖；当当物为权利或不动产时，仍遵循原有的方法，必须协议折价或交予他人拍卖或变卖。其次，“流质”条款乃当户与典当行的事先约定，而非事后的书面同意。最后，即使当当物为动产时，典当行也从未获得该动产的所有权，而只是取得自行处分的权利。它可以就当金及其利息、综合费用受偿，对于超过部分仍然需要返还给当户。典当

[1] 例如，典当行可以在发放当金时即与当户签订当物买卖合同，而合同签订日期约定为当期届满后一段时间，若当户不能举证该合同乃事先签订，法院很难审查该买卖合同是否事先签订。

行因此不能获得销售绝当物的差价，这就不能调动典当行销售绝当物的积极性。

随着互联网的发展，各行业均不断探索利用互联网扩展业务的方法和途径。允许流质条款后，典当行可以开拓网络销售绝当物品的业务，发展电子商务，开辟新的营利渠道。据统计，在美国，大小典当行都从绝当物销售方面获得了可观的利润，有的典当行甚至还发展网上销售业务。例如，第一现金服务公司，1998 年度公司总收入 957.3 万美元，其中，绝当物销售为 537.1 万美元，占 56.1%，超过典当综合费用收入 381.5 万美元的 40.78%，成为该公司主要利润来源。[1] 为扩大典当行的业务范围，促进典当业的发展，我国立法应当针对典当业适用特殊的法律规则，允许约定流质条款。

典当既是银行融资的重要补充，也是一种合法的民间融资方式，让典当借贷阳光化、规范化，不仅能实现资金在供需双方的高效配置，也为经济从依靠政府投资的外向型拉动转向依靠民间自发投资的内生性增长提供有效的平台。因此，我国应当在充分尊重典当交易习惯的基础上，以提高典当交易效率、促进交易自由为目标，不断完善典当法律规则，从而维护金融秩序，规范并促进典当业的发展。

---

〔1〕 李沙：《中外典当》，学苑出版社 2010 年版，第 68 页。

论我国行业协会商会组织法人治理结构之完善

陈　晶*

一、引言：问题的提出

改革开放以来，行业协会商会作为国家和社会之间的中介组织，对市场秩序和行业发展秩序的建立和维持发挥着重要的桥梁和纽带的作用。然而由政府组织和管理的双重管理体制严重约束和影响了商会的发展，不利于行业协会商会团体功能的发挥。2013 年 3 月《国务院机构改革和职能转变方案》提出行业协会商会类等四类社会组织可以执行直接登记，从而开启了社会组织登记管理制度由双重管理向一元管理的转轨。2014 年 7 月召开的“2014 中国行业协会发展论坛”上，中国工业经济联合会会长李毅中在论坛上演讲时表示，当前行业协会商会正面临一个重大的发展机遇期。同时，强调行业协会商会要自主探索市场化的服务路径，自主开拓生产空间，积极参与管理制度的改革，摆脱政府的束缚，增强自身的活力。在《中国行业协会发展报告（2014）》中，我们可以清楚地看到影响行业协会商会发展的因素既有外部机制（法律环境，体制环境等）的问题，也有内部治理（组织机构的设立，商会章程的效力，内部监管的完善）等问题，本文仅就行业协会商会的内部治理相关的问题进行阐述和分析。

二、行业协会商会法人治理问题的重要性

我国的行业协会商会表现为“体制内生成”、“体制外生成”、和“混合生成”三种类型[1]，因其身份的特殊性，使其患上了“行政化顽疾”[2]，被定

* 陈晶，北京师范大学珠海分校讲师。

〔1〕 余晖等：《行业协会及其在中国的发展：理论与案例》，经济管理出版社 2002 年版，第 20 页。

〔2〕 吴敬琏：“行业协会、商会的核心问题是回归本性”，载《中国商人》2012 年第 10 期。

性为“政府授权进行行业管理的中介机构”，因此，行业协会商会发展的研究主要关注如何处理行业协会商会跟政府之间的关系等问题上。随着政府职能的转变，行业协会、商会逐渐回归到原本的性质和功能定位上，即承认行业协会商会是依法成立的独立法人，进而引出对于其更加重要的法人治理的相关问题。首先，行业协会商会的治理改革涉及政府与社会、行业发展、市场与公民等各方面问题，相对于以营利为目的的企业法人来讲，行业协会商会的社会责任更加突出，而社会公共责任的承担有赖于其完善的内部治理机制。其次，良好的法人内部治理机制还可以有效地保护会员的根本利益。行业协会商会是企业的自治性组织，对于商会会员的合法权益受到侵害的救济制度同样非常重要，这也有赖于内部治理制度的健全和规范。再次，目前我国的行业协会缺乏国外行业协会的公信力，也就无法在竞争激烈的市场环境中获得长久的发展，因此要提高自身的公信力和竞争力仍然离不开科学的、制度化的组织和运行规则。最后，随着政府职能转变改革的推进，行业协会商会也要逐渐将发展的重点转移到自身法人治理结构的建设上，使其在组织架构、决策执行、审计监督方面都能达到善治的标准，只有这样，行业协会和商会才能发挥其应有的作用，在市场经济中为其会员和社会提供良好的服务。

三、行业协会商会法人治理问题分析

行业协会商会的法人治理与公司法人治理既有相同之处，又存在着很大的差异。随着行业协会商会逐渐回归独立法人的本性，我们采用了突出其法人地位的“法人治理”而非“组织治理”、“内部治理”等说法。公司法人治理结构是“调整公司内外相关利益主体的法律关系、法律规范的总称，其根本目的在于试图通过这种法律制度的安排，以达到相关利益主体间的权利、责任和利益的相互制衡。”〔1〕简而言之，公司的法人治理结构主要是解决公司内部各种权力的分配与制衡，以及公司内部的激励和监督的制度。而行业协会商会是非营利组织，其本身的非营利性导致缺乏个人利益的存在，也就是所有者缺位，从而衍生出来自身无法避免的问题。目前，我国行业协会和商会的法人治理方面的问题主要有以下几个方面：

1. 行业协会商会治理机构设置和运行缺乏合理性和有效性

由于行业协会商会的非营利性导致其所有权缺位，产权不明晰，缺乏个人利益的存在。虽然采用了决策机构、执行机构、监督机构三种权力互相分立制

〔1〕 周林彬、任先行：《比较商法导论》，北京大学出版社2000年版，第330页。

衡的组织结构体系，但是在实际运行中，会员大会作为最高的权力机构其权威性无法得到普遍的认同与尊重。行业协会商会的会员与组织之间并没有紧密的产权关系，也不存在直接的利益关系，使得会员很难积极地参与到协会商会的运行管理中去。而理事会作为商会的行政管理机构，应该在行业协会商会的内部运行中发挥着重要的作用，维护会员集体以及社会的公共利益，然而在实际运行中，理事会常常受到“外部人控制”、“内部人控制”等各种不合理的现象。所谓“外部人控制”，主要是指会员以外的组织和个人担任协会的重要职务，凌驾于协会商会之上而控制其发展的现象。[1]所谓“内部人控制”，是指行业协会的内部人员，例如，会长、副会长、理事、秘书长等相关人员以公开或者隐蔽的方式控制着协会商会的决策和发展。[2]最后，在治理结构的设置中，各地的协会商会都参照公司法人的治理结构设置了决策机构的会员大会以及作为执行机构的理事会和秘书处，然而监督机构的设置相对来说“缺位”的现象比较严重。在我国，由于社会及历史的原因，对于权力互相分立制衡的组织结构体系的运用依然有缺陷，尤其是对于监督机构的作用无法保障其正常的发挥。在公司的法人治理结构中，监事会的地位也经常受到各种质疑，作为非营利组织的行业协会商会的监事会更是无法正常行使其监督的职权。目前行业协会商会的治理中“精英模式”的治理观念依然盛行，过度地强调领导个人能力对于协会商会发展的重要性，阻碍了制度化的内部监督机制的有效运行，这对于行业协会商会的长期可持续发展会带来不利的影响。

2. 行业协会商会的法人内部制度设计不完备

行业协会商会制度设计的缺陷主要体现在选举制度的民主化程度不高，协会商会的内部惩罚机制缺失，成员企业的权利救济制度缺失，绩效考核制度不完善等。首先，我国行业协会法人治理的民主化程度有待进一步提高。在公司治理中，股东对于董事会的组成非常关注，因此公司法人的选举中，股东的参与程度、民主程度都有相应的保证。而行业协会商会的成员企业和组织之间并无紧密的产权关系，因此在选举理事会的过程中很难坚持充分的民主参与和差额选举。其次，随着政府机关逐渐退出行业协会商会的监督管理，其自身的内部惩罚机制显得尤为重要。商会的“内部惩罚机制”类似于合同法的违约责

---

〔1〕 参见高金德：“深圳市行业协会商会组织法人治理结构研究——一个实证性的分析”，载《社团管理研究》2009 年第 1 期。

〔2〕 参见黎军、李海平：“行业协会法人治理机制研究”，载《中国非营利评论》2009 年第 1 期。

任,[1]企业成员应当协商一致，并以协会商会章程的形式确定下来。然而，根据统计，我国大多数的商会章程只是涉及了会员不缴纳会费情况下的惩罚措施，并以剥夺会员资格为主要方式。而对于商会侵犯个别企业成员利益或者社会公共利益时，如何建立完善的惩罚措施，并无具体的规定。最后，行业协会商会缺乏有效的绩效考核制度以及人员激励制度。公司法人是营利法人，绩效考核最终由利润来决定，而行业协会商会等非营利法人，其组织绩效难以度量，缺乏相应的考察指标。毋庸置疑的是，任何权力都存在着被滥用的风险，行业协会商会或者其内部管理人员滥用权力造成成员权利的损失，应该如何进行救济？从目前的立法范围来看，只有少数的地方立法涉及协会商会成员的权利救济。而在现实生活中，行业协会商会的侵权行为也非常突出，例如，滥用权力，限制排挤弱小企业的发展；违反商会章程，隐性剥夺弱小成员的表决权和选举权等，法人内部治理制度中理应包含对于成员企业全力救济的制度。

四、完善行业协会商会法人治理结构的建议

目前，我国的行业协会商会在企业、社会公众的公信力仍然比较低，除了来自外部的政治环境、法治环境等因素的影响，与其自身的法人内部治理的不完善也有着直接的关系。针对本文提出的几个主要问题，笔者从以下几个方面阐述完善我国行业协会商会法人治理的建议：

1. 以民主法治为基本原则，完善行业协会商会的法人治理结构

美国法学家麦克尼尔（Macneil）提出“关系型契约”理论,[2]称商会具有“关系型契约”的性质[3]，据此，我们认为行业协会商会的成员是平等的法律地位，应该遵循私法的基本原则进行内部治理，成员平等地享有选举权、表决权、罢免权等各项基本权利。在民主集中制的组织原则下，充分尊重最高权力机构——会员大会的权威，明确规定行业协会商会的重大事项须经会员大会讨论通过。由会员大会选举产生的理事会作为执行机构，确定其具体的业务范围、会议表决制度等，保证理事会的工作合法有效进行，参照公司法人治理的有关制度，结合非营利法人的特点以及温州、广东等地区行业协会商会的先进经验，

---

〔1〕 周林彬、董淳锷：“中国商会立法刍议：从契约的视角”，载《南开学报（哲学社会科学版）》2007 年第 2 期。

〔2〕 参见［美］麦克尼尔（Ian R. Macneil）：《新社会契约论》，雷喜宁、潘勤译，中国政法大学出版社 1994 年版。

〔3〕 周林彬、董淳锷：“中国商会立法刍议：从契约的视角”，载《南开学报（哲学社会科学版）》2007 年第 2 期。

将民主的选举制度、详细的会议制度、重大事项的报告制度、秘书处的工作制度等以行业协会商会章程的方式确定下来。

公司法人内部的股东利益与经营管理者利益之间的冲突使得监督机制的建立尤为重要。而在行业协会商会内部，协会商会成员不仅有共同利益，同时也存在着私人利益，因此，建立有效的监督机制是协会商会正常运行的重要保障。从我国的公司法人治理结构中的设立监事会的经验来看，监事会在公司运行的过程中的作用远远不够，实践中很难形成董事会、股东会、监事会权力制衡的效果。美国的非营利法人并未设立监事会，而对于法人的监督采取了独立会计师制度，也就是说美国非营利法人无论规模大小，都应当聘请独立会计师，由独立会计师对非营利法人的财务进行审计和检查。我们认为，在第三方中介机构不断完善的环境下，我国也可以尝试采取独立会计师制度，对于行业协会商会的财务报告进行独立的审计和监督，从而真正达到决策机构、执行机构、监督机构的权力制衡。

2. 在合理边界范围内确定行业协会商会的内部惩罚机制

如前文所述，商会是一种“关系型契约”，关系型契约强调缔约主体对契约履行机制的自我实施和自我约束，即通过约定某些惩罚性机制来保证契约的履行。尽量减少第三方（例如法院、仲裁庭）的强制。[1]在中国古代商会的发展过程中，调节处理商事纠纷历来都是各地商会的重要职能。清政府曾谕令全国设立商会，并规定其有权处理商事纠纷。各地商会把处理商事纠纷，保护商人利益等写进章程，并设立专门机构负责处理商事纠纷。近代历史中，上海、苏州都曾明确规定商会的宗旨之一便是“维持公益，调息纷难”，并设立专门的商事纠纷公断处处理商事纠纷。行业协会商会可以建立有效的内部纠纷解决机制，相对于费用高昂、耗时耗精力的诉讼来讲，内部纠纷解决机制具有节约成本、简单灵活等优点，这对于将时间视为金钱的商人来讲，无疑是最优的解决方式。另外，商会内部的纠纷解决机制还有利于缓和双方的矛盾，继续维持商会中的友好关系。根据传统的合同法理论，行业协会商会的内部惩罚机制可以借鉴违约责任的相关形式，适当加以变通，并最终以商会章程的形式确定下来，从而有效地制约商会成员的行为。

3. 制定完善行业协会商会成员的权利救济制度

有权利就应该有救济。行业协会商会作为独立的法人，可以独立地承担法律责任，因此成员企业对于行业协会商会的侵权行为也可以请求其承担责任。

---

〔1〕 周林彬主编：《商法与企业经营》，北京大学出版社2010年版，第474页。

在目前商会法律缺失的背景下，会员与协会商会之间的纠纷可以通过章程或者《合同法》的相关规定来解决，比如，当协会商会没有履行其法定或者约定义务时，企业会员可以要求协会商会继续履行，并赔偿损失，必要时可以请求赔礼道歉，并发表声明，也可以退还会费和退会的方式解除合同。与之相对应，行业协会商会也可以提出以章程的免责条款和法定的抗辩理由进行抗辩，例如，因不可抗力等因素无法履行义务。

在实践中，行业协会商会的章程应该详尽规定其具体的权利和义务，以减少运行中产生的纠纷和成本。章程可以规定行业协会商会的权责有：收取会费，对会员的管理，对会员的纠纷调解，代表企业与政府沟通，促进企业间交流，制订相关人员的培训、绩效考核的标准，提供融资担保，组织劳资对话，组织商务考察，组织行业研讨会的召开，建立和维护信用公示制度，组织应对反倾销、反补贴调查，等等。

股东查阅权制度若干问题的探讨

黄心怡 *

2005年修订《公司法》时，在查阅权制度上有了质的进步。例如，有限责任公司股东查阅权制度的相关规定，具体体现在以下三个方面：①股东的查阅权范围从股东会会议记录和财务会计报告扩大到了公司章程、股东会会议记录、董事会会议决议、监事会会议决议和财务会计报告，以及公司会计账簿；②肯定了股东对部分信息资料的复制权；③在《公司法》上明确确立了股东查阅之诉，股东查阅权之救济得到了强化。然而我们看到，2013年12月28日发布的修改后的《公司法》在该制度上并没有进一步地完善。在实践中，在查阅权制度涉及的主体资格、客体范围，以及查阅权实现的问题上依然存在着诸多亟待解决的问题。正是法律制度的构建不能应对具体的实践问题催生了本文。

一、股东查阅权制度的理论基础

《公司法剖析》一书指出，"法律人格"与"有限责任"是公司的五个核心的结构性特征之一，前者指公司具有区别于股东的独立的法人人格，意在保证公司的独立与自由运转，后者在于厘清股东与公司对外债务的关系，保证股东的个人财产不受公司对外债权人的追责。"法人人格独立和股东有限责任是公司制度的基础，当然也同样是股东知情权制度的构建基础"。[1]从以上两点理论出发，重新审视股东查阅权制度以及探讨相关的若干问题。

（一）公司的独立法人人格

股东将自己的财产投资设立公司，虽然公司的成立是一个组织化的成果，包括有组织的人和物，以及公司制度，但从本质上来讲，公司是财产的集中。

---

* 黄心怡，深圳大学法学院法律硕士。

〔1〕 蔡元庆："股东知情权制度之重构"，载《北方法学》2011年第3期。

这种财产的集中发生了另外一种质变，即由物变成私法上的主体，财产权获得主体资格，公司作为一种财产的集中，获得了法律对其独立法人人格的确认，并且成为与自然人一样平等的主体存在于商事活动中。但归根到底，股东与公司已成为两个相互区分的独立主体，公司的财产或经营活动以及相关的财产信息或经营信息均独立于股东，属公司所有。因此，股东要了解公司的相关信息，就有必要设置一个法律制度，构建股东查阅公司相关信息的适当桥梁。倘若没有引入股东查阅权制度，股东可以随意查阅公司所有信息，公司独立人格被肆意破坏，将造成公司经营管理的混乱。而公司独立人格的否认只有在股东滥用公司独立人格，侵犯公司利益时才适用，其目的是“阻止公司法人人格的滥用和保护公司债权人利益……就具体法律关系中的特定事实，否认公司与其背后的股东各自独立的人格和股东的有限责任，责令公司的股东（包括自然人股东和法人股东）对公司债权人或公共利益直接负责……”。[1]

（二）股东的有限责任

据以上所述，基于公司独立的法人人格，股东与公司成为两个不同的平等主体，公司的本质是股东投入财产的集中。自此，公司拥有独立的财产权，股东的个人财产也独立于公司之外。公司拥有独立的财产以及独立的人格，法律将其拟制为权利义务主体，随之也拥有独立承担法律责任的能力。股东的有限责任表现在对公司的对外责任仅限于其所投资之部分。承担的责任与享有的权利应该被控制在一个合理的平衡之内，对公司债务承担有限责任的股东享有的股东查阅权不应当毫无限制而被无限度扩大。“权利与义务的统一、利益与风险的一致是民商法永恒的原则”。[2]

学者们在探讨股东查阅权制度时，经常提到该制度是不同主体之间的“利益平衡”。如“实践中，股东知情权纠纷直接源于少数股东与多数股东之间、股东与管理层之间，多数股东、管理层利用控制权操纵公司，少数股东无法进入董事会参与经营，获取公司信息的唯一途径就是股东知情权的行使。”[3]“如何预防和减少股东利益和公司利益在股东知情权行使时所产生的冲突矛盾，是股东知情权法律制度设计时必须解决的。因此，世界各国在扩大股东知情权范围、完善股东知情权途径的同时，遵循权利充分保护原则和权利优先原则，

---

〔1〕 朱慈蕴：《公司法人格否认法理研究》，法律出版社 1998 年版，第 4 页。

〔2〕 丁俊峰：《股东知情权理论与制度研究——以合同为视角》，北京大学出版社 2012 年版，第 209 页。

〔3〕 李建伟、姚晋升：“论股东知情权的权利结构及其立法命题”，载《暨南学报（哲学社会科学版）》2009 年第 3 期。

对股东知情权制度作出一些必要的限制，以阻却权利滥用的通道，平衡利益关系。”[1]但在进行论证时，并未深入到以上两个具体的理论基础层面，仅仅是停留在“利益平衡”这一具体原则的表面。虽然公司的独立法人人格与有限责任是一个问题的两个方面，但股东查阅权制度的产生与构建，正是基于追求公司独立的法人人格与股东有限责任的平衡而展开。

二、行使查阅权的主体资格

案例：唐某诉上海某建筑工程有限公司股东知情权纠纷案。[2]

2000 年 5 月 23 日，上海某建筑工程有限公司改制成立，其中原告唐某为股东之一，认缴出资人民币 1 684 000 元，占 11.08% 股份。2008 年 9 月，原告提出退股申请并经全体股东一致同意，即日起原告不再参与被告的任何经营管理。2012 年 8 月，该建筑公司向法院起诉唐某，要求唐某补缴出资1 684 000元，该案终审判决认定原告退股行为无效，原告仍系被告股东，并应补缴出资。2013 年 3 月、6 月，原告两次以书面形式通知被告及其法定代表人石某要求对被告经营状况、财务状况、相关资料进行检查及查阅，均遭被告拒绝，使原告作为股东和监事却无法了解公司的经营状况。故诉请法院判令被告提供自 2009 年 1 月 1 日起至 2013 年 6 月 30 日止被告的股东会会议记录、董事会会议决议和财务会计报告供原告查阅、复制；提供自 2009 年 1 月起至 2013 年 6 月的会计账簿供原告查阅。

该起查阅权纠纷的特殊之处在于，唐某作为股东于 2008 年已退出公司，但 2013 年又被起诉要求补缴出资，并恢复股东资格。

在法院的裁判书中，一般都会采用“×××作为公司的股东，享有股东查阅权”的字眼来描述查阅权的主体资格问题，并作为裁判理由的前提依据。但是《公司法》对于一些特殊股东是否享有股东知情权并没有明确规定。

（一）出资瑕疵股东

履行出资义务是股东的一项基本义务，若股东未履行或者未全面履行出资义务或者抽逃出资，除必须完成出资义务以外，我国《最高人民法院关于适用〈中华人民共和国公司法〉若干问题的规定（三）》第 16 条规定其股东权利还会因此受到相应的限制，但该限制仅包括其利润分配请求权、新股优先认购权、剩余财产分配请求权，即法条并没有明确规定因为出资瑕疵而限制股东的查阅

---

〔1〕 庞梅：“股东知情权：从利益平衡到法律适用”，载《法律适用》2007 年第 8 期。

〔2〕 上海市崇明县人民法院（2013）崇民二（商）初字第 298 号。

权。再者，公司是财产的集合，其资合性十分明显，但其人合性同样不容忽视，股东的身份便是人合性的一个重要体现，股东查阅权应当是一个只要具有股东身份就应当享有的权利。最后，《公司法》强调外观主义，股东名册上对股东的记载是证明股东身份的外观体现，享有查阅权的主体应当包括股东名册上的股东，而并非以实际是否履行出资义务而确定。上述案件中，该法院支持了唐某的诉求，并认为“知情权的行使并不因股东未履行或未全面履行出资义务而受到限制”。另外，江苏省高级人民法院2003年出台的审判指导意见认为“行使知情权的为未出资的股东，不应予以支持。”[1]这一观点一直以来也饱受学界的批评。[2]

（二）已退出公司股东

如上所述，享有查阅权的主体应当包括股东名册上的股东，即所有现任股东，那么是否就理所当然地将已退出公司的股东排除在查阅权之外呢？显然，公司法对查阅权主体的规定描述为“股东”，很多学者基于股东权利是身份权的理由，将查阅权的主体限制在现任股东的范围之内；而主张已退出公司的股东亦享有查阅权的观点往往认为应对本条文的“股东”作扩张性解释。刘俊海教授认为失去股东资格的老股东也享有股东知情权，并阐述了如下理由：“为确保老股东了解公司净资产真实状况，知悉自己转让股权的价格是否公允……”[3]笔者同意该观点，并且认为关于已退出公司的股东能否最终实现查阅权不能一概而论，立法上虽然限制股东身份，但实践中还应当结合老股东的具体查阅目的进行判断。同样地，只要目的正当，对于新加入的股东，也不能拒绝其查阅加入公司之前的信息资料。

另外，查阅权主体资格是不要求股东拥有最低持股比例的。1969年的美国《标准商事公司法》第52条曾要求“不低于公司已发行股份之5%的股东”才有权行使该法中规定的账簿记录查阅权。[4]但是取消最低持股比例已经成为立法的趋势。通过持股比例来限制查阅权，实质上剥夺了小股东的权益。但学界中也有观点认为股东查阅权是为了保护中小股东的利益。笔者认为，如果说对

〔1〕《江苏省高级人民法院关于审理适用公司法案件若干问题的意见（试行）》（2003年）第70条。

〔2〕李建伟：“股东知情权诉讼研究”，载中国民商法律网，http：//old. civillaw. com. cn/article/default. asp? id =57718。

〔3〕刘俊海：《新公司法的制度创新：立法争点与解释难点》，法律出版社2006年版，第207页。

〔4〕王静：“公司利益平衡下的股东查阅权”，载中国民商法律网，http：//old. civillaw. com. cn/article/default. asp? id =39708。

行使查阅权的股东加以持股比例的限制是一种对“小股东之诉意在扰乱公司经营”的成见，那么后者则是对“大股东以优势地位欺压小股东”的一种偏见。实际上，查阅权是每一位股东都享有的权利，股东查阅权制度的设计在于平衡公司独立法人人格与股东对公司的有限责任之下的公司与股东的利益，是所有股东都必然享有的一项权利。

三、查阅权的客体范围

案例：王某与北京贵德和时科技有限公司股东知情权纠纷一案。[1]

贵德和时公司于1998年6月注册成立，注册资金50万元，陆国成与王某等四人为贵德和时公司股东，王某持股30%，处于小股东地位并未参与该公司管理。因贵德和时公司一直拒绝向王某公开公司财务状况，王某于2011年向北京市西城法院起诉贵德和时公司要求查阅公司会计账簿，经审理后，西城法院判决支持了王某的诉讼请求。在查阅公司会计账簿期间，王某发现账簿上存在多处重大疑问和违反会计制度的内容，例如总账和明细账不符、现金日记账出现红字等。为了查清上述问题，王某于2012年11月17日向贵德和时公司提出书面申请，请求查阅公司账务凭证，贵德和时公司在收到书面申请后，至今未予答复。为此，王某再次提起诉讼，请求法院判决贵德和时公司提供自1998年6月16日以来的财务原始记账凭证（包括现金、银行、明细账对应原始凭证）、财务会计报告供王某查阅，并可对其摘抄和复印。

对于王某诉请查阅的原始记账凭证，贵德和时公司辩称，原始会计凭证不属于行使股东知情权的范围，股东行使知情权不是无限的，不是公司财务的所有凭证都可以查阅，王某的行为严重影响了公司的正常经营。结合该案例，笔者围绕如下两个方面对查阅权范围展开分析：

（一）现行规定的查阅权范围不能应对实践需要

查阅权范围是否包含原始会计凭证？《公司法》第33条并没有将原始会计凭证纳入查阅权的范围，但是由于原始会计凭证能够最原始地反映公司的财务状况，实践中不少查阅权纠纷都涉及该资料争议。立法的不明确，还常常导致相似案例但不同的判决结果，如“本文据以研究的130份裁判文书中，55件案件的当事人诉请查阅与会计账簿密切相关的公司会计凭证（包括记账凭证和原始凭证），但同样是依据《公司法》第33条的规定，32件判决支持，19件判

---

〔1〕北京市第一中级人民法院民事判决书（2013）一中民终字第9866号。

决驳回，另有4件因主体资格瑕疵未获支持”。[1]可见，除去主体资格瑕疵的原因外，判决支持的达63%，判决驳回的达37%。至于反对的观点，一些法院仅仅是简单地根据该相关条文没有明确纳入会计凭证，而断然将其排除在股东查阅权的范围之外，如杨韶军与云南恒裕光电有限公司股东查阅权纠纷一案[2]，法院认为“法律没有赋予股东有查阅财务凭证的权利，原告要求查阅财务凭证的请求没有法律依据”——立法的局限导致了股东应有权利的落空。而在主张会计账簿当然包括原始会计凭证的观点中，则有一部分认为应当对会计账簿作扩张性的解释。但笔者认为，《会计法》的第14、15条已对会计账簿以及会计凭证的概念作了明确的区分，其中第15条规定，“会计账簿包括总帐、明细账、日记账和其他辅助性账簿”。因此，会计账簿并不当然包括原始会计凭证。

但是基于以下三点原因，原始会计凭证应当被纳入股东查阅权的范围：其一，《会计法》第15条第1款还规定：“会计账簿登记，必须以经过审核的会计凭证为依据……”据此，会计账簿是依据原始凭证制作，原始凭证才是会计账簿涉及信息的最原始记录，故对原始凭证的查阅理当是查阅会计账簿的应有之义；其二，目前我国公司账面造假屡见不鲜，且有过之而无不及，会计账簿常常成为公司隐瞒真实信息的手段，例如，案例中的王某发现账簿上存在总账和明细账不符等重大疑问和违反会计制度的内容；其三，从立法目的上看，而股东查阅权作为一项手段性权利，如果不查阅原始会计凭证就不能了解公司真正的经营状况，无法保障股东的经营决策、获得股息红利等权利。另外，对于该问题，最高人民法院认为“查阅原始会计凭证是股东行使知情权的主要途径，在符合《公司法》第33条规定的其他条件下，应当允许股东查阅和复制、摘抄需要的内容”。[3]因此，笔者认为，原始会计凭证不应被断然排除在股东查阅权范围之外，而应综合考虑股东查阅目的。

(二) 股东查阅权的权利结构与查阅范围的界定

何为股东查阅权？有些学者对股东查阅权的理解仍然局限于该权利的“积极行使”的层面上，如“所谓股东查阅权，是指股东在满足法定条件后，可以请求公司提供各种账簿和记录等文件供其查阅的权利”。[4]还有学者从狭义与

---

〔1〕 王晓艳、王艳华：“有限公司股东查阅权之查阅对象的实证分析与法律重构——以〈公司法〉第34条之扩张解释为中心”，载赵旭东、宋晓明主编：《公司法评论》（2011年第1辑，总第18辑），人民法院出版社2011年版，第103页。

〔2〕 云南省昆明市中级人民法院民事判决书（2009）昆民五终字第50号。

〔3〕 肖扬主编：《中国审判指导丛书》（2007年第1辑），人民法院出版社2007年版，第72页。

〔4〕 束景明：“浅谈股东查阅权的主体和客体”，载《学理论》2011年第7期。

广义出发理解查阅权："狭义上的股东查阅权仅指股东账簿查阅权……广义上的股东查阅权是指有法律强制性规定，公司股东基于意思和合理目的对公司的会计账簿、会计记录等财务文件和股东大会、董事会、监事会会议记录、股东名册以及其他重要文件进行查阅的权利。"[1]然而，这并非对查阅权的准确把握，仅仅是查阅权范围大小的区分。显然，以上各种观点的归纳都停留在股东主动寻求公司信息的查阅，而忽略了股东的查阅利益也可以通过公司主动向股东履行相关资料的披露或呈递义务而得以实现。有学者认为在股东的立场而言可将其称为"信息接收权"。[2]蒋大兴教授还根据股东行使查阅权主动性程度对该权利进行层级结构的分析，[3]其中，股东被动接受信息为查阅权实现的第一层次，并且被视为知情权的常态行使；股东主动请求公司公开信息是行使查阅权的第二层次；股东查阅权诉讼即通过司法救济已经是行使查阅权的第三层次了。据此，要保证股东查阅权的实现，立法的设置首先要考虑促进查阅权在第一层次的实现。笔者对此将寻找以下两个方面的路径：

1. 对查阅权的范围不设限制

上文已论述了原始会计凭证应被纳入股东查阅权范围的缘由，然而事实上并非仅原始会计凭证被排除在现有股东查阅权制度之外。如某课题组在对192个裁判样本进行分析时，仍有比例约为2.65%的案件中股东要求查阅财务账册、对账单、合同书、资金进出凭证等资料。[4]甚至涵盖了从公司基本信息、公司经营决策信息到公司财务信息等八十余种在《公司法》第33条以外的资料，如高管层办公会议记录、股东会批准的方案以及现金流量表等。[5]股东查阅权是一种工具性权利，其目的不仅仅在于单纯的信息获取，更重要的是该信息的功能价值，以便更有效率以及更准确地实现其他权利，如对某项事项的表决权，或利润分配请求权等，这也正是股东查阅权的工具性价值所在。作为股东其他权利实现的前提和基础，根据目的的不同，股东需要查阅的资料是不确定的，法律作为对实践的描述与反映，却违背实际情况而断然将某项公司信息

---

〔1〕 毕晓宇、袁泓："中美公司股东查阅权比较"，载《法制与社会》2010年第18期。

〔2〕 李建伟、姚晋升："论股东知情权的权利结构及其立法命题"，载《暨南学报（哲学社会科学版）》2009年第3期。

〔3〕 蒋大兴："超越股东知情权诉讼的司法困境"，载《法学》2005年第2期。

〔4〕 李建伟："股东知情权诉讼研究"，载中国民商法律网，http：//old. civillaw. com. cn/article/default. asp? id =57718。

〔5〕 王晓艳、王艳华："有限公司股东查阅权之查阅对象的实证分析与法律重构——以《公司法》第34条之扩张解释为中心"，载赵旭东：《公司法评论》（2011年第1辑总第18辑），人民法院出版社2011年版，第101页。

排除在股东查阅权范围之外的做法是十分不合理的。再者，不确定的查阅目的必然导致法律规定无法将所要查阅的资料全部囊括。因此，从股东查阅权的本质出发，一切有关公司的信息资料都可供股东进行查阅，并且出于实践需要，法律制度相应地也没有必要对股东查阅权的范围加以限定。

有些观点认为比较其他国家和地区的立法，尤其是美国，对于查阅权的范围都做了较宽松的规定，因此我国的立法应当对此有所参考。但笔者认为，无需对查阅权范围加以限定，并非意味着股东可以任意对公司任何资料进行查阅，更不应当盲目扩张查阅权的范围。在公司独立人格与股东有限责任之下，股东行使查阅权必然应当有与权利与义务相统一的适当的限制。只不过这种限制不应当体现在范围之上，而在于着重考察股东查阅特定资料的目的是否正当——这将在后文展开论述。

2. 完善公司信息披露制度

如上文所述，股东查阅权包括股东被动接收信息权，是股东实现查阅目的的第一层次权利，因而公司负担着依照规定主动向股东披露或提供公司信息的义务，而无需股东主动请求即可获知某些信息。要保证股东查阅权的这种常态行使，我国《公司法》有必要完善公司信息披露制度。同时，这也有利于实现公司的内部自治，保证股东按需获得信息以实现其他目的性权利的效率。“这种广泛的信息披露，向股东提供了信息，并使公司股价反映了对公司内部人绩效的评估，从而直接或间接大大地提升了公司治理的质量。……在这些公司中，强制信息披露可以成为多数股东行使其任免权和决策权的基础”。[1]

而我国有关公司的信息披露制度的规定较少，主要集中于《证券法》中，但证券法上的强制披露信息制度的适用仅限于上市公司或公开发行证券的非上市公司，对于普通非上市公司的规范明显不足，导致股东查阅权的内部自主实现难以见效。因此，有必要完善非上市公司的信息披露制度。《公司法》对信息披露制度的规定主要见于第96条以及第165条，对于股份有限公司与有限责任公司的信息披露做出了区分规定，股份有限公司需要备置的资料除了财务会计报告，还包括股东大会会议记录、董事会会议记录、监事会会议记录等重要资料，而有限责任公司仅要求备置财务会计报告。虽然考虑到有限责任公司的人合性以及封闭性，其公司信息备置与披露义务是宽松的，但同时也是十分有限的。笔者认为可参照《公司法》第33条第1款规定的股东绝对查阅权的相关

---

〔1〕［美］莱纳·克拉克曼等：《公司法剖析：比较与功能的视角》，罗培新译，法律出版社2012年版，第85页。

资料，规定有限责任公司向股东的最低层次披露义务应囊括以下资料：“公司章程、股东会会议记录、董事会会议决议、监事会会议决议和财务会计报告。”这样既符合《公司法》原有的立法设计，也不至于无视公司独立人格而无限扩大公司的披露义务。

四、行使查阅权的正当目的

（一）实践中与正当目的相关的因素

在遇到具体纠纷时，不同的案件，考察股东行使对某项资料的查阅权的正当目的过程中，也呈现出不同的相关因素。

1. 同业竞争关系

如上述王某与北京贵德和时公司一案中，王某请求法院判令贵德和时公司提供自1998年以来的财务原始记账凭证等信息。但是根据贵德和时公司的举证以及法院查明，王某在2011年3月30日投资设立了捷迅贵德公司，且担任该公司的法定代表人，捷迅贵德公司与贵德和时公司在软件开发、销售计算机软件及辅助设备的两项经营范围相同。虽然二审期间，王某已不再担任捷迅贵德公司股东和法定代表人，但该公司现任股东系王某的配偶和父亲，鉴于王某与该公司股东的亲属关系，捷迅贵德公司与贵德和时公司仍然不排除同业竞争的可能，王某查阅贵德和时公司会计账簿，亦有可能损害贵德和时公司的权益，且王某并未提供其他合理性理由，因此法院不支持对王某要求查阅贵德和时公司2011年3月30日以后的原始记账凭证等信息。

2. 查阅对象的可替代性

若股东意在了解的信息可以通过查阅其他公司文件资料，或者其他途径便能达到目的，则不应当支持其查阅权。例如，在北京远大会计师事务所有限公司股东知情权一案中，法院认为“宁丁在向远大事务所提供的《申请书》称其查阅会计账簿的目的系为确认股权价格，但其确定股权价格可以通过查阅公司财务会计报告确定而不需要直接查阅公司会计账簿”。[1]

3. 财务信息的商业秘密性

也有观点认为公司会计账簿或原始凭证等财务信息涉及公司商业秘密，不乏个别股东利用股东查阅权获取公司商业秘密另有所谋，侵犯公司的利益。尤其是与仍自营与本公司存在具有同业竞争关系公司的股东，更应严格控制其股东查阅权的行使。例如，在“姚建国诉北京市朝阳京华纺织服装公司侵犯股东

〔1〕 北京市海淀区人民法院民事判决书（2006）海民初字第7426号。

知情权”一案中，法院并不支持具有同业竞争关系的股东姚某的查阅请求，认为：“公司会计账簿中有关企业成本计算资料涉及企业商业秘密，如果让姚建国查阅纺织服装公司的会计账簿，有可能对纺织服装公司造成不利后果。”〔1〕

（二）正当目的的界定

事实上，通过以上对查阅权主体资格、查阅权对象范围以及与正当目的的相关因素的分析，主要是想说明查阅权的实现与是否具有现任股东身份、查阅的具体信息内容以及其他相关因素并没有必然的联系，这些只有在不同个案中才呈现的具体事实都不应当作为判断正当目的唯一标准，更不应当将这些具体事实简单地固化为法律条文指导现实中各种各样的查阅权纠纷案件。当然，我们不能否认，正当目的的考察往往必须将股东的主体身份以及查阅的对象等因素联系起来。确定股东的目的是否符合他作为股东的利益需要详细的事实分析。任何司法评价都是在特定的案例当中。立法中最应当解决的问题是正确表达案例事实所呈现出来的不同因素之间的联系以及与查阅权实现的联系，因此，必须引入正当目的作为桥梁，只有具有正当目的才能作为查阅权实现的唯一标准。同时，正当目的也是对股东查阅权的一种限制，其作用在于防止股东肆意行使查阅权，破坏公司的独立人格。然而，我国《公司法》对于正当目的的抽象原则性规定显然不能指导具体的案例。在利益平衡以及法律原则与个案的适用冲突之下，准确把握正当目的显得十分必要。

目前不同国家的立法对正当目的的界定存在着两种不同的立法模式，分别是概括式与列举式〔2〕：

1. 概括式

美国《示范公司法》第16条第2款对“正当目的”给出了如下三点描述：①如果股东的要求是善意的并且是基于合理的目的的；②如果股东合理具体地阐述了自己的意图和其想要检查的记录；③并且股东想要检查的记录和其意图是有直接的联系的。”特拉华州《普通公司法》第220条将其表述为“合法之目的”，指“与股东利益合理相关之目的”。〔3〕

2. 列举式

即以法条的形式罗列构成正当目的的具体情形，相较于概括式的立法模式，其对案件的审判具有十分优越的指导作用。如《日本商法典》规定除非认定其

〔1〕 北京市第二中级人民法院民事判决书（2006）朝民初字第20161号。

〔2〕 吴高臣：“股东查阅权研究”，载《当代法学》2007年第1期。

〔3〕 虞政平编译：《美国公司法规精选》，商务印书馆2004年版，第141～373页。

请求符合下列事由的情形之外，公司不得拒绝股东行使查阅权：①股东非为有关股东权利的确保或者行使而请求进行调查时，或者为损害公司业务的运营或者股东的共同利益而请求时；②股东成为与公司进行竞业的人，与公司进行竞业的有限公司或者股份公司的股东、董事或者执行经理时，或者为与公司进行竞业的人持有该公司股份的人时；③股东为将通过前条第1款的阅览或者誊写有关会计账簿及资料所获知的事实向他人通报获利而提出请求时，或者在请求日的前2年内，为通过向他人通报从有关该公司或其他公司的会计账簿及资料的同款的阅览或者誊写中获知的事实获利的人时；④股东在不适当时间，提出前条第1款的阅览或者誊写有关会计账簿及资料的请求时。

我国《公司法》对于“正当目的”的界定选择了极为抽象性的立法模式，笔者认为，即使如此也无可厚非，当时中国公司发展还未尽完善，甚至股东未能重视公司的独立人格，将公司视为己有，而任意查阅公司资料的现象也不在少数。因此彼时的立法对股东查阅权的正当目的尚在摸索之中，未直接套用国外立法模式也是一种谨慎的考虑，以保持一定的弹性适应未来不确定的发展变化和司法的自由裁量。然而，当我国公司发展到今天，尤其是股东查阅权纠纷日益增多，我国立法有必要完善对“正当目的”的界定。而以上两种立法模式相比较，显然美国《示范公司法》以及特拉华州《普通公司法》的概括式立法模式的可操作性与具体指导性较列举式弱，但是美国法院可通过判例法弥补该缺陷。而我国并非判例法国家，为防止法律适用的差异过大，建议选择操作性明显的列举式。当然，《日本商法典》对于不正当目的的列举是局限的，仅仅列举了四种情况，而没有一个“兜底条款”。基于前面所论述，股东行使查阅权的目的是各式各样的，立法显然无法完全穷尽所有的正当目的或不正当目的，因此笔者认为，我国在参考列举式的立法模式之外，还应参考概括式的立法模式对“正当目的”的内涵进行进一步的具体阐述，以达到在统一的规则之下，灵活地普遍指导各法院对股东行使查阅权的目的作判断。

（三）法官对正当目的的自由裁量

但是，正当目的的界定与具体案例的结合必然导致另外一个问题，就是法官的自由裁量又应该如何把握？例如，依据美国《示范公司法》，对正当目的的判断主要集中在以下三点：①“目的善意且合理”；②“具体阐述意图和所需查阅的资料”；③“意图和资料具有直接相关性”。显然，其中只有第二点是可以根据客观事实进行直接判断的，而关于第一点、第三点的主观性判断都十分明显。笔者认为，在审理股东查阅权纠纷案件时，法官应当注意以下两点：

1. 坚持个案分析原则

文中提到的王某与贵德和时公司一案中，2011 年王某起诉贵德和时公司要求提供公司会计账簿供其查阅，该诉讼请求已获得北京西城法院的支持，但在 2013 年再次请求该公司提供 1998 年至今的原始会计凭证等财务资料时，又是作为另外一个案件另行起诉，法官审理该第二起案件不应当受到前者结果的过分影响，而应综合当下的具体情形结合王某的第二次查阅目的单独判断其是否正当合理。例如，虽然前案中判决支持王某查阅公司会计账簿，但在 2011 年 3 月，王某设立了一家与贵德和时公司具有同业竞争关系的公司，基于此，法院有理由认为“不能说明其合理性”而不予支持其查阅 2011 年 3 月至 2013 年的原始会计凭证等资料。股东查阅权纠纷案件中，坚持个案分析原则要求法官应避免以下偏见的发生：①不能因为股东在过去已经行使过查阅权而不予支持当下的查阅权；②不能因为股东在过去行使查阅权时有不当目的而不予支持当下的查阅权。

2. 自由裁量的克制

特拉华州《普通公司法》第 220 条第 3 款规定，“法院在裁决中可就一项查阅行为规定任何限制性条件或前提”。该法律条文强调了法官在此类案件中的自由裁量权。但是，司法系统应当意识到自身仅是位于公司纠纷的裁判位置，而非直接干涉。笔者认为法官在断案时，尤其是面对公司纠纷案件，应当保持自我克制，法官的自由裁量权不应当逾越公司内部自我管理，否则便是“越俎代庖”。如“法官不能仅仅因为公司亏损等结果便判断股东行使账簿查阅权具有正当目的，也不能仅仅以董事侵害了股东知情权就要求其承担赔偿责任”。[1]

五、公司自治与前置程序的设置

如上文提及，股东查阅权的权力结构有三个层次，并且这三个不同层次还遵循着严格的顺序，股东寻求司法救济是第三层次的权力行使，也是保障查阅权得以实现的最后一个层次。据此，股东查阅权诉讼并非可以随意提起，只有在经过了前两个层次的查阅行为仍不能实现权利时，才可以寻求司法救济。如在查阅权行使的第一层次中，公司并没有按照法律规定主动披露相关资料而导致股东查阅不能；或在第二层次中，股东主动请求查阅公司资料时，公司拒绝提供查阅或在法定时间内不予答复。我国《公司法》规定，公司拒绝提供查阅的，应当自股东提出书面请求之日起 15 日内书面答复股东并说明理由，否则股东可以请求人民法院要求公司提供查阅。“公司 15 日内书面拒绝并说明理由”

〔1〕 蔡元庆：“股东知情权制度之重构”，载《北方法学》2011 年第 3 期。

成为我国股东查阅权司法救济的必要前置程序。如上述唐某与上海某建筑公司一案中，原告甚至已两次以书面形式通知被告公司及其法定代表人请求查阅相关资料；而王某与贵德和时公司一案中，王某因对查阅内容的怀疑与对查阅结果的不满，也以邮寄的方式向贵德和时公司提出了查阅原始记账凭证的书面请求，且贵德和时公司的法定代表人陆国成已签收，但贵德和时公司在收到该请求后没有按照法律的规定在 15 日内书面答复。

（一）设置前置程序的必要性

股东查阅权的司法救济需要以前置程序为前提，其必要性体现在以下三方面：

1. 作为提起诉讼的依据，如果股东不能提出公司拒绝其查阅的证据，则不能证明查阅权被侵犯，此时也就丧失了对公司提起诉讼的基础

相较于称呼其为“前置程序”，似乎更为重要的作用实为权利被侵犯的“书面证据”。同时，亦能有效防止恶意诉讼。再者，股东查阅权在性质上属于一种私权利，要求股东先向公司提出查阅请求，也是在引导股东寻求纠纷的内部解决和消化，避免造成司法资源的浪费。

2. 引导和鼓励股东穷尽公司内部救济

在公司的独立法人人格的基础之下，公司不仅拥有独立的财产，并且独立承担法律责任，而且作为一个独立的组织，自我管理成为公司另外一个重要的特征。一般情况下，若公司内部能自主平衡各主体之间的利益需求，是公司自治有方的最好体现。而因为每个公司单独制定章程耗费巨大，《公司法》的作用首先在于建构一个普适性的公司治理框架，每个公司可以直接援用这一套框架，内化为公司机构的行为规范。这一过程可称为“法律的渗透性作用”。〔1〕前置程序的设置就在于引导和鼓励股东穷尽公司内部救济，帮助强化公司自我管理，尊重公司的独立人格。

3.《公司法》与公司治理应当高度重视程序的设置

通过前置程序的设置，规定股东行使查阅权的行为步骤、方式和次序，易于实施和操作；一旦发现违反程序，还能准确定位行为的瑕疵环节，进而分配法律责任，易于判断和识别；程序的严谨性和稳定性还有利于控制股东权利的滥用，与股东的有限责任相协调，还是提高公司内部自我管理的有效途径。

（二）前置程序的思考

但是在前置程序中，尚有两点问题需要特别提及：

---

〔1〕 李建伟：《公司制度、公司治理与公司管理：法律在公司管理中的地位与作用》，人民法院出版社 2005 年版，第 341 页。

1. 由于前置程序作为提起诉讼的依据，法院在立案受理前应当重点审查公司是否拒绝提供查阅或者是否在法定期限内不予答复

若未拒绝提供查阅或者仍在法定期限内未予答复，则应当不予受理。并且，应当注意，股东查阅目的是否正当不应被错误列为前置程序的审查，而属于诉讼过程中实体审查部分。

2. 立法中关于公司答复期限的设置不尽合理

笔者认为，我国《公司法》中规定的15日过长，不利于督促公司管理层履行义务，也不利于保障股东查阅权的及时实现。如法谚所云“迟来的正义非正义”，若作为工具性权利的查阅权不能得到及时实现，将无法进一步保证股东的目的性权利，导致失去其本身的意义。另外，公司治理讲究效率，过长的回复期限会降低公司运行管理的效率，而立法应当引导公司有效实现公司内部自治。参照其他国家和地区的立法，澳门《商法典》第252条第8款、香港《公司法例》第98条第2款、特拉华州《普通公司法》第220条第3款分别规定反馈期间为8日、10日与5日，[1]我国也应相对缩短该回复期限。

六、结语

在公司独立法人人格与股东有限责任之下，构建合理的查阅权制度十分必要。为保障公司的独立人格，股东不能随意查阅公司账簿和资料，那么，到底股东实现查阅权的标准是什么？通过对股东主体资格的分析，我们发现以拥有现时的股东身份作为查阅主体的限制并不符合查阅制度的立法目的；通过对查阅的对象范围的分析，又发现查阅权作为一项工具性权利，根据不同的需求，不同的查阅目的，立法既无法穷尽查阅范围，又不能加以限定。最后，得出的结论是：股东查阅权的实现最终应当回归到具体的个案分析中，将股东的主体身份以及所查阅的对象联系起来，考察其查阅目的是否正当。因此，正当目的才是唯一标准。但我国对正当目的的规定过于抽象化，仅以“正当目的”一言蔽之。结合国外立法制度，建议对正当目的的界定采取列举式与概括式相结合的立法模式，既具有极强的可操作性，又可以概括式的兜底性条款普遍适用于各种查阅权纠纷。在公司的自我管理之下，法院应当扮演好自己的裁判角色，高度克制自由裁量以避免介入公司治理。

---

〔1〕 李建伟：“股东查阅权行使机制的司法政策选择”，载《法律科学（西北政法大学学报）》2009年第3期。

对我国保险行业协会反垄断规制的探讨

——从保险行业协会制定规则之权限的视角

李　耀 *

2006年，重庆市保险行业协会出台《重庆市机动车辆保险行业自律公约》，统一了重庆市内的车险费率；之后，重庆保险行业协会又出台《机动车辆保险行业自律公约实施细则》，统一规定保险公司最多只能给投保人提供八折优惠的底线。车主刘方荣以涉嫌垄断车险为由，把重庆保险行业协会告上法庭，提起了《反垄断法》出台后的诉讼第一案。

2012年，湖南省工商部门接到多个举报，称新车保险涉嫌达成垄断协议、限制市场竞争。国家工商行政管理总局授权湖南省工商局对涉案单位立案查处后发现，湖南省部分市州保险行业协会组织相关保险企业达成"划分市场"、"控制比例"、"统一折扣"的垄断协议，违反了《反垄断法》的有关规定，最终相关企业被处以170万元的行政罚款，成为《反垄断法》出台后被行政处罚的第一案。

一、保险行业协会制定规则的权限来源及其合理性

保险行业协会作为保险业的自律组织，其自治权的产生有三方面的来源：一是因行政授权产生的自治权；二是因法律直接授权产生的自治权；三是因契约产生的自治权。[1]

保险行业协会制定规则的权限来源于行政授权。任何管理欲达到管理之目的，均须有与之相适应的有效方法作保证。行政授权作为现代行政管理的重要

---

* 李耀，广东财经大学法学院2013级民商法学硕士研究生。

〔1〕 魏静："商会自治权性质探析"，载《法学评论（双月刊）》2008年第2期。

方法之一，是每一个行政领导者卓有成效地开展工作所必须掌握的一种领导艺术。[1]众所周知，由于立法往往需要建立在成熟的条件之上，因此，法律具有的滞后性令其无法适应市场日新月异的变化。为了更好地维护市场秩序，保证社会稳定发展，行政机关可以通过行政授权的形式，把某些行政职能交由行业协会来行使。保险行业协会根据行政授权而制定规则的情形，例如交强险费率的制定。根据《机动车交通事故责任强制保险条例》和《关于印发〈机动车交通事故责任强制保险费率浮动暂行办法〉的通知》的相关规定，国务院把制定交强险的费率授权保监会，而保监会把此权力授予保险行业协会来行使，保险行业协会制定费率后报送保监会审批，保险公司可使用行业协会制定的费率。

保险行业协会制定规则的权限来源于法律授权。法律授权是“作为弥补代表机关在时间、能力方面的不足和应对复杂多变的社会情况的一种必要的、受限制的辅助性手段出现的”[2]，这就说明了法律由于其滞后性未能及时地对社会变化作出调整，而需要通过授权的方式来应对复杂多变的社会情况，此时行业协会作为一种“辅助的工具”来解决这些问题。行业协会根据法律授权制定规则，也可在许多法律中找到相关依据，如《注册会计师法》第35条规定、《律师法》第46条规定。保险行业协会制定规则的权限在《保险法》中亦可找到，如《保险法》第112条规定“应当建立保险代理人登记管理制度”等。

保险行业协会制定规则的权限来源于契约，即行业协会成员基于集体利益而作出授权的约定。当自然状态中不利于人类生存的障碍超出了人类个人所拥有的力量时，人类就必须要寻找出一种结合的形式，使它能以全部的共同的力量来维护和保障每个结合者的人身和财富，并且由于这一结合而使每一个与全体相联合的个人又只不过是服从自己本人，并且仍然像以前一样地自由。[3]同时，每个结合者及其自身的一切权利全部都转让给整个的集体。[4]社会契约的理论运用到保险行业协会领域，就是协会内部每个成员将其部分权利让与行业协会，让后者代表全体成员的权益来制定相关规则，由此而形成协会制定规则的权限。如《中国保险行业自律公约》第8条规定，“各会员公司应认真遵守本公约所述及的各项约定”。

保险行业协会制定规则权限的合理性在于：保险行业协会规章可弥补法律

---

〔1〕 常桂祥：“论行政授权的含义、功能及原则”，载《云南行政学院学报》2000年第4期。

〔2〕 柳观涛、刘宏渭：“立法授权原则探析”，载《法学论坛》2004年第4期。

〔3〕 [法] 卢梭：《社会契约论·第一卷》，何兆武译，商务印书馆1980年版，第23页。

〔4〕 [法] 卢梭：《社会契约论·第一卷》，何兆武译，商务印书馆1980年版，第23页。

对市场竞争规制的不足。由于保险行业协会规则的制定比法律更加简捷和富有效率，因为其基于回应现实的需要而随时制定的竞争规则正好能填补管制权力的空白，实现市场竞争行为的有序化和规则化。同时，保险行业协会的专业性和职业性能使保险行业协会规制市场竞争的行为更有效率。所以当保险行业竞争行为出现新的样态和情形时，保险行业协会都能及时发现，并可根据情况快速地做出回应，而国家管制总是因为信息的滞后而失去最佳应对时机。

二、保险行业协会垄断协议的认定原则

从当今世界各国反垄断立法和执法实践来看，皆未能向保险行业协会的反垄断认定提供一个统一的标准，而立法和执法程度也因各国国情的不同而差异较大。但总体而言，保险行业协会垄断协议的认定原则仍然是本身违法原则和合理原则。

(1) 本身违法原则是指任何企业只要出现结合、共谋等垄断状态或者行为，就视为违法，就应该加以限制或禁止。该原则是美国反垄断法初始时期的产物，反映了法律对垄断的高度警觉和严厉的态度。[1]深入分析此原则会发现，若保险行业协会制定的规则适用本身违法原则，将会对案件起到如下几方面的效果：一是大大减轻了原告的举证责任。原告只需证明存在着保险行业协会制定的协议涉嫌垄断即可，无需进一步证明此协议如何限制竞争或损害程度。故车主刘方荣只要证明重庆保险行业协会制定的公约及实施细则涉嫌垄断保险费市场价格即可，并不需要其进一步证明该公约及实施细则如何限制自由竞争和给投保人造成保险费的损失程度，这样就减轻了原告的举证责任，便于公民与垄断行为的抗争。二是大大降低了反垄断审查的成本。无论是调查涉嫌限制竞争的反垄断执法行政机关，还是审理案件的司法机关，他们不必投入大量的人力物力去调查保险行业协会行为的主观目的和危害后果。故湖南省工商局在调查部分市州保险行业协会制定的协议涉嫌垄断时，只需找出该协议有规定“划分新车保险市场份额”和“交强险不交佣金及限制商业险优惠额度”等划分市场和固定价格的因素，即可认定构成垄断行为，无需继续调查该保险行业协会和相关企业的主观目的和造成的损害后果。

但一般地说，适用自身违法原则的限制竞争协议有四种基本类型，即固定价格协议、划分市场协议、集团联合抵制以及搭售。[2]由此可见，从欧美发达

---

〔1〕 杨紫烜主编：《经济法》，北京大学出版社、高等教育出版社1999年版，第179～180页。

〔2〕 孔祥俊：《反垄断法原理》，中国法制出版社2001年版，第389页。

国家的具体实践而言，一般适用本身违法原则来判断与价格、市场、产量等有关的协议，因为这些行为具有的限制竞争的损害程度更大，而本身违法原则往往是从消费者利益、社会公共利益和整个行业整体利益出发，来保护行业竞争格局和维护市场竞争秩序的。可见，湖南省部分市州保险行业协会组织相关保险企业达成垄断协议的行为，不仅损害了投保人和保险代理商的利益，而且严重破坏了市场公平竞争机制，社会危害较大，应适用自身违法原则认定其协议构成垄断。

（2）合理性原则是指企业的结合与共谋等垄断状态或者行为本身不一定构成违法，而只有当该种状态或者行为确实限制了竞争，造成垄断弊害时才应加以禁止或限制。[1]法院运用合理性原则来认定保险行业协会垄断协议时，需平衡此协议对竞争所产生的效果，包括积极效果和消极效果。因为在市场经济中，每一个竞争行为都可能具有双重影响，可能一定程度限制了竞争，但是总体上却可能有利于社会整体经济效益的提高和消费者合法利益的维护，此时积极效果大于消极效果，则应该具体情况具体分析，不能一味地把此类行为认定为违法。在适用合理性原则时，应考虑如下因素：协议针对的具体交易情况、行为前和行为后的情况、协议的性质、行为已经或可能产生的后果，以及一些相关的因素——历史、需采取特殊救济的原因、希望达到的目的或结果。[2]假如重庆保险行业协会主张其规定各财产保险机构统一执行重庆市机动车辆保险行业市场指导费率的目的，是为了增进各财产保险机构的工作效率或是增强中小保险机构竞争力的话，则应具体分析其对竞争所产生的效果，当总体上有利于社会效益时，则不应简单地把此类规定视为违法。

应当强调的是，该两个不同的分析方法具有共同的目的（在目的上是殊途同归的）：两者都寻求测度被指控行为的竞争后果。合理性原则方法与自身违法方法不存在根本冲突。[3]可见，本身违法原则和合理性原则分别体现了立法的明确性和法律适用的灵活性，二者在判断行业协会限制竞争行为时互为补充，故根据具体情况具体分析。

三、保险行业协会限制竞争行为的产生原因

保险行业协会之所以会发生限制竞争的垄断行为，一定程度上是由其自身

---

〔1〕 杨紫烜主编：《经济法》，北京大学出版社、高等教育出版社 1999 年版，第 188 页。

〔2〕 王玉辉：《垄断协议规制制度》，法律出版社 2010 年版，第 169 页。

〔3〕 孔祥俊：《反垄断法原理》，中国法制出版社 2001 年版，第 327～328 页。

特性引起的，同时，其治理方式及职能便利也起到了重要的推动作用。

第一，受到旧体制观念的影响。国内外的法学界，对行业协会的产生途径有明确分类，一般认为行业协会的产生途径是政府机构转变而成的官办途径、平等的行业主体自发联合的民办途径以及在政府指导下行业成员联合而成的半官半民途径三种方式。[1]而我国保险行业协会就是在保监会的指导下而建立的半官半民性质的社会团体法人，能够对其成员进行管理和监督，同时，依据行政授权可制定一系列的制度和措施，其职能使其具有半行政性。例如，重庆保险行业协会，其是经重庆市民政局批准注册、由中国保险监督管理委员会重庆监管局主管的保险行业社团法人组织。此外，我国的保险行业协会是在保监会这个行政机构指导下建立的，自身仍存在较强的行政色彩，对一些限制竞争的行为并没有正确的认识，故认为一些限制竞争行为是依职权作出的正确决策，这恰恰背离了保险行业协会应有的保护公平竞争的职能。

第二，保险行业协会的自利性和隐蔽性。之前提到，保险行业协会制定规则的权限来源之一是协会成员之间的契约，故保险行业协会的自利性使其宗旨在于保护本行业成员的集体利益，而非社会利益或公共利益，其成立目的在于增进本行业的共同利益。[2]当限制竞争行为能给保险行业协会及其内部成员带来高额利润而法律作出的惩罚不足以抵消所得利益时，对其便有足够的激励而以身试法，铤而走险地采取各种行为进行垄断。重庆市保险行业协会组织涉嫌固定价格、湖南省部分市州保险行业协会组织相关保险企业达成“划分市场”、“控制比例”、“统一折扣”的垄断协议便是例证。同时，保险是一种专业性较强的行业，保险行业协会一般都具有一定的市场规制权和信息上的优势，他们往往人为地设置不必要的专业标准来提高进入保险行业的门槛，或是通过不正当的认证程序来排斥新的竞争者，限制竞争行为往往可能因为“外表”合法而逃避了有关部门的审查与管制。如保险行业协会通过内部处罚措施来对违规成员予以惩罚时，很容易出现违反法律的情形，而当被惩罚的成员据此向有关部门提出申诉后，这些违法的惩罚往往将无法实施，但协会可能会找一个“莫须有”的理由换一种形式去报复违规成员，且不公开，同时，我国缺乏对协会内部惩罚的审查机制，所以公众和审查机关一般也难以发现。

第三，保险行业协会职能限制。每个行业协会都会制定本会的章程和规章制度，保险行业协会也不例外。商会的章程及其规章制度是商会会员按照民主

---

〔1〕 义海忠、郑艳馨：“对我国行业协会性质错位的思考”，载《河北法学》2008 年第 3 期。

〔2〕 王玉辉：《垄断协议规制制度》，法律出版社 2010 年版，第 41 页。

程序制定并由全体成员自主提供的，按照制度安排的逻辑，共同遵守则是自愿选择之后必须执行的强制后果。那么当保险行协会成员有违规行为时，协会就会采取必要的措施来进行处罚。“如果任何行动者不服从规范，必须对其履行惩罚”，只有这样，规范方能行之有效。〔1〕例如，《重庆市机动车辆保险行业自律公约》第20条规定“违约行为由重庆市保险行业协会进行处罚”，第21条规定“违约一笔处以违约金1万元。多笔违约的，违约金累加计算”，第27条规定“由重庆市保险行业协会没收全部保证金，并加罚违约金100万元”，这些规定都体现了保险行业协会将会对违规成员进行处罚。在大量的处罚措施中，其中不乏一些涉嫌限制竞争的措施，例如，保险行业协会对违规成员采取集体抵制行为，对于协会而言，这是一种旨在促进协会能有效运作的管理行为，是一种必要的手段和措施，但同时会触犯《反垄断法》的相关规定。由此可见，当保险行业协会忽视审查法律对其管理制度的约束时，其在自治过程中就容易出现大量限制竞争行为。

四、对保险行业协会限制竞争行为的反垄断规制

通过分析保险行业协会制定规则的权限来源和保险行业协会限制竞争的原因，仔细比较会发现，其实二者具有密切的联系，保险行业协会之所以能限制竞争，是源于其有制定规则的权限，而恰恰是此权限“造就”保险行业协会做出限制竞争垄断行为的结果。因此，笔者认为，应从保险行业协会制定规则的权限出发，结合协会限制竞争的产生原因，来规制保险行业协会的垄断行为。

（一）加强自治权

我国保险行业协会一直受到旧体制观念的影响，因为其是在保监会的指导下而建立的半官半民性质的社会团体法人，其本身即与政府的许多部门有着非常紧密的关系，加上行政授权是其制定行业规则的来源之一，故当保险行业协会在行使其职能时，通常会受到行政部门的制约，换言之，即受到行政干预。而香港的保险业之所以那么发达，其中一个原因是香港政府奉行的是“最大支持，最少干预”的宽松的监管理念。保险业监督不会参与保险公司的日常运作事宜，放松对保险产品、保险费率和保险条款的约束。〔2〕所以，若要使保险行

〔1〕［美］詹姆斯·S. 科尔曼：《社会理论的基础》，邓方译，社会科学文献出版社1992年版，第314页。

〔2〕朱乾宇、曹凤岐：“香港保险业的发展现状及监管经验借鉴”，载《国际金融研究》2009年第5期。

业协会发挥积极的作用，则应该减少行政干预，适当放权。一方面，应当推动保险行业协会管理职能和体制的创新，减少受到旧思想体制的不良影响；另一方面，应把行政权力与保险行业协会的自治权做进一步的界线划分，从而使行政机关的宏观调控和保险行业协会的微观管理相结合。

（二）加强自律监督

首先，要改变保险行业协会的管理观念，令其树立正确的竞争观。我国保险行业协会在旧思想体制的影响下，存在较浓厚的行政管理色彩，往往会把限制竞争作为其职权之一，因此，十分有必要对保险行业协会的工作人员开展教育，让他们对限制竞争等行为有正确的认识；其次，深化保险行业协会对限制竞争行为的认识。针对保险行业协会制定的垄断协议具有隐蔽性，不易被社会和公众发现，这同时也带来了难以监督的弊端，笔者认为保险行业协会应把有关竞争性的协议公开，并报有关行政部门备案，接受有关机构和社会公众的监督，这样有助于保险行业协会建立合法的竞争平台，可大大减少其限制竞争行为的发生。

（三）完善行政处罚

保险行业协会具有自利性，当做出限制竞争行为有利于行业成员时，其便会不惜触犯法律的底线去谋求更大的利润。根据《反垄断法》第46条第3款的规定，当行业协会构成垄断时，目前最高也只会被处50万元的罚款。但一般情况下，保险行业协会组织相关保险公司进行垄断行为时，其获得的利益远远超过50万元，当法律作出的惩罚不足以抵消其所得利益时，其将会有足够的激励去选择铤而走险。可见，目前我国对行业协会的罚款金额太低，完全无威慑力，起不到应有的惩罚效果。因此，笔者建议，应提高罚款金额，如按违法所得款项的2倍处罚，同时也不宜设定罚款的最高限额，以免出现目前罚款过低而对违法行为规制不力的尴尬。当然也有学者提出应采取“双责制”，对保险行业协会与相关负责人一同进行处罚，这样才能更好地遏制垄断行为的产生。

（四）完善宽恕制度

从限制竞争行为原因中可见，保险行业协会限制竞争的隐蔽性较强，因为与一般经营者限制竞争行为相比，保险行业协会通常会把其限制竞争行为隐藏在集体行动之中，如此一来，公众和审查机关更难以发现，增加了调查取证的难度，因此，我国借鉴了外国法律的规定，引入了宽恕制度，鼓励协会的成员背叛协议，揭发密谋以获得减轻或免除处罚，最终目的是便于执法机关调查取证，降低执法成本。虽然目前我国规定了宽恕制度，但条文十分粗糙，可操作性太差，应进一步完善。

具体而言，首先，应明确获得宽恕的条件。类似于刑法犯罪中的自首行为，当事人若想获得宽恕，应向执法机构把自己所知的一切信息如实地反映且提供重要的证据；其次，可以借鉴韩国的经验，当参与揭发密谋的当事人有多个，应按先后顺序来予以不同程度的宽恕。当然，有关执法机关在接到这些揭发密谋的当事人时，应为他们的揭发行为进行保密，防止他们受到报复，否则会挫伤他们揭发的积极性。

（五）加强社会监督

正因为保险行业协会限制竞争行为具有隐蔽性，查处难度大，故仅仅依赖行政机构的监督是不够的，要最大限度地维护公众和社会的利益，需社会公众对保险行业协会的行为进行监督。因为社会监督是最广泛和最低成本的一种监督手段，有其参与，保险行业协会限制竞争的行为更容易被曝光和处罚的。但如何加强社会监督，笔者认为可从以下几方面考虑：①提高新闻媒体的监督，尤其是提高网络的监督作用，因为新闻媒体和网络已深入人们的日常生活，无处不在，二者的存在有利于对保险行业协会进行多角度和多层次的监督，令保险行业协会在做出限制竞争行为时会更加谨慎，起到一定的预防作用；②可考虑设置一定的激励机制来提高公众监督的积极性。虽然保险行业协会限制竞争的行为不一定对每个人权益造成损害，但当对他们设置一些对举报等监督行为进行奖励时，他们的积极性便会大大提高，从而有利于更好地对保险行业协会的行为进行监督。

（六）完善私人实施机制

当自己认为受到不公平的处罚时，法律应赋予其维护自身权益的权利和途径，这是现代法治文明社会的应有规定。在应对保险行业协会的垄断行为时，私人实施机制在反垄断执法过程中起着十分重要的作用，可以大大地节省执法资源，同时有效地对保险行业协会进行监督。我国《反垄断法》第50条即赋予了私人对经营者起诉并申请承担民事责任的权利，但目前的法律法规却没有规定私人对行业协会的起诉条件。因为，从《反垄断法》第12条对经营者的定义发现，经营者应具有营利性，而保险行业协会作为一个社会团体，具有非营利性，故经营者并不包括保险行业协会。保险行业协会内部成员基于集体利益而对协会管理作出授权，但当协会给成员造成损害时，按照现行法律规定，成员将无法起诉协会主张权利并要求后者承担责任，这是不利于规范保险行业协会的发展方向的，同时也不利于维护社会公平正义，此规定实为立法的一大漏洞。

（七）完善现有立法

应在《反垄断法》专门设立一章，来对行业协会限制竞争行为进行规制。

目前，我国的《反垄断法》关于对经营者之间、经营者与交易相对人之间的垄断协议规制，主要在第二章中进行规定，但没有专门对行业协会限制竞争的行为进行规制。一般而言，保险行业协会的垄断行为与一般经营者之间的垄断行为具有较大区别，如前面所述，我国保险行业协会是在保监会的指导下而建立的半官半民性质的社会团体法人，行政色彩深厚，其与经营者相比更容易发生限制竞争行为。同时，保险行业协会通常不参与市场经营和市场竞争，其运行方式与一般经营者具有较大区别，因此，对保险行业协会的规制应与后者限制竞争行为规制不同。再者，我国《反垄断法》通过实施时间已较长，从 2007 ~ 2014 年已 7 年，针对其间出现的大量需完善的问题，应进行一次修改和完善。故笔者建议在未来《反垄断法》修改的过程中，应专设一章对行业协会限制竞争行为进行规制。

我国的保险行业正处于高速发展的阶段，而保险行业协会在保险行业发展的过程中起着至关重要的作用。但保险行业协会又像一把双刃剑，其可能会积极地推动和促进保险行业的快速发展，但也可能因管理不当而消极地阻碍保险行业的发展，如何有效地规制保险行业协会的管理行为，是当今研究保险行业所不可避免的问题。我们只有从保险行业协会制定规则的权限及其限制竞争行为的原因入手，进行针对性的分析，才能更好地防止保险行业协会做出违反《反垄断法》的行为，使其进入健康良好的发展轨道。

小额贷款公司协会信息披露规则的法律探析

李尤洪 *

一、我国小贷公司协会的发展现状

资金链管理水平低下、抵抗风险能力不足、有效抵押财产缺乏，已然成为我国中小微企业成功挺进业界高端领域过程中不可回避的发展难题。小额贷款公司（以下简称“小贷公司”），以国内中小微企业为主要贷款对象，辅之以成本投入低、资金周转快与投资回报率高等行业运营特点，客观上推动了民间金融贷款业务的蓬勃发展，被认为是我国定位“三农”、服务“三农”、实现可持续发展的一种金融创新形式。根据中国人民银行发布的《2013 年小额贷款公司数据统计报告》可知，截至 2013 年末，全国共有小贷公司 7839 家；贷款余额 8191 亿元；全年新增贷款 2268 亿元。[1]可见，小贷公司行业在解决信贷紧缩和资金紧张的问题上发挥着“金融毛细血管”的作用，为我国普惠金融体系的构建奠定了基础。

伴随着小贷公司在我国民间微金融领域重要性的日益突显，小贷公司协会的行业自律管理成为法学理论研究的重要领域。近些年，特别是自 2013 年 10 月 31 日全国人大常委会公布《中华人民共和国行业协会商会法》被列入立法规划之后，法学理论界对行业协会进行了大量研究。但是，针对特定行业领域，特别是小贷公司协会进行的专门分析研究，则比较罕见。笔者认为，金融行业的规范性发展关键在于信息披露的有效实现，而致力于加强诚信建设、倡导行业自律的小贷公司协会在制度设计与实施时，核心也应当定位于更好地实现行

---

* 李尤洪，广东财经大学民商法学硕士研究生。

〔1〕“2013 年小额贷款公司数据统计报告”，载中国人民银行，http：//www. pbc. gov. cn/publish/goutongjiaoliu/524/2014/20140126144608120590309/20140126144608120590309_. html，2014 年 11 月 3 日访问。

业内部信息公开，提高行业发展透明度。因此，本文试图通过分析小贷公司协会的信息披露规则实施状况，解构存在问题，并提出完善小贷公司协会信息披露规则的有效建议与对策。

小贷公司协会，是指介于政府与小贷公司之间，由特定领域范围内的小贷公司及与小贷行业相关的经济组织自愿组成的，以行业自律、共同发展为设立与运营宗旨的，依法经过当地有关部门批准并登记注册的非营利性社会团体法人。自2008年5月银监会和中国人民银行联合下发《关于小额贷款公司试点的指导意见》后，我国各地方政府以此为蓝本制定了各类的实施规则，如《广东省小额贷款公司管理办法》、《北京市小额贷款公司试点实施办法》、《河南省小额贷款公司试点管理暂行办法》与《四川省小额贷款公司管理暂行办法》等。与此同时，国内绝大多数省级区域均依次成立了小贷公司协会或接纳小贷公司作为会员的协会。据笔者统计，截至2014年10月中旬，我国国内省级小贷公司协会或接纳小贷公司作为会员的协会（以下统称“小贷公司协会”）共有28个，它们在推动小贷公司行业的正规化、健康化与可持续化发展中产生了不可忽视的作用。

传统理论认为，小贷公司协会的兴起是对地方政府金融管理部门实施行业监督管理的有效补充。与政府金融管理部门的监管相比，小贷公司协会的行业自律具有以下三个优势：①针对性强，即协会内部规则规定的内容能够更好地反映行业的本质；②动态性强，即协会内部规则能够根据行业发展情况快速进行调整与完善；③适应性强，即协会内部规则在执行时会员具有较高的主动性。也就是说，行业协会是国家经济管理中不可或缺的一个重要角色，是实现政府与企业有效沟通的一个重要环节。[1]

二、小贷公司协会规定信息披露规则的必要性与要求

（一）小贷公司协会规定信息披露规则的必要性分析

2010年行业协会（商会）改革与发展研讨会中指出，逐步转变政府职能，倡导行业协会自律管理，让行业协会更多地参与政策制定、市场监管、产业升级、行业管理等工作。[2]显然，强化行业协会的社会管理与服务职能是当前行业协会立法的发展方向，也是当前行业协会运营的发展趋势。行业协会理应在提供政策咨询、加强行业自律、促进行业发展、维护企业合法权益等方面发挥

〔1〕虞哲、周晓世：“小额贷款行业协会职能分析”，载《才智》2013年第27期。

〔2〕“行业协会（商会）在政府职能转变中的作用”，载人民网，http：//finance.people.com.cn/GB/12730505.html，2014年11月3日访问。

更大的正面效果。

然而，小贷公司自诞生之日起就肩负着弥补我国正规金融服务行业不足的使命，同样具有明显的金融服务属性。这也就决定了小贷公司协会内部管理与职能实现具有一定的特殊性：不仅应当强调协会成员的内部管理性，而且应当强调协会会员的外部发展性。具体原因为：①小贷公司的发展尽管顺应了我国金融体制改革的潮流，实践证明其确实是民间金融阳光化的有效路径。但是，该行业仍然处于野蛮生长的发展状态，不仅法律地位不明确，相关制度没有法律依据，而且短时间内无法大面积接入银行征信系统，信用风险居高不下。②小贷公司中绝大多数为非上市企业，而且公司内部经营（特别是财务会计模块）不够规范，违规操作时有发生，加上公司具有的无法吸收公众存款这一固有“缺陷”，决定了小贷公司难以拥有足够的经济实力防止资金链条的断裂。也就是说，小贷公司金融支持与微小经营的特性，既决定了其合理发展需要行业协会的指导与规范，也决定了进一步发展必须辅之以一个能够提升公司信誉、降低运营风险的发展平台。因此，行业协会的规范性职能与小贷公司的发展性需求决定了行业协会内部应当实施信息披露规则。

（二）小贷公司协会履行信息披露规则的要求

信息披露规则，是小贷公司协会体现行业自律、履行信息服务与业内监管职能的重要体现，具体是指小贷公司协会章程或者自律公约所规定的，若出现可能对本行业产生重大影响而内部会员尚未得知的信息，协会应当在规定的时间内以特定的方式于协会内部或外部进行公布的规则。

1. 信息披露规则的基本要求

与其他行业协会的信息披露规则相类似，小贷公司协会的信息披露包括规范性与实质性两个方面：

（1）规范性要求：包括信息披露内容与形式的规范性两个方面。其中，内容上的规范性体现在小贷公司协会披露信息包括定期报告和临时报告。年度报告为定期报告，其他报告为临时报告（包括协会内部的财务情况；接受政府职能委托、授权、转移情况；协会内部开展的评比与表彰活动情况等信息）。当然，政府金融管理部门与民政部门认为有必要披露的信息，也应当予以披露。形式上的规范性体现在小贷公司协会披露的信息，属于年度报告、登记管理机关指定的、接受政府拨款或社会资金等信息，披露的载体应当是公开的报刊或者地方民间组织总会网站，而属于其他信息披露，披露的载体应当是本会内部刊物、网站等。

（2）实质性要求：包括披露的信息应当具有及时性、充分性、真实性与准确性。首先，及时性要求协会应当毫不迟疑地把国家法律、行政法规以及当地政府条例对于小贷公司行业发展规划向协会会员与社会公众进行公开，让协会会员能够迅速调整行业发展的方向以符合国家的政策导向，也让社会公众能够保持较高的投资敏感度以及时作出相应的判断。其次，充分性要求协会对外编报的文件必须充分揭示行业发展的当前态势以及相关会员的具体发展状况，为政府监管部门与社会公众了解该行业发展现状与前景提供充分的信息。再次，真实性要求协会披露的任何信息均应以客观事实为前提，或者根据客观事实经过专业判断再披露，这是信息披露规则的根本所在。最后，准确性要求协会披露的信息应当精准，出现理解歧义时，应当由专门的机构或工作人员进行适当解释。

2. 信息披露规则的特殊要求

小贷公司这一公司形态在我国运营将近9年，一直被法学界与金融学界学者认为是我国金融服务行业领域内的创新形式，其产生与发展符合民间金融的客观规律和未来方向。其健康发展有利于抑制民间金融的风险，优化原有金融结构，扩大金融覆盖面，符合我国金融体系和经济金融形势发展的客观需要。[1]然而，尽管具有传统金融难以比拟的融资优势，小贷公司仍然存在着影响其持续发展的法律与政治上的障碍。因此，与其他行业协会信息披露规则相比，小贷公司协会存在着一定的特殊性。由于国内绝大多数小贷公司仍然处于初创期，客户圈群不大，且公司的主要运营模式为“个人出资，只贷不存”，这就决定了当前我国小贷公司产业链条的发展比较脆弱，短时间内无法依靠自身行业发展的特有“魅力”产生较强的负面信息抵抗力，即难以形成有效的“行业生态圈”。因此，小贷公司行业协会即使发现可能涉及行业和社会重大影响的重大事项，一般也会谨慎处理。如《广东省行业协会（商会）信息披露制度》第8条规定：“涉及行业和社会重大影响的重大事项的披露，须报请政府相关业务指导部门同意，经充分磋商统一口径后，方能公开发布披露。”通过在行业协会对外信息披露之前设立一个前置性程序，对即将对外发布的信息进行严格的把关与控制，尽可能地减少负面信息对小贷公司产业链的干扰。

三、小贷公司协会适用信息披露规则中存在的问题

基于我国国内行业协会的内部治理往往参照公司治理结构进行构建，这就决定了行业协会内部与公司内部存在一定的相似性，即同样存在着委托代理关

---

〔1〕 中国人民银行小额信贷专题组编：《2010/2011年小额信贷通讯合集》，经济科学出版社2011年版，第345页。

系，具体表现为会员大会对理事会的信托托管关系。[1]不仅如此，为了更好地贯彻行业协会自我管理、自我约束与自我发展的设立宗旨，每一个行业协会设立之初一般都制定本协会的章程，以规范协会的合理化运营。也有较多协会为了加强对协会成员的监督与管理，公布相关的行业自律公约。当然，小贷公司协会的内部治理也是如此。我国国内省级28个小贷公司协会均在协会内部备置了各自的章程（个别省级协会同时具有行业自律公约，如广东省与四川省），且在章程中规定了信息披露规则。例如，《北京市小额贷款业协会章程》第6条第4项规定“本协会的业务范围……④小额贷款行业信息咨询服务、协调服务”；《湖北省小额贷款公司协会章程》第6条第5项规定“协调本行业与相关产业的关系，加强行业内外的信息交流与合作，促进行业发展”；《上海市小额贷款公司协会章程》第6条第2项规定“为小额贷款公司建立信息平台，收集和发布小额贷款公司所需的各种信息”；《广东省小额贷款公司协会章程》第7条第7项规定：“本协会的业务范围……组织从业人员业务培训，在省金融办的委托下开展从业人员资格认证，制订业务规范，提高从业人员整体素质和行业经营管理水平……”

不可否认，小贷公司协会章程或行业自律公约对信息披露规则的规定，对于维护小贷公司行业秩序，保护协会会员利益起到积极的影响。但是，笔者认为当前小贷公司行业协会的信息披露规则一般规定在协会的业务范围之中，总体来说具有较大的原则性，而且缺乏与当前规定相配套的规范性文件。这种现象导致了在实践过程中，小贷公司协会进行信息披露的质量不高。信息披露在我国小贷公司协会出现的问题主要是信息披露内容的有效性问题、披露信息虚假的责任追究问题。信息披露内容的有效性问题主要是指小贷公司协会对外公布的信息绝大多数集中于协会内部活动，如对外交流与会员培训的行业动态。但涉及对会员发展进行适当监管的资讯，如会员发展现状的报道、营业违规情况的披露则相对较少。披露信息虚假的责任追究问题主要是指虽然协会章程或行业自律公约均规定了虚假信息披露的问责条款，但是条款规定的内容大多数止步于责任承担主体的确定，具体的认定标准、责任承担的范围与形式以及相应的弥补措施的规定均呈现有待完善的状态。

四、完善小贷公司协会信息披露规则的建议

对于地方政府金融管理机构而言，小贷公司协会不是附属物，而是独立的

---

〔1〕 金燕华、陈冬至：“我国行业协会信息公开制度探讨”，载《中国行政管理》2008年第7期。

社团组织，是协会会员利益的代表者；对于协会会员而言，小贷公司协会不是管理者，而是服务者，是国家利益的维护者。但是，笔者认为小贷公司协会的服务性职能并不排斥监管职能的合理存在，相反，监管职能的合理使用是对服务性职能的有效贯彻与实施。信息披露规则是完善小贷公司协会内部治理的核心，也是引导小贷公司行业科学性发展的必要因素。据此，为了使我国小贷公司协会更好地实现其信息服务与监管职能，最大限度地维护内部会员的合法利益，带动整个行业规范化与合理化发展，笔者提出以下法律建议：

（一）构建协会内部征信合作体系

分析小贷公司的运营模式可知：通过信用评级是申请人成功获取贷款的前提条件。而对于目前全国所有小贷公司而言，尽管均致力于在业务发展过程中逐步完善已有的客户诚信档案，但征信系统的构建一直都是其软肋。在民间金融日益规范化、阳光化的大背景下，这股软肋，无论是在公司的日常经营中，还是在与其他金融机构的相互竞争中，将会越来越显著。退一步来说，即使行业内部部分企业形成了一个自认为可操作的信用评级系统，也难以产生较大的业内示范性作用。其原因主要是：①由于小贷公司的法律地位不明，国家法律并未对于小贷公司客户信用评级标准作出明确的规定，因此当前小贷公司之间的内部评级标准比较模糊，相差较大。②根据民商事法律的基本原理可知，市场主体的法律地位平等，任何一个小贷公司均不能强制要求其他公司适用其所构建的评级系统。③公司内部发展探索形成的信息评级标准往往被视为公司的核心商业机密，绝大多数的公司并不愿意将此对外予以公布。因此，小贷公司征信系统各自为政的状态将成为行业发展中自发形成但又难以跨越的阻碍。构建合理的征信系统、降低公司的信用风险成为小贷公司行业经营成功与否的关键因素之一。

笔者认为，行业协会信息披露的内容不应当仅限于协会自身发展信息的公布，而应当更多地把披露的重点集中于会员的发展现状，以行业协会的适度监管带动会员甚至整个行业规范化、合理化发展。但是，行业协会与会员之间均为独立法律主体，行业协会无权通过制定相应的强制性规定要求介入会员的日常经营，从而调取会员的经营信息。因此，为了更好地发挥信息服务与监管职能，小贷公司协会应当凭借自身介于政府与企业之间的独特优势，建立可供会员共享的内部征信合作体系，并基于合作体系的运作对会员的发展进行监管，及时对外公布协会会员的发展现状。具体流程如下：首先，由小贷公司协会组建初始化的征信合作体系，并要求小贷公司在加入协会后一定时间内主动接入该体系。其次，由当地政府金融管理部门针对该征信合作体系予以监管。再次，小贷公司协会聘请有关专家对征信合作体系的运转进行定期分析，并于政府金融管理部门同意后把分析报告对外予以公布。由于小额贷款行业协会的权威性，该征信体系还可以与商业银行、政府相关部门与机构联网使用，甚至纳入今后建立的社会诚信系统。

征信合作体系的构建，对于小贷公司而言，实现了征信资料的共享，节省了单个小贷公司构建征信系统的时间与金钱。对于相关监管部门而言，实现了对小贷公司的有效控制，提高了风险监控的准确性与科学性。对于小贷公司协会而言，保证了信息披露的真实性，完善了信息披露内容上的不足与缺陷。

（二）完善协会内部责任追究机制

行业协会一般采用相类似的组织架构，即会员大会、理事会、秘书处与监事会。其中，秘书处是协会日常办事机构，主要负责组织和协调协会信息披露事务。但是，对于秘书处信息披露错误或其他人员违规披露信息承担责任的规定则过于笼统，如《广东省行业协会（商会）信息披露制度》第 16 条规定："本会理事、监事及其他因工作关系接触到应披露信息的工作人员，对本会产生重大影响的未公开披露的信息负有保密的责任和义务，不得泄露未公开披露的有关信息。否则，对由此产生的不良影响负全部责任。"

笔者认为，当前违反协会信息披露规则的规定过于原则性，无法从根本上防止信息披露内容与程序错误以及弥补信息披露错误所产生的损失。随着小贷公司协会的发展，上述类型规定的局限性会不断显露：一是缺少程序性。虽然规定了信息披露的主体，但是即使出现了信息披露错误，仍然缺乏可供操作的责任追究启动程序与认定程序。二是缺少惩戒性。尽管规定了相应主体对信息披露错误产生的不良影响承担全部责任，但是责任认定主体、标准以及相应的惩罚形式，到目前仍然未有相应的补充性规定。三是缺少弥补措施。笔者分析后发现对于信息披露错误的，小贷公司协会章程对于弥补措施的规定也仅限于发表更正声明。因此，针对以上存在的问题，笔者认为完善内部责任追究机制应当从以下两方面入手：①制定虚假信息的认定程序，包括该程序的启动主体、认定标准与免责事由等；②细化因发布虚假信息造成损失的弥补性规定，包括虚假信息与相关损失之间因果关系的认定、赔偿的形式与范围等。

银行业自律规范的效力分析

郑伟鸿 *

在金融创新日新月异的时代，仅靠市场无形的手和政府监管是远远不足以使银行业健康成长的。市场失灵和监管频频失策的吸收铺就了以银行业自律规范为基石的第三条道路，这是对银行业市场中秩序与效率之间的衡平。在我国现行金融管制相对宽松的条件下，银行业自律规范的适用与效力能更好地促进银行业的快速发展和防范道德风险。截至 2014 年 7 月，中国银行业协会共有 373 家会员单位和 4 家观察员单位。中国银行业协会与银监会有千丝万缕的关系，虽名义上是会员制的自律组织，但是由政府主导而组建使其依附性比较强。

一、银行业自律规范的界定与种类

行业自律规范有广义和狭义之分。广义的行业自律规范包括企业自律规范，譬如章程、内部协议等。而狭义上的行业自律规范则是指为了规范行业成员的具体行为，行业协会进行自我管理所制定的规范性文件。就银行业自律规范而言，学者鲁篱认为，从运作层面可以大致划分成两大类，即基本性规范和功能性规范。[1]

(1) 基本性规范主要指的是银行业协会的自治章程，它是协会本身及运行的规范。它是从一个相对宏观的角度上指引银行业协会进行自律管理活动的元规范。

(2) 功能性规范，它是在相对微观的角度上进行银行业协会具体功能上的操作，从而落实个体性的目标。具体包括三类：①行业规范，包括了职业道德规范和行业自律公约或行为准则。譬如，爱尔兰的《爱尔兰银行家联合会道德

---

* 郑伟鸿，广东财经大学法学院 2013 级民商法学硕士研究生。

[1] 鲁篱、黄亮、程乐明：《金融公会法律制度研究》，中国金融出版社 2005 年版，第 46 ~ 47 页。

及业务准则》；新加坡的《行业广告行为守则》、《关于消费者的银行行为守则》；英国的《银行业守则》[1]；我国的《中国银行业票据业务规范》、《中国银行业存款业务自律公约》，等等，各银行业协会牵头制定的自律公约也应该纳入行业规范的范畴。②惩罚规范，主要是指行业协会对不遵守行业自律规范的会员作出判定及如何进行惩罚的规定。它是行业自律行为规范得到顺利实行的重要保障，有利于降低出现道德风险的概率。③纠纷解决规范，由行业协会单独制定，也散见于其他文件当中，主要规定了当行业协会会员间或与协会间发生纠纷争议时，应如何通过内部调解、裁决等方式来解决问题。例如，俄罗斯银行业协会自己成立了争端解决机制的仲裁庭。

二、银行业自律规范的效力

伯尔曼在《法律与革命》中就认为商人及行会内部形成的商人惯例、商事判例、章程规范等民间规范对于商法的萌芽发展有着举足轻重的影响。虽然制定法在社会规范系统中有着极为重要的地位，但是国家在制定成文法时具有滞后性，同时也不可能完全地体现行业的全部意志。因此，当制定法缺位时，各行业根据自身特点来制定一套自律规范标准就显得迫在眉睫，而行政监管不能也不应该过多限制行业自律的发展，行业自律规范具有的专业性、针对性使得内部各成员更为认同，其独特的优势在一定程度能弥补制定法的缺陷。银行业自律规范虽然不是法律法规，但行业自律规范作为一种社会规则，其规范约束力的程度以及效力的对象与范围，是值得进一步探讨的问题。

（一）银行业自律规范是否具有强制力

行业自律规范的强制力不同于法律规范的强制力。其一，强制力的震慑不大。例如，《中国银行业存款业务自律公约》第17条规定："未造成严重影响的：①责令违约单位限期改正；②业内发布通报。""造成严重社会影响的：①在中国银行业协会网站上予以曝光；②暂停行使会员、观察员权利1~6个月；③取消会员资格；④由中国银行业协会报中国银监会处理。"从上述规定可知，其只是在声誉上和除名进行制裁，最严重的情形还是得移交到监管部门进行下一步的强制处罚，因为已经涉及国家管理部门，不能认为行业协会的自律规范具有一定的国家强制力，只能认为是行业内部强制力与国家强制的一种有效的衔接，借助于国家强制才能使内部强制不至于成为空中楼阁。因此，在震

---

〔1〕 转引自刘张君：《金融管制放松条件下的银行业自律研究》，中国金融出版社2009年版，第122页。

慑力度方面，行业自律规范没有国家强制对于人身、财产等强制制裁的力度，只能说是一种谴责性的表现。其二，强制手段是辅助性的。行业协会以评先评佳激励机制为主，以强制惩戒手段为辅达到有机统一。例如，《中国银行业文明规范服务示范单位管理办法》第2条规定："中国银行业文明规范服务示范单位评选活动（以下简称评选活动），是以文明规范服务为标准，以先进典型的示范作用为导向，以规范行业服务管理为目的的精神文明创建活动。"这种打造中国银行业文明规范服务品牌的激励机制，更能呼唤起成员们对行业自律规范的自觉遵守。

例如，2006年5月，交通银行在其官方网站率先向社会发布公告称，自2006年6月1日开始，对太平洋人民币借记卡、贷记卡、准贷记卡、个人卡等收取在境内、境外跨系统自动取款机、自动存款机等自主设备上的查询交易手续费，标准是境内0.3元/笔，境外4元/笔。继交行之后，工行、农行、中行、建行等商业银行也于同日起开始收取ATM跨行跨境查询手续费，收费标准与交行一致。此收费措施公布后，即刻在社会上闹得沸沸扬扬，相关的人大提案、收费法律纠纷诉讼及银监会提出的解决方案随之而来，直到2007年4月，中国银行业协会自律工作委员会通过决议，要求各会员银行于2007年4月20日前，停止向持卡人收取人民币银行卡境内ATM跨行查询费用，历经10个月，最终以行业自律的形式终止。在此案中，能看出行业自律规范对内部成员的效力，由于2003年《商业银行服务价格管理办法》规定ATM跨行查询收费是属于市场调节价而非政府指导价，因此，各商业银行坚持收费的立场其实也是合法的，但是行业自律规范的优势就是能弥补制定法的一些缺陷，能令整个行业行为更合情合理。银行业协会相对于监管部门和其他管理作出的自律规范更具有专业性和针对性，相同的专业背景和与生俱来的信息资源优势、会员充分认可的归属感，使得自律规范在内部能更好地制定和实施。

由上可知，行业自律规范是行业协会成员意思自治的集体产物，成员基于非强制的、自愿的自治理念才能使自律规范的实施渠道变得理想，同时应该注意的是，共同自治的达成并非是使所有的冲突都化解，而只是妥协缓解部分尖锐的利益冲突。因此，为了使自治的渠道变得更加顺畅，强制力手段是不可缺少的。实际上，当各成员自愿加入协会，已经默认自己加入一个可以抱团互相依靠的组织里，通过民主的程序制定出的自律规范是自愿的体现，而制定后的共同遵守则是强制的表现，也就是说，行业协会的自我管理、自我发展、自我约束就是自愿与强制的统一。所以，行业自律规范虽然没有国家强制力，但因其成员加入协会时自愿让渡权利而使行业自律规范具有对内的强制力。例如，

《中国银行业存款业务自律公约》第17条规定，会员单位违反本公约的，经中国银行业协会自律工作委员会或授权当地银行业协会（公会）查实后，由中国银行业协会视情况采取一项或多项处理措施，并根据协会章程规定程序做出书面处理决定。

总的来说，行业自律规范效力与国家法律强制效力不同，也不完全等同于私人契约的自愿效力，行业自治规范通过基于自愿的内部强制，发生了某种整体自律的效果，同时法律强制只作为特殊情形下的链接，如果仅靠法律强制或者契约的自愿状态，也许不容易产生这种积极的自律效果。

（二）银行业自治规范是否具有外部性

1. 对于会员外的银行是否有效力，应不应该有效力

由于非会员的银行没有加入协会，自然不会受到内部自律规范的约束。例如，《中国银行业票据业务规范》第3条规定，本规范由中国银行业协会制定，作为中国银行业协会各会员单位办理商业汇票承兑、贴现、转贴现、再贴现、回购、到期托收业务以及在票据业务创新和风险控制等方面的基本行为规范。此外，《中国银行业个人住房贷款业务自律公约》、《中国银行业公平对待消费者自律公约》、《中国银行业柜面服务规范》等都有具体的条文规定该规范适用于中国银行业协会全体会员单位。

行业自律规范的效力自动延伸至非会员会产生冲突，首先，非会员也是行业的有机组成部分，不入会单位可规避责任，导致同业内的差别，进一步可能导致不正当竞争。然而，若承认效力的延伸，就会使行业规范效力的基石也就是自愿、自治被推翻。同时要考虑的另一方面是，会员在以自愿的方式让渡权利、自由时，其实也获取了某种福利，譬如前文所述的信息资源的优势和评先评佳的激励，这是非会员单位所无法享受的。因此，非会员无须承担自律规范义务也是符合公平原则的。同时，若进一步思考，如果非会员银行参照适用了自律规范，那么该规范应否对该非会员单位有强制效力呢？笔者认为，非会员银行如果参照适用行业自律规范，也应列入企业自身的自律规范，其效力范围只是应限于企业个体本身。当然，在关乎国计民生的银行业领域，行业自律规范的普遍适用也是中银协应积极推广和追求的。

2. 银行业自律规范是否影响金融消费者等行业外部人员

罗马法中有句法谚，任何人不得为他人缔约。一般来说，自律的核心就是管理者与被管理者是同一的，当自律规范效力涉及外部主体时，就会突破单纯的自律而转变成律他，因此，行业自律规范应当是行业协会对于本行业内部事务的自我管理，其行为通常对外部人员无效。但2010年中国银行业协会出台了

《中国银行业零售业务服务规范》，该自律规范的第2条明确规定了其适用范围："本规范适用于中国银行业协会从事零售银行业务的各会员单位及其所服务的零售业务客户。"该规范主要规定了金融消费者和会员银行之间就零售银行业务所产生的各自的基本权利和义务，以及投诉、申诉方式和内容的权利。其实，从中国银行协会官方网站的口号"自律、维权、协调、服务"中，就能窥探出银行业作为一个比较特殊的消费领域，它不仅承担着国家安全、社会稳定的责任，同时还向老百姓提供基本金融服务，这也是国家赋予银行特殊地位的原因。其特殊性带来明显的市场信息不对称，这些因素导致受到侵权的消费者面临投诉渠道不明确或缺失的尴尬。因此，在方便金融消费者投诉的同时，也是能加强行业协会对会员银行服务的内部监督。

事实上每年中国银行业协会都会发布《中国银行业社会责任报告》，对银行业履行社会责任的情况进行总结。另截至2011年底，中国银行业协会积极协调会员银行积极稳妥应对推动取消了34项服务收费，并向社会公开发布《关于加强银行服务收费自律工作的六点共识》，取得了较好社会反响。同时，提出了四项原则：绝不违规，最大限度履行社会责任，提供质价相符并超值的服务，给消费者最大的知情权和选择权。

因此，从社会责任的角度来说，其实银行比一般企业负有更多的社会责任，即使该《中国银行业零售业务服务规范》的效力及于金融消费者，但也并没有过多地限制金融消费者的权利，更多的是银行业有意识地想提高业务服务水平而对自身作出了更高的质量标准要求。首先，金融消费者的义务也只是日常生活中最基本的要求，如妥善保管与金融服务有关的其他信息和资料、及时通知义务等，其次，明文规定赋予金融消费者投诉权和申诉权，不仅让金融消费者的利益相关者地位在银行业内部得到重视，也让银行为了保持自身良好的社会形象和声誉而激发其自愿承担社会责任的动力。

总的来说，银行业自律规范一般来说对金融消费者等外部人员没有效力，但因为在实际生活中，某些业务上的往来会涉及金融消费者的相关利益，关乎企业的社会责任。如果不仅没有为消费者设定过分的约定，反而为了更好地服务大众与社会，勇于承担更多的社会责任，从而明文确认赋予消费者权利，此时行业自律规范在这个意义上对于金融消费者就应该有其效力。

三、银行业自律规范效力的监督审查路径

尽管银行业自律规范有其优势，但是规范的自律属性也必然存在缺陷。①利益冲突问题。由于银行业也是一个追求利润最大化的行业，作为利益共同

体，其容易在制定自律规范时偏重效率原则，可能对新加入会员作出限制，或者使自律组织之间、自律组织与成员之间存在利益冲突，从而有悖公平原则。②软约束问题。银行业自律规范的约束力主要依赖道德伦理力量、声誉机制和市场竞争力量，相对政府监管而言强制性不足。〔1〕倘若外部的监督审查机制不到位，那么银行业中价格联盟、集体抵制、利用信息资源优势而收取费用、大众与贵宾客户之间不能兼顾的差异化服务等损害金融消费者权益的行为将会肆意横行。但同时应该注意的是，现在银行业协会在性质上是“半官半民”，浓厚的行政色彩将制约银行业协会的健康发展，极有可能因某种监督的过度干预导致金融创新不足，阻碍银行业金融机构完善公司治理、加强内部控制的脚步，减弱其转型发展的内生动力。因此，建立和完善银行业自律规范的监督机制是保障协会成员及金融消费者权益的前提，也是最大程度地给予银行业协会独立自主的发展空间的强力保障。

对行业自律规范的监督机制包括三个方面：①立法监督，即通过专门国家立法规定行业协会自律规范的运行，尤其要明确行业自律规范的主要价值及规范制定的内容和程序。如可制定《金融公会法》、《行业协会法》〔2〕。由于立法需要付出大量的制度成本，是需要经过充分的理论论证和资源支持的，当未来条件允许时，可以通过国家法律承认来肯定民间自律组织的地位和进行规制。②行政监督，即通过事先审查的形式向行政部门备案相关自律规范文件，以确保其合法与合理性。如2005年银监会制定的《银行业协会工作指引》，从中我们能发现公权力干预了自律组织的团体意志。尽管在一定程度上国家行政管理部门在赋予其自律规范合法性的同时也弱化了行业协会的自主权。但是，在非极其必要的条件下，行政监督方式应当慎用，除非自律规范明显损害到公共利益。③司法监督，即通过司法审查对行业自律规范合法性作出判断。在实践中，法院对于行业自律规范损害了金融消费者的合法权利的审判也只具有个案意义。而实际上，我国目前并没有建立起真正意义上的司法监督机制。但与前两种监督相比，这也许是一种平衡行业自律规范的双重性质的有效途径。因为它是一种非积极性的权力，权力程序由利益相关人启动，且运作的程序最符合公正和公开原则，能对自律规范进行有效性审查，从而最小限度地对行业自律进行干预。〔3〕

---

〔1〕 张忠军：《金融业务融合与监管制度创新》，北京大学出版社2007年版，第289页。

〔2〕 鲁篱、黄亮、程乐明：《金融公会法律制度研究》，中国金融出版社2005年版，第295～296页。

〔3〕 参见苏西刚：“社团自治权的性质及问题研究”，载罗豪才主编：《行政法论丛》（第7卷），法律出版社2004年版，第151、156页。

因此，在中国银行业转型期间，我国应当对行政监督保持克己的态度，在建立立法监督的同时，也要完善对司法监督的建设。一方面，应当赋予当事人对行业自律规范的诉权，另一方面，也应当建立起司法审查机制必须遵循的原则，如穷尽内部救济原则、重要性原则、程序性审查原则、合法性审查原则。

论我国行业协会的职能转变

蒋嘉晖 *

一、行业协会的定性与地位

（一）行业协会的定性

1. 行业协会的概念

行业协会理论的产生更多是“两个失灵”（即政府失灵理论和市场失灵理论）相互作用的结果。

行业协会的英文译法一般为“Trade Association”，和其他定义一样，不同国家对行业协会的理解也不完全一样：美国的《经济学百科全书》将行业协会定义为“一些为达到共同目标而自愿组织的同行或商人的团体”；英国传统观点为“行业协会是由独立的经营单位所组成的，为保护和增进全体成员的合理合法利益的组织”；日本经济界普遍认为，行业协会是“以增进共同利益为目的而组织起来的事业的联合体”；我国一般认为，行业协会是指由一定地域内的同行业经济组织以及相关单位自愿组成的非营利性的经济类社会团体法人。[1]

2. 行业协会的特点

作为经济类社会团体法人，其具有以下特点：①行业协会在沟通政府与企业关系上起到承上启下的桥梁和纽带作用，处于中介地位。行业协会可以承担许多社会必需但又不宜或难以由政府和企业直接承担的职能，成为政府宏观经济管理的参谋助手，成为国家管理体制中不可分割、极其重要的组成部分。②行业协会是民间性质的社会团体。它具有社团法人地位，其领导人来自民间，由协商选举产生；其经费主要靠收取会费、企业捐赠及有偿服务。③以服务作

---

* 蒋嘉晖，广东外语外贸大学民商法研究生。

〔1〕 本刊采编部：“行业协会的组织与制度理论初探”，载《中国政府采购》2011 年第 5 期。

为中心，以非营利为目的。行业协会的服务有些也是有偿的。行业协会不同于政府，不是权力机构，也不是政府管理企业的代表；但也不同于企业，不直接经营。行业协会的服务工作要体现行业的整体利益，而不是个别企业的利益。

（二）行业协会的地位

另外值得一提的是行业协会的法律地位。行业协会的法律地位就是指其在经济法领域独立社会团体的法人资格，其独立性具体体现为与政府、市场主体的关系。之所以将行业协会纳入经济法的规制范围，主要是因为行业协会相对于国家来说，是被管理者，也是国家管理市场的辅助力量和媒介；相对于企业来说，是组织者，甚至是在某些方面的管理者；相对于其他同类主体来说，又是平等的合作者，其参加的社会关系兼有横向性和纵向性特征。这正是经济法调整对象的典型特征。

二、我国行业协会职能发挥概况

（一）新中国行业协会职能发展沿革

在我国，伴随着经济体制的改革，国家行政权力逐步从经济领域退出，多元的社会治理模式逐步形成，行业技术创新与学术交流的需要，催生了一大批行业协会。20 世纪 80 年代是行业协会的高速恢复发展期。企业自发组建协会的动力和能力都极其有限，而政府又急需建立市场经济管理的新体制，因此，政府不得不主动组建协会。在经济体制改革进程中，国家将大量经济管理部门转为行业协会。由此不难发现，我国行业协会的发展与社会大环境有着密切的联系，特别是政府对行业协会组织的兴衰有着决定性影响。正是由于这特殊的历史原因，行业协会的职能发挥一直处于尴尬的境地。行业协会并未充分发挥行业代言人应有的作用。从生产方式和利益诉求角度分析：在政府看来，行业协会代表着企业；在企业看来，这些行业协会又代表着政府。国家经贸委 1999 年 1016 号文件是我国政府官方观点的一个正式表述，该文指出了行业协会的三大类职能：①为企业服务；②自律、协调、监督和维护企业合法权益；③协助政府部门加强行业管理。但是，我国行业协会的不同类型也使得其职能发挥的程度不尽相同。

（二）不同类型的行业协会职能发挥状况

对行业协会存在多种分类方法，根据《法人》提供的调查资料显示，政府对行业组织的部分管理和直接管理数占行业协会总数的 79%，更有甚者，政府对 38% 的行业协会实行直接管理，行业协会的人事、资金、日常工作都受制于政府。所以，从政府与行业协会的关系角度对行业协会进行分类更具有理论与

现实意义：[1]

1. 体制内行业协会

它是过去高度集中政治体制的产物，由政府直接设立，国家将大量经济管理部门转为行业协会。这些行业协会能够获得部门委托的管理职能，有足够的办公经费和固定场所。体制内行业协会在许多方面仍是官办体制内的组织，不具有一般行业协会应具有的市场性与非政府性，但同时并不能否认其完成了行业协会所应肩负的众多职能，只是受历史因素的影响，“官僚化”作风使此类组织的行动效率低下、缺位、越位等现象较为普遍。行业协会却缺乏危机意识，没有足够的应急能力。在职能发挥上，此类行业协会在遇到行业突发问题时无一例外都是国家公布相关检查结果、处理措施并出台正式文件后，才发布通知进行表态，响应政府，其行动迟缓、措施不力、效果微弱。因而对广大公众而言，行业协会进入自己的视野基本上通过负面消息的渠道。公众对行业协会的期望值下降也是受此影响，进而对行业协会体系产生了质疑。

2. 体制外行业协会

体制外行业协会由企业或其他社会成员自发产生，它伴随社会利益主体的分化自下而上形成。体制外的行业协会在一定程度上可以说是真正意义上的行业协会，与美国的行业协会性质相同，是行业内企业为了维护自身利益而自发组建的行业组织。此类行业较好地实现了为企业服务，很大程度上起到了自律、协调、监督和维护企业合法权益的职能。对政府依赖相对较少，同时也就意味着其协助政府部门加强行业管理职能发挥很难得到政府的支持。同时，在实践中，由于此类行业协会特有的组织构成和治理结构，当其职能发挥超越其职能定位时，就会偏离其本质属性，无法通过有效的集体行为维护和提升会员企业利益，甚至损害会员企业利益、破坏市场竞争秩序，从而造成资源配置的低效率或者社会总成本的增加。

3. 兼合性行业协会

一般由政府发起，与社会自发结合而产生。兼合性行业协会的发起和组建在程序上与民间行业协会有很多共同之处，但实际上是由行业主管部门发起的，成立初期得到政府的资助，而且行业协会的负责人多由政府部门退职或退休的官员担任，政府与这类行业协会的关系是业务指导和工作协作关系。社会管理职能在此类行业协会职责中体现得更加明确。此类行业协会的职能发挥最接近

---

〔1〕 徐林清：“我国行业协会与政府的关系及其管理自治研究”，载《行政事业资产与财务》2011年第3期。

于理想中的行业协会职能标准：为会员企业、政府和市场提供的信息全面而权威；对行业的自律既突出行业特点又与政府要求相契合；无论是在协调行业内部还是代表行业处理与国家、公众的关系上都显得轻车熟路、游刃有余；对企业的服务上也积极主动，能为企业解决实际困难。但是在政治体制改革、社会民主进程加快的大背景下，越来越多的行政权被下放，兼合性行业协会应如何考量政府的态度与底线，切实代表会员、企业的核心利益而积极主动地充分发挥其职能是一个巨大的考验。

三、行业协会职能转变路径探究

作为发达的市场经济国家，美国行业协会功能的完善与作用发挥，根植于高度发达的资本主义市场经济环境，是在行业协会正确处理与政府关系的前提下，完善法制的保障所形成的，不可盲目模仿，但其中的一些理性思考与成熟做法，对转型期我国行业协会职能的转变有着重要的现实借鉴意义。

（一）职能转变的宏观思路

我国行业协会职能转变的核心问题是行业协会能否转变与政府的畸形关系。因此，有必要落实政府与行业协会合理分工的总体性原则。具体来讲，由政府行使宏观规划和重大决策的事务的权力，而社会职能中的中观和微观、执行与技术性的事务则由行业协会来承担，行业协会可以参与政府有关行业管理宏观和规划方面的事务。

政府作为社会公共利益的代表、市场经济秩序的监控者，其对行业协会的管理应该是规章、规范的管理，规范和监督行业协会的运行，防止垄断，而不是具体业务和细节的干预。行业协会如果想实现其职能的完美转变，一方面，要合理地对行业协会进行职能定位，行业协会要提高自身的自主治理能力，能够承接政府转移出来的权力，并在此基础上积极向政府收回本该属于社会组织的权力。行业协会应明确自身性质，按照社会主义市场经济体制的要求，其宗旨应是服务，在为行业和企业服务的同时，兼顾对政府部门和社会的服务；另一方面，政府必须继续放权，不仅尊重行业协会独立的社会团体法人地位，更要在制度层面上出台相关的法律政策。特别是加快制定行业协会法律制度的步伐，对行业协会的管理体制、性质地位、职能权限等予以界定和改善。真正把行业协会从政府机构的从属关系中解放出来，推进政府职能转变，改变政府部门与行业协会之间的领导与被领导的关系，发挥好行业管理职能，从而为行业协会职能的实现提供必要性和可能性。政府主管部门应切实转变职能，把转移给行业协会的职能落实到位，严格依照国家有关法律法规对行业协会进行指导和监督；采取有力措施，鼓励各行业协会积极开展工作，从而使行业协会真正成为政府与企业、行政与市场的桥梁和纽带。[1]

（二）职能转变的微观举措

1. 完备行业协会的合法性

行业协会合法性的不足，会造成行业协会职能发挥缺乏依据、无章可循。在我国，其一方面表现在有关行业协会专门法律的缺乏；另一方面是行业协会自身产生的代表性不足，导致其自身的合法性被严重削弱。与美国宽松的法律规范不同，一些社会团体法规对行业协会进行了限制性规定。但不严格界定行业协会自身特性，把行业协会与其他社会组织混同管理，忽略了行业协会在市场经济中的独特地位，行业协会专门立法的进程也被逐渐延迟。迄今为止，我国尚未制定有关行业协会发展的专门法规。政府对行业协会的管理主要依据1998年国务院颁布的《社会团体登记管理条例》。行业协会是行业自律组织，不具有政治色彩，对既存秩序和主流意识不构成威胁，但《社会团体登记管理条例》过于突出政治性，把经济类协会混同于一般的社会团体，不考虑行业协会的特殊性，没有对行业协会的性质、职能定位、日常监管等问题作出实质性的规定。仅仅一部规范所有社团的登记管理条例及为数不多的地方性文件，早已经不能满足行业协会发展的需要。

据已有数据统计，我国大部分从体制内分离出的行业协会，其会员企业一般不超过全行业企业总数的40%。这些协会会员单位大多局限在原部门系统内，且绝大多数是国有企业。全国性行业协会中，非国有企业会员不超过50%的行业协会占行业协会总数的79%。这种情况下，覆盖面窄，意味着行业协会所掌握的企业和行业信息不充分，难以发挥综合性的协调功能，这与美国行业协会代表本行业（特别是中小企业广泛参与）形成了鲜明对比。我国的大型国企操控下的行业协会往往与政府单线联系，这样就能从政府直接获得好处。这种好处本质上造成了不正当竞争，这类行业协会也就扰乱了市场竞争秩序。

俗话说“名不正则言不顺”，行业协会合法性的不足一直是阻碍行业协会发展、禁锢其履行职能的瓶颈。相关法律的匮乏，是行业协会有权却不能用、职能履行失位、滥用权力、无权却乱管的重要原因，而行业协会代表性的不足，造成价值定位的扭曲，利益出发点更私利化。市场经济说到底也是法治经济，我们必须特别关注行业协会长期存在的合法性不足的问题，充分重视行业协会

〔1〕郁建兴：“行业协会：寻求与企业、政府之间的良性互动”，载《经济社会体制比较》2006年第2期。

的特殊地位，抓紧制定行业协会的专门法律规章，发挥其对行业协会的发展应起到的提纲挈领的作用，分析其市场地位的独立性，明确行业协会特殊的市场主体地位，规范其独特的管理模式，细化其抽象的综合性职能，才能保障其职能积极有效地发挥。同时，增强其行业代表性，从而找到合法性的事实基础，使行业协会职能的发挥惠及每一个会员。行业协会合法性的增强是对其本身存在的合理性的肯定，也是行业协会在当今民主法治社会能发展壮大的前提。[1]

2. 强化行业协会的调控主体地位

行业协会是政府宏观调控得以实现的重要支柱。美国的行业协会在实现本行业内部治理的同时，被鼓励积极参与市场竞争，从而保持了行业协会的活力。这无疑是值得我们思考的。在我国，通常只看到行业协会作为重要的市场主体，依托其优势地位，如果发展过度，就会造成垄断，正因为如此，长久以来，我们更多地强调行业协会的垄断危害，但却忽视行业协会作为经济调控主体的有益性。在实践中只要行业协会的联合行为没有对竞争产生实质性危害，没有危害社会公共利益，就应该更多地对行业协会的职能发挥采取宽容的态度，而不是杞人忧天地一味打压。

在国家对经济的宏观、统一、间接的管理中，行业协会对于干预的有效性和经济良性运行在科学和组织方面同样起着保证作用。我们在承认行业协会的经济法主体地位的同时，应适当地加强行业协会的调控主体地位，发挥其弥补“两个失灵”缺陷的作用。鼓励其正当地参与市场竞争。行业协会做大做强才能充分发挥其调控作用，从而规范市场行为，维护市场秩序，促进行业内产业结构的优化，促成民主政治的实现，实现政府职能的转变。因此强化行业协会的调控主体地位是转型期行业协会职能转变的题中之意，也是诸多国家实践经验验证得出的结论。强化行业协会的调控主体地位，一方面要赋权予行业协会，另一方面要鼓励其做大做强。行业协会要建立健全组织机构和规范的运行方式，明确行业协会职能发挥流程，引进现代竞争机制，真正发展成不可或缺的重要市场主体。

3. 削弱行业协会自主性规制

行业协会自主性是行业协会在国家社会管理体制中的相对自主，指协会在内部资源配置和使用、人事确定、活动规划和执行等方面，较少受到外部关联组织（如政府）的干预和控制，而具有一定的自主选择和决策的能力。自主性是行业协会的最本质特征，自我管理的自主自治权是行业协会必须享有的权利。

---

〔1〕 潘劲：“农产品行业协会的现状、问题与发展思路”，载《中国农村经济》2007年第4期。

但是，目前我国政府对行业协会实行的是双重管理体制，行业协会要接受两个单位的管理：一个是登记管理机关，另一个是业务主管单位。行业协会在登记前应经其业务主管单位审查同意，在其存续期内也要接受这两个单位的监督管理。在双重管理的体制下，行业协会从组建到运作也要接受这两个单位的监督管理。从而使协会成为业务主管部门的附属物，主管部门可以决定协会领导人的任免，可以介入协会的业务，也可以将其退休人员安排到行业协会，这就使行业协会难以独立成长，难以形成良好的发展机制。

作为市场主体的行业协会，在权利的享有上也应该遵循民事法律规范中“法无禁止即自由”的理念，政府部门应该充分允许其在相关领域内享有高度的自主权，在法律许可的框架内不要采用行政手段对其过度“指导”。结合部分行政许可取消的政治改革措施，加快削弱主管部门对行业协会的规制，让行业协会在市场竞争中自由自主地接受淘汰的检验，才能使其自主性得到最大限度的发挥，激发生机活力，最终达到职能的充分发挥，从而实现服务企业、繁荣行业、促进经济整体发展。但是基于我国的实际国情，我们也不能像美国一样对行业协会无门槛的准入，而应在其成立后仅对其进行政治指导，而不是业务的强行干预。

4. 实现行业协会与政府的良性互动

政府、企业和行业协会是市场经济中的三大主体，各个主体间各自职能的独立发挥，是市场体系高效运转的重要条件。行业协会与政府的关系，本质上是企业与政府的关系。在政府与企业存在行政隶属关系并进行部门管理的情况下，企业一般不需要行业协会，政府也没必要将行业管理职能交给协会。只有当企业与政府没有隶属关系又对社会实行行业管理的时候，一个个企业才需要行业协会。政府此时面对的不是一个个企业，而是一个个行业。可见，政府转变职能，改革对企业的管理方式，是行业协会建设的前提条件。反过来看，行业协会只有履行好向企业和政府提供双向服务的职能，真正成为联系二者的纽带和桥梁，才能进一步加快政府职能转变的步伐，将经济管理重心转向宏观调控和优化社会管理的质量上来。[1]

行业协会与政府的关系应该是一种良性的竞合关系，行业协会与政府共同承担着部分社会管理职能，它们在合作的同时，其实也存在竞争关系，竞争的主要内容一方面来自公共事务管理的权力及财政资源的竞争，另一方面是对优质公共服务的竞争。但是，我们必须要认识到这种竞合关系并不是行业协会与

---

〔1〕 义海忠：“政府职能定位与转移对行业协会发展的阻却作用分析”，载《攀登》2008 第 3 期。

政府对抗，而是在竞争中合作、在合作中竞争，实现良性的互动。

行业协会与政府要在管理行业公共事务职能上适度分工，不能争权，从而实现良性的互动。行业协会的数量和权力都要随着经济的发展而增加，但这并不意味着政府完全退出行业治理，政府需要的是管理方式，即由直接管理变为由行业协会接受授权或委托职能的间接管理。社会组织能够成为政府履行社会管理职能的有效补充。行业协会作为政府职能转换和公共服务的替代服务者，其作用和地位日益突出，并逐渐受到政府部门的广泛重视。在现阶段，行业协会处于相对弱势地位，政府应提供资助或放宽有关政策，从而使脱钩后的行业协会具有发展的潜力和能量，包括资产扶持、对个别弱势行业协会的财政补助、税收政策以及向行业协会购买服务等。其中，购买服务将是未来行业协会发展资金支持的重要途径，不仅改革了政府行政模式，建立了新型的政府资助机制，也有利于重塑政府与行业协会新型的“合约性”关系。行业协会与政府的良性互动，可以使二者积极发挥自身合理、合法的优势，提高行业协会与政府双方的效率，对于推动公共管理社会化、促进共勉社会发展、建设服务型政府具有重要的现实意义。

5. 行业协会监管机构的架构

纵观国际经验，对行业协会的管理逐步呈现出严格的管制将放松、双重的管理体制将逐渐消失、社会的自主力量将会加强的趋势。我国市场经济尚未发达，法制体系仍需健全，为了有效实现政府管理方式的转变与职能转移，还需要在一定时期维持现行的双重管理体制。但对行业协会的监管要侧重于监督，将原来的直接管理改为间接管理。同时，必须防止极端的倾向，监管过严或过松都是不可取的，防止权力寻租、企业共谋、损害社会利益的倾向。对行业协会监管时要特别注意对行业协会自利行为的纠偏，从而对行业协会的经济干预提供决策指导，协调行业协会经济自治产生的矛盾，为正当的行业协会职能发挥提供保障和支持。

具体而言，对于行业协会基于自主权而进行的行为，政府原则上应予以尊重并不予干预，对合理的行业协会经济自治，政府在必要时可以上升为政策干预而予以支持，对于行业协会在合理的经济干预中对个别企业所产生的奖惩等问题，政府在其发生纷争时予以支持。比较简易可行的是：在民政部门设立独立的行业协会管理委员会，对行业协会统合资源，进行系统管理，同时为国家制定相关行业协会管理性政策法规提供有益借鉴和实践资料。在行业协会监管机构的组建过程中要实现管理的专业化，切忌一刀切，更不能使其形同虚设，而应实行层级分明、责任清晰、落实到人的管理方式。[1]

行业协会在转型期职能的转变是时代的要求、社会的要求、经济发展的要求。但是我们也应清楚地认识到，任何改革都不是一蹴而就的，在借鉴外国有益经验的同时，我们必须充分结合国情实际，才能发挥行业协会的应有作用。在明确改革正确方向的前提下，国家、政府、行业协会、社会有关力量充分承担起自己的责任，理想的行业协会必将形成，为我们实现中华民族的伟大复兴提供强大的促进力。

〔1〕郑江淮："行业协会职能配置与政策创新"，载《国家自然科学基金2013年度应急项目课题报告》。

公司章程对股权转让的限制

石纯子 *

一、公司章程限制概述

在现代社会，公司章程订立的目的在于确立公司成立的制度基础，规范公司的组织与行为；公司章程是公司对外的资信参照物，也是对内进行公司治理的直接依据。公司章程将自治与他治的理念融于一体。

那么，在公司治理过程中，哪些事项、哪些行为可以由公司章程自由决定？在公司法的条文中，应该给公司章程多大的自由空间？美国著名公司法学者爱森伯格在其“公司法的结构”一文中作了精辟的回答。[1]

对于封闭公司，由于股东较少，往往可以了解到充分的信息，即知情权获得有力保障，当事人是自身利益的最佳判断者。公司法对待封闭公司应当尽可能让位于公司章程的规定，因为法官并不能完全知道当事人达成合意时的情况。所以，结构性和分配性规则在封闭公司中一般是赋予公司章程自行制定规则的权力或者对章程不能规定的方面进行补充性规定。

对于公众公司，由于其采用了很多削弱公司高管权力的机制，譬如独立董事、会计师、专门监督公司经理行为的市场分析人士。这方便了大宗股份的集聚，公司控制权的转移，同时，又保证了公司管理层具有正当动机将公司利益置于第一位。高管的报酬补偿机制将高管获益情况与公司的业绩表现挂钩，这能减少由于经营管理与风险承担相分离而导致的高管利益和股东利益相偏离的问题。谈及此，不得不说到公众公司的代理成本问题，爱森伯格认为其主要来

---

* 石纯子，深圳大学法学院研究生。

〔1〕［美］M. V. 爱森伯格：“公司法的结构”，张开平译，载王保树主编：《商事法论集》（第3卷），法律出版社2000年版。

自于公众公司中所有权和控制权的分离，由此导致的高管利益与股东利益不一致。这种利益冲突表现为：①所有高管都会偷懒；②高管通过不公正的自我交易，把公司财产据为己有，从而获得潜在利益；③高管以牺牲股东利益来维持和巩固自身地位和利益的获得。要防止这些利益冲突，公司法强行性规范就要介入，因此，在公众公司中，公司法的强行性法律规范要多于封闭公司。

那么，在股权转让问题上，公司章程是否可以对我国《公司法》上两种不同的公司都进行限制呢？

二、公司章程对有限责任公司股权转让的限制

章程对有限公司股权转让的规定，主要体现在我国《公司法》第71条。该条第1款规定内部转让，指出股权可以在股东之相互转让；第2款规定外部转让，其中规定了其他股东的“同意权”，股东在以书面通知形式获得半数以上其他股东同意的前提下，才可以向外部人转让股权，接到书面通知的股东超过30天未作任何答复的，推定或默认其同意，否则就必须购买被转让的股权；既不答复又不购买的，也将视为同意转让；该条第3款是其他股东的“优先购买权”：在其他转让条件均相同的情形下，为维护公司的人合性，同意股权转让的其他股东享有同等条件下的优先购买权。如果两个以上股东都主张该权利的，则由购买方通过协商确定；协商无法达成一致的，按各自的出资比例进行购买。该条的亮点出现在第4款：对于股权转让的执行和实现方式，章程具有特殊规定的，则按照该特殊规定执行。

由此可见，《公司法》第71条第4款的规定显然是立法者要赋予章程一定的自治权。但是现行《公司法》并没有对此作出详细的解释，从而使实践中纠纷不断，并加剧了裁判的不稳定性。

有一种观点认为《公司法》第71条前3款都是强制性规定，最后一款则是任意性规定。这种观点认为，章程不能违背前3款和法律其他强制性规定。还有一种观点认为前3款属于任意性规则，章程可以作出截然不同的规定，或者规定更为严厉的限制，而且优先于法律适用。在这种情况下，只要股权转让不违背相关的强制性规定，通过章程来设定更加符合具体公司情况的转让条件，能更满足各方的利益需求，大大减少公司实践中各种纠纷的产生。

笔者更赞同第二个观点，这样，公司章程就可以参照前3款的规定，也可以作出不一样的规定，具体由公司的经营者自行选择。任意性规范依据其发挥作用场合以及功能的不同，得区分为补充性的任意性规范和解释性的任意性规范。补充性的任意性规范是当事人得经由特别约定而排除该项法律规范适用的

规范，而解释性的任意性规范，是指目的在于详细说明当事人所期待的和所表示的法律效果，以消除意思表示中不清楚或不精确内容的任意性规范。很明显《公司法》第71条属于补充性任意性规范，当当事人没有对股权转让事宜形成自主协议或安排时，第71条就对该协议或安排起着替代和补充的作用。因此，第71条前3款其实就是填补章程规定和股东协议空缺的一种任意性规范。

三、公司章程对股份有限公司股权转让的限制

《公司法》并未对股份有限公司股权转让作出特别规定，只在第137条规定，股东持有的股份可以依法转让，也就是说《公司法》原则上是不限制股份转让的。那么，章程可不可以限制股份有限公司的股权转让呢?

有一种观点认为，之所以有限责任公司规定章程对股权转让可以作出限制，是因为有限责任公司属于封闭性公司，鉴于尊重公司自治，分具体情况考虑公司章程关于股权转让的限制。然而，股份有限公司属于公开性公司，从保护公众投资者利益的角度出发，不宜认可公司限制股权转让由章程规定。

另有一种观点认为，基于私法意思自治原则，“法不禁止即自由”，即只要公司章程设置的限制没有违反国家法律、行政法规的禁止性规定，在市场经济下，就应当尊重市场主体的意思自治，国家不应主动对市场主体的市场行为进行干预，更不应该在法律没有禁止性规定的情况下，去否定该等转让限制的合法性。[1]该观点认为股权转让的问题应该是一种分配性的规则，在判断法条的性质时，最合理的方法是进行实质性的利益衡量。在非上市的股份有限公司中，股东人数也相对固定，对于此种股份的转让应该以赋权性和补充性规范为主，所以《公司法》第137条的规定应该为任意性的规范。因此，章程可以限制股份有限公司股权的转让。

笔者更倾向于第二种观点，但是并非完全赞同。如果肯定了股份有限公司章程记载的限制股权转让的规定是有效的，那么当股东违反限制性规定，将股权转让给公司股东以外的第三人时，转让行为是否有效呢? 对于股份公司，承认其股权转让限制的效力，必须同时辅之以否认违反该限制的股权转让的效力，才会具有维护公司自治的效果。[2]

（1）我们要确定的是，章程是内部自治文件，对外并不产生效力。所以，

---

〔1〕 汤宏伟：“论章程对非上市股份公司股份转让设定限制的合法性——兼论私募投资模式下股份转让之限制的合法性”，载《法制与社会》2014年第8期。

〔2〕 蔡元庆：“股份有限公司章程对股权转让的限制”，载《暨南学报》2013年第3期。

股份有限公司章程中如果存在关于股权转让的限制，其对第三人是既没有约束力，也没有对抗效力的。即使说基于商业风险，股权受让人应了解公司章程等相关信息，但这并不意味着受让人当然地承担着了解公司信息的义务。因此，公司章程并不具有对世的效力，不能一概否定股份有限公司股权转让行为的效力。

（2）鉴于章程具有契约的属性，不能简单否定其对内的效力。设立时的章程是初始章程，由于初始章程可以作为加入公司的判断事由，应该推定全体发起人股东都同意该章程。因此，如果初始章程对股权转让作出了限制，该限制对设立时的所有发起人及股东都有约束力。但如果对股权转让的限制是公司成立之后通过修改公司章程的方式加入的，那么对该事项持反对意见的股东又是否该适用章程规定呢？这点与对外转让不同，对外转让时，受让人有很大可能根本就不了解章程内容，但是如果是对内转让，即使在修改章程时投了反对票，但是作为公司的一员，他也应遵守章程的规定。所以，不管是初始章程还是后来经过修改的章程，章程对内的效力都是不能被否认的。

（3）如果说法不禁止即自由，那么《公司法》第 71 条第 4 款的规定存在的意义又是什么呢？所以说，《公司法》第 137 条只是给了受让人一个预期，让其了解出让人是否为有权转让股份的股东，只要出让人并不是法律法规限制其转让股份的股东，就可以视为转让股权是合法的。

综上，我们应肯定股份有限公司中章程对股份转让的限制的效力。股东受到股份公司股权转让限制约束，但鉴于合同相对性的原则，当股东违反章程规定转让股权时，受让人还是可以依照《公司法》规定取得股东资格，只是作为出让人的股东需要对因此给公司造成的损失承担损害赔偿责任。

四、公司章程限制股权转让问题的解决途径

我国公司种类只有有限责任公司和股份有限公司两种类型，两种公司类型最直观的区别就是股东人数的不同。股份公司之所以将资本划分为等额的股份，也是为了方便资本的募集和流通，但跟有限责任公司并没有根本区别。

有限责任公司与未上市的股份有限公司在股权转让方面，本质上并没有太大的区别，都是通过出让方与受让方签订股权转让协议，并完成股权变更登记即可。但上市公司的股份转让则是需要经过专门机构——证券交易所，通过一定的交易系统来完成，体现了上市公司股权转让的高度自由性。因此，我国对公司仅是从表面的名称、设立条件、人数等来进行分类的，然而，本质上的问题（例如股权问题）二者几乎没有差别。与股份高度自由流通的上市股份公司

相比，非上市的股份公司允许章程限制股份的转让和有限责任公司中允许章程另有规定有着一样的合理性。[1]

原《日本公司法》也与我国《公司法》对公司分类有相同的问题，2005 年修订的《日本公司法》将有限责任公司并入股份有限公司，不再保留有限责任公司的形态，同时，将股份有限公司细分为“股份转让受限制”与“股份转让不受限制”两种类型。这种做法较好地处理了有限责任公司与股份有限公司之间的共性与差异。

在我国，股份有限公司又分为上市的股份有限公司和非上市的股份有限公司，与有限责任公司作为非公开公司一样，其中非上市的股份有限公司也是非公开公司。同样是封闭的公司，在股份转让的问题上，规定却不同，自然会产生法律适用的混乱。

因此，笔者认为，我国可以适当借鉴《日本公司法》的做法，以股份转让是否受限制来区分公开公司和非公开公司，把有限责任公司和非上市的股份公司都归入非公开的股份公司之中，这类公司可以允许公司章程规定限制股份的转让。从而解决现在司法实践中对股权转让问题上不规范的效力认定，同时也可以促进公司法体系更加完善。

---

〔1〕 陈龙：“股份有限公司章程设限股权转让问题研究”，南京大学 2012 年硕士学位论文。

论商事行规的法律效力

——从法律适用的角度分析

丛小琳 *

一、引言

行规是伴随着商品经济的发展而出现的。在商品经济不发达的社会，交易是在小范围内进行的，双方当事人自行协商是有效率的；然而，在商品经济发达的社会，交易日益频繁，如果继续依赖当事人自行协商，不仅效率低下，而且很容易导致贸易摩擦，这就对统一规则的制定提出了迫切的要求。尤其是到了近现代，行业协会、商会等组织的兴起和发展，更是为制定统一的行业规范提供了条件。

所谓行规，实际上是指商人们通过对商会的自律管理，自行制定的或者在长期商事活动中自发形成的商业规范的总称。行规产生于商事实践，对维护行业经济秩序有着重要作用，“行规为公会之命脉，在矫正营业，增进公共利益，如偷工减料、劣货影响、扰乱市价，种种不良习惯，均由行规之约束，为之消除，而商业上道德信用，亦可相互增进”〔1〕。在商业活动领域，行规大量存在，具有重要地位，发挥着重要作用。有学者将其分为行业规范、行业公约、行业标准、行业规则四种表现形式。〔2〕有学者将其分为商会章程、行业合约及行业服务规范、行业交易惯例、行业质量标准四种表现形式。〔3〕分类标准不一，

---

* 丛小琳，中山大学民商法学硕士研究生。

〔1〕“王延松重要谈话”，载《申报》1930年10月31日，第9版。

〔2〕董淳锷：“商事自治规范司法适用的类型研究”，载《中山大学学报（社会科学版）》2011年第6期。

〔3〕孟智慧、李盈毅：“行业管理中商业行规的形式与法律效力分析”，载《郑州纺织工学院学报》2001年第3期。

但均是指行会成员企业之间的自治规范。本文将论述此类行规的法律效力。

二、行规指导商事实践的合理性

“行业协会不仅是市民社会的基础性力量，同时也是对国家失效的有效替代”。[1]我们知道市场由于存在垄断、信息不对称、外部性、公共产品缺陷等因素，在配置资源时容易产生失灵，很难达到帕累托最优。而政府也因信息偏在、有限理性等而存在失效。[2]从民间法的角度来看，行规是我国民间法的一个重要组成部分，它可以补充国家法在市场社会治理中的缺失，其存在有极大的合理性。原因主要有以下几点：

（1）行规不由国家立法机关制定，也不是由政府部门制定的，而是由商会、行业协会为实现自治而制定的，从商自由和意思自治的理念使得商人们偏好以行规等商事自治规范来调整商事关系。

（2）由于商事纠纷的解决往往涉及比较创新或专业性的问题，商会对本行业和本地区的经济情况和行业秩序更为了解，各业行规往往细致繁杂，可以弥补法律的漏洞和立法的滞后性。

（3）行规是商人自治的产物，更加符合商人的自身利益，更能满足交易效率的要求。

三、行规与国家制定法的关系

伴着商会、行业协会等社会中介组织的兴起和发展，“行规”在规范各行业组织及其成员的经营行为、维护行业的健康发展、创建有序的行业竞争秩序、实现“市民社会—行业组织—国家”良性互动等方面做出巨大贡献的同时，也出现了“行规”与“国家制定法”在某些方面的“冲突”。那么，行规与国家制定法之间的关系如何界定呢？

（1）与国家制定法相比，行规是一种民间法。博登海默说，行业组织制定自治章程的行为是一种自主立法，它与国家的委托立法不同，所谓自主，“乃是个人或组织（而非政府）制定法律或采用与法律性质基本相似的规则的权利”。行规没有经过国家立法形式进入制定法，所以尚未被赋予正式法律渊源的地位，笔者也未发现有立法例规定在法律出现漏洞时可直接适用行规。多数情况下只

---

[1] 鲁篱：“行业协会经济自治权研究”，西南政法大学2002年博士学位论文。

[2] 谈萧：“初论商会与行业协会法——基于民间法和国家法二元视角的分析”，载中国法学会商法学研究会编；王保树主编：《中国商法年刊（2007）》，北京大学出版社2008年版，第316页。

能补充适用（即参照或考虑）或者作为解释的依据。

（2）行规属于行业自治性规范，国家制定法属于社会强制性规范。行规的制定者是同行业的工商业者，其根本性的权力来源是团体成员的理性契约与集体认同。作为行业协会成员的经营者如果不遵守行规，就要根据行业协会章程的规定承担相应的不利后果。但是，行规仅对加入行业协会的商事主体具有当然的法律约束力，它主要是一种内部的自觉性纪律约束，而没有对外的强制力。[1]因此，"行规"的效力只能限定在商家的范围内，不能及于消费者。

（3）行规的制定、内容、执行等方面缺乏标准，需要国家制定法律进行规制。行规作为行业自治的规则，理应对商事实践发挥重要作用，然而，让笔者感到意外的是，在搜索引擎中输入"行规"，出现的竟然几乎全是负面的新闻报道。例如：酒店12点以后退房加收半天房费；禁止自带酒水；消毒餐具工本费1元；限包间最低消费；减少订席不提前通知收全款；丢物责任自负等行规就颇受诟病。究其原因，与有些行规本身缺乏正当性不无关系。当今社会许多行规为垄断行为、"霸王条款"背书，已演化成为行业商家联合起来损害消费者利益的合法外衣。因此，国家法律法规为行规的制定、内容、执行等方面制定标准，对判断行规的良莠、避免出现政府所说的"违反善良习惯之处"十分有必要。

四、行规法律适用的效力

1. 行规对内部适用的效力

在涉及商会与成员企业之间的关系时，行规具有强制性。商会对于违反行规的成员设有"内部惩罚机制"，这有些类似于合同法中的违约责任，其特点：①机制的创设来源于约定，即成员企业通过协商一致，将惩罚机制的种类、限度和实施程序以组织章程或者内部规章的形式确定下来；②惩罚机制的权利追诉者和责任承担者都是商会契约的主体，具有合同相对性的特征；③这种惩罚机制的强制力和执行力来源于合同条款，即成员企业事先对于惩罚责任后果的一致认同。[2]1973年苏州发生过一起轰动一时的命案，该市金箔业一百多名从业者将一名违反行规多招收学徒的同行咬死。之前苏州金箔业制定了行规，对

---

〔1〕 朱英、魏文享："行业习惯与国家法令——以1930年行规讨论案为中心的分析"，载《历史研究》2004年第6期。

〔2〕 周林彬、董淳锷："中国商会立法刍议：从契约的视角"，载《南开学报（哲学社会科学版）》2007年第2期。

招收学徒的限制非常严格（为了严格限制从业人数以减少竞争）。但是这名董事为了扩大生产多招了一名学徒，违反了行规，结果导致他在公所议事时被其他从业者活活咬死。[1]可见，这种内部惩罚机制相当严厉，行规对其成员企业具有当然的法律约束力。

在涉及成员企业相互之间关系的时候，如果当事人在订立合同时有约定以行规作为某些商事关系的调整依据，那么在出现纠纷时，法院得以优先适用行规厘清其权利义务关系，不过此处与行规的法律效力无关，更多是体现了“约定优于法定”的私法原则。如果当事人没有约定，行规作为非正式的法律渊源，并不能在审判中直接适用，多数情况下只能补充适用（即参照或考虑）。法官可能会借此查明案件事实，或者将行规作为解释的依据。

2. 行规对外部适用的效力

在涉及商会成员企业与消费者之间诉讼纠纷时，要注意行规的对外效力问题。商会、行业协会能否通过制定行规给外部人（比如消费者）设定义务？正如前文所说，行规没有对外强制力，不得对消费者的权利进行限制。但是，经营者往往会通过店堂告示等手段将行规转化为格式条款。消费者如果拒绝接受，可能会遭到拒绝，无法享受商家提供的产品或服务，这就使行规间接约束了消费者，侵害了消费者的公平交易权与自主选择权。

为了避免商家借助行规侵犯消费者利益，行规的对外效力不可一概而论，判断其法律效力的标准应当以《合同法》的相关规定和精神为准。首先，其制定者是商会和行业协会，其性质是自律规则，行规的目的是对行业协会的成员即经营者的行为进行规范。我国《消费者权益保护法》第26条第2款、第3款规定：“经营者不得以格式合同、通知、声明、店堂告示等方式，作出排除或者限制消费者权利、减轻或者免除经营者责任、加重消费者责任等对消费者不公平、不合理的规定，不得利用格式条款并借助技术手段强制交易。格式合同、通知、声明、店堂告示等含有前款所列内容的，其内容无效。”再者，从各国的实践来看，行业协会可以制定行规来维护自己的利益，但只能约束自己的会员，而不能约束消费者。凡是影响到消费者利益的行规，制定时一定要采取公开透明的原则，征求消费者的意见。行规的正当性理应成为商会“自觉追求”独立法律地位的一项重要措施。我们一直呼吁政府赋予商会充分独立的法律地位，但是如果商会不能通过有效的自治自律机制来约束自身潜在的反竞争性等弊端，

---

〔1〕 严跃平、樊卫国：“行会行规的历史比较制度分析：以惩罚机制为中心”，载《上海金融学院学报》2012年3期。

则必将给国家的外在强制“留下借口”。简言之，在行业自治领域商会应该努力促使行规等自治规范成为国家立法的有效替代机制。[1]

由于我国政府正处于转型和机构调整阶段，因此，许多原政府主管部门的职能被转移给行业协会。对于行规，各国商会、行业协会法都明确规定行规对相关的商事主体具有当然的法律约束力。但在适用之前，需要对其是否存在和是否合法进行认定，笔者认为，认定的标准有如下几条：

（1）实体内容合法。行规的内容要与法律规范的内容及法律基本原则相一致，这是行规发生法律效力的前提和基础。

（2）产生的程序正当。“因为程序使参与者都有平等的表达机会和自由的选择机会，同时也使责任范围更加明确”，正当的程序是为了保障利益相关人的诉求，使得行规更加合理合法。

（3）与案件具有关联性。这个要结合案件的具体情况来具体分析。

此外还要考虑这个行规有没有经过时间的检验，是不是真的由交易习惯演变而来的；有没有得到行业协会内部不特定多数人的认可等因素。

当行规违反法律或者与法律原则相抵触时，行规不能违反法律的具体规定和基本原则，国家应该对其进行审查，必要时甚至要予以废除。值得注意的是，与行政审查相比，司法审查应当是更为合适的监督途径。国家权力在介入自治领域时，应采取危害性最小的方式，司法权就是不错的选择，因为它是消极性的权力，权力启动程序也是由利害关系人自治，且运作程序最为公正和公开。司法权的事后救济，对防止国家公权力过分主动地干涉商人自治，具有重要意义。

五、结语

行规是很有效率的纠纷处理方式，也是商事自治的体现。商会在制定行规时，应在保障团体成员利益的同时，也应兼顾自律性、自由竞争、公益性之要求。从国家法、民间法的角度来看，行规是我国民间法的一个重要组成部分，它可以补充国家法在市场社会治理中的缺失，其存在有极大的合理性。国家应当厘清行规的法律效力，对其制定、内容、执行等方面设定标准，充分发挥其民间法的社会治理功能。

---

〔1〕 周林彬、董淳锷：“中国商会立法刍议：从契约的视角”，载《南开学报（哲学社会科学版）》2007年第2期。

浅析公司章程自治范围及程度

陈昆虬 *

公司作为市场经济体系中不可或缺的企业组织形式，已然成为世界上最普遍、数量最多的经济体。因此，各国法律对公司的规制都相当重视并且不断改进以适应当代快速演进的公司制度发展。而且无一例外，两大法系国家的法律都对公司章程作出了详细的规定。众所周知，公司章程在公司中具有“宪法”地位。但是，在我国，公司往往忽视章程的重要性，致使许多公司章程都是形式化、制式化的文件，对公司的治理架构、公司的经营起不到积极的作用，对制定公司章程的股东也起不到很好的保护作用。实践中，有许多公司因为公司章程的制定不完善、缺乏个性化规定而使得公司治理结构发生问题，严重的甚至影响公司的正常运营。究竟公司章程是什么？公司法律规范与公司章程关系如何？其自治范围、自治程度如何界定？不同公司组织形式的公司章程差异是什么？这是本文希望能弄清楚的问题，也只有弄清楚这些问题，才能在下一步制定出与公司法律规范相辅相成、适合公司的个性化公司章程。

一、公司章程理论解析

公司作为一种组织形式，作为市场上的经济体，是由人、财、物组合而成的，怎样的组合能使其发挥出最大的效用，获得最大的效益，公司章程在这当中能起到十分重要的作用，为公司提供良好的内部秩序和外部条件。因此，认识公司章程是首要之务。公司章程的概念兼有实质意义与形式意义之分。实质意义的公司章程是指对公司及其成员具有拘束力的、关于公司组织和行为的自治性规则，而形式意义的公司章程是指关于公司组织和公司行为的基本规则的

---

* 陈昆虬，广东财经大学 2013 级民商法学研究生。

书面文件。[1]这样的划分与大陆法系国家（地区）学者对公司章程的划分基本相同。从章程效力的角度分析，公司章程记载的是公司的内部事项和外部事项。其规范了公司的组织结构、公司属性，不仅对制定该章程的股东会具有约束力，而且对于受让股东、管理人员及全体员工均具有拘束力，公司章程是公司自治的基石。仔细分析会发现，大陆法系的公司法规范中的公司章程是单一的文件，按照不同的公司类型划分出了有限责任公司和股份有限公司章程中不同的记载内容。与此不同的是，英美法系的公司法律规范对公司章程作了作用上的划分。如英国，公司章程分为章程大纲及章程细则，章程大纲主要记载了需要公示的部分，如公司名称、住所、注册资本、法人代表等信息；章程细则主要记载公司的内部规定，这部分不需要公示。再如美国，公司章程包括设立章程和章程细则，设立章程记载公司名称、住址、发起人信息等基本事项，并且需要公示。而章程细则并不需要公示。为何一部分章程需要公示而一部分章程又不需要？原因在于公司事务分为对外事务及对内事务，对外事务主要就是交易，因此，公司章程大纲（设立章程）需要公开是为了方便交易，为交易顺利进行提供保证。章程细则因为规定的是公司内部事务，属于公司内部文件，自然可以不公开。由此看来，两国法律的公司章程均依其作用的不同划分为外部章程——章程大纲（设立章程）及内部章程——章程细则。通过对大陆法系与英美法系的公司章程比较会发现，除了两大法系所规定的公司章程的形式有所不同外，它们的内容构成基本一致。

对于公司章程的属性，许多学者都有自己的观点，主要可以归纳为三种：第一种是由大陆法系学者提倡的自治法说，该学说的主要观点是，公司章程是公司内部法律，一经制定即具有法律效力。也就是说，公司章程中的规定、规则均作为自治法来约束公司运作。第二种观点称为合同理论说，主要被英美法系的学者所提倡。在英美法系中公司章程的本质被认定为合同，是公司和股东，股东、董事和高管之间的一种契约。第三种观点是公司章程宪章说，但因为此观点影响范围小，所以这里就不赘述了。自治法说强调的是公司章程的效力性，合同理论说强调的是当事人意思自治、章程的个性化，两者都各有优点。依照现在的理论发展来看，前面两种观点，自治法说与合同理论说相互吸收不同的观点，逐渐趋于融合。笔者认为这种趋势更有利于集两家之长，取长补短，能更准确地阐明公司章程的性质。

虽然公司章程是由股东制定的，具有法律效力，对公司内部具有约束力，

---

〔1〕 施天涛：《公司法论》，法律出版社2006年版，第117页。

但是章程并不是随意制定的，也不是所有的章程条款都有效。公司章程必须在《公司法》及其他公司法律规范的框架之内作出规定。而公司法律规范的强制性规范与任意性规范决定了公司章程的自治范围，两者的边界在哪里，也是本文讨论的重点。

二、公司法强制性规范与任意性规范的边界

《公司法》作为国家的制定法，是公司必须遵守的法律规范，公司法律规范的划分有很多种说法，像是美国法学教授梅尔文·阿伦·艾森伯格对公司法规范分类的主要观点独树一帜，他认为公司法规则从规范对象分析可分为三类，分别是：①结构性规则，主要规范公司治理架构，公司权力分配等；②分配性规则，主要规定公司财产的分配方式；③信义性规则，主要规定的是股东、董事、高级管理人员对公司的义务。前面两种是因为仅涉及公司内部事务，因此可以设置为任意性规范，而最后一类因为涉及第三方的利益而与制定章程的股东切身利益相关，所以不适宜作为任意性规范而应作为强制性规范加以规定。在封闭公司中，结构性与分配性规则在大多数情况下均为赋权性规则或者补充性规则，因为股东投资公司是一种趋利行为，往往希望自己的利益得到最大化，所以，对于所制定或者签订的公司章程中关于公司权力分配及利润分配问题经过多番博弈而更加趋于公平合理，因此，对于结构性与分配性规则，将之设定为任意性规范更为高效。但是，契约自由也让公司控股股东更容易损害中小股东的权益，因股东之间在利益分配方面也是存在着分歧和对立面。所以才需要将大部分的信义性规则规定为强制性规则。相比较而言，公众公司则与封闭公司有较大的不同，现代公众公司的管理架构已经有了很大的变化。在公司结构方面，由于所有权与经营权的分离，股东大多具有投资者的身份而非经营者的身份，并且经营权逐步转移到了有专业技能的专业管理人员手中，这两方主体的利益并非一致。随着管理者权力的扩张，就必然导致了投资者权力的削弱，因此，为了能更好地保护投资者即股东的利益，平衡双方矛盾，公司法律规范中的核心的信义规则及结构性规则均是以强制性规则为主，任意性规则为辅。[1]

此外，戈登教授在《公司法的强制性结构》中认为，公司法规则中的强制

〔1〕 参见修磊：“公司法中的公司自治与国家规制的边界选择——以公司资本形成制度为视角”，中国政法大学2013年硕士学位论文。

性规范可以由五个假说[1]来论证其合理性。其中，戈登教授认为，投机性修改章程假说更具说服力。投机性修改章程假说认为，公司章程作为制定规则的不完整性使其需要不断地进行修改完善以解决新出现的问题，通常是由公司内部人提出要对公司章程进行修改。这也使得公司内部人有机会通过公司章程的修改，使公司利润流入自己口袋，在此情况下，众多股东作为一个分散群体，其获取和传播信息的局限性及公司内部人的策略行为均有可能使得公司内部人能够利用投票机制问题使公司章程修改得到通过。因此，公司法的强制性规范具有合理性和必要性。戈登教授把公司法律规范中的强制性规则分为四种，分别为：程序性规则、权力分配性规则、经济结构变更性规则和诚信义务规则[2]。例如，程序性规则是关于分配时的程序，不涉及实体权力、利润如何分配的问题。投机性章程修改假说认为对章程中程序规则的实质性修改，其动机令人怀疑，极有可能是为了争夺公司控制权所采取的一种策略行为。因此以强制性规则进行规范可以使公司权力、利润分配得以更公平进行。

笔者认为，上述观点均有其合理的地方，要区分强制性规范或是任意性规范，首先可以从区分公司的内部事务及外部事务着手，一般公司内部事务适用的是任意性规范而外部事务适用的是强制性规范，但同时也应当兼顾公平合理原则，极有可能违反此原则的章程内容也需要公司法强制性规范加以规制。虽然公司法强制性规范看似限制了公司章程的自由度及自治范围，但从另一侧面来讲，它同时也保证了公司章程的顺利施行及公司的正常运作。

三、公司章程的自治范围

基于上文的讨论，基本清楚了公司法律强制性规范与任意性规范或者授权性规范的界限，其中公司法的任意性规范或授权性规范大部分均是公司章程自

---

〔1〕 五个假说分别为：投资者保护假说、不确定性假说、公共产品假说、创新假说和投机性修改章程假说。除第一个假说外，其余假说基本认为：之所以要运用强制性规范是因为其“僵硬缺陷所导致的效率损失小于这些规则通过解决订约过程中的问题而产生的收益”。参见［美］杰弗里·N. 戈登：“公司法的强制性结构”，黄辉译，载王保树主编：《商事法论集》（第12卷），法律出版社2007年版，第267页。

〔2〕 权利分配性规则是指公司架构中权力的分配问题，主要是股东、董事间的权力分配问题。经济结构变更性规则是指如公司的吸收合并或者重大资产出售等公司财产发生重大变动的规则。诚信义务规则即规定控股股东、公司董事、高级管理人员的忠实义务的规则。参见［美］杰弗里·N. 戈登：“公司法的强制性结构”，黄辉译，载王保树主编：《商事法论集》（第12卷），法律出版社2007年版，第306～310页。

治的范围。因此首先要弄清楚在我国公司章程与公司法律规范的关系。

（一）公司章程与我国《公司法》的关系

我国《公司法》与公司章程的关系主要体现在以下几个方面：①授权公司章程规定，主要表现为“由公司章程规定”。如我国《公司法》第12条将公司的经营范围就授权给公司章程规定。第44条对于董事长、副董事长的产生办法授权给公司章程规定。再如，《公司法》第70条的国有独资公司监事会的职工代表比例由公司章程规定，但法律也作出了一定限制，即监事会中的职工代表比例不得低于1/3。纵观整部《公司法》，能完全授权公司章程规定的条文极少，大部分的授权性规定都有一定的限制。这既保护了公司章程的自治性，同时也能兼顾合理及公平原则。②公司章程可作出补充规定，公司法规范对这类事项已经作出了规定，但是允许公司章程作出补充。如我国《公司法》第46条关于董事会的职权范围，法律作出了11项规定，其中第11项就赋予公司章程补充的权力。以及第53条关于监事（会）的职权立法模式与董事会职权的立法模式相同。再如，《公司法》第100条关于临时股东会召开之情形也赋予了公司章程作出补充性规定的权力。③法律有规定的，公司章程可以排除适用的，一般表现为“章程另有规定的除外”。法律通常已作出规定，但是会在条文最后加入“但书”，以但书的形式排除法律的适用。如《公司法》第41条关于股东会议召开的通知程序就可以由公司章程的规定排除法律适用。《公司法》第42条、75条、166条均有相同的但书。《公司法》第49条关于有限责任公司的经理职权，虽然法律并没有以但书的形式作出规定，但法条中也有以公司章程规定为准的规定，因此，笔者认为也应属于排除适用法律的情形。《公司法》第71条也是此种情况。④由公司法律规范作出规定，章程不能约定或更改。这类规范就是强制性规范，通常如上文提到的，一般是涉及公司外部事务或者是为了利益分配的公平合理性。如我国《公司法》第31条关于股东出资后应当签发出资证明书的规定。虽然一部分的强制性规范是不能被公司章程更改补充的，但其实公司章程仍然可以对这其中的一部分强制性规定加以明晰、细化或者严格化。如《公司法》第43条第2款规定的股东会对于公司重大事项的决议，必须经过2/3以上表决权通过。章程可以把表决权的比例提高甚至修改成全体一致通过。

正如本文所阐述的，公司法律规范与公司章程有着密切的联系，公司法律规范作为国家制定法看似不可违背、不可逆转，但是细心分析，其中却给予了公司章程较大的自由度。公司章程除了得到一部分授权可以自由规定公司事务外，还可以在公司法律规范的基础上补充、排除适用和明晰化、严格化，使公司章程的灵活度、自治范围得到有效保障，使其能够适应公司发展的各种需求。

（二）关于有限责任公司和股份有限公司公司章程自治的区别

公司法除了在不同领域的事项给予公司章程的自治程度不同之外，在不同的公司类型中所给予的章程自治程度亦不相同。如在公司法律规范当中，有限责任公司和股份有限公司的章程自治范围、程度就不一样。就我国《公司法》而言，将公司分为有限责任公司和股份有限公司并分别作出规定。《公司法》第二章及第三章是关于有限责任公司的组织架构的相关规定，第四章及第五章是有关股份有限公司的组织机构和股份流动的规定。其中经过笔者整理发现，《公司法》对有限责任公司章程自治的规定较之于股份有限公司要多。关于有限责任公司章程自治的条款（即《公司法》第二章、第三章）有 18 处之多，而有关股份有限公司章程自治的条款（即《公司法》第四章、第五章）包括可适用有限责任公司规定的共有 10 处。下表为《公司法》规定的两类公司组织形式公司章程自治范围之比较：

有限责任公司		股份有限公司	
规定之事项	《公司法》法条	规定之事项	《公司法》法条
股东的认缴出资额	第 28 条	发起人认购的股份数额	第 83 条
股东会职权	第 37 条	股东会职权	第 99 条
股东会定期会议的召开	第 39 条		
股东会会议召集程序	第 41 条		
股东会股东表决权行使方式	第 42 条		
股东会的议事方式、表决程序	第 43 条		
董事长的产生办法	第 44 条		
董事任期	第 45 条	董事任期、董事会职权	第 108 条
董事会职权	第 46 条		
董事会决议方式、表决程序	第 48 条		
经理职权	第 49 条	经理职权	第 113 条
执行董事职权	第 50 条		

续表

有限责任公司		股份有限公司	
监事会职工代表比例；国有独资公司监事会职工代表比例	第 51 条；第 70 条	监事会职工代表比例	第 117 条
监事会职权	第 53 条	监事会职权	第 118 条
监事会的议事方式、表决程序	第 55 条	监事会议事方式、表决程序	第 119 条
股权转让	第 71 条		
股东继承资格	第 75 条		
		临时股东会的召开情形	第 100 条
		选举董、监事实行累积投票制	第 105 条
		董事、监事、高管人员的股份转让限制	第 141 条

由上表可知，有限责任公司的公司章程自治程度高于股份有限责任公司。《公司法》在股东会、董事会、监事会的职权以及董事任期、监事会职工代表比例、会议方式、表决程序方面，两类公司的规定是一致的，可以由公司章程作补充规定。但股份有限公司的强制性法规显然要比有限责任公司多，特别是在股东会事项方面。这是因为股份有限公司是资合性较强、人合性弱的公司组织形式，其股东之间的关系薄弱，为了保障每个股东的合法利益，防止控股股东滥用权力控制公司，损害中小股东利益，法律对股东会大部分事项作了强制性的规定。又因为有限责任公司是人合性较强公司，股东之间的关系相对紧密，也因此对于股东会的事项法律赋予了公司章程较大的自治空间，其实质是赋予股东更大的协商空间。另外，因为股份有限公司的特殊性，其公司章程可以规定临时股东会的召开情形、选举方式及高管的股份转让限制，这些无不是关系着股东权利的行使及维护股东利益的事项，让公司章程自治能较好地发挥股东能动性保护自身的合法权益，补充法律在这方面的不足。

四、结语

目前，我国公司的公司章程普遍存在章程文件格式化、规定事项趋同、不能体现公司意志等缺点。公司章程作为规范公司运作的纲领性、指导性规则，对公司的重要性不言而喻，本文通过分析公司章程的性质及其与我国公司法律规范的关系以及其自治范围、自治程度，希望能抛砖引玉，对制定个性化的、只属于各个公司的公司章程有所助益。

如何制定正确调整公司关系的个性化公司章程

苏祖耀 *

一、制定个性化公司章程的必要性

（一）章程是重要的契约性文件

公司章程是就公司的设立、性质、宗旨、经营范围、组织机构、运作规范及权利义务分配等进行记载的基本文件。章程是公司成立的要件，我国《公司法》第 11 条规定："设立公司必须依法制定公司章程"。英美法系国家通常将公司章程（corporate charter）分为两部分，公司章程分章程大纲（memorandum of association）和章程细则（articles of association）两部分。章程大纲规定的主要是公司和外部的关系，有公司名称、公司目的、公司初始资本额等最基本的规定。在英国，只有章程大纲是必须提交登记的文件，也是需要公示的部分；而章程细则不是必须提交登记的，但若公司有章程细则可以提交备案，公司章程分设立章程（certificate of incorporation）和章程细则（bylaws）两部分，只有设立章程是递交州务卿申报注册的需要公示的文件，而按照《公司法示范法》，章程细则不须提交。

在大陆法国家，虽然公司章程多为一个独立的文件，但按照对外表征可分为公示与非公示两部分。《公司法》中要求的公司章程记载事项的强制性规定是公司章程需要公示的部分，而其余可由股东自行决定的关于公司管理细则的部分为非公示部分。

在我国《公司法》中，有限责任公司章程需要公示的事项规定在《公司法》第 25 条，包含了公司名称和住所、公司经营范围、公司注册资本、股东的姓名或名称、股东的出资方式、出资额和出资时间、公司的机构及其产生办法、

* 苏祖耀，广东经纶律师事务所合伙人、法学博士。

职权、议事规则、法定代表人等 7 项；股份有限公司章程需要公示的事项规定于第 81 条，包括公司名称和住所、经营范围、股份总数、每股金额和注册资本、发起人的姓名或者名称、认购的股份数、出资方式和出资时间等 11 项。

公司章程是否属于契约？学者意见不一，在英美法系，公司章程往往被视为一种契约，如美国一些判例视附属章程为法定契约（the Statutory Contract）。而日本通说则认为公司章程为一种自治法规。亦有人认为章程不同于契约，因为依契约法的一般原则，除经缔约各方同意外，契约不得更改，而依现代公司法的一般原理，根据资本多数决原则，股东大会可变更章程的全部条款，即使少数股东不同意，也不影响章程变更的效力。

笔者认为，有限公司章程对于股东来说属于契约或至少属于契约性文件，理由是：

第一，《公司法》第 11 条规定："设立公司必须依法制定公司章程……"，第 25 条第 2 款规定"股东应当在公司章程上签名、盖章"。可见，章程是平等的发起人协商一致的结果。

第二，如果日后股东大会根据资本多数决原则变更了章程，那是因为股东（包括小股东）已在原章程中授权可以这样做，这也是全体股东的意思。

第三，各国法律均公认章程对股东有约束力，我国《公司法》第 11 条也规定："公司章程对公司、股东、董事、监事、高级管理人员具有约束力。"

即使股东之间签订有详细合同，仍需有详细的章程。理由是：

第一，公司章程不仅是股东之间权利义务的根本准则，还是公司与股东之间，经营管理者与公司、股东之间的准则，章程对公司本身，对董事、监事、经理也有约束力，而股东之间的合同对公司本身、非股东经营者没有约束力。

第二，公司可能会实行所有权与经营权分离，即使不分离，大股东同时任董事或经理，可能损害公司或小股东权益的行为是以董事或经理名义进行的，在这种情况下以股东之间的合同来追究其责任就会存在争议。

第三，如果大股东转让了股份，原股东之间签订的合同不能当然地约束新股东，而章程条款在未依程序修改前对新股东有当然的约束力。

第四，公开性是章程的特征之一，章程不但对投资者公开，还对债权人和社会公开。这就使债权人和与公司交易的人可以（虽无义务）依照公司章程了解公司的运作，当发现大股东或董事某一行为不符合章程时，便不会与公司交易，从而间接地促使公司规范运作，也间接保护了小股东；而合同是不公开的，即使公司从事了违反合同的行为，对外仍可能是有效的。

（二）个性化公司章程是公司自治的需要

公司章程是公司的“宪法性文件”，它调整公司的整个生活，与公司实际运作息息相关。公司章程既可以包含调整当事人之间关系的债法性条款，也可以包含调整团体意思构成及其活动并对未来成员也有约束力的合作性规范。是具有类似宪法性质的“根本大法”，是公司的自治规则。

通过章程等契约性文件调整公司内部关系的必要性表现在：

第一，法律的缺位和不足需要章程弥补。民商事活动纷繁复杂和富有个性，其内容极其丰富，范围极其广泛，种类极其繁多，法律不能、也不应事无巨细地加以调整，只需要而且只能从民商事活动的规律中抽象、归纳出一般规则和一般制度来对此加以调整。立法者不可能精确设计出私人生活所需要的一切规则。公司法属于私法，私法的精髓在于“自治”，私法的性质决定了法律条文本身是缺位和不足的，其本意就留给当事人自定规则去弥补。

第二，立法中有关的任意性规定需要通过契约变为约束性的规定。私法的规定许多是权限规范，不是行为规范，即使其中的强制性规范，许多也只是强制而不强行，它的主要目的不在于指导或强制民事主体为或不为一定的行为，而只是设定权限规范，当事人涉及民商事行为在不违反规范时，能得到法律秩序的承认（生效），从而在必要时，可借国家的公权力来实现其权利。当事人为了权利的实现和义务的履行，必需自定具体的行为规范。

第三，私法中的行为规范本身往往只是原则性的规范，不可能涵盖丰富多彩的现实情况。公司法只能规定公司的普遍性问题，不可能顾及各个公司的特殊性。每个公司依照公司法制定的公司章程，则能反映本公司的个性。这种公司的个性是公司本身的制度创新，会如同产品创新一样给公司带来活力。

第四，公司法中有大量的任意性倡导性规范，当事人要通过契约或契约性文件才能变为约束性的规定。我国公司法就非常强调公司自治，许多问题允许由股东在章程中自主约定。

至今，我国仍有一些公司登记部门（尤其是基层工商部门）提供千人一面的章程版本，不接受投资者另行制定的章程，其内容过于简单和粗糙，除了几项绝对事项需填空外，其他内容均是重复公司法中的条文，没有反映公司发起人、股东对公司内部制度的特定安排，没有顾及变化多样的公司的具体情形。工商局为方便投资者，编制统一的章程版本，这是无可厚非的，但每家公司的大小不同、营业不同、投资者个性和要求不同，对经营者的要求也不同，尤其是非控股股东为图方便，不经任何修改而采用，对己极为不利。工商局不接受投资者另行制定的章程更是无法律依据。

需要特别指出的是，不但在公司成立时要订立详细个性化公司章程，在任何时候将要成为某公司的股东，都必须详细了解公司章程，如合并、分立、改制、重组、股权受让、股权比例变化时，应尽可能根据实际修改公司章程。准备担任公司董事、监事、经理前，也必须详细了解公司章程。因为法律规定，公司章程对其有约束力。比如，在公司并购或受让股权成为股东前，应做尽职调查，在受让前千万不能仅看公司盈利水平。为免误入虎口，还应认真看公司章程和公司的基本管理制度对自己这个未来股东的权益是否有保障，转让者很可能是因为受不了大股东的压迫而转让股份以求脱身，如果原章程对小股东保护不足，有意受让者在受让前应要求原股东先修改章程或受让方与大股东达成修改章程协议。现实中，惨痛的例子并不少见。

二、起草或修改有限责任公司章程应特别注意的事项

在起草或修改有限责任公司章程时，首先要进行整体考察和判断，例如，股东人数，注册资本额，总投资额，行业、投资者经济实力、经历、知识结构和个性，投资者之间以往的合作关系和私人关系，等等。以下是应特别注意的事项：

（一）公司章程对人的效力范围

《公司法》第11条规定，公司章程对公司、股东、董事、监事、高级管理人员具有约束力。

关于“高级管理人员”，《公司法》没有界定，可以在章程中约定，如公司总经理、副总经理、财务负责人、人力资源负责人、产品销售部门负责人等。

（二）关于营业范围

营业范围有市场识别的功能。在交易活动中，章程有界定公司能力和责任范围的功能，从而使与公司交易的相对人识别公司。公司的外部表象具有重要作用，而这些外部表象最明显的形式就是公司对外公示的章程。

虽然各国已经先后废除了“越权无效原则”，但公司目的范围条款（营业范围条款）仍然相当重要。公司章程所规定的目的范围条款是公司法对公司权利能力的限制。设立的公司一般都在章程中规定目的范围条款，这也是各国公司法的要求。

第一，它是公司对外行为能力的表征，也是向世人宣传公司的能力。

第二，在对外功能上，目的条款一方面保护公司的出资人，他们愿意投资这个公司，是基于知道资金运用的领域和目的，是基于对章程所订明的营业项目的兴趣、了解和信任，知道资金投向，譬如，他们相信电子领域赚钱而投资，结果却今天将钱投入房地产，明天将钱投入航海，这对公司出资人保护是没有

保障的。

第三，通过告知与公司交易的第三人来保护该第三人，第三人也因此更相信公司并愿意与公司交易，这样公司才能发展。

第四，更重要的是，公司目的范围条款（营业范围条款）是公司董事、经理是否越权的重要依据，各国公司法均规定，董事、经理超越公司目的范围条款（营业范围条款）的行为给公司造成损失的，可追究当事人的责任。

对公司的营业范围，市场经济国家几乎没有限制，只要不危害国家和他人利益都可以做，依法纳税就可以了。我国《公司法》第12条规定："公司的经营范围由公司章程规定，并依法登记。公司可以修改公司章程，改变经营范围，但是应当办理变更登记。公司的经营范围中属于法律、行政法规规定须经批准的项目，应当依法经过批准。"

公司的经营范围越广，经营越灵活，但投资者难以预见资金的运用，公司的营业项目可能过于分散；经营范围窄，营业领域相对集中，投资者和与公司交易的人对公司了解更易，但相对不够灵活。各有利弊。在公司成立制定章程时，应根据股东及公司治理的特点而定。

（三）关于注册资本及出资时间的约定

第一，2013年12月修改的《公司法》将注册资本实缴制改为认缴制，但仍必须明确注册资本额。注册资本的多少，根据公司资金需要而定，并非越高越好，注册资本投入后是不得抽走的。一次性投入过多，易造成资金闲置和浪费，但亦非越低越好，过低业务无法开展，同时也影响公司交易相对人对公司实力和信心的确信。

第二，金额大的可约定分期投入。如果分期投入，应明确投入时间、金额。可以是具体的时间，也可以仅规定具体出资时间由董事会决定。应该规定每次出资，各股东应按认缴的比例按时缴纳。

第三，应约定如果没有按时出资的违约金，如按每天万分之五向按时出资的股东计付违约金。经守约方催告后仍不足额投资的，守约股东有权（但无义务）按实际投入资金的比例调整股权比例。

第四，应约定在足额缴纳出资之前股东的投票、利润分机制，如股东按截止时的实际出资比例行使投票权和分配利润。

第五，可以对足额缴纳出资之前股权的转让设置限制。可设定股东在足额缴纳其认缴的出资之前不得转让股权，或约定股东在足额缴纳其认缴的出资之前转让股权的，应以受让人受让股权后立即缴足转让人尚未缴足的出资为条件。因为根据《最高人民法院关于适用〈中华人民共和国公司法〉若干问题的规定

(三)》第13条前3款的规定，股东未履行或者未全面履行出资义务，公司或者其他股东请求其向公司依法全面履行出资义务的，以及公司债权人请求未履行或者未全面履行出资义务的股东在未出资本息范围内对公司债务不能清偿的部分承担补充赔偿责任的，可以请求公司的发起人承担连带责任。如果转让人和受让人都不出资，作为公司的发起人的其他股东会承担很大风险。

第六，对一些项目公司而言，为了防止公司的投资总额增加而届时无人投资造成烂尾，可以约定项目的投资总额增加时，或法律规定公司应按照增加的投资的比例增加注册资本的或公司股东会决定公司应增加注册资本的，双方应按原股权比例认缴增资；如果一方不按时增资或增资不足额的，守约方有权（但无义务）按实际投入资金的比例调整股权比例。

（四）关于注册资金外的建设及经营资金筹措

根据股东责任有限原则，对注册资金外的建设及经营资金的筹措，如果没有约定，股东没有强制的缴付义务。但公司的事业，只有注册资本往往是不够的。公司所需的资金除双方投入的注册资本外，其余尽可能由项目公司通过向金融机构或其他机构融资解决；如果融资机构要求必须由股东提供担保，双方应按股权比例提供；当项目公司向金融机构融资遇到困难时，项目建设及经营所需的其他资金由各股东以自身名义筹措和投入，由股东以向项目公司提供股东贷款的方式投入，资金应按比例按时投入，并且以满足项目建设及运营的资金需求为原则，不得对项目的建设进度造成不利影响。以股东贷款方式进行融资的，贷款年限、利率等具体事宜由公司股东会决定，由公司分别与各股东签署股东贷款协议。如果一方不按比例提供担保或不按比例提供股东贷款的，守约方有权（但无义务）按实际投入资金的比例调整股权比例。

（五）关于董事会、监事会的组成及产生

对此问题，大股东和小股东的立场应不同。

第一，为保护小股东，对董事、监事的产生可采用累积投票制，这是一种好办法。

第二，有限公司可以在章程和合同中对董事、经理、监事、财务负责人等公司重要职位的产生作出明确约定，明确各股东委派或提名或推荐的名额。这一安排比累积投票制更方便、更直接、更有效，在现实中已普遍采用。这一做法的理论根源是“权力制衡”机制。无论是政治团体还是经济团体，要想高效运作、稳定发展，就必须清除“绝对权力”，因为绝对权力势必导致利益的失衡。实现利益平衡的唯一有效途径就是权力制衡。公司内部决策、执行、监督“三权分立”又“三权制约”的现代科学管理体制，公司权力制衡只是外在表现形式。而真正实现利益均衡和制约的内在要求在于“内部有自己的人”。此举可以有效防止大股东专权，避免了大股东不准小股东查账、大股东非法转移财产、隐蔽分利等现象的发生。如果僧多粥少，可以增设若干监事，使每一股东均有机会委派人员参与公司运营。

第三，为防止任人唯亲和滥竽充数，可以对董事、经理等的任职资格和条件作出明确规定。如一公司有两个股东（两个男人），章程规定，除非经股东一致同意，股东的配偶不得在公司担任董事、经理、监事或财务负责人。

第四，为有效控制公司管理成本和防止大股东变相私分公司利润，可对董事、经理等报酬标准作出原则性约定。以前曾有不少外资公司，由于公司章程和合同没有对董事经理等报酬标准作出规定，作为大股东的外方所委派的董事、经理的薪酬是中方委派的人员的数倍，严重同工不同酬，大股东变相私分公司利润。

（六）对关键的经营管理人员的选任可以原则约定

如公司总经理及财务总监、财务负责人由甲股东委派，乙股东向项目公司委派副总经理 1 名，HR 负责人由丙委派，其他管理人员由项目公司聘任。如果没约定，控股股东在董事会占多数的情况下，不明说即意味着控股股东有全部主导权。

（七）股东会与董事会职权的划分

哪些事项由股东会决定，哪些事项由董事会决定，应小心设置。例如，《公司法》第 16 条第 1 款将为他人提供担保的权力交给公司章程决定，公司可以将担保之决定交给股东会或董事会，对担保总额及单项担保的数额可进行限制。

（八）股东会中决定权与否决权之争

需要公司股东会占多少比例表决权通过的事项，根据己方在公司所占股权比例而定，大股东争取确保即使小股东反对也能通过，而小股东要确保重大事项有否决权。

根据《公司法》，有限公司只有对下列事项作出决议时，必须经代表2/3 以上表决权的股东通过：①修改公司章程；②增加注册资本；③减少注册资本；④分立；⑤合并；⑥解散；⑦变更公司形式。假如股东甲占 70%、乙占 30%，如果章程和合同没有作特别的规定，则意味着上述关系公司前途命运的大事，甲一人便可决定，其他事项，只要占 51% 股份的股东通过即可。乙 30% 的投票权实际毫无意义。国外有特别决议（special resolution）和普通决议（ordinary resolution）之分，特别决议需有 75% 以上表决权的股东通过，普通决议则简单多数通过即可。

小股东应争取下列事项有否决权：

（1）决定公司的经营方针和投资计划；

（2）选举和更换非由职工代表担任的董事、监事，决定有关董事、监事的报酬事项；

（3）审议批准董事会的报告；

（4）审议批准监事会或监事的报告；

（5）审议批准公司的年度预算方案、决算方案；

（6）对公司发行债券作出决议；

（7）对公司增加或者减少注册资本作出决议；

（8）对公司合并、分立、解散、清算或者变更公司形式作出决议；

（9）修改公司章程；

（10）对公司利润分配方案和弥补亏损方案及法定公积金、任意公积金作出决议；

（11）对公司转让、受让重大资产作出决议；

（12）对公司提供担保事项作出决议；

（13）对公司设立分支机构事项作出决议；

（14）对公司改组、整体承包或出租、重大投资、重大合同有关事项作出决议；

（15）对公司关联交易事项作出决议；

（16）对公司聘用、解聘会计师事务所作出决议。

（九）董事会中决定权与否决权之争

我国《公司法》第48条第1款就规定，董事会的议事方式和表决程序，除《公司法》有规定的外，由公司章程规定。董事会必须经在任全体董事多少人数通过方有效的事项，根据己方在公司所占股权比例而定，大股东要确保即使小股东反对也能通过，而小股东要确保重大事项有否决权。例如，在一家房地产公司，小股东争取到下列事项有否决权：

（1）决定公司的经营计划和投资方案；

（2）制订公司的年度财务预算方案、决算方案；

（3）制订公司的利润分配方案和弥补亏损方案；

（4）制订公司增加与减少注册资本以及发行公司债券的方案；

（5）制订公司合并、分立、解散或者变更公司形式的方案；

（6）决定公司内部管理机构的设置；

（7）决定聘任或解聘公司总经理及其报酬事项，并根据总经理的提名决定聘任或者解聘公司副总经理、财务负责人……及其报酬事项；

(8) 制定公司基本管理制度；

(9) 决定公司金额在［ ］万元以上的工程招投标；

(10) 决定规划设计单位招标（或确定规划设计单位）；

(11) 决定建筑设计单位招标（或确定建筑设计单位）；

(12) 决定施工单位招标（或确定施工单位）；

(13) 决定监理单位招标（或确定监理单位）；

(14) 决定公司金额在［ ］万元以上的原材料采购、设备采购安装合同；

(15) 确定总额在［ ］万元以上的工程款支付；

(16) 决定公司的融资方案；

(17) 决定公司的招商方案；

(18) 决定销售代理商，并审核销售代理方案；

(19) 决定产品销售定价及其他处分事宜；

(20) 决定物业管理公司的选聘；

(21) 其他。

（十）股权转让的限制

有限责任公司具有人合性质，其根据是《公司法》第 71 条第 4 款的规定："公司章程对股权转让另有规定的，从其规定。"如在一定年限内不得转让给第三方或设定一定程序，对受让人的条件（如国籍）作些限制，董事、监事、高管在任职期间不得向现有股东之外的人转让或转让后所持股份不得少于一定量等。

在公用事业特许经营项目中，政府通常会要求中标人对项目公司的股权转让有特别的限制，例如，在项目竣工正常运行前不得转让，在特许经营期内持有的股权不得少于一定比例（如 60%）。因为政府招标的目的是通过公开公平公正的招标程序，选择到最有经济实力、最有相关经验的、价格最合理（不一定价格最低）的项目投资者、组织者和经营者，将合同授予他，通过合同赋予特许经营权并设定相关义务和责任，以使项目能按招标人的要求按时竣工运营和按约定的条件为社会提供产品或服务。政府看中的是中标人的经济实力、经验和技术，如果中标人将股权全部转让给无经验无技术的人，招标和特许经营的目的便落空。

另一方面，理论和实践普遍认为，公司章程不得作禁止转让的约定，除非其他股东同意按转让方的条件受让。限制的有效性有其法律标准，即如果章程规定的限制使股东根本不可能出让其股份，这种限制就没有法律效力。

在一案例中，有限责任公司A股东要转让股份，在其他股东不购买的情况下，将股权转让给公司之外的第三人B，签订合同并支付了股份价款。其他股东对此提出异议，认为转让无效，理由是：公司章程中规定，本公司股东的股权只能在公司内部转让，不得转让给公司之外的第三人，但A认为转让是有效的，理由是按照《公司法》第71条第2款的规定，“股东向股东以外的人转让股权，应当经其他股东过半数同意。股东应就其股权转让事项通知其他股东征求同意，其他股东自接到书面通知之日起满30日未答复的，视为同意转让。其他股东半数以下不同意转让的，不同意的股东应当购买该转让的股权；不购买的，视为同意转让”。并且A已经按照《公司法》规定的程序进行了通知。

（十一）股东知情权

《公司法》第33条：“股东有权查阅、复制公司章程、股东会会议记录、董事会会议决议、监事会会议决议和财务会计报告。股东可以要求查阅公司会计账簿。股东要求查阅公司会计账簿的，应当向公司提出书面请求，说明目的。公司有合理根据认为股东查阅会计账簿有不正当目的，可能损害公司合法利益的，可以拒绝提供查阅，并应当自股东提出书面请求之日起15日内书面答复股东并说明理由。公司拒绝提供查阅的，股东可以请求人民法院要求公司提供查阅。”

《公司法》没有规定股东是否可以复制公司会计账簿，也没规定是否可以查阅、复制原始凭证。在现实中，小股东由于没法复制公司会计账簿，无法查阅、复制原始凭证，根本无法行使知情权，起诉也无证据，因此，章程可以约定。还可以约定股东可以聘请会计师事务所进行审计。

（十二）约定大股东有忠实的义务

大股东的忠实义务的定位左右着大股东与小股东的关系，因而是契约性保护机制的核心条款。其理论依据在于：首先，大股东拥有公司的支配权，通过支配权行使获得了优越的地位，保持优越地位的人依照“衡平法”的一般原理负忠实义务；其次，大股东通过支配权参与公司的经营，与董事、高级职员一样有着受托者身份。小股东愿意将钱投进来与大股东合作，这本身就是对大股东的信赖，因此，大股东不应辜负这种信赖，当然应负忠实义务。

大股东忠实义务的内容至少应包括：①大股东的竞业禁止义务，禁止或不经公开程序并经小股东同意不得进行关联交易，大股东自己另外单独拥有的营业与公司的营业存在竞争关系时，得严格明确业务区分的界限，大股东或他的其他子公司在与公司发生交易时必须得经小股东批准；②禁止公司的任何资源为大股东的单独利益被加以利用或纯粹为大股东的利益使公司及其财产处于风险境地，大股东不得以任何方式占用公司的资金和其他资产，不得让公司为其债务提供任何形式的担保；③大股东不得侵占公司的商业机会，否则所得利益归回公司并赔偿公司的损失；④大股东在行使表决权时，不得作出有损于公司和其他股东合法权益的决定。

（十三）表决权排除的安排

表决权排除是指某一股东与股东会议、某一董事与董事会议讨论的决议有特别的利害关系时，该股东、董事不得行使表决权。包括股东表决权排除和董事表决权排除。例如，凡解除股东（包括股东的关联企业或亲属，下同）的责任，公司对股东行使权利，免除股东对公司所负义务，批准股东与公司间订立的协议，该股东及其代理人均不得行使表决权。通说认为，在涉及利益分配或自我交易的情况下，股东个人利益与公司利益存在冲突，因此对利害关系股东实施表决权排除是必要的。同样，关于董事的表决权排除，也应在合同或章程对利害关系作具体的界定，通常不仅包括董事本身，还包括其所委派的股东、其亲属。董事往往会利用其地位和手中的权力为自己或其亲属或其“恩主”谋取不合理的利益，大股东常利用董事会来控制公司，利用在董事会上的表决权从事关联交易，损人利己。

表决权限制制度相对地扩大了小股东的表决权，在客观上保护了公司和小股东的利益。

（十四）小心设置会议召开的法定比例和人数

我国《公司法》没有就有限责任公司股东会议、董事会议召开的法定股比、人数作出限定。而实际中往往存在大股东利用优势任意召开股东会、董事会，剥夺小股东开会权、表决权的情况。因此，可以在契约性文件中对股东会召开的股比、董事会召开的人数予以适当限定，确保小股东有出席会议的权利。首先，看股东会议召开的股比限定，譬如，A 占 60% 的股份，B 与 C 分别占 20% 的股份，如果欲保障 A、B、C 均有开会权，就应当在公司章程中或股东协议等契约性文件中约定：会议必须有占 81% 股份的股东出席才可召开。至少应规定会议必须有占 61% 以上股份的股东出席方可召开。再看董事会议召开的人数限定，譬如，董事会由 5 人组成，由大股东 A 委派 3 名代表担任，小股东 B、C 各委派 1 名，这时应列出某些重大事项，规定应由全体董事出席方可召开董事会会议，其他事项，董事会会议法定人数为 4 人。为免大股东利用程序排斥小股东或其董事出席会议，还应对会议的通知程序等作明确约定。

（十五）表决权的限制

公司章程可以限制有限公司股东的表决权。《公司法》第 42 条规定，有限责任公司股东会会议由股东按出资比例行使表决权；但是，公司章程另有规定的除外。

《公司法》第42条的“公司章程另有规定的除外”应该如何理解？有三种理解方法：①公司章程可以剥夺股东表决权。②可以不按出资比例行使表决权。③表决权可以由股东以外的人来行使。第一种理解不妥，公司章程只能从形式上对表决权进行灵活的规定，而不得以排除表决权作为股东管理权的实质，正如对平等的追求是对实质平等的追求一样。我赞同第二种理解，公司章程规定不按出资比例行使表决权，并不是剥夺、限制股东表决权，可能是出于公司实际考虑作出的灵活规定。例如，公司章程可以定一个最高投票权，对一个股东的表决权的最高数额进行限制。这一方面是为了限制大股东对企业的影响，另一方面是为了防止公司为第三者收购。第三种理解实际上是分裂表决权，将股东资格与行使表决权分裂开来。公司章程也不能剥夺和限制股东的知情权和诉讼权利。

（十六）僵局的防止

公司章程对表决行使方式和行使比例的设计对防止公司僵局至关重要。如果设计不当，就会出现下列僵局，不利于公司的发展：①对立两派同等拥有公司50%股份；②董事会人数为偶数，对立两派具有选择相同数量董事的权利；③股东之间存在意见分歧时，少数股东通过提高法定人数或提高表决权条件使自己保有否决权。

如果在股权50:50，或董事偶数不可避免时，可在章程中约定，对于简单多数决事项，在出现僵局时，会议主席有决定性的一票（casting vote，or second vote）。

（十七）监事行使监督权的方式

监事会行使职权的方式有集体行使和个人行使两种。德国《公司法》是采取集体方式行使。而我国台湾地区“公司法”第221条规定，监察人在监督公司业务执行范围内，各得单独行使其监察权。这与董事执行业务以集体方式不同，即任何监察人行使职权时，无需征求其他监察人的同意，即使与其他监察人意见相左，也可行使。这对公司并无害处，监察人行使职权时无须受制于人，可使监察制度灵活运用，提高监察效率。监事会行使职权的方式是监事会集体行使还是监察个人单独行使，我国《公司法》没有明确，只是规定“监事会的议事方式和表决程序由公司章程规定”，即具体方式可由章程规定。小股东在监事会所占的席位是少数的情况下，如果采取集体行使方式，监事会受大股东的控制，根本无法对大股东或其指派的董事采取监察行为，为了更有效地发挥监事制度的功能，可在章程和合同中约定监事可以单独行使监督权，并扩大监事的职权。

总而言之，有限公司是自治组织，通过个性化章程约定调整内部的各种关系，操作简便、易行、成本低，可弥补法律的缺位和不足。“游戏规则”订得越详细、越明确，发生争议的可能性就越小，即使发生争议亦有规则可循，从而不仅保护了小股东，也是保护公司和大股东，有利于公司的健康发展。但一切因不同公司、不同情况而异。需要建立最有益于公司发展的结构模式，但不可能找到一个放之四海而皆准的、适合于所有公司的、一成不变的统一模式。没有一般性的完美的公司治理结构，只有最适合每一具体公司的治理结构。个性化公司章程就是在法律规定的一般合理性的基础上，实现个别最优的制度机制。

论商会对商人权利的救济

官欣荣 [*]　夏潘攀 [**]

法律制定者如果对那些会促成非正式合作的社会条件缺乏眼力，他们就可能造成一个法律更多但秩序更少的世界。[1]

——罗伯特·C. 埃里克森

一、本文的语境与概念的说明

2013 年 11 月 12 日党的十八届三中全会上通过了《中共中央关于全面深化改革若干重大问题的决定》，明确提出“使市场在资源配置中起决定性作用、建设统一开放、竞争有序的市场体系、建设法治化营商环境”等深化经济体制改革的目标和内容，2014 年 10 月 23 日闭幕的党的十八届四中全会上审议通过的《中共中央关于全面推进依法治国若干重大问题的决定》中，提出“深入开展多层次、多形式法治创建活动，深化基层组织和部门、行业依法治理，支持各类社会主体自我约束、自我管理。发挥市民公约、乡规民约、行业规章、团体章程等社会规范在社会治理中的积极作用”、“支持行业协会商会类社会组织发挥行业自律和专业服务功能”。这意味着，在我们依法治国的征途上，“商会自治”这样的在市民社会基层发育出来的“私序”（private order）资源的重视利用，被摆到同国家机器主导法制的“公序”（public order）资源同等重要的地位上。鉴此，本文选取商会对商人权利救济的议题，来发掘、淬炼出中国特色的“私序”资源，以与国家正式的市场法治有机耦合，保障法治化营商环境等法治目标的顺利实现。细言之，我国目前正处于迈向更加“商化”了的社会

---

* 官欣荣，华南理工大学法学院教授。

** 夏潘攀，华南理工大学法学院民商法研究生。

〔1〕 罗伯特·C. 埃里克森：《无需法律的秩序——邻人如何解决纠纷》，苏力译，中国政法大学出版社 2003 年版，第 354 页。

转型加速期，商事活动的快速发展，加之参与者的法律意识的逐渐增强，使得法院受理的商事案件数量也呈飙升之势。2007 年 7 月 ~2010 年 6 月，全国法院共新收一审商事纠纷案件 473.4 万件，审结 469.5 万件，结案标的额达15 877.4 亿元。与 2004 年 7 月 ~ 2007 年 6 月同比分别上升 26.13%、26.66% 和 18.82%。[1]由此不难看出，一个诉讼爆炸（尤其是商事诉讼爆炸）的时代扑面而来，在逐渐扬弃几千年自给自足农耕文明的国度里，商人的权利意识觉醒亦如妇女解放运动一样，得到前所未有的高涨，相形之下，现行的商事立法、司法救济机制日愈捉襟见肘。[2]最高人民法院 2008 年将建立和完善多元化纠纷解决机制列为重点改革项目，极力倡导包括民间的、非官方在内的多元化纠纷解决机制，如由行业协会、专家、律师等介入调解，力争构建一种“权力类别多元化”的状态。此种由行业自律组织解决纠纷的法律制度，被认为是对丰富我国纠纷解决机制的有益尝试[3]。在笔者看来，其更与党的十八届四中全会提出的“依法治国、支持商会发挥行业自律和专业服务功能”的目标相切合，这即是在法治秩序、人民权利救济体系构建中除了国家正式的司法救济外，也对社会救济机制有所包容，惟其如此，才更能维护好徘徊在权利贫困边缘的商人的正当化利益，从而保障和谐、繁荣的社会发展。

为了下文讨论的方便，有必要对商会及其与行业协会的区别、类型划分作一说明。所谓商会（Chamber of Commerce），美国《经济学百科全书》的定义是，“一些为达到共同目标而自愿组织起来的同行或商人的团体”。[4]而根据《中国大百科全书》，“商会”一词一般是指由城市工商业者组建的民间行业组

---

〔1〕 张娜、闫继勇：“全国法院商事审判成绩斐然”，载《人民法院报》2010 年 8 月 19 日。

〔2〕 改革开放以来一系列商事立法的累累硕果铸就了辉煌的法治成就，而中国法治化的首要功臣又以地方法制为排头兵，如深圳经济特区在全国尚未颁布商法的情况下，于 1999 年 6 月 30 日由深圳市第二届人民代表大会常务委员会第三十三次会议正式颁布实施《深圳经济特区商事条例》；再如，1993 年 5 月，广东根据全面推进国有企业建立现代企业制度的形势需要，适时制定出台了《广东省公司条例》。该条例在全国率先以地方性法规形式建立了产权明晰化、管理科学化、组织公司化的现代企业制度，对现代企业制度建立和完善起到了引导和规范作用。参见官欣荣：“‘泛珠’区域软法构建论纲”，载 http://www.pkusoftlaw.com/Contents.aspx?id=377&sid=25&PId=3&TypeId=2，2011 年 2 月 18 日访问；但同时应当看到，像 2006 年发生的“北京小商贩崔英杰刺死城管队长”悲剧事件以及 2008 年“黄静与华硕之争”风波，仍折射出我国商人权利的私法制度缺失与救济机制不畅通。

〔3〕 王斌周：“由民间商会介入公司僵局救济的新参考”，载 http://www.law-lib.com/lw/lw_view.asp?no=9128，2014 年 11 月 8 日访问。

〔4〕［美］格林沃尔德．道格拉斯主编：《经济学百科全书》，李滔等译，中国社会科学出版社 1992 年版，第 452 页。

织。[1]这两定义都揭示了商会的自治性、民间性特点，其与行业协会存在交叉联系。一方面，行业协会广义上包括工商领域（如行业商会、同业公会）及非工商领域的一些职业协会（如律师协会、会计师协会），工商领域的行业协会可以纳入商会的范畴。而非工商领域的职业性协会在生成途径、职能作用、管理模式等方面与工商领域的行业协会（商会）均有较大区别；另一方面，商会除了包括工商领域的行业协会（同行业内部由企业组织起来的一个社会组织）外，还包括同一地区内的不同行业各种企业组成的社会组织；后者一般属于综合性和地域较强的民间自治组织。近现代商业活动的兴隆推动了商会的发展，迄今商会组织形态多样：①根据成员来源的不同，商会可以区分为“行业性商会”和“综合性商会”。如前所述，前者成员来自于同一行业，但可能分属不同地区；而后者成员不以行业区分，一般在地区上同源。②根据区域性范围的不同，商会可以区分为“地区性商会”、“全国性商会”和“国际性商会”。随着国际贸易的迅速发展，“国际性商会”[2]在制定国际贸易规则、解决国际贸易纠纷等方面作用显著。如中国国际商会近年来也与中国贸促会戮力打造综合法律服务平台，为我国外贸企业提供法律咨询与商事仲裁服务，同时也推动国际商会改进与修订贸易规则，为我国国际贸易的参与者提供更大的保障。③根据设立和运作机制的不同，商会还可分为“民间性商会”和“政府主导型商会”。“民间性商会”由商人自发组成，并由商人自我运作、自我管理，如比较有名的温州商会。而“政府主导型商会”主要由政府介入和主导设立和运作，如我国的贸易促进会和工商联合会。④根据各国法律界定性质的不同，商会又可分为三种：第一种是公法型，又称为大陆法型，以法、德等大陆法系国家为代表。其既是工商业者的公共代表机构，也是辅助工商行政管理机构。第二种是私法型，又称为英美法型，以英国、美国等为代表。私法型商会具有非官方性和完全独立性，是完全靠会费和自愿赞助开展工作的民间组织。第三种是介于上述两种类型之间的商会，即日韩型，以日本与韩国为代表。[3]本文主要以“民间性商会”为研究对象，围绕“商会对商人（企业）权利的救济”这根主线，来予揭明“私序”资源对于中国法治秩序的可能贡献。

---

〔1〕中国大百科全书编委会编：《中国大百科全书》，中国大百科全书出版社1995年版，第967页。

〔2〕国际商会（The International Chamber of Commerce，ICC）于1919年在美国发起，1920年正式成立，其总部设在法国巴黎，发展至今已拥有来自130多个国家的成员公司和协会。

〔3〕周林彬主编：《商法与企业经营》，北京大学出版社2010版，第543页。

二、商会如何维护商人权利：历史的切片及比较

一国或地区法治化的水平一定程度上以正当化权利救济为尺度，商人作为商事关系的一个重要主体，其在商业世界里地位举足轻重，市场秩序的维系不应以牺牲商人权益为前提，相反，应以商人权益的维护为标杆，如此才能从长期促进商业活动健康有序运行。这里选取中外历史上对商人权利救济的一些案例（事件）来阐释商会是如何发挥其作用的。

首先，把目光追溯到商会的前身——中世纪商人行会。中世纪晚期的欧洲仍处于前民族国家时期，远距离的外来商人及其货物的安全很成问题，根据斯坦福大学教授阿夫纳·格雷夫研究发现，中世纪贸易中心的一些当地统治者常会食言——没能提供所承诺的保护，甚至通过自己掌握的强制力侵犯商人的产权。而大量的历史证据表明，通常由正式组织参与的贸易协定提供可信的保护，而商人行会相较外国商人领事馆之类是做得最成功的制度。例如，在意大利城邦，热那亚人对大不里士的贸易禁运中发生的一个事件，表明了商人行会在保护商人权利中扮演了重要的角色。

1343 年，在针对大不里士的禁止贸易期间，一名叫 Tommaso Gentile 的热那亚商人正在从霍尔姆兹到中国的途中。在帕米尔高原的某处，他生病了，不得不把他的货物委托给同伴，然后沿着最短的路线回热那亚，这就要穿过大不里士。当他的行程要经过大不里士的消息传到热那亚时，Tommaso 的父亲不得不向“航海和黑海八人委员会”——热那亚海外贸易委员会——证明这次违规是正当的。委员们接受了这位父亲的主张，即 Gentile 是因为不可抗力而被迫经过大不里士，并且由于他经过大不里士时没带货物，宣告他无罪。[1]

无疑，市场交易需要安全与秩序。国家是一个拥有足够的强制力（coercive power）的实体，它如茫茫夜海航行中的灯塔一样，可以提供公共品之类的服务——合同和产权的法律保护。但在民族国家产生以前，在统治当局缺乏对外来商人财产的保护制度的情况下，中世纪贸易得以顺利地开展在很大程度上应归于行会组织对商人利益的根本保障，也为解释中世纪商法文明何以成为以后资本主义工商文明的摇篮提供了一把钥匙。

其次，让我们将历史的镜头聚焦本土。中国几千年封建社会商品经济发展缓慢，中央高度集权的统治使得服务于市场交易的商人组织（行会）孱弱，商

---

〔1〕 转引自［美］阿夫纳·格雷夫：《大裂变：中世纪贸易制度比较和西方的兴起》，中信出版社 2008 年版，第 73 页。

品经济一直处于被压抑状态。直到明末清初，随着商品经济的发展，社会组织化程度大大提高，明清会馆、公所等地缘性组织兴起，其中有代表性的有绍兴会馆、四明公所等，这些行会组织虽规则较为完备，但其职能中带有强烈的乡土观念与封建色彩，并不利于商品经济的发展壮大。直至清末光绪帝迫于内外压力为革新图强需要，实行通商惠工新政，于1898年维新变法中颁布了“谕令在沿海、沿江地区，试办商务局、商会，出版商报，促进设厂兴工”的政令，地方商会始有一定程度的勃兴，功能主要体现为协助政府调处商事纠纷。1903年初清政府颁行《清商部奏定商会简明章程》第26条，谕令在全国普遍设立商会，同时规定商会有权调处商事纠纷。该章程第15条指出：“凡华商遇有纠葛，可赴商会告知总理，定期邀集各董，秉公理论，从众公断。如两造尚不折服，任其具禀地方官核办。”如是商会理案权得到官方正式承认。各地商会成立时，也均把受理商事纠纷、保护商人利益写进章程，并设立专门机构负责受理商事纠纷。1904年的《上海商务总会暂行试办详细章程》更明确规定商会宗旨之一为“维持公益，改正行规，调息纷难，代诉冤抑，以和协商情”。实践中，广州、上海、天津等各地商会设立了商事纠纷的公断处。商会调处商事纠纷的最大特点是，破除了匍匐公堂、刑讯逼供的衙门积习，以理服人，开了“以和平为主，秉公判断”之新风，当时的商部曾在颁发各商会理结讼案格式的批文中给予过商会“时有曾经纠讼地方衙门经年未结之案乃一至该会，评论之间两造皆输情而遵理结者，功效所在进步日臻”的赞誉。商会调节商事纠纷的进步之处在华商与外商的解纷过程中也表现得非常突出，商会对华商权益的救济作用非常明显。

例1. 1902年，天津商人张咀英设立松盛大麦啤酒厂，该厂曾经天津商务总会备案并报农工商部批准注册。1907年，美商永康洋行（德国酒厂“站人”牌啤酒在中国的包销商）向天津商务总会呈控松盛酒厂侵犯其“站人牌”商标权，请求“严加查禁”。张咀英据理申辩，两者“商标逐加比较，实非酷似，不同之处甚多，德法文不同，出产公司不同，牌号不同，国旗不同，美女人名不同，人手持物不同，颜色浓淡不同，制造及发售处不同，封皮及瓶又不同”。天津总商会经过认真审理后答复：“两者商标‘既非酷似，即不足侵夺利权，无可科罚’。”拒绝了德国人的请求。

例2. 1908年8月，驻福州英国领事屡向福建洋务局诉称，该城诸多铜铺号“仿制油灯，显犯彼国专业章程”。因此事，福州商务总会特地移函福建洋务总局，力辩“各工人所制各式之灯，确无假冒英国商标情事”，并指出1906年的《商会简明章程》第26款，“内开凡商人能将中外原有货品改制精良者，即报商会考核，准其禀部酌给专照，以示鼓励”。各铜铺号制造赛光灯与商律显然并无违背。“况所制之灯，其中机件亦非处处尽同，且无假冒商标”，要求洋务局与英国领事进行严正交涉，拒绝其无理要求。

例3. 20世纪初，上海租界会审公廨受理华洋商事讼案时，一味偏袒洋商，常常对华商任意拘拿提讯，毫不顾及华商体面。上海商务总会一经成立，便着手办理这一交涉事宜。该会在1904年6月~7月间，专门备函分别致送驻沪外国领馆领事、公共租界工部局及在沪各国商会，要求中外双方做到“华洋一例”，“务使商会之人从前与洋商、各领事及工部局有误会争议之处，此后永远革除”。随函还附送上海商务总会会员、会友企业行名簿，强调在行名簿内所列姓名，“皆系体面殷实商人”，希望对他们“凡与洋商往来遇有钱债细故被控、控人，皆不可苛刻虐待及任意拘拿”。当时上海租界当局、各国领事及在沪外商亦相继复函，对上海商务总会的要求表示赞同。[1]

此外，一些地方商帮以“停交”抵制作为解决纠纷的一种辅助手段，这是中国商人在面对其时官方司法机构（如上海英美租界的会审公廨）在解决华洋商事纠纷时，多偏袒西方的不公正的判决所采取的一种权利救济方式，其无疑有利于在纠纷解决的利益分配时更好地维护华商的利益。[2]譬如，清末广东潮州帮商人势力发展较大，于上海、天津、汉口、香港等处，皆有潮州会馆。《知新报》上曾列举了两起潮州帮商人在商事竞争中对外商的成功抵制：

尝有老林利洋行开设来往香港汕头轮船，因争码头，潮人公议，令其船代出驳艇费，该行不允，即公议货物不准搭附彼船，其行主告知领事，请与潮道言之，潮商云，我有货物，欲附何船，非官力所能强也，行主无如何，乃请允出驳费，而潮人谓其以官力相压，可恶，公议令罚钱演戏请酒乃已。又沙逊洋行贩卖鸦片，向惟潮人八家全行承买，然后发行，故潮商在租界能抽鸦片厘金。某年有嘉应州人，自往沙逊揽买，为潮商发觉，即传集会馆公议，罚沙逊洋行金，乃责令以后不得擅售，否则八家皆不与

---

〔1〕 徐鼎新、钱小明：《上海总商会史：（1902~1929）》，上海社会科学院出版社1991年版，第63~64页。

〔2〕 蔡晓荣、王国平：“晚清中国商业行会对洋商的“停交”抵制活动——基于经济和法律的视角”，载《安徽史学》2006年第5期。

交易，沙逊无如何，只得依议。[1]

上述中西商贸中对洋商的“停交”抵制活动多半源于洋商破坏商事惯例及交易则例、赖欠货款、欺行霸市等侵害华商利益行为，虽有特定历史背景下因华商被强行融入资本主义世界经济体系过程中的仇恨情绪支配，但从法律层面看，更多是在商人权益法律制度残缺情形下，中国商人藉本土商事习惯法“抱团”维权的理性行动。

总之，清末法权沦丧，受制于人，正所谓“自中外通商以后，遇有交涉之案，西官多方袒护，以致华人含冤负屈，呼诉无门者，五六十年来，不知凡几”，商会通过直接处理或联合外商商会组织联合处理华洋商事纠纷，或具禀官府，转饬西方领事纠正洋商的错误；在华洋商事诉讼中，当华商受到不公正审判时，商会也代为呈诉与辩护，积极地发挥了保商、护商的作用，具有重要的历史进步意义。当然，在商会、商务局、审判厅和府州县均可受理商事纠纷、外国领事馆基本控制华洋商事纠纷裁判权的复杂格局中，商会保护商人权益之意义不能过于拔高，在皇权主宰的“乡土中国”之传统里，像西方商会自治和商事法院那样的解纷机制的禀赋资源相对稀缺。

三、商会维权功能的进一步完善

1. 我国目前商会的现状及局限

前文讨论商会维权历史说到底是为了对照现在，把握未来。新中国成立后，既有商会组织被改造为工商联，并被纳入到政府统战体制及经济管理之中，这个时期的商会多为国家集中控制，其自主性较差。改革开放以来，地方性民间商会组织得到很大发展，民间性与自治性较之前有了很大的增强。随着民营经济的发展，私营工商业者自发合组行业协会或行业性的商会，这些行业协会在加强本行业企业联系、推动行业向前发展的同时，有一个重要作用就是协调本行业内部关系。而跨区域的企业投资和政府的招商引资的需要则催生了异地商会，这些异地商会大大加强了两地间的经济联系，促进了跨区域的资金、人力等资源的有效配置。到 2007 年 5 月，在武汉的异地商会达到 14 家。在工商联内部，非公有制经济人士及企业的比重大幅增加。[2]尤其是，在不少由于 WTO 规则不允许政府作为直接参与者参与到反倾销诉讼的形势下，商会这类非官方性行业组织可以来领导、协调和代表企业应诉，在 2002 年中国入世后的首起反

---

〔1〕“潮商保权”，载知新报馆编：《知新报》（第 7 册），第 51 页。

〔2〕魏文享：“商会发展百年历程及现代启示”，载《中国经济》2010 年 8 月 16 日。

倾销大案中,[1]中国机电产品进出口商会临危受命，协助应诉，赢得最后胜利。但我国商会发展尚处于转型期，市场经济体制还不太健全，“体制内生成”、“体制外生成”和“混合生成”三种类型同时并存[2]，面临多方挑战和局限。例如，①商会的独立性和民间性问题仍未定论，商会的民间化改革存有争议，现阶段很多商会组织中仍然受诸多政治因素的影响，其性质中带有一定的官方色彩，而导致其民间性、自治性相对较弱。但是，近年来浙江和广东立法开始予以了商会民间化改革实质性关注，温州市早在1999年颁布的《温州市行业协会管理办法》中，就明确地将行业协会定位为“民间性社团法人”。而深圳市商会立法则直接将法律的名称定为《深圳市民间商会条例》。②商会的管理运作模式极不统一、众说纷纭，存在“行业管理部门—业务主管单位—社团登记机关”的“三元制”、民政机关作为登记管理机关和行业主管部门作为审批机关的“二元制”、直接到民政部门申请注册的“一元制”等商会管理体制改革设想，这些争论导致应确定哪个部门为管理机关，该机关的管理职能范围有多大等问题悬而未决。实践中，广东省装饰行业在20世纪80年代末就着手谋划成立装饰行业协会，但根据《社团登记管理条例》，成立行业协会，必须先要找个业务主管单位，而装饰行业包括施工、设计、材料等环节，业务分别涉及建设厅、环保局、经贸委、质量监督局等政府职能部门。这些部门中，谁才是装饰业协会的主管单位？由于涉及利益冲突，在确定主管单位的时候，有些部门开始角力，互不相让。政府部门的权力争夺几乎导致了装饰行业协会成立的“难产”。该场争议最终由省人大将该协会作为试点而平息。③商会在维权职能方面有待于进一步立法完善。例如，按我国《证券法》规定，中国证券业协会具有依法维护会员的合法权益，向中国证监会反映会员的建议和要求，对会员之间、会员与客户之间发生的证券业务纠纷进行调解等法定职能，但诸如国外证券商同业公会中享有的证券商之间的纠纷仲裁职能则付诸阙如。④商会对商人权利的立法自觉意识仍较淡薄。笔者曾指出，商会是商人之间的自治性经济组织，是商人意志表达的代言人和商人合法利益的维护者，因此，商事立法者必然要与商会联系，听取商会的意见，这样的法律才能符合商人的实际需要，切实维护商人利益而受到商人的拥护;[3]与此相适，商会也应积极推动有关部门商人权利保护的商事立法完善，惜乎，在将制定“商事通则”的学术话语尽

---

〔1〕“中国打赢加入世贸后首起中美反倾销诉讼案始末”，载《法制日报》2003年4月13日。

〔2〕余晖等:《行业协会及其在中国的发展：理论与案例》，经济管理出版社2002年版，第20页。

〔3〕官欣荣:“破解‘商事通则’立法迷局的开放式新进路”，载《法学》2010年第8期。

快纳入我国立法规划的议事日程中各地商会代表的声音几乎集体失语。[1]上述这些不足，都直接或间接影响了商会对商人权利维护机制之畅通。

2. 商会维权的完善建议

（1）我国商会的法律定位应还原其“纯民间性”、自律性、非营利性。美国法学家麦克尼尔（Macneil）提出的“关系型契约”[2]为其提供了理论支撑，商会应以民间自发建立为基础，减少甚至摆脱政府对其干预，它是通过内部契约纽带建立起来的社团法人，其成员嵌入在长期的契约框架当中，例如，选举代表参与反倾销诉讼，或者集中提供行业信息，或者协议进行价格自律，等等，从而降低了每次缔约的磋商成本。那种主张商会在一定程度上仍应该代表国家的利益，并行使部分政府职权的“半官方性”观点[3]，只可能会破坏市场经济基础，使商会这种“私序”资源的低廉便捷作用不能充分发挥，而与国外商会立法潮流相背离。草根生成的民间商会更切合市场经济私序的本质要求，其对商人权利的救济属于无须第三方执行力量介入的私力救济的一种，具有成本低廉性、容易执行性、及时有效性等优越性，同时也符合商界经济效益最大化的原则。由此可见，商会这种“私序”资源只有在高度自治化、民间化的条件下，才能在市场自发调节的作用中实现最优化的配置。

（2）针对中国商会的运作管理模式而言，笔者倾向于采上述商会管理的第三种模式——“一元制”，其恰能与商会的民间性相匹配，以强化自律性监管，减少政府管理层次，节约商会外部监管成本，避免“寻租”风险的发生。当然，政府部门可通过民政登记管理机关的备案监督和行业指导单位的业务指导对商会自治进行适当约束，将商会维权救济纳入整个国家法治之轨提供绿色通道。

（3）应优化商会内部纠纷解决机制，为商会维权提供更多的职能和手段。商会纠纷解决机制属于诉讼替代机制，较为灵活，往往没有僵化的程序或模式，因此，可以大量适用调解、斡旋、谈判、仲裁等方式，以自治规范为依据，以非法律性强制为基础而进行纠纷解决及维权救济。譬如，针对特殊行业领域，像中国证券业协会这样专业性、技术化极强的商会组织，应充实和完善其证券纠纷仲裁职能，为证券商维权救济提供更多的手段。

---

〔1〕 孙小林：“民商法学界争论再起、商法界呼吁制定商事通则”，载《21世纪经济报道》2009年1月13日。

〔2〕 参见［美］麦克尼尔：《新社会契约论》，雷喜宁、潘勤译，中国政法大学出版社1994年版。

〔3〕 金晓晨：《商会与行业协会法律制度研究》，气象出版社2003年版，第31、82页。

（4）最重要的是应提高商会维权的立法自觉。在实行成文法的我国，商人利益的维护系于商事法律是否完备。清末时期，中国商界较高的工商立法意识自觉的传统是颇值肯认、提倡和发扬的。在华洋交易过程中，因本国工商法规残漏不全，工商业者一旦涉讼，往往缺乏应有的法律保障，或受外商欺凌，或遭官府倾陷，因而开始了呼吁制定本国各种工商法规的积极行动，这些切肤之痛使他们深知中国法律规范在应对新经济关系中的不足，他们对西方商法和交易惯例也有所了解，例如，1907 年 9 月 22 日，上海商务总会在《申报》上致书各埠商会，疾言制定商法对于护商之重要性："中国海内外各埠商会诸公执事，我中国之商为无法之商沈沈冥冥也久矣，中国法律之疏阔，不独商事为然，商人与外国人贸易，外国商人有法律，中国商人无法律，尤直接受其影响，相形之下情见势绌，因是以失败其不知凡几。"相形之下，改革开放以来，我国商事立法为中国特色社会主义法律体系的基本建成做出了应有的贡献。

我国目前民间商会参与商人权益立法的意识自觉与行动实践均为落伍，在今后的发展中，我国诸商会组织应重视商事立法，使法律能与商会处理商事纠纷的需要协调一致。

商会的公司治理功能研究

韦宜耀仪 *

商会在现代社会经济发展中发挥着越来越重要的作用，有很多学者从不同的角度对商会进行了研究，其中有一些学者研究了商会的功能，但是还没有学者对商会的公司治理功能进行专门的研究。另外，在法学和经济学领域，公司治理是理论界和实务界共同关注的最重要的问题。如何将商会与公司治理结合起来进行研究，发挥商会的公司治理功能，是需要理论界和实务界加以关注的一个重要问题。基于此，本文试图对此问题进行初步探讨，以希望引起更多学者对此问题的关注并做更深入的研究。

一、学界对商会功能的界定

（一）商会的概念界定

在理论界和实务界，商会并没有统一的概念。在英文里，“chamber of commerce”具有商会的意思，“business association”具有商业协会和商会的意思。商会、行业协会、工商联、同业公会、行业商会、商业协会等概念，有时指同一个意思，有时指不同的意思。可见，商会概念的使用显得比较混乱。笔者将本文研究的商会界定为：商会是由同一行业的工业企业、商业企业、个体经营者和其他经济组织组成的非营利性社会团体。

（二）学界对商会功能的界定

目前，学界对商会功能的观点可以分为以下两种类型：

1. 商会功能“清晰论”

大多数的学者认为，商会的功能是清晰的，如有的学者认为，商会所具有

---

* 韦宜耀仪，中山大学法学院 2012 级民商法专业博士生，广西现代职业技术学院讲师。

的功能包括经济功能、民主功能和法律创制功能。[1]有的学者认为，商会具有中介功能、代表功能、自律职能、服务功能、外交功能。[2]有的学者认为，商会具有协助经济管理的功能，哥伦比亚94%的小微企业都是非正式的企业，这些企业的正式化由全国各地的各种商会协助完成，因为，商会收取和留存这些企业的登记费，它们有激励去搜寻正规企业的信息。另外，这些商会也得到非洲发展银行和国家的资助，它们积极推动小微企业的正规化。[3]一些学者认为，商会具有裁决经济纠纷的功能，因为一些城市的商会被赋予建立和组织仲裁委员会的职能。[4]有的学者认为，商会具有反腐败的功能，国际商会中的反腐败条款，将成为商业合同中的强制性条款，也成为墨西哥最普遍的反腐败形式。[5]

2. 商会功能“模糊论”

有一些学者认为，商会功能模糊不清。长期以来，商会作为准行政组织，依附于国家行政机关或民主党派，过于提高其政治职能，其应有的经济自治和市场调控功能却严重萎缩。商会应有的会员商业服务、社会自治管理、政治民主参与和居间裁决之准司法效力等功能较弱，在组织建设方面还沿袭了行政管理方式。[6]

笔者认为，学界对商会大多数功能的界定是清晰的，但是，在实践中，由于受到各种条件的制约，商会功能的发挥受到相应的影响。另外，商会的功能具有开放性的特点，即随着社会经济的发展，为适应企业完善经营管理的实际需要，商会在发挥原有功能的同时，也能够发挥着前所未有的新功能，其中的一个重要功能就是公司治理功能。

二、商会公司治理功能的法理分析

公司治理中包含着公司与商会的互动，公司治理是公司与商会互相影响、

〔1〕 魏静：“商会法律制度研究”，西南政法大学2007年博士学位论文。

〔2〕 姚蕙蕙：“商会功能研究——以绍兴商会为例”，上海交通大学2007年硕士学位论文。

〔3〕 Elin Cohen & Kevin J. Fandl, eds.,“Truth and Consequences in Rule of Law: Inferences, Attribution and Evaluation”, *Hague Journal on the Rule of Law*, 2011, 3 (1), pp. 106 ~ 129.

〔4〕 Gu Weixia & Xianchu Zhang, “The China Style ‘Commission-Oriented’ Competence on Arbitral Jurisdiction: Analysis of Chinese Adaptation into Globalization”, *International Arbitration Law Review*, 2006, 9 (6), pp. 185 ~ 200.

〔5〕 Marieke Breijer, “Maria Fernanda Garza: Corruption Clauses, Stepping on Toes and Political Will”, *Legal Journals Index*, Aug. 2014, pp. 22 ~ 24.

〔6〕 郭立：“商会制度及运行模式研究”，载《东北财经大学学报》2011年第6期。

互相促进、共同成长的过程。

（一）商会发挥公司治理功能是公司治理的内在要求

公司治理有不同的定义。公司治理是指通过一整套包括正式或非正式的、内部的或外部的制度来协调公司与所有利益相关者之间（股东、债权人、职工、潜在的投资者等）的利益关系，以保证公司决策的科学性、有效性，从而最终维护公司各方面的利益。[1]公司治理被认为是公司的各种内部因素和外部因素以及公司的董事会成员之间在引领公司创造价值的过程之中的相互作用。[2]公司治理可以分为内部治理和外部治理。公司治理的内部机制指内部法人治理结构及其相应的内部激励、监督与决策制度安排。公司治理的外部机制包括外部激励与约束的制度安排，主要包括政治制度、市场制度、宏观经济政策与企业法律制度等。[3]

从公司的角度来看，尽管公司受到许多外部制度的影响，然而，商会制度对公司的影响是其他的外部制度所不能取代的，公司的外部治理机制中包含商会的成分，公司治理受到商会的重要影响。因为，商会制度具有自身特色。商会是美国法律环境的产品，是一个非常强大的认知共同体，商业协会（如商会）是有关当地商业环境的认知和意见的重要生产者，因而，商会是非常重要的组织。[4]公司加入商会，成为商会成员。作为商会成员，公司既有自身的利益，也得为所有商会成员的共同利益。公司能够将商会作为实现公司利益的重要平台。为了实现商会成员的共同利益，公司与其他的商会成员在平等协商的基础上，制定共同的商会成员行为规则。这些行为规则虽然不具有法律上的强制性，但是，却有契约的约束效力，对作为缔约方的公司成员具有法律上的约束效力。根据这些行为规则的规定，一方面，公司享有商会成员的各种权利，另一方面，公司必须履行商会成员的义务，受商会规则的制约。因此，公司治理行为也必须遵守商会行为规则，公司的外部治理机制内在地包含着商会的元素，公司治理受到来自商会的影响。

---

〔1〕 参见 http：//wiki. mbalib. com/wiki/%E5%85%AC%E5%8F%B8%E6%B2%BB%E7%90%86，2014年10月3日访问。

〔2〕 Thomas A. Hemphill & Gregory J. Laurence，"The Case for Professional Boards：An Assessment of Pozen's Corporate Governance Model"，*International Journal of Law & Management*，2014，56（3），pp. 197～215.

〔3〕 郭金林：《国有及国有控股公司治理研究：产权契约分析的视角》，经济管理出版社2008年版，第36页。

〔4〕 Lisa Toohey，"Accession as Dialogue：Epistemic Communities and the World Trade Organisation"，*Leiden Journal of International Law*，2014，27（2），pp. 397～418.

（二）商会发挥公司治理功能是商会实现自身价值的必然选择

从商会的角度来看，商会享有促进公司治理完善的权利和具有履行促进公司治理完善的义务。公司治理的改善，有利于公司的成长和发展，也有利于整个商会的成长，更有利于实现商会成员的共同利益。因此，为了实现商会的宗旨和目的，其必须为公司提供各种各样的服务，为公司的生产经营和管理创造有利的环境和条件，其中自然应该包括商会通过各种不同的途径和采用不同的办法来对公司治理产生影响，促进公司治理的完善，发挥商会的公司治理功能。商会为公司提供的传统服务概括起来包括政策服务、中介服务、商务服务、管理服务、法律服务、决策服务等各项内容的服务。[1]商会可以在利用为公司提供传统服务的基础上，对公司治理给予重点关注，具体而言，商会在提供管理服务和法律服务时，可以将服务的重点放在公司治理的具体方面。因此，公司治理的完善能够反映商会功能的提高，商会对公司治理改善产生的积极影响是商会实现自身价值的具体体现和必然选择。

三、商会公司治理功能的经济分析

可以从公司和商会两个角度对商会的公司治理功能进行经济分析：

（一）商会发挥公司治理功能是公司的理性选择

经济人通常是指具有工具主义理性的人，被形容为“自利、理性”，即追求自身利益最大化的理性行为者（或称为理性最大化者）。[2]公司是追求自身利益最大化的理性行为者，但现代纷繁复杂的经济形势使公司的存在变得不再那么纯粹，公司的追求利益最大化目标受到很大挑战。在公司追求自身利益最大化受到挑战的背景下，公司寻求合作、借助商会组织以使公司创造利润的成本得以减少。经济状况越来越复杂，周边环境的不确定性增加，风险处处潜藏，公司要通过种种迂回的方式分散和规避风险，公司合作组建的商会就是公司减少成本的一种办法。公司加入商会，是公司进行理性选择的结果。公司成为商会会员，能够得到商会提供的各种服务，降低公司购买服务的成本，因而可以增加公司的收益，提高公司的价值，增加公司的福利。公司治理的完善，能够给公司带来巨大的利益，所以，公司有激励去完善公司治理。商会是公司进行外部治理时必须予以考虑的重要因素，因为，与通过其他途径（如诉讼）来解决相关问题的成本相比，公司通过商会这种非诉讼的途径来解决公司生产经营

〔1〕屈国平：“是什么制约着商会功能的发挥?”，载《中国商人》2010年第6期。
〔2〕周林彬、董淳锷：《法律经济学》，湖南人民出版社2008年版，第86页。

管理中存在的各种问题，能较好地降低解决相关问题的成本，实现公司治理的完善。

（二）商会发挥公司治理功能是商会的集体行动

经济学将组织提供的产品分为私人品和公共品。对于纯粹的私人品，一个个体的消费量会自动减少其他个体同等的潜在消费量；对于纯粹公共品，人们可以组成各种各样的组织来提供，不同的组织可以提供不同的产品，同一种组织可以提供一种或多种产品，任一个体消费的量意味着可以被其他人同样消费。

利益集团具有许多的名称，如分利集团、压力集团、特殊利益集团等，一些利益集团的名称，如企业集团、商业集团、劳工集团、种族和民族集团、妇女集团、宗教集团等具有所属研究领域的特点。经济学家往往把利益集团看成是“一个由拥有某些共同目标并试图影响公共政策的个体构成的组织实体”（史蒂文森，1999）。[1]

商会就是包括公司在内的各个经济实体组建的、用来提供公共产品的组织，具有利益集团的性质。商会的利益集团性质，则是商会在集体行动中显现的经济学性质。商会利益集团的形成，取决于集体行动的预期收益是否会大于预期成本，同时也受产业兴衰和政府干预的影响。商会集体活动的绩效是商会运行成本与收益的比较，分为组织本身的质量和组织活动的效果两方面。[2]商会公司治理功能的发挥，是面向商会的所有公司成员所采取的行动，因而是一种集体行动，而不是个体行动。商会公司治理功能的发挥，向成员公司提供的是公共产品。任何一个成员公司都可以消费商会提供的公共产品，而且一个公司消费商会提供的公共产品，意味着其他公司也可以同时享用同样的公共产品。商会发挥公司治理功能目的是使得所有成员公司的公司治理成本降低，使得公司治理的收益最大化，因而将会使所有的公司成员受益，实现商会成员的共同利益，从而实现商会的集团利益。

四、商会发挥公司治理功能的途径

（一）制定公司治理规则

公司治理的完善在一定的程度上依赖于公司治理规则的完善。从公司治理

---

〔1〕郑慧：“商会的经济学性质与集体行动研究——以温州商会为例”，浙江大学2010年博士学位论文。

〔2〕郑慧：“商会的经济学性质与集体行动研究——以温州商会为例”，浙江大学2010年博士学位论文。

规则的产生途径来看，公司治理规则可以分为享有法定立法权的国家机关制定的公司治理规则和社会组织制定的公司治理规则。随着法律科学的发展，法律多元化成为法学领域的一种很明显的趋势，各个法学研究领域出现越来越多的软法，形成了软法和硬法并存的格局。软法是指不具有任何约束力或者约束力比传统的法律（所谓硬法）要弱的准法律性文件。所谓的软法不具有约束力，是指法律上的约束力，而非是说软法不具有任何约束力。[1]软法是以文件形式确定的、不具有法律约束力的，但是可能具有某些间接法法律影响行为特点的行为规则，这些规则以产生实际的效果为目标或可能产生实际的效果。[2]在公司治理领域，软法得到较多的关注，具有软法特点的公司治理规则越来越多地得以产生，这些软法的制定者来自各行各业，他们都致力于为公司治理规则的完善建言献策。在过去的20年里，关于如何改善公司治理和董事责任的争论已经引起高度重视，从政府、学者、投资者、会计师、律师、非政府组织到商业协会等，只是仅举几例，他们提出了一系列的改进措施，这些措施的范围从法律、上市规则及守则到指导方针和最佳实践。尽管措施无数，公司丑闻和失败似乎并没有得到缓和。[3]为了真正地解决公司治理失败的问题，商会对公司成员的公司治理问题将继续给予关注，也将继续探寻公司治理的有效规则。正因为公司治理问题非常复杂难解，所以，与其他关心公司治理的法律主体一样，商会在制定公司治理规则方面还有很长的路要走。

（二）影响公司经理声誉

在经济学和管理学领域，声誉成为众多学者的研究对象，声誉往往与产权制度、信用制度和企业家的竞争行为有关。[4]在法学领域，声誉应被视为无形资产来加以研究，因此，声誉在法学上有自己的专用术语，即商誉。一个法律主体的声誉受到多种因素的影响，如媒体、社会团体和个体等的影响。作为一种无形财产，声誉能够给拥有它的主体带来法律上的权利和利益，因此，一些法律主体会努力通过各种途径来打造自己的声誉，如通过提高产品和服务的质量、参与公益活动、参与慈善事业、捐资助学、在媒体上做广告等来获得好的

---

〔1〕 罗豪才、毕洪梅："通过软法的治理"，载《法学家》2006年第1期。

〔2〕 Linda Senden, "Soft Law, Self-Regulation and Co-Regulation in European Law: Where do They Meet?", *Electronic Journal of Comparative Law*, Vol. 9, 2005. 转引自：罗豪才、毕红梅："通过软法的治理"，载《法学家》2006年第1期。

〔3〕 Angus Young, "Frameworks in Regulating Company Directors: Rethinking the Philosophical Foundations to Enhance Accountability", *Company Lawyer*, 2009, 30 (12), pp. 355 ~ 361.

〔4〕 蒋玲、谢旺送："信任、声誉机制的微观化思考"，载《现代企业教育》2007年第20期。

声誉。在这个过程中，法律主体支付了声誉成本，而得到的是声誉利益。在经理人市场，声誉具有非常重要的作用，声誉好的经理能够受聘于更好的公司，反之亦然。因此，经理人自然害怕失去声誉。因为经理害怕声誉受到影响，我们使用了两种操作方法，其中一种是针对能使得声誉影响更有效的机构——商会。商会在传播有关不遵守他们的标准的成员的信息方面起着重要的作用；他们可以因为经理的声誉存在问题而拒绝公司的商会会籍。因此，似乎当中心企业是商会的一个成员时，它们的管理者会比较关心自己的声誉。他们的公司是这样一个商业协会的成员。以前 EIM 曾经研究作为商会成员中小企业板里的公司。[1]

（三）对公司治理法的制定提出意见和建议

公司治理法的制定就是指法定的国家机关，依照法定的职权和程序创制、认可、修改和废止公司治理法律和规范性法律文件的活动，是掌握国家政权的阶级把自己的意志上升为国家意志的活动。公司治理法的制定涵盖的内容非常广泛，即包括公司治理机构的设立、公司治理机构的权力和义务、各治理机构之间的关系、控股股东、董事、监事的义务等内容。公司治理法的制定离不开社会各个不同主体的参与，应该是各个关心公司治理问题的社会主体智慧与公司治理实践相结合的产物。在公司治理法的制定方面，商会以公司的关键利益相关者的身份，通过各种途径来表达自己对公司治理的愿望和要求，并提出有关公司治理的意见和建议，例如，董事义务法典化的反对者，包括许多的商业协会，如香港总商会、银行业协会、香港上市公司商会和香港董事学会。[2]董事信义义务的发生改变必须得到大企业、商业协会和专业团体的支持。香港改革董事信义义务的经历，说明了关键利益关系者，如大企业、商业协会和专用团体不情愿改变董事信义义务。[3]

（四）商会组建专业委员会为公司治理提供专业服务

公司治理涉及各个不同的专业领域，如法律、会计、投资、融资、咨询、生产、销售和管理以及其他专业领域。与此相对应，商会为公司治理提供专用服务也应该实现专业化，即商会应该广泛接纳来自不同领域的具有理论和实践经验的专家，组建各个不同的专业委员会，针对公司对不同专用领域专家的特

〔1〕 M. T. Croes, "Explaining the Dealings of Dutch SMEs with Potential Legal Problems: A Plea for a Theory-driven Approach", *International Journal of the Law in Context*, 2013, 9 (2), pp. 239 ~ 261.

〔2〕 "Consultation Conclusions on Company Names", *Financial Services and Treasury Bureau*, 2008, p. 8.

〔3〕 Angus Young, "Reforming Directors' Duties in Hong Kong: the Journey, Stakeholders and Oversights", *International Company and Commercial Law Review*, 2012, 23 (4), pp. 142 ~ 154.

殊要求，为公司提供有针对性的专业服务。为公司提供服务的律师、会计师、补偿咨询师、投资银行和其他专业服务提供者能够自由地以任何他们认为是最佳的方式来组织公司治理项目，并拥有足够的决策权和监督权，他们有权采取必要的激励和约束措施，以便取得最好的公司治理效果。

五、结论

无论是在理论上还是实践上，商会发挥的公司治理功能对于公司和商会都具有非常重要的意义，商会的公司治理功能是商会的重要功能。目前，对于商会发挥公司治理功能的途径还有待进一步的研究。